투 자 론

강병호·이상빈 공저

傳 英 社

머 리 말

투자론이란 학문을 저자들이 접한 지도 어느덧 20년이 넘어가고 있다. 강산이 두 번 변한다는 20년의 세월이 흘러갔고, 학문의 성격상 그 내용의 변천이 심할 수밖에 없어 처음 접했던 투자론과 작금의 투자론 간에는 상당한 차이가 있다. 따라서 변화무쌍한 이론을 잘 정리하여 교과서로 출판하는 일은 생각만큼 쉽지는 않다. 그러나 투자론의 근본개념은 아무리 많은 세월이 흘러도 변하지 않을 것이며, 이는 바로 위험과 기대수익률 간의 관계로 요약할 수 있다. 저자들은 이 점에 착안하여 투자론의 근본이론 및 이러한 근본이론이 실사회에서 어떻게 응용되고 있는지를 소개하고자 "투자론"이라는 책을 집필하게 되었다.

시중에 "투자론"이라고 불리어지는 수많은 책들이 있지만 저자들은 기존 책들의 중복이 아닌 차별성을 본서에서 강조하고자 하였다.

첫째, 기존 교과서는 한 학기에 소화할 수 없는 방대한 내용을 다루고 있어 학생들이 불필요하게 막연한 불안감을 갖게 하고 있다. 투자론을 학부과정에서 가르치는 이유는 투자에 대한 올바른 인식을 학생들에게 심어 주는 데 있다. 위험을 보유하는 데 대한 대가로 초과수익률을 향유할 수 있다는 평범한 사실을 올바르게 이해함으로써 우리나라 자본시장의 건전한 발전을 가져올 수 있고, 더 나아가 시장경제에 대한 믿음을 제고시킬 수도 있다.

저자들은 기존 서적에서 취급하고 있는 내용 중 한 학기에 취급할 수 없다고 판단되는 내용을 과감히 삭제하고 한 학기에 소화할 수 있는 투자론의 정수만 본서에서 다루었다.

대학원에서 투자론을 좀더 깊게 공부하고자 하면 대학원 수준에 맞는 교과서는 국외에서 많이 구할 수 있어 굳이 교과서를 집필할 필요성이 없을 것이다.

둘째, 투자론을 공부하기 위해서는 수식을 사용하는 것이 편리할 때도 있지만 학부과정에서 투자론을 가르칠 때에는 되도록 수식사용을 억제하는 것이 학생들의 "투자론"에 대한 거부감을 제거할 수 있다. 수식이란 하나의 기호로써 복잡한 내용을 간결하게 전달할 수 있다는 장점이 있다. 그러나 수식에 익

숙하지 못한 학생들에게 수식으로 투자론의 내용을 설명하는 것은 마치 영어에 친숙하지 않은 학생에게 영어로 "투자론"을 강의하는 것과 별다른 차이가 없다. 따라서 본서에서는 되도록 수식사용을 억제하고 쉬운 말로 풀어서 투자론의 기초이론을 설명하였다.

셋째, 투자론은 현실과 밀접한 관련이 있다. 현실에 적용이 되지 않는 투자론의 내용이 있다면 이는 투자론의 영역에서 도태될 수밖에 없다. 저자들은 투자론이 책상 위에서만 통용이 되는 학문이 아니라 우리가 당면하고 있는 문제를 해결할 수 있는 유용한 학문이라는 점을 강조하고자 하였다. 이런 측면에서 투자론의 기초 이론이 실생활에서 어떻게 응용되고 있는지를 설명하였다. 이를 위해 다양한 사례를 수집하였고 사례를 통해 "투자론"이 우리가 당면한 문제를 해결하는 도구로 활용될 수 있음을 보이고자 하였다.

시대가 흘러감에 따라 우리가 직면하고 있는 문제가 바뀔 수밖에 없고, 문제가 바뀜에 따라 새로운 해결책을 모색해 가는 과정이 바로 "투자론"의 역사라고 말할 수 있다. 저자들은 이와 같은 도전과 응전의 과정을 본서에서 제시하고자 하였다.

저자들은 위에서 언급한 세 가지 점을 염두에 두고 본서를 집필하였지만 처음 의도한 바가 얼마나 반영되었는지 걱정이 된다. 독자 여러분들의 질책과 비판을 밑거름으로 하여 우리나라에서 제일 쉽지만 모든 투자론의 정수를 독자들에게 전달할 수 있는 책이 될 때까지 꾸준한 노력을 기울일 작정이다.

본서를 집필하는 데 수많은 분들의 도움이 있었다. 그 분들의 노고가 없었다면 본서가 세상에 나오지도 못할 만큼 여러 분이 저자들을 도와 주셨다. 특히 본서의 내용을 꼼꼼히 읽고 비판을 해 준 한양여대 민홍식 교수님과 대한지방행정공제회의 천현석 대리님에게 감사를 드리고 싶다. 한양여대 민 교수님은 투자론 교과서가 갖추어야 할 이론을 점검해 주셨고, 실무에 종사하시는 천 대리님은 투자론의 이론이 실사회에 적용될 때의 문제점 및 개선 방안에 대한 조언을 아끼지 않았다. 그 분들의 노고에 대해 저자들은 깊은 감사의 뜻을 표시하고 싶다.

원고 정리 및 교정에 수고해 준 한양대학교 이대환 및 서정훈 박사과정 학생들에게도 감사의 뜻을 전하고자 한다. 물론 본서의 미미한 점 및 잘못된 점은 저자들의 책임이며, 추후 개정판에서 바로잡아 나갈 예정이다. 마지막으로 졸고의 출판을 흔쾌히 허락해 주신 박영사의 안종만 회장님 및 박규태 편집위원님에게 이 자리를 빌려 고마움을 표시하고 싶다.

2004년 1월 새해를 맞으며

강병호 · 이상빈 씀

차 례

제 1 편 증권시장

제 1 장 증권시장의 의의와 구조

제 2 편 포트폴리오 이론 및 시장균형 이론

제 2 장 위험과 위험 회피

제 3 편　채권이론

제 6 장　채권가격과 수익률

제 4 편 증권시장 효율성과 증권 분석론

제 9 장 증권시장의 효율성

제10장 증권분석

제 5 편 파생금융상품

제11장 옵션시장

제 6 편 포트폴리오 관리

제13장 포트폴리오 성과의 측정 및 포트폴리오 관리 절차

The Investment Theory

제 1 편

증권시장

제 1 장 증권시장의 의의와 구조

투자론의 이론적 내용을 다루기에 앞서 투자의 도구인 증권에 대한 기본적인 의의 및 기능과 더불어 국내 증권시장의 구조를 다루며, 특히 주식시장과 채권시장 그리고, 유동화 증권시장에 대한 기본적인 개념들을 다룬다.

1.1 증권의 의의와 증권시장의 기능

1.1.1 증권의 의의

증권(securities)은 광의로 정의하면 권리의 유통을 원활하게 하기 위해 발행된 재산적 권리가 표창된 유가증권으로 화폐증권(어음, 수표 등), 상품증권(창고증권 등), 투자증권 내지 자본증권(주식, 사채 등) 등을 포괄한다.[1)]

그러나 통상 증권이라 함은 투자증권 내지 자본증권을 지칭하는 협의의 개념으로 정의하는바, 우리 나라 「증권거래법」도 유가증권을 "기업경영에 대한 투자상의 지위"에서 파악된 투자증권 내지 자본증권으로 정의하고 있다.

구체적으로 증권은 투자자에 의해 직접 사업이나 재산을 지배할 목적이 없는 투자를 목적으로 보유되고, 계속적으로 이자나 배당 등 투자수익을 발생시키며, 대량발행과 유통을 통해 불특정다수인에게 보유될 가능성이 있는 유가증권을 의미한다고 하겠다.

우리 나라는 제10차 「증권거래법」 개정으로 대통령령에서 지정할 수 있는 유가증권의 범위를 종전의 '증권, 증서 및 이와 유사한 것'에서 '관련된 것'까지로 확대하였는데, 이는 파생상품과 새로운 기업금융형 증권, 자산담보증권 등을 「증권거래법」의 규제대상 유가증권으로 확대 지정할 수 있게 하려는 것이다. 유가증권의 개념과 범위는 「증권거래법」의 적용범위를 정하는 기준임과 동시에 증권업의 업무영역을 결정하는 기준이 된다.

현재 「증권거래법」 상의 유가증권의 범위는 열거방식(positive system)을 취하고 있으므로 「증권거래법」과 「대통령령」에서 열거되지 아니한 것은 「증권거래법」의 적용대상에서 제외된다.

「증권거래법」 제2조 1항은 「증권거래법」의 규제대상이 되는 유가증권의 범위를 구체적으로 다음과 같이 열거하고 있다.

❶ 국채증권

❷ 지방채증권

---

1) 유가증권은 신분권을 제외한 재산권을 표창하는 증권이고 권리를 표창하여야 하므로 권리자체가 아닌 이의 존재 여부나 그 내용을 증명하는 것에 불과한 증거증권은 유가증권이 아니다.

❸ 특별한 법률에 의해 설립된 법인이 발행한 채권(금융채, 전력채 등)
❹ 사 채 권
❺ 특별한 법률에 의해 설립된 법인이 발행한 출자증권(증권거래소 출자증권 등으로 아직 상장된 것은 없음)
❻ 주권 또는 신주인수권을 표시하는 증서
❼ 외국인이나 외국법인이 발행한 증권 또는 증서로서 ❶ 내지 ❻의 증권이나 증서의 성질을 구비한 것 중에서 재정경제부장관이 지정한 것
❽ 외국법인 등이 발행한 증권 또는 증서를 기초로 하여 대통령령이 정하는 자가 발행한 유가증권예탁증서
❾ ❶ 내지 ❽의 증권 또는 증서와 유사하거나 이와 관련된 것으로서 대통령령이 정하는 것(제10차 개정, 대통령령에서 정한 유가증권으로는 신탁회사와 투자신탁회사가 발행하는 수익증권, 외국투신사가 발행하는 수익증권, 기업이 자금조달목적으로 발행하는 어음 중 재정경제부장관이 정하는 어음, 유가증권옵션이 있다).

유가증권지수의 선물거래는 유가증권거래로 의제된다(증권거래법 제2조 2항). 그리고 이상의 유가증권에 표시되어야 할 권리는 그 유가증권이 발행되지 아니한 경우에도 유가증권으로 본다.

미국과 영국은 「증권거래법」 상 유가증권의 범위를 자본증권적 성질을 가지는 주식 · 채권 등을 열거함과 동시에 투자계약(investment contract), 집합투자계획, 일반적으로 증권이라고 하는 모든 권리 또는 증서라는 포괄조항을 두어 열거주의와 포괄주의(negative system)를 병행하고 있다. 다만 선물거래의 경우 미국은 「상품거래법」에서 규정하고 있다.

미국의 투자계약이라는 개념은 판례에 의해 형성되었는바, 어떤 자가 자금을 공동사업에 투자하여 제3자의 노력에 의해 발생하는 이익을 얻기를 기대하고 체결하는 계약을 의미한다. 따라서 미국과 영국은 전통적인 유가증권과 경제적 관점에서 동일 내지 유사한 기능을 하는 종이(paper)는 증권 · 증서의 형태 및 발행 · 불발행을 불문하고 그 경제적 실질(economic substance)에 따라 모두 「증권거래법」 상의 규제대상으로 하고 있다.[2)]

---

2) 미국의 증권범위(1933년 증권법 제2조 1항과 1934년 「증권거래법」 제3조 a항 10호): 노트(note), 주식, 금고주식, 담보부채권, 무담보채권, 이익배분계약, 광업권, 리스권에 대한 지분증서, 담보부

일본의 「증권거래법」은 우리 나라와 같이 열거주의를 취하였으나 금융의 증권화가 진전되면서 새로운 금융상품이 계속 등장함에 따라 개정법에서는 유가증권을 종류별로 열거하는 대신 유동성을 갖추고 투자자에게 전매가 가능한 증권으로 정의함으로써 포괄주의로 전환하려는 움직임이 있다. 다만 선물이나 옵션은 유가증권의 개념에 규정되어 있지는 않지만 증권업자가 영위할 수 있도록 허용하고 있다.

유가증권의 개념에 관하여 영·미식 포괄주의 방식과 우리 나라와 일본식 열거주의 방식은 각기 그 장단점을 가지고 있다. 포괄주의 방식은 새로운 유가증권의 출현에 대해 신속하게 대응할 수 있고, 특히 금융의 겸업화가 진전될 경우 감독이 용이하다. 반면 유가증권을 포괄주의 방식으로 개념을 정의할 경우 특정대상이 유가증권인지의 여부를 놓고 해석상의 혼선과 이종 금융기관 간의 업무영역의 충돌이 발생할 소지가 있다.

1.1.2 증권시장의 기능

증권시장(securities market)은 증권이 거래되는 시장을 말한다. 증권시장에서 거래되는 증권으로서는 회사가 발행하는 사채(corporate bond), 주식(stocks), 국가 또는 공공기관이 발행하는 국공채(government bond) 등이 있으며, 증권의 만기가 장기라는 점에서 단기금융시장과 대비된다.

단기금융시장이 단기유동성 필요를 충족시키는 것을 주요목표로 하는 반면에, 증권시장은 장기적인 자금수급을 충족시키는 것을 주요목표로 한다. 일반적으로 증권시장은 자본시장(capital market)과 같은 개념으로 쓰이고 있으나 양자는 엄격한 의미에서 약간의 차이점은 있다.

자본시장은 장기성 자금이 거래되는 시장을 포괄하는 보다 광의의 개념으로 장기설비자금대출, 주식, 채권 등 직·간접금융시장을 망라하는 데 비해 증권시장은 주식이나 채권 등 주로 장기직접증권(primary security)이 거래되는

신탁증서, 회사설립 전 증서 또는 응모권, 양도가능지분, 투자계약서, 의결권부 신탁증서, 증권예탁증서, 증권, 예탁증서, 증권군, 지수, 외화에 관한 매도·매수·선택권 기타 옵션 및 특권, 일반적으로 증권으로 인식되는 것, 지금까지 게기한 대상의 지분증서, 한시적 증서, 영수증서, 매수권, 인수권 등. 단, 통화 또는 발행시에 만기가 지불유예기간을 제외하고 9개월을 초과하지 않거나 만기갱신이 9개월 이내로 제한되어 있는 노트, 약속어음, 환어음, 은행인수어음 등은 제외.

시장을 말한다.

증권시장의 특성은 단기금융시장에 비해 상대적으로 큰 자본손실위험과 신용위험이 수반된다는 점이다. 자본손실위험은 이자율이나 주가의 변동 등에 따라 증권의 가격이 불리하게 변동되어 투자자가 손실을 입게 될 위험을 말한다. 신용위험이란 주로 부채성 증권과 관련된 위험으로 증권발행자가 약속된 원리금을 제때에 상환하지 못할 위험을 말한다.

자본주의 경제에 있어서 생산활동의 주역인 기업은 증권발행을 통하여 자본을 조달하고 있으며, 이와 같은 기업의 금융활동은 주로 증권시장을 통하여 이루어진다. 이러한 증권시장은 국민경제적 측면에서 다음과 같은 기능을 수행한다.

첫째, 장기산업자금의 조달을 가능케 한다. 증권시장은 증권이라는 수단을 통하여 대중의 영세유휴자금을 널리 흡수하여 기업에게 장기안정적 산업자금을 공급한다.

둘째, 자금을 효율적으로 배분한다. 증권시장을 통하여 유휴자금은 보다 수익성이 높고 성장성이 기대되는 기업으로 집중되고, 산업 간의 합리적 자본이동 내지 자본배분이 이루어져 산업구조의 고도화가 촉진된다.

셋째, 투자자의 측면에서 증권은 저축 내지 재산의 운용을 위한 투자대상이 된다. 일반적으로 개인을 비롯한 국민경제주체들은 소득이 많아지고 경제가 안정됨에 따라 실물자산보다 금융자산을 선호하고 은행예금과 같은 간접투자보다는 증권과 같은 직접투자를 선호하는 경향이 있다.

넷째, 소득의 재분배를 이룰 수 있다. 사회적 측면에서 증권시장은 주식의 분산에 의하여 소득의 재분배를 구현하는 정책수단이 되고 있다. 즉 오늘날의 자본주의 국가들은 주식분산을 통한 대중자본주의를 지향함으로써 경제력집중의 완화와 분배의 공평성을 도모하고 있다.

다섯째, 증권시장은 정부가 국채발행 또는 상환을 통하여 재정금융정책을 실현하는 효과적인 수단을 제공한다. 또 중앙은행은 증권시장을 통하여 유가증권을 매입하거나 매각하는 공개시장조작을 통하여 시중의 유동성을 조절하기도 한다.

1.2 증권시장의 구조

증권시장은 발행시장과 유통시장으로 구분할 수 있다. 발행시장(primary market)은 신규발행증권이 발행자로부터 투자자에게 최초로 매출되는 시장을 의미하고, 유통시장(secondary market)은 이미 발행된 증권이 투자자 간에 매매되는 시장을 의미한다.

1.2.1 발행시장

증권의 발행시장은 발행위험의 부담, 주금납입 여부, 발행가격 등에 따라 여러 가지 형태로 분류할 수 있다.

(1) 직접발행과 간접발행

증권의 발행은 발행위험을 누가 부담하느냐에 따라 직접발행과 간접발행으로 나눌 수 있다. 직접발행은 증권발행자 자신이 증권발행에 따른 위험, 즉 공모발행시 미인수 잔여분이 발생하였을 경우 이를 인수해야 하는 위험을 직접부담하는 발행방식으로 증권발행자 자신이 발행증권을 소화시킬 수 있는 능력이 있어야 한다. 직접발행은 다시 증권발행자 자신이 발행사무까지 담당하는 자기모집과 발행사무를 중개인에게 대행시키는 위탁모집(best effort offering)으로 나눌 수 있다.

자기모집은 발행사무가 비교적 간편한 경우에 이용되며 위탁모집은 발행에 따른 시간이나 경비 등을 절약하기 위해 증권발행자가 모집주선인에게 발행사무만을 위탁하는 것으로 모집주선인은 증권발행에 따른 분매(distribution)업무만을 담당하고 발행증권의 미소화분은 발행자에게 되돌려 준다. 이때 모집주선인은 발행된 부분에 대해 소정의 수수료(commissions)를 받는다.

간접발행은 인수자(underwriter)가 증권발행자로부터 발행증권을 인수하는 방식으로 전문적인 지식과 조직을 가진 전문기관에 발행사무를 의뢰하여 발행하는 방식이다. 인수란 유가증권의 매매차익을 목적으로 단순히 취득(acquisition)하는 것이 아니라 인수업자가 유가증권의 공정가격 형성 등 공정한 거래가 이루어질 수 있도록 하기 위해 일단 자기계산으로 취득하였다가 분매하는 행위를 말한다. 간접발행은 인수방식에 따라 총액인수(firm commitment underwriting)방식, 잔액인수(stand-by underwriting)방식과 전부 아니면 무효(AON: all-or-none)방식 등으로 구분된다.

총액인수는 인수인이 사전에 발행자와 약정한 가액으로 증권발행총액을 인수하여 이에 소정의 이익을 붙여 일반대중에게 판매하는 방식으로 인수인은 인수수수료나 판매수수료를 받지 않고 인수가격과 판매가격의 차(bid-asked spread)를 발행위험과 발행사무대행에 대한 보수로 받는 것이 원칙이나 실무에서는 발행자와의 협의에 따라 결정된다.

잔액인수는 인수인이 일차적으로 발행증권을 발행인과 사전에 약정한 가격으로 일반대중에게 매각한 다음 미소화분이 있을 경우 이를 인수하는 방식으로, 이때 인수인은 발행액 전액에 대한 인수 및 판매수수료를 받는다. 전부 아니면 무효방식은 인수자가 일단 특정량을 맡아 분매하되 일정기간 내에 인수전량을 매각하지 못할 경우 인수제의 자체가 무효가 되는 계약이다.

증권발행자가 수수료 등을 지급하면서도 간접발행을 선택하는 이유는 발행위험과 발행사무부담을 경감하자는 것 이외에도 증권의 판매전략 상의 목적도 있다. 일반적으로 증권발행자에 대한 정보가 부족한 투자자들은 신용 있는 인수인이 중개한 증권을 보다 신뢰하고 선호하기 때문이다.

이 밖에도 증권발행자는 인수인이 가지고 있는 조직적인 판매망을 이용할 수 있고 인수인들이 가지고 있는 투자자에 대한 정보능력 등을 토대로 투자가들이 선호하는 특성에 맞는 조건으로 증권을 발행함으로써 증권의 판매를 촉진시킬 수 있다.

(2) 사모와 공모

주식의 모집방식에는 사모(private placement)와 공모(public offering)가 있다. 사모는 증권발행자가 직접 특정소수의 인수인과의 교섭을 통하여 증권을 발행하는 방식으로 비공모발행이라고도 한다. 공모는 인수자로 하여금 증권을 불특정다수인[3]에게 공매하게 하는 방식으로 「증권거래법」상 모집 · 매출이 이에

3) 현 「증권거래법」에서는 공모를 발행인 등이 6개월간 50인 이상을 대상으로 모집(신규로 발행되는 증권)이나 매출(이미 발행되어 있는 증권)의 주선, 즉 유가증권의 취득을 권유하거나 청약을 받는 사실행위인 판매행위로 정의하고 있다. 이때 권유대상자로 최대주주, 임원 등 회사의 내용을 잘 알고

해당된다. 공모의 경우 인수하는 조건은 수의계약(negotiation)일 수도 있고 공개입찰(competitive bid)일 수도 있다.

공모는 일반투자가를 대상으로 하므로 거액의 자금조달이 가능하고 상장과 유통이 보장되기 때문에 발행조건과 선전효과면에서는 사모보다 유리하다. 반면 사모는 발행절차가 간편하고 발행자와 인수자 간의 신축적인 교섭이 가능하여 발행비용이 공모에 비해 저렴하고 공모의 경우 요구되는 까다로운 재무상태의 공시(disclosure) 의무가 부과되지 않는다는 이점이 있다. 현재 공모의 경우에 한해 유가증권신고서 제출이 의무화되어 있다(증권거래법 제2조 및 제8조).

미국의 경우 발행인에 대하여 원칙적으로 유가증권신고서의 제출의무를 부과한 후 예외적으로 사모거래에 대하여 동의무를 면제하고 있다(1933년 법 §3, §4, §5).

(3) 유상증자와 무상증자

주식발행은 발행시 주금납입이 수반되느냐의 여부에 따라 주금을 납입하는 실질적 증자인 유상증자와 주금을 납입하지 않는 형식적 증자인 무상증자, 그리고 유상과 무상이 동시에 이루어지는 유무상증자로 구분할 수 있다.

유상증자는 발행주식의 인수자를 정하는 방법에 따라서 다시 주주배정, 제3자배정, 일반공모 및 주주우선공모, 주식매입선택권제도 등이 있다. 주주배정은 기존주주에게 소유주식수에 비례하여 신주인수권을 부여하는 것으로 기존주주의 의결권과 회사재산권에 대한 비례적 지분을 보호하는 데 그 목적이 있다.

제3자배정은 특별법 또는 회사의 정관규정이나 주주총회 특별결의에 의해 주주의 신주인수권을 배제하고 특정의 제3자에게 신주인수권을 부여하는 형태로 주로 발행회사와 특정한 연고를 맺고 있는 주주 이외의 연고자, 예컨대 회사임원, 종업원, 거래처, 거래은행 등에게 신주인수권을 배정하는 방법이다. 회사임직원에 대한 주식배정은 간접적인 보수지급과 근로의욕 진작에 그 목적이 있으며, 거래처나 거래은행에 대한 주식할당은 긴밀한 사업관계를 유지하는 데 그 목적이 있다.

일반공모(public offering)는 기존주주의 신주인수권을 배제하고 불특정다수의 투자자를 대상으로 신주를 모집하는 방법이다. 현행 「상법」상 기업은 정관에서 정하는 경우에만 주주 이외의 자에게 신주를 배정할 수 있게 되어 있으나

있는 자는 제외된다. 권유대상의 수는 미국은 35인, 일본은 50인을 기준으로 하고 있다.

「증권거래법」(1996년 12월 개정)은 상장법인에 대하여 정관에서 정하는 바에 따라 이사회결의로 일반공모증자를 허용하고 있다.

주주우선공모는 상장법인이 신주를 모집하는 경우에 기존 주주에게 우선 청약의 기회를 부여하고 그 주주 등이 청약하지 아니한 주식은 일반청약자를 대상으로 다시 모집하는 방식을 말한다. 주식매입선택권(stock option)제도는 당해 기업의 경영에 기여하였거나 기여할 능력이 있는 임직원에게 신주를 교부하거나 주식을 매입할 수 있는 권리를 부여하는 제도(증권거래법 제189조의4)로 그 유형은 주식매입선택권의 행사가격으로 신주의 발행, 기발행주식의 교부 또는 행사가격과 시가의 차액을 현금 또는 자기주식으로의 교부 등이 있다.

무상증자는 내부유보액의 자본금전입이 이루어질 경우에 일어난다. 유상과 무상이 같이 실시되는 유무상증자의 경우 유상과 무상의 신주배정기준일이 같은 경우를 병행증자라 한다. 병행증자의 경우 주주는 유상주의 인수를 포기하거나 무상주만을 받을 수도 있다. 한편, 유상증자에 참가한 구주주에 한해 무상증자가 주어지는 경우를 유무상포괄증자라 한다. 포괄증자는 유상증자시 발생할 수도 있는 실권주를 방지하기 위한 제도이다.

(4) 액면발행과 시가발행

주식의 발행은 신주의 발행가격을 액면으로 하느냐 또는 발행 당시의 시장가격으로 하느냐에 따라 액면발행과 시가발행으로 구분할 수 있다.

액면발행은 발행가액을 회사의 정관에서 정하고 있는 액면가를 기준으로 발행하는 것으로 원칙적으로 신주인수에 대한 우선권을 기존주주에게 부여하는 발행방식이다. 액면발행은 구주주가 아닌 제3자에게 신주를 배정할 경우 부의 이전으로 구주주의 이익을 침해할 우려와 주가가 액면가를 크게 상회하지 않을 경우 실권주가 발생할 우려가 있다. 액면발행은 이 밖에도 신주주의 참여 제한에 따라 자금조달원이 제약될 수 있는 점 등이 그 문제점으로 지적되고 있다.

현행 「상법」은 회사의 설립시는 자본충실의 원칙에 따라 주식의 액면미달발행이 금지되어 있으나 회사의 성립 후에는 법원의 허가를 받아 액면미달로 발행할 수 있다. 한편 「증권거래법」의 개정(2001년 3월)으로 상장(등록)법인의 경우에는 주총의 특별결의만으로 액면미달발행이 가능하도록 되었다.

시가발행은 신주의 발행가격을 발행시점에서의 시장가격을 기준으로 책정하는 방식으로 이는 시장가격 그대로 발행하는 방식과 시가에서 일정률(예컨대 30%)을 할인하여 발행가격으로 하는 시가할인방식으로 구분된다.

시가발행은 발행기업 측면에서 볼 때 자본조달원을 기존주주 이외에 일반투자자로 확대하고 높은 가격으로 발행할 경우 자본조달비용을 인하시킬 수 있다는 장점은 있으나 발행가격이 너무 높거나 주가상승 전망이 좋지 않을 경우 실권주가 발생할 우려가 있다.

(5) 기 타

오늘날 기업의 특수한 재무정책적 목적을 달성하기 위한 주식발행이 증가하고 있는데 여기에는 주식배당, 주식분할, 주식병합, 전환우선주 또는 전환사채 등의 전환에 따른 주식발행 등이 있다.

주식배당(stock dividend)은 주주에 대한 이익배당을 현금 대신 주식으로 하는 것으로 이익의 사내유보라는 성격을 가진다.[4] 주식분할(stock split)이란 자본금의 변화 없이 기발행주식수의 액면가를 낮추어 주식수를 증가시키고 이들 주식을 주주에게 기존주식수에 비례하여 교부하는 것이다.[5] 미국의 경우 주식분할이란 주가가 높아 거래상 불편이 있는 주식을 쪼개어 주가수준을 거래에 편리하도록 조정하는 것을 말한다. 따라서 우리 나라의 무상증자는 미국의 주식분할에 해당된다.

주식병합(reverse split)은 여러 개의 주식이 한 개 또는 소수의 주식으로 병합되는 것으로 자본금의 감소나 회사합병 등의 경우에 발생된다. 전환우선주(convertible preferred stock) 또는 전환사채(convertible bond)는 소유자가 전환권을 행사할 경우 미리 정하여진 조건으로 주식과 교환된다. 전환우선주는 소유자가 전환권을 행사할 경우 우선주가 보통주로 전환되는 것으로 이 경우 기업의 자본금에는 아무런 변화가 초래되지 않는다. 그러나 전환사채의 경우에

---

4) 우리 나라에서는 1984년 「상법」 개정 전까지는 주식배당제도가 없었으나 개정 「상법」에서 이 제도를 신설하였다. 즉 개정 「상법」에서는 주주총회에서의 이익처분에 관한 결의에서 주주에게 배당할 이익을 이익배당총액의 1/2을 초과하지 않는 범위 내에서 주식으로 대신 지급하는 것을 허용하고 있다.

한편 이익에 의한 주식소각도 실질적으로 주주에 대한 배당의 일종으로 볼 수 있다. 우리 나라는 2001년부터 「상법」상의 주식회사는 정기주주총회에서 특별결의에 의해 이익으로 주식을 소각할 수 있게 되었고(「상법」 제343조의2), 특히 주권상장법인 및 협회등록법인의 경우 주총특별결의에 의해 배당가능이익으로 주식을 소각할 수 있다는 뜻을 정관에 정할 경우 이사회결의로 주식을 소각할 수 있게 되었다(「증권거래법」 제189조의2).

5) 1998년 12월 「상법」의 개정으로 주식분할제도가 도입되었다(제329조의2).

는 전환액에 상응하는 타인자본이 감소하고 동액의 자본금이 증가하여 실질적인 증자효과가 있다.

이 밖에 주식발행은 주식회사가 처음으로 설립될 때, 또는 주식회사 이외의 기업형태에서 주식회사로 조직을 변경할 때 신주를 발행하는 주식회사 설립시의 주식발행, 비상장기업이 처음으로 상장하면서 하는 주식발행(initial public offering), 기상장기업이 추가로 자금을 조달하기 위한 주식발행(seasoned offering) 등으로 구분할 수 있다.

1.2.2 유통시장

유통시장은 기 발행된 증권이 거래되는 시장을 말하며 거래가 어떤 방식으로 이루어지는가에 따라 집중거래시장과 계속거래시장, 거래가 이루어지는 장소에 따라 거래소시장과 장외시장 등으로 구분할 수 있다.

(1) 집중거래시장과 계속거래시장

집중거래시장(batch market)은 경매형시장(call market)이라고도 하며 증권을 거래하고자 하는 사람들이 일정한 시간에 일정한 장소에 모여 주문을 내면, 이를 일정시간 단위의 간격으로 모아서 일괄적으로 거래를 성립시키는 시장이다. 동 시장은 주문의 전달방식에 따라 구두주문과 서면주문으로 나눌 수 있다. 구두주문방식은 경매인이 잠정적으로 거래가격을 제시하면 사자측과 팔자측이 원하는 수량을 제시하고, 양측의 수량이 균형을 이루도록 가격을 조정하는 방법으로 모든 주문은 브로커를 통해 접수된다.

구두주문방식은 주문 후 주문을 수정할 기회가 있는 등 시황에 따라 신축적인 주문이 가능하나 한정된 장소와 시간에 많은 사람들이 모여야 하므로 거래가 활발한 주식이 아니면 이러한 거래시장이 성립하기는 어렵다는 점과 거래가 불편하다는 단점을 가지고 있다. 따라서 구두주문방식에 의한 집중거래는 시장규모가 커지고 복잡해짐에 따라 점차적으로 서면주문에 의한 집중거래방식이나 계속거래시장의 형태로 바뀌고 있다. 서면주문방식은 주문장에 주문의 내용이 기록되는 집중거래제도로서 우리 나라의 동시호가제도도 이러한 유형의 거래제도라 할 수 있다.

집중거래제도는 ① 일정시간 단위로 주문을 집중시킴으로써 규모의 경제에 의한 운영경비의 절감이 가능하고, ② 거래의 집중으로 단일가격에 의한 거래 형성이 가능하며, ③ 주문의 도달순서에 관계없이 집중거래가 이루어지기 때문에 대량거래로 인한 가격압박효과가 작다는 점 등이 장점으로 지적된다.

반면 집중거래제도는 ① 거래기회의 제한으로 우월한 정보소유자의 이득의 기회가 제한되고, ② 가격에 관한 정보가 단일가격형성시까지 제한을 받게 되어 투자가들이 정보에 신속히 대응할 수 없다는 점 등이 단점으로 지적된다.

계속거래시장(continuous market)은 거래조건만 맞으면 언제든지 거래가 성립되는 시장이다. 계속거래시장은 증권의 거래규모가 커지고 복잡해질수록 그 유용성이 증대되고 있는데, 동시호가가 이루어진 후의 우리 나라 증권시장 등이 이에 해당된다. 계속거래제도는 가격, 수량 등의 조건만 맞으면 언제라도 거래가 가능하기 때문에 거래의 즉시성(intermediacy)을 제공하고 정보확산의 신속성을 증대시킨다는 장점이 있다. 그러나 매수 · 매도주문이 접수되는 시간순서에 따라 수요공급이 편중될 수 있고, 이로 인해 가격의 급등락이 발생할 가능성이 그 단점으로 지적되고 있다.

계속거래시장은 가격결정시 회원의 역할에 따라 딜러와 브로커로, 가격결정방식에 따라 경쟁매매시스템과 마켓메이커시스템으로 구분할 수 있다.

딜러(dealer)란 자신의 계정으로 증권을 매매하는 자로서 마켓메이커(market maker)가 그 대표적인 예이다. 통상 시장에서 딜러는 자기거래뿐만 아니라 투자자의 위탁거래를 중개하는 기능까지 수행하는 것이 보통이다. 우리 나라의 경우 유가증권의 자기매매업 허가를 받은 증권회사만이 딜러가 된다. 딜러는 자기계산과 책임하에 상당규모의 재고를 보유해야 하기 때문에 상당한 자금능력이 있어야 하며 더욱이 현금보다는 증권을 더 많은 재고로 보유하기 때문에 유동성이 낮고 위험부담도 크다.

딜러는 시장조성(market making)기능을 수행하는 마켓메이커와 시장조성 의무 없이 매매차익을 목적으로 자기거래만 수행하는 트레이더(trader)로, 그리고 국공채, 회사채 등을 경쟁입찰에 의해 인수하여 자기책임 하에 거래하는 인수딜러(primary dealer)와 유통시장에서 자기계산으로 매매중개를 하는 유통딜러(secondary dealer) 등으로 분류하기도 한다.

브로커(broker)란 투자자의 주문을 시장에 전달, 거래상대를 물색하여 거래를 성립시켜 주고 수수료를 받는 자를 말한다. 브로커는 자기거래는 할 수 없고, 다만 위탁매매를 중개하는 기능만 하므로 리스크부담이 작기 때문에 자본규모가 크지 않아도 이를 수행할 수 있어 선진국의 경우에는 개인도 브로커 기능을 수행하기도 한다. 그러나 우리 나라는 증권중개업을 허가받은 증권회사만이 브로커가 될 수 있다.

경쟁매매시스템은 투자자의 주문이 한곳에 집중되어 경매방식으로 가격이 결정되는 시장으로 주문주도형(order-driven) 시장이라고 한다. 우리 나라의 증권거래소와 코스닥시장 및 최근 급성장하고 있는 대체거래시장(ECN: electronic communication network)도 주문주도형 시장이다. 마켓메이커 시스템은 마켓메이커가 가격결정을 주도하는 시장으로 호가주도형(quote-driven) 시장이라고 한다. 미국 나스닥시장이 대표적인 호가주도형 시장이다.

마켓메이커(market maker)란 딜러의 한 형태로서 자신이 담당한 종목에 대하여 자신의 계정으로 일반투자자들의 매도 · 매수 주문에 응함으로써 당해 종목에 대한 개별적인 시장을 형성하고 투자자에게 유동성 서비스를 제공하는 시장 내의 전문적인 증권업자를 말한다. 동 제도는 상장된 종목마다 딜러를 지정하여 그 해당 종목에 대한 가격의 결정권을 가지고 주문을 주도함으로써 가격의 연속성을 유지하고 거래증권의 유동성을 보장하기 위한 제도이다.

마켓메이커 시장에서 호가는 마켓메이커만이 제시할 수 있으며 모든 거래는 마켓메이커를 통하여 이루어지고 투자자 간 직접 거래는 불가능하다. 투자자는 마켓메이커가 제시하는 호가에 맞는 주문을 제출함으로써 거래가 성사된다. 반면 마켓메이커는 자신의 시장조성 종목에 대하여 항상 매수 및 매도호가를 반드시 게시하고 유지하여야 하며, 자신이 게시하는 호가대로 고객의 매매주문에 일정 수량은 반드시 응하면서 매매거래를 유지하여야 하는 의무가 있다. 따라서 마켓메이커는 자신의 계산과 책임 하에 상당규모의 재고를 보유해야 하기 때문에 상당한 자금능력과 자기매매를 위한 위험분산 및 주가예측능력이 요구된다.

마켓메이커는 이와 같은 시장조성의무에 대한 보상으로 특정 종목의 거래 독점권을 가지고 자신이 게시하는 매도와 매수호가 간의 차인 스프레드(spread)를 수익으로 확보할 수 있다. 반면 일반투자자는 시장에서 유동성을 제공받는 대가로 매도자는 시장균형가격보다 낮은 가격으로 매도하고, 매수자는 높은 가격으로 매수하게 된다.

최근에 들어 주요국의 거래소시장은 경쟁매매시스템과 마켓메이커시스템이 병행되어 운영되고 있는 추세이다. 미국의 뉴욕증권거래소는 경쟁매매방식으로 가격을 결정하는 방식이나 호가 불균형시 거래소에 상주하여 특정종목의 거래를 전담하는 스페셜리스트(specialist)[6)]가 마켓메이킹 기능을 수행하도록 하고 있으며, 런던증권거래소는 마켓메이커시장이었으나 1997년 후반부터 FTSE100지수에 포함된 종목은 거래가 활발하므로 경쟁매매방식으로 전환하여 혼합형 시장을 형성하고 있다.

미국의 나스닥시장도 1997년 10월 ECN 규정을 도입하여 투자자의 주문상황이 마켓메이커가 제시한 가격보다 우량한 주문은 ECN을 통하여 모든 시장참여자에게 바로 공개하도록 하고 투자자들간의 ECN을 통한 직접 거래를 허용함으로써 경쟁매매시스템을 부분적으로 채택하여 혼합형 시장으로 전환하였다.

(2) 거래소시장, 장외시장, 사이버거래시장

거래소시장(on-board market)이란 상장증권의 집단매매거래를 행하는 구체적이고 조직적인 시장을 말한다. 장외시장(off-board market)은 상장증권은 물론 비상장증권에 대하여 고객상호 간, 고객과 증권회사 간 또는 증권회사 상호간 1대 1의 개별적인 매매거래, 즉 상대매매의 형태로 거래가 행해지는 비조직적 시장이다. 우리 나라의 경우 거래소시장은 다시 유가증권시장과 협회중개시장으로 구분하고 전자는 유가증권거래를 위해 한국증권거래소가 개설한 시장을, 그리고 후자는 유가증권시장에 상장되지 아니한 주권의 매매거래를 위하여 한국증권협회가 운영하는 시장을 말한다.

장외시장은 크게 증권회사의 창구에서 고객과 증권회사 간에 이루어지는 점두매매와 매매당사자 간에 개별적으로 거래가 이루어지는 직접매매의 두 가지 형태로 구분할 수 있는데, 주로 증권회사의 창구에서 장외거래의 대부분이 이루어지므로 이를 점두시장(over-the-counter market)이라고도 한다. 장외거래는 매매거래당사자 간에 자율적으로 거래되기 때문에 거래가격은 동일시각,

6) 현재 미국의 NYSE와 Nasdaq은 specialist라는 이름으로, 독일의 Neuer Market은 designated sponsor라는 이름으로, 그리고 영국의 LSE, 일본의 Jasdaq 등은 market maker라는 이름으로 일부 또는 전종목을 대상으로 딜러시스템제도가 도입되어 있다. 우리 나라 선물시장도 동 제도가 도입은 되어 있으나 그 실적은 미미하다.

동일종목이라 할지라도 매매당사자에 따라 상이한 가격이 형성될 수 있다.

사이버 증권거래란 유가증권의 발행, 공시 및 분매, 정보교환, 투자분석, 주문, 매매체결, 거래조회, 결제 등 유가증권의 발행 및 유통과정에서 사람의 접촉이 없이 인터넷 등 전자통신매체를 통해 수행되는 거래를 의미한다.

사이버 증권거래의 주요 유형을 살펴보면 먼저 발행시장의 경우 인터넷 직접공모(internet direct public offering)와 인터넷 사모(internet private placement)로 나눌 수 있다. 전자는 유가증권 발행자(기업)가 전문인수업자의 도움 없이 인터넷을 이용하여 직접 유가증권을 공모하는 것을, 그리고 후자는 기업이 전문인수업자의 도움 없이 인터넷을 이용하여 직접 유가증권을 발행하되, 투자자를 일정 범위 이내로 제한하는 것을 말한다.

유통시장의 경우 사이버 증권중개(인터넷 브로커), BBS(bulletin board system), 대체매매시스템(ATS: alternative trading system) 및 가상증권거래소(virtual securities market) 등이 있다.

사이버 증권중개는 사이버 증권회사가 고객의 주문을 자사의 인터넷 홈페이지를 통해 수탁하여 증권거래소에서 매매 체결하는 것을 말한다. 사이버 증권회사는 사이버 공간에서만 영업을 영위하는 형태, 종합증권회사가 전통적인 업무와 함께 사이버거래를 병행하는 형태 및 증권회사가 사이버거래 전담 자회사를 두는 형태 등이 있다.

BBS는 증권회사나 증권거래소가 아닌 인터넷 서비스 제공업자가 자사 홈페이지를 이용하여 중소규모 공개기업의 주식거래를 알선하는 것을 말한다. 대체매매시스템은 전용 전자통신망을 통해 직접 증권매매를 할 수 있는 사설 장외거래시스템을 말하는 것으로 ECN(electronic communication network)이 그 전형이다.

우리 나라는 2001년 4월부터 대체매매시스템인 ECN을 거래소가 아닌 증권회사의 형태로 도입하였는데, 이는 ECN을 거래소 형태로 도입할 경우 ECN에 대해서도 거래소와 동일한 수준의 투자자보호장치 및 불공정거래 방지제도 등 규제장치를 도입하여야 하는 등 규제비용이 많이 들기 때문이다. 따라서 ECN의 도입초기에는 거래규모가 크지 않으므로 규제비용이 과다한 '거래소' 형태보다는 매매거래의 중개기능을 수행하는 '증권업'으로 규제하고 ECN이 활성화되고 거래규모가 크게 증가하여 기존 거래소와 경쟁관계에 놓이게 되면 증

권업이 아닌 거래소로 허가를 받도록 하는 제도개편이 필요할 것이다.[7)]

현재 ECN은 증권회사뿐만 아니라 전자기술업체들도 공동 또는 개별설립 형식으로 참가하고 있다. 거래 대상종목은 거래소상장종목과 코스닥등록종목으로 하고 개장시간은 증권거래소와 코스닥증권시장의 장 종료 후부터 다음날 개장 전까지로 하여 증권거래소와 코스닥증권시장과 연계하여 24시간 거래가 가능하게 되었다. 그러나 거래가격은 장 종료시 종가 또는 재경부장관이 정하는 가격으로만 제한하여 ECN의 가격형성기능을 배제하였으나 이로 인해 ECN의 거래가 극히 부진한 결과를 초래하였다. 이에 2003년부터는 ECN의 가격형성기능을 제고하기 위해 ECN의 가격변동폭을 거래소 또는 코스닥 종가의 상하 5%로 확대하고 30분 단위의 단일가 매매가 이루어지도록 하였다.

가상증권거래소는 넓은 의미의 대체매매시스템의 일종으로 증권회사 또는 투자자가 회원으로 가입, 전자통신망을 이용하여 증권을 매매할 수 있는 시스템으로 사이버증권거래소라고도 한다. 영국의 Tradepoint Stock Exchange (TSE)[8)]가 대표적인 예다.

최근 정보통신기술의 발전과 함께 투자자들에게 거래비용을 절감하고 다양한 투자기회를 제공하는 동시에 주문의 집중에 따른 가격형성의 효율성을 증대하기 위해 거래소 시스템의 통합 또는 연계체제가 증대되고 있다. 국내외적인 현물시장 간 및 현물시장과 선물시장과의 통합과 해외거래소와의 교차상장, 교차거래, 원격지회원제 등 업무제휴 및 협력이 늘어나고 있다.

이에 따라 증권거래의 국제화가 이루어지면서 각국 증권시장 간에 투자자와 상장회사를 유치하기 위한 경쟁과 협력이 동시에 진행되고 있다. 이미 매매거래를 유치하기 위해 거래소, 브로커, 대체거래시스템 등이 무한경쟁을 하고 있다.

또한, 기관투자가의 증시에 대한 영향력이 증대되는 이른바 증시기관화 현상에 따라 시장의 중심이 시장관리자로부터 투자자 및 상장기업 등 시장수요자에게로 이전되고 있다. 과거 증권시장은 시장참여자에게 낮은 거래비용으로 높은 유동성을 공급하는 공공적 기능만 수행하면 되었으나 최근에 들어 이용자의

7) 미국의 ECN은 NYSE나 NASDAQ시장의 정규매매시간에 연결되어 매매호가를 상호교환하고 야간에는 독자적으로 매매호가를 받아 24시간 거래하고 있다. ECN은 거래수수료가 저렴하고 거래상의 편의를 제공하고 있어 최근에 들어 기관 및 개인투자가들의 이용이 급속히 늘어나고 있다.

8) TSE는 1995년 영국의 증권투자위원회(SIB: Securities and Investments Board)로부터 공인투자거래소(recognized investment exchange)로 승인받아 동 년 8월부터 운영을 개시하여 현재 런던증권거래소에 상장된 증권만을 거래하며 기존의 거래소와 동일한 거래규칙 및 거래감시시스템이 적용된다.

다양한 수요를 충족시키기 위해 보다 많은 우량기업과 투자주문을 유치해야 하는 기업적 성격이 요구되고 있다.

이에 따라 세계적으로 거래소의 형태가 비영리형태의 회원제에서 영리형태의 주식회사제로 전환되고 있다. 이와 같은 거래소 형태의 탈상호화(demutualization)는 신속한 의사결정체제를 확립하고 시스템구축에 소요되는 거액의 자금조달을 용이하게 하기 위해서다.

우리 나라는 현물시장과 선물시장이 분리되어 있고 현물시장도 거래소 시장, 코스닥시장, ECN시장 등으로 분리되어 있다. 이에 따라 청산 및 결제기구가 시장별로 다원화되어 있어 전산시스템, 네트워크 등 물적시설분리에 따른 관리비용과 결제에 참여하는 각 시장참가자 간의 증권·대금의 이동규모 증가에 따른 결제부담 및 결제위험이 증가하고 있다. 또한 거래소시장의 경우 회원제로 운영되고 있어 거래의 효율성보다는 회원이익을 우선적으로 추구하고 전산시스템 등 인프라구축에 소요되는 자금을 제대로 조달하지 못하는 등 경영상의 비효율성이 증가하고 있다.

따라서, 우리 나라도 모든 거래소시장을 주식회사 형태로 통합하고 거래소 및 코스닥시장의 청산·결제기능을 통합하고 현물시장과 선물시장의 청산·결제기능을 연계시킬 필요가 있다. 또한, 거래절차의 전산화와 표준화를 통해 주문입력부터 결제까지 최초로 입력된 매매자료를 기초로 일련의 결제과정이 일관되게(seamlessly) 처리(STP: straight through processing)되게 함으로써 자료의 단계별 입력에 따른 착오와 비효율을 제거하고 결제를 시장참가자들의 증권·대금의 이동규모를 줄임으로써 결제위험과 거래비용을 최소화할 필요가 있다.

1.3 주식시장

1.3.1 발행시장

우리 나라의 신주발행방식은 인수자에 의한 간접발행이 일반적이다. 종래에는 기업이 주식을 공모하는 경우 형식적으로는 총액인수방식에 의거 주로 증권회사가 총액인수자의 역할을 담당하였으나 공모가격의 결정과 주식의 배정 등에 있어 인수자의 재량이 거의 없어 실질적으로 인수회사는 인수위험을 전혀 부담함이 없이 발행주선업무만 수행하는 데 불과하였다.

이에 보다 객관적이고 투명한 공모방식과 실질적인 총액인수체제로의 이행을 위해 그간 수차에 걸친 제도의 개편이 이루어저 오다가 2002년 8월부터 공모가격 결정, 청약 및 배정 등 인수절차 전반에 걸쳐 대부분의 규제가 폐지되어 인수주간사가 공모방법을 자율적으로 선택할 수 있게 하였다. 다만 인수업무의 자율화에 따른 보완조치로 시장상황 등을 감안하여 가격결정이 공정하게 이루어지게 하기 위해 공모금액이 일정 규모 이하일 경우에는 주간사가 경매(auction)나 확정가 방식(fixed pricing) 등을 자율적으로 선택할 수 있게 하되, 공모금액이 일정 규모 이상일 경우에는 원칙적으로 수요예측방식을 따르도록 하고 주간사의 경제적 책임을 강화하기 위해 주간사의 시장조성의무와 초과배정제도 등을 도입하였다.

수요예측방식(book building)은 주간사(book runner)가 공모인수가격을 결정하기 위해 사전에 주로 기관투자가들로 구성된 예정인수단으로부터 당해 증권의 공모희망가격과 수량 등을 제시받는 등 가격탐색과정(price discovery process)을 거친 뒤 공모가격을 발행회사의 사업성, 시장상황, 공모규모 등을 고려하여 발행회사와 협의한 가액으로 결정하는 방식을 말한다.

시장조성은 증권의 발행을 주간한 인수인(underwriter)이 동 증권의 가격이 상장 또는 등록 후 일정기간 동안 적어도 인수가격의 일정수준 이상이 되도록 가격지지책을 쓰는 것을 말한다. 시장조성기능이 없이 상장 또는 등록 후 증권의 가격이 발행가(인수가)를 하회할 경우 인수인을 믿고 증권을 구입한 일반투자자는 손실을 볼 우려가 있다. 가장 일반적인 시장조성방식은 인수인이 상장 또는 등록 후 인정기간 동안 항시 지정가(limit order)로 매입 주문을 하는 것이다.

초과배정(over-allotment)제도는 공모주식에 대해 초과청약이 있는 경우 주간사회사가 증권발행사로부터 추가로 공모주식을 취득할 수 있는 옵션(Green Shoe option)을 부여받아 이를 토대로 옵션물량 만큼 공모주식을 청약인에게 추가로 배정한다. 공모가 완료된 후 시장가격이 공모가격보다 높은 경우 주간사는 Green Shoe 옵션을 행사하여 청약자에게 초과 배정분을 교부하고 시장가격이 공모가격보다 낮을 경우에는 Green Shoe 옵션을 행사하지 않고 초과청약분을 시장에서 매입하여 교부함으로써 결과적으로 시장조성(market making)기능을 수행하게 된다. Green Shoe 옵션이 주어질 경우 인수자는 가급적 발행가를 낮게 책정하려 할 것이며, 이러한 사실 때문에 투자자들은 신주의 발행가가 비싸게 책정될 가능성(overpricing)에 대한 우려를 없앨 수 있고 인수자와 증권발행자도 증권의 미발행 위험을 줄일 수 있다.

1.3.2 유통시장

우리 나라 주식의 매매제도는 계속거래제도가 근간을 이루고 있다. 다만 유가증권시장에서는 동시호가의 처리에 있어서만 경매형의 집중거래제도를 채택하고 있다. 우리 나라 「증권거래법」에서는 증권거래소를 유가증권의 매매를 위한 유가증권시장을 개설하는 주체로 규정하고 있는바, 우리 나라의 증권거래소는 상장증권(listed securities)의 집단적 매매거래가 매일 정해진 시간에 한하여 이루어지는 조직적인 시장기구라는 특성을 갖고 있다.

여기서 상장(listing)이라 함은 증권의 유통이나 공정한 가격형성을 위해 증권발행인이나 관계기관이 증권거래소에 그 관리를 위탁하는 것을 말하며 이때 상장된 기업을 상장기업이라 한다.[9)]

협회중개시장(KOSDAQ)은 종래에는 거래소시장을 보완하는 성격이었으나 1998년 이후 거래소시장과 경쟁관계로 바뀌었다. 현행 「증권거래법」상 코스닥시장의 관리주체는 증권업협회이나 실질적으로는 협회 내의 코스닥위원회와 코스닥증권시장(주)이 시장운영을 분담하고 있다. 코스닥위원회는 협회의 「정관」에 의거 시장운영관련 제규정의 제 · 개정, 등록심사 · 승인 · 취소, 불성실 공시에 대한 조치, 투자유의 · 관리종목 지정 및 해제 등의 시장관리 그리고 주가감

9) 우리 나라의 경우 상장기업과 공개기업을 거의 유사한 개념으로 쓰고 있는데 공개기업이란 폐쇄성을 띠고 소수의 지배하에 있던 기업이 기업 및 경영내용을 일반에게 공개하는 동시에 기업의 소유권을 발행시장을 통하여 일반대중에게 분산시킨 기업을 말하는바 지금까지 대부분의 공개기업이 주식의 상장을 전제로 주식을 공모하였기 때문이다. 그러나 1998년 5월부터 주식공모와 상장이 분리되어 주식공모는 별도의 요건 없이 유가증권신고만으로 가능하게 되고 공모를 통하지 않은 상장은 별도의 상장요건에 의거 증권거래소의 심사를 통해 상장 여부가 결정되게 되었다. 유가증권신고서 제도는 기업이 자금공급자인 투자자에게 투자판단에 필요한 정보를 정확 · 진실 · 충분하게 공개함으로써 균등 · 공평한 경쟁조건을 조성하고 공정한 거래질서와 투자자보호를 위한 공시장치이다.

시[10] · 매매심리 · 회원감리 등의 시장감시업무를 수행한다. 코스닥증권시장(주)은 증권업협회와의 위임계약에 따라 매매체결 및 동 체결결과 통보, 정기 · 수시 · 조회공시, 권리락 등 권리관계조치, 매매거래정지 · 해제 등의 시장조치업무를 처리하고 있다.

한편 제도권시장(KSE, KOSDAQ)에 진입하기 어려운 기업들에 대해 공모에 의한 자금조달의 기회를 부여하는 한편 등록 · 상장이 폐지된 주식에 대해서도 유통이 될 수 있도록 미국의 OTC Bulletin Board 제도와 유사한 비등록 · 비상장기업주식의 호가정보시스템이 도입되었다. 여기에서 거래될 종목은 상장주식 중 부도발생 등으로 관리종목에 편입된 일부기업, 코스닥종목 중 거래부진, 부도 등으로 투자유의 또는 관리종목으로 떨어진 일부기업, 주식공모는 하였으나 정규시장 상장요건을 갖추지 못해 거래소나 코스닥시장에서 거래되지 못하는 비상장 · 비등록 기업 등이 포함된다.

거래방식은 고객이 증권사에 매매주문을 내면 동 증권사는 이를 코스닥증권 호가중개시스템(OTC BB)을 통해 각 증권사에 호가공시하고 각 증권사는 호가공시 정보를 보고 상대증권사를 물색하여 매매를 체결하고 그 결과를 코스닥증권 OTC BB를 통해 공시한다. 코스닥증권은 매매체결결과를 OTC BB를 통해 증권예탁원에 통보하고 예탁원은 매매체결 확인 후 계좌대체 방법으로 결제한다.

한편 우리 나라 증권거래의 국제화가 진전됨에 따라 1996년부터는 외국의 우량기업들이 발행한 주식이나 주식연계증권을 국내에서 발행하여 국내증권거래소에 상장할 수 있도록 하였다. 외국증권의 국내거래소 상장은 우리 나라 증권의 외국증권거래소에의 상장과 함께 국내외 증권거래소 간의 연계 내지 경쟁체제로의 관계 심화를 의미한다. 따라서 국내증권거래소도 투자자의 유치와 거래소의 유동성을 위해 거래비용의 절감을 위한 거래시스템의 개발, 증권시장의 투명성과 투자자보호를 위해 규제시스템의 효율과 국제적인 조화 등이 시급하다.

---

10) 주가감시(market watch)란 이상주가현상을 보이는 종목을 분석하여 이상매매를 적출 · 분석하는 기능을 말하고 주가감리(market surveillance)는 주가감시시스템에서 적출된 이상종목의 거래내역을 정밀검사하여 불공정거래혐의자를 색출해내는 작업을 말한다.

1.3.3 주식의 종류

주식은 주식회사에 대한 지분(equity)을 표창하는 증서로 배당방법, 의결권의 유무, 자본형성방법, 주주성명공시 여부, 주금기재 여부 등에 따라 여러 가지로 분류할 수 있다.

(1) 보통주 · 우선주 · 후배주

보통주(common stock)는 주주가 가지는 각종의 권리, 즉 이익배당청구권, 경영참가권 및 잔여재산분배청구권을 평등하게 가진 주식으로 이익배당이나 잔여재산분배 등의 권리에 있어서 차이가 있는 다른 종류의 주식과 구별되는 상대적 의미에서 보통주라고 부른다.

우선주(preferred stock)는 이익배당 및 잔여재산분배에의 참가순위가 보통주에 우선하나 사채보다는 후위에 있다. 우선주는 보통주에 우선하여 배당을 받을 수 있는 우선배당률이 사전에 결정되어 있다는 점에서 사채와 유사하나 우선배당률은 사채와 같이 항상 보증되어 있는 것은 아니다.

따라서 우선주는 우선배당률 이하의 부족배당 발생시의 처리에 따라 부족배당액을 다음 결산기에 보상하는 누적적 우선주(cumulative preferred stock)와 부족배당액이 보전되지 않는 비누적적 우선주(non-cumulative preferred stock)로 나누어지고, 일정률의 우선배당을 받은 다음 다시 잔여이익배분에 보통주와 같이 참여하느냐의 여부에 따라 참가적 우선주(participating preferred stock)와 비참가적 우선주(non-participating preferred stock)로 구별된다.

따라서 우선주는 이 네 가지 조건을 조합하여 i) 누적적 · 참가적 우선주, ii) 누적적 · 비참가적 우선주, iii) 비누적적 · 참가적 우선주, iv) 비누적적 · 비참가적 우선주 등의 형태로 분류된다.

우리 나라의 종래 우선주는 대부분 보통주보다 1% 정도 더 배당하는 비누적적 · 비참가적 무의결권주식으로 우선배당이 주어지지 않을 경우 다음 주주총회부터 의결권이 부활되는 것이었다. 그러나 의결권은 주주가 경영자의 재량적 행위로부터 발생할 수도 있는 불이익을 규제할 수 있는 최후의 수단인바, 이와 같은 중요한 경제적 가치를 액면가액의 1% 정도의 낮은 보상으로 포기케 하는 것은 실체가 형식을 우선(substance over form)한다는 우선주의 기본정신에 어긋난다는 지적들이 많았다. 이에 따라 개정 「상법」에서는 1995년 10월부터 우선주를 발행할 경우 정관에 최저배당률을 정하고 주총의 결의에 따라 보통주로의 전환과 주식배당시 같은 종류의 주식으로 배당이 가능하도록 규정하였다.

후배주(deferred stock)는 보통주에 비해 이익배당이나 잔여재산분배의 참가순위가 열위에 있는 주식으로서 통상 배당을 지급하지 않고 지배를 위한 의결권만의 부여를 목적으로 발기인 등에 제공되기 때문에 미국이나 영국에서는 발기인주(founder's share)라고 한다.

(2) 의결권주와 무의결권주

의결권주(voting stock)는 의결권이 부여된 주식이다. 우리 나라에서는 1주에 하나의 의결권만을 부여하고 있다. 무의결권주(non-voting stock)는 의결권이 부여되지 않거나 의결권의 행사에 있어서 특별한 제한이 가해지는 주식이다. 이는 주가차익이나 배당만을 목적으로 하는 투자자에게 주로 이용된다.

(3) 액면주와 무액면주

액면주(par value stock)는 주권에 그 주식의 액면가액이 기재되어 있는 주식을 말한다. 액면가액은 자본금(＝액면가액×주식발행수)의 구성단위라는 점 이외에는 별 의미가 없다. 무액면주(non-par value stock)는 주권에 액면가액이 기재되지 않은 주식으로 발행가액은 주식을 발행할 당시의 시가가 보통이다. 액면주의 경우 액면가와 발행가의 혼동 및 할인발행으로 인한 혼수자본(watering stock) 등의 우려가 있으나 무액면주는 이러한 우려를 방지할 수 있다는 이점이 있다. 우리 나라 「상법」에서는 무액면주의 발행을 인정하지 않고 있지만 미국과 일본 등 선진국에서는 무액면주가 보편화되어 있다.

(4) 기명주와 무기명주

기명주는 주주의 이름이 주권 및 주주명부에 기재되어 있는 주식으로 권리행사자를 명확히 알 수가 있고 그 통지를 함에 있어서도 편리하다는 이점이 있다. 무기명주는 주주의 이름이 주권이나 주주명부에 기재되지 않고 주권을 소유함으로써 주주로서의 자격을 인정받게 된다. 우리 나라의 경우 무기명주는 정관에서 그 발행을 예정하고 있을 경우에만 가능하도록 되어 있고 발행이 되었을 경우에도 그 권리행사자를 확정짓기 위해서 주권을 회사에 공탁시키도록 하고 있다.

(5) 보증주 · 상환주 · 전환주

보증주(guaranteed stock)는 이익배당의 지급을 제3자가 보증한 주식으로 사회적 신용도가 낮은 회사가 주로 발행하며 모회사가 보증하는 경우가 대부분이다.

상환주(redeemable stock, callable stock)는 조달자본이 주주에게 상환되는 주식으로 우리 나라 「상법」에서는 우선주에 한하여 발행을 허용하고 있다.

전환주(convertible stock)는 그 소유자의 의사에 따라 일정조건 하에 소유주식을 다른 종류의 주식으로 전환할 수 있는 주식이다.

1.4 채권시장

1.4.1 발행시장

채권은 채무를 표창하는 투자증권을 말한다.[11] 우리 나라의 채권발행방법은 공모와 사모, 발행방식은 직접발행과 간접발행이 있다. 국채의 경우 국회의 동의를 거쳐 발행케 되는데 매출방법은 공모발행, 인수발행 및 교부발행의 3가지 방식이 있다.

공모발행은 장기국채 발행시 주로 이용되며 한국은행, 증권회사, 종합금융회사 등을 주선기관으로 하여 일반에게 매출된다. 인수발행은 국채발행 전액을 한국은행, 정부특별회계 또는 국채인수단이 인수하는 방식으로 발행된다. 국채인수단은 은행, 증권회사, 신탁회사 등으로 조직된다. 교부발행은 정부가 채무의 지급시 현금 대신 국채를 발행하여 채권자에게 교부하는 방식으로 정부 인

11) 미국의 경우 채권을 발행주체와 관계없이 단기채권(note), 담보부채권(bond) 및 무담보채권(debenture)과 같이 채권의 특성을 기준으로 분류하고 있다. 영국에서는 debenture를 기업의 다양한 채무형태를 모두 포괄하는 개념으로 쓰고 무담보채권을 naked debenture, 담보채권을 mortgage debenture 등으로 부른다.

허가업무와 관련하여 강제 소화된다. 지방채는 대부분 첨가소화에 의존하고 금융기관 등이 발행하는 특수채는 첨가소화 또는 일반매출방식을 취하고 있다.

회사채는 대부분 공모와 회사채인수기구를 통한 총액인수방식에 의해 간접발행방식으로 발행된다. 회사채는 3년 이내의 단기채가 주종을 이루고 있는데 이는 아직까지 인플레 기대심리가 상존하여 투자자들이 단기채를 선호하기 때문이다. 그러나 1996년부터 시행된 금융소득종합과세제도에서 만기 5년 이상의 채권의 이자소득에 대해 분리과세가 허용됨에 따라 장기채에 대한 수요가 증가하게 되어 만기 7년(1995년 7월)과 10년(1995년 9월)의 장기국채의 발행에 이어 만기 7년의 회사채(1995년 11월)도 발행되고 있다.

회사채의 발행은 발행자가 증권관리당국에 등록된 발행총액을 일시에 발행하는 전통적 등록방식(traditional registration)과 등록만 일괄적으로 하고 채권의 실제발행은 등록된 발행총액 범위 내에서 분할하여 발행할 수 있는 일괄등록방식(shelf registration)이 있다. 일괄등록제도가 활성화되면 시장참여자의 예측가능성을 높이고 시장상황에 따라 적기에 발행함으로써 발행비용을 절감할 수 있다.

한편 실물증권의 발행 여부에 따라 실물방식과 무권화(dematerialization)방식으로 나눌 수 있다. 무권화방식이란 증권의 권리관계를 나타내는 실물증권을 발행하지 않고 동 권리를 인정하여 권리의 양수·양도 및 행사가 가능하도록 하는 제도로 현재 대다수의 채권이 이 방식으로 발행되고 있다.

1.4.2 유통시장

채권의 유통거래는 증권회사가 거래고객의 대리인으로서 매매거래를 성립시켜 주는 중개방식과 증권회사가 항상 매수 및 매도호가를 제시하여 투자자의 매매상대방이 되어 주는 딜러방식이 있는데 중개방식이 대부분이다.

현재 거래소에 상장되어 있는 채권으로는 국채, 통화안정증권 및 회사채 등이 있다. 일반적으로 주식에 비해 채권은 거래소시장보다는 장외시장에서의 거래가 보다 활발하다. 채권은 주식과는 달리 종류가 많고 표준화가 어려워 경쟁매매에 부적합하기 때문이다. 종래 우리 나라의 거래소에서의 채권거래비중은 매우 작았으며 이나마 대부분이 장외에서 매매당사자 간의 상대매매를 거래소에서 형식적으로 완결하는 절차에 불과하였다.

이와 같이 채권의 거래소에서의 거래비중이 낮은 데다 주로 기관투자가들만이 참여하고 있어 시장이 과점적 구조를 보이고 있고, 대부분의 투자가들이 채권을 만기까지 보유하는 관행 등으로 인해 채권의 매매회전율이 낮아 상장채권의 유동성 제고, 적정가격 형성, 소액투자자 보호 등에 문제점이 야기되었다.

그간 채권유통시장의 활성화를 위한 인프라 구축에 많은 노력을 기울여 왔다. 채권의 장내거래를 활성화시키기 위한 국채의 표준화, 채권시가평가제도의 도입, 결제제도의 개편 등이 대표적인 예이다. 채권의 유통시장을 활성화하기 위해서는 무엇보다도 채권시가평가제도가 정착되어야 한다. 이를 위해 채권유통시장의 매매정보 집중을 통해 채권매매수익률의 일별 공표체계 및 제도가 정비되고 채권종류별 수익률표(yield matrix)의 작성, 전문신용평가기관에 의한 채권의 정기적인 등급평가 및 공시, 채권딜러 간의 채권매매관련 정보의 집중 등의 제도정비가 이루어졌다.

이와 같은 인프라를 바탕으로 정부는 1단계로 1998년 11월부터 투자신탁회사와 은행의 신탁재산에 신규로 편입되는 채권부터 시가평가제도를 도입하고 2000년 7월부터는 모든 펀드로 확대하였다. 채권의 가격평가는 상장채권의 경우 거래소 시가에 의해 그리고 비상장채권의 경우 증권업협회가 매일 발표하는 시가평가기준수익률을 기준으로 하였으나, 채권가격의 투명성과 공정성을 제고하기 위해 2000년 7월부터 민간평가기관의 발표가격만을 참고로 하도록 하였다.

한편 다품종 소량생산종목이란 채권의 특성상 장외에서 특정종목의 시장조성(market making)을 해 주는 채권딜러의 역할이 중요하다는 판단 하에 국채전문딜러제도(1999) 및 채권전문딜러제도와 이들을 대상으로 장외에서 채권매매중개업무를 수행하는 딜러간중개회사(IDB: inter-dealer broker)제도를 도입하였다(2000).[12)]

한편, 채권거래결제의 안정성을 제고하기 위해 1999년 11월부터 증권예탁원과 한국은행(BOK-Wire)의 연계를 통해 매매채권의 인도와 대금결제가 동시

---

12) 그러나 아직까지 채권거래, 특히 회사채 거래가 일반증권회사를 중심으로 상대매매로 이루어지고 있어 채권거래의 투명성이 낮고 중개수수료도 상대적으로 높은데다 IDB에 참가하는 딜러증권사들이 채권딜링보다는 자기고객을 대상으로 하는 중개기능에 치중하고 있어 채권시장의 운영효율성은 낮은 편이다.

에 이루어지는 동시결제제도(DVP: delivery vs. payment)가 도입되었다. 거래소시장에서 이루어지는 장내증권거래는 거래소가 결제이행을 보증하기 때문에 결제불이행위험이 없으나 장외에서 이루어지는 증권거래는 당사자가 직접 결제하므로 증권과 자금의 동시결제를 하지 않을 경우 결제가 제대로 이루어지지 않을 위험이 있다.

일반적으로 결제업무는 청산 · 결제 · 예탁업무로 분리된다. 청산(clearing)은 다수의 거래당사자 간에 결제될 증권과 대금의 채권 및 채무관계를 차감하여 순채권 또는 순채무를 확정하는 과정을, 결제(settlement)는 청산과정을 통해 확정된 증권 및 대금을 당사자 간에 인수 또는 인도하는 과정을, 그리고 예탁(depository)은 결제와 관련된 유가증권을 보관 · 관리하고 예탁유가증권의 권리이전 · 변경 · 소멸을 계좌 간 대체방식으로 처리하는 과정을 말한다.

1.4.3 채권의 종류

채권은 원칙적으로 약정된 기일에 원리금을 상환하는 고정수익증권(fixed income security)이라 할 수 있는데, 발행주체, 원리금상환방법, 담보 유무, 각종 옵션(option)조건 등의 첨가 여부에 따라 다음과 같은 여러 종류로 분류할 수 있다.

(1) 발행주체에 따른 분류

국공채는 정부 또는 공공기관이 재정적자의 보전 또는 투융자자금의 조달을 위하여 발행하는 것으로 발행주체에 따라 다시 정부가 발행하는 국채(government bond), 지방자치단체가 발행하는 지방채(municipal bond), 공공기관이 발행하는 공채(public bond)로 구분할 수 있다. 현재 정부가 발행하는 국채로는 국민투자채권, 국민주택채권, 국민주택기금채권, 양곡기금증권, 농어촌발전채권, 농지채권 등이 있다.

앞으로 정책금융의 축소 등으로 재정수요가 크게 늘어날 것으로 예상되어 국채시장이 활성화될 것으로 예상된다. 이를 위해 국채관리제도를 개선하여 현재 각종 회계, 기금, 계정 등으로 다원화되어 있는 국채발행기관을 국채관리기금으로 일원화하고 예산상의 세계잉여금이 발생할 경우 이 중 일부를 동 기금에 적립하여 국채원리금 상환 등에 사용하고 국채의 종류도 단순화하고 표준화하였다.

이와 함께 국채발행방식은 종래에는 저금리에 의한 강제배정 소화방식이었으나 금리자유화 이후 시장실세금리에 의한 경매방식 또는 인수단 인수방식으로 전환하였다. 국채인수단은 국공채인수업무를 허가받은 금융기관들로 구성된다. 또한 국채의 유통시장을 활성화하기 위해 국채펀드와 같은 국채관련상품을 개발하고 은행 등에 국채인수 주간사 자격을 부여하여 국채의 창구판매를 허용하였다.

공채의 경우 현재 지방채인 지하철공채, 특수채인 전기통신공사채, 전력채권, 토지개발채권, 기술개발금융채권, 금융채인 산업금융채권, 주택채권, 중소기업금융채권 등이 발행되고 있다.

회사채는 사기업이 장기자금조달수단으로 발행하는 채권으로 그 종류는 매우 다양하다.

(2) 원리금상환방법에 따른 분류

할인채는 채권상환기간중 이자를 전혀 지급하지 않고 만기에 가서 액면금액만을 상환하는 조건으로 할인되어 발행되는 채권(pure discount bond)으로 무이표부채권(zero coupon bond)이라고도 한다.

이표채(coupon bond)는 상환기간중 정기적으로 이자(coupon)를 지급하고 만기에 가서 액면금액을 상환하는 채권으로 이는 다시 액면금액이 채권의 시장가격보다 큰 할인이표채(discount coupon bond), 액면가액과 시장가격이 같은 액면채(par bond) 및 액면가액이 시장가격보다 낮은 할증채(premium bond)로 구분할 수 있다.

영구채(perpetuities 또는 consol)는 원금은 상환하지 않고 일정한 이자만을 영구히 지급하는 채권이다.

(3) 담보 유무에 따른 분류

담보채(secured bond)는 발행회사 또는 제3자가 원리금의 상환을 보증하기 위해 담보를 설정한 채권으로 발행회사는 회사재산을 담보로 수탁회사와 담보신탁계약을 체결하며 수탁회사는 물상담보권을 설정하고 이를 보존, 실행할 의무를 부담하고 발행회사는 담보가액 범위 내에서 사채를 발행한다. 무담보채(unsecured bond)는 사채원리금에 대해 제3자의 지급보증이나 담보신탁 없이 발행자의 신용만으로 발행되는 채권이다.

담보채는 다시 담보의 종류에 따라 부동산담보채(mortgage bond)와 유가증권담보채(collateral bond)로 구분된다. 담보는 다시 담보에 대한 채권의 우선변제 순위에 따라 동일담보에 대해서는 채권발행순서에 관계없이 동일한 저당권을 갖는 개방담보(open-end mortgage)와 동일한 담보에 대한 차순위발행채권 보유자는 차순위저당권을 갖는 폐쇄담보(close-end mortgage)로 구분할 수 있다.

(4) 구조설계채권

구조설계채권(structured bond)이란 일반채권에 특정한 구조(structure)가 내장된 채권으로 옵션, 선도, 워런트, 스왑 등과 같은 파생상품이 내장된 채권으로 정의되나 ABS채권 등과 같이 채권의 집합화, 채권에 대한 신용보강 등이 내장된 채권까지 광의로 정의하는 경우도 있다. 구조설계채권은 기업의 특수한 성격과 투자자의 다양한 요구를 동시에 충족시킬 수 있다는 점에서 그 의의를 찾을 수 있다.

이하에서는 주로 옵션이 내장된 채권을 중심으로 많이 이용되는 구조설계채권을 소개한다. 옵션채는 통상채권에 옵션적 성격이 가미된 채권으로 콜옵션 성격(callable feature)과 풋옵션 성격(puttable feature)의 채권으로 구분된다.

1) 콜옵션형 채권

콜옵션 성격의 채권은 통상채권에 콜옵션이 첨가된 채권으로 이는 다시 수의상환채와 같이 콜옵션이 채권발행인에게 있는 채권과 전환사채, 신주인수권부 사채, 교환사채 등 주식연계채권(equity kicker)과 같이 콜옵션이 채권소지인에게 있는 채권으로 구분된다.

① 수의상환채

수의상환채(callable bond)는 채권발행자가 일정한 기간이 경과한 후 일정한 상환가격(call price)으로 채권만기 이전에 채권소지자의 의사에 관계없이 상환할 수 있는 권리를 갖는 채권을 말한다. 이때 중도상환가격은 액면가격보다 높은 프리미엄(call premium)을 갖는 것이 보통이다. 동 채권은 발행 당시 시중의 금리가 너무 높은 수준임에도 불구하고 채권을 발행하여 자금을 조달할 수밖에 없는 발행자가 앞으로 적당한 시기에 잉여자금으로 상환하거나 보다 저렴한 자금으로 대체할 목적으로 발행하는 것이 보통이다. 이 밖에도 동 채권이 담보부채권일 경우 채권의 저당물을 처분할 권리를 확보할 목적으로 발행하는 경우도 있다.

② 전환사채

전환사채(CB: convertible bond)는 채권소지자가 일정기간 후 행사가격에 의해 보통주 또는 우선주로 전환할 수 있는 권리를 가진 채권이다. 미국에서는 전환사채를 발행하는 경우 미전환, 즉 잔류(overhanging)를 방지하고 채권보유자에게 전환을 촉구하기 위해 발행회사가 수의상환을 할 수 있는 권리(call right)를 가지는 경우도 있다.

③ 신주인수권부사채

신주인수권부사채(BW: bond with warrant)는 채권가액의 일정비율에 해당하는 채권발행사의 신주를 인수할 수 있는 권한이 부여된 채권이다. 신주인수권부채권은 신주인수권이 채권과 분리되어 시장에서 거래될 수 있는 것(detachable)과 분리거래가 불가능(non-detachable)하여 채권의 소지자만이 권리를 행사할 수 있는 것이 있는데, 후자의 경우 채권이 상환되면 신주인수권도 소멸된다. 종래에는 현금납입형 및 비분리형 신주인수권부사채의 발행만을 허용하였으나 1998년 6월부터 대용납입형 및 분리형 신주인수권부사채의 발행도 허용되었다.

현금납입형의 경우 사채권자가 신주인수권을 행사할 경우 별도의 주금납입이 이루어지고 사채권은 만기까지 존속하나 대용납입형의 경우 사채권자의 요청시 주금납입을 사채의 상환으로 대신할 수 있어 전환사채와 경제적 실질이 동일하다.

④ 교환사채

교환사채(EB: exchangeable bond)는 채권소지자가 채권발행사가 보유하고 있는 다른 상장유가증권으로의 교환을 청구할 수 있는 채권으로 발행사의 자본금의 증가가 수반되지 않는다는 점에서 전환사채와 구별된다.

교환사채는 특정 보유주식을 교환대상으로 자금을 차입한 후 주가가 전환가격 이상으로 상승하면 주식매각이 가능하지만, 주가가 전환가격 이상으로 상승하지 않으면 현금상환의무를 지는 주식연계 채권으로 이 중에서도 교환대상 주식이 2개 이상인 것은 OPERA(outperformance equity redeemable in any asset) bond라고 한다. OPERA bond는 투자자의 입장에서는 교환대상 주식 중 수익률이 높은 주식을 선택할 수 있어 통상의 교환사채보다 유리하다.

⑤ 지수연동형 신주인수권부사채

지수연동형 신주인수권부사채(index linked bond with warrant)는 워런트(warrant)로 주가상승분 만큼 현금이 지급되는 채권을 말한다. 워런트는 행사기간중 주가지수가 일정수준 이상 상승하면 행사가 가능하며 이때 행사지수를 초과하는 지수포인트당 일정금액을 지급한다. 워런트는 채권원리금의 상환이 종료되면 소멸한다. 지수연동형 신주인수권부사채는 전환사채, 신주인수권부사채, 교환사채 등과는 달리 특정주식이나 지분의 이전이 발생하지 않는다.

2) 풋옵션형 채권

풋옵션 성격의 채권에는 채권소유자가 채권만기 도래 이전에 일정한 가격으로 채권의 만기일을 사전에 명시되는 기일로 단축할 수 있는 단축가능채권(retractable bond)이나 일정기간중에 채권의 만기를 사전에 명시된 기일로 연장할 수 있는 연장가능채권(extendible bond) 등이 있다.

단축가능채권의 경우 상환을 청구할 수 있는 기간이 채권발행일부터 일정기간이 경과하고 난 후인 것(deferred put)이 보통이며 이는 다시 청구기간이 하나뿐인 단일청구기간 풋(one-time put)과 일정기간 경과마다 계속적으로 청구기간이 도래하는 복수청구기간 풋(continuing put)이 있다.

(5) 특 수 채

1) 이익채 · 이익참가채 · 수익채

이익채(income bond)는 발행사가 일정한 수준 이상의 이익을 실현하였을 경우에 한하여 이자를 지급하는 채권이다. 이익참가채(participating bond)는 채권보유자가 약정이율을 받고도 채권발행자의 이익이 일정수준 이상일 경우에는 다시 이익에 참가할 수 있는 권리를 가진 채권이다. 수익채(revenue bond)는 특정재산이나 프로젝트에서 발생하는 수익(revenue)으로 원리금을 상환하는 조건인 채권으로 미국의 경우 주로 정부기관이나 정부소유기업 등이 발행한다.

2) 복 리 채

복리채는 할인채의 변형으로 할인채가 액면할인의 형태로 채권발행시에 이자를 선급함에 반해서 복리채는 채권발행시는 액면가액으로 발행하고 원리금은 표면이자율로 복리로 계산하여 만기에 일시에 지불함으로써 이자를 후급하는 형식을 취하는 채권을 말한다. 대표적인 예로 국민주택채권과 전신전화채권 등을 들 수 있다.

3) 분할상환채 · 연속상환채 · 감채기금채

분할상환채는 일정한 상환유예기간(grace period)이 경과한 후 원리금을 분할하여 상환하는 채권을 말한다. 그 예로서 지하철공채, 도로공채 등이 이에 해당된다. 연속상환채(serial bond)는 채권을 상이한 만기를 가진 여러 개의 조로 나누어 발행하는 것으로 각조의 채권은 무이표채(zerials) 형식으로 발행되는 것이 보통이다. 분할상환채가 일반적으로 추첨에 의해 분할상환되어 어느 채권소지자의 채권이 상환되는지 불확실한 데 비해 연속상환채는 발행 당초부터 채권별로 상환일이 확정되어 있다.

채무상환기금채(sinking fund bond)는 채권의 원리금 상환가능성을 높이기 위해 채무상환기금의 적립을 요구하는 조항이 붙은 채권으로 적립된 감채기금은 원칙적으로 채권의 매입 또는 상환에 사용되어야 하나 경우에 따라서는 약관에 따라 다른 용도로 전용되는 경우도 있다.

채무상환기금채는 일반적으로 채권의 시장가격이 액면가를 상회할 경우에는 발행회사가 추첨에 의해 일부를 액면가로 상환하고 시장가격이 액면가를 하회할 때에는 유통시장에서 채권을 시장가격으로 매입상환한다. 채무상환기금채는 이와 같이 발행사가 상환방법의 선택권(delivery option)을 가지고 있기 때문에 선택권이 없는 연속상환채보다 시장가격이 낮은 것이 원칙이다.

4) 변동금리채

변동금리채(floating rate bond 또는 floaters)는 채권의 이자지급액이 고정되어 있지 않고 시장금리 등에 연동되어 변하는 채권을 말하는데, 현재 국제채(international bond)의 대부분이 이 방식으로 발행되고 있고, 우리 나라에서도 '94년부터 CD유통수익률에 금리를 연동시킨 FRN(floating rate note)이 허용된 이후 최근에 많은 회사채와 일부 공채가 금리변동방식으로 발행되고 있다. 변동금리채는 매 이자지급기간 개시 전에 차기지급이자율(이자지급금액)이 결정되므로 이자지급기간을 각각 만기로 하는 단기의 고정금리부채권을 만기상환시까지 연속적으로 매입할 것을 약속한 채권과 동일한 효과를 갖는다.

5) 보증채 · 무보증채

채권원리금의 상환에 대해 제3자가 보증한 채권을 보증채(guaranteed bond)라 하고 그렇지 않은 것을 무보증채라 한다. '97년 외환위기 이전까지는 우리 나라의 회사채는 금융기관이 원리금상환을 보증하는 보증채가 대부분이었으며, 보증기관들이 장기채권에 대한 위험을 회피하기 위해 단기보증을 선호함에 따라 만기구조가 5년 이하로 단기화되는 현상을 보여 왔다.

그러나 기업에 대한 신용분석기법이 발달되고 신용보증기관 등 각종 보증기관의 기능이 활성화됨에 따라 최근에 들어 무보증채와 장기채의 발행이 증가하고 있다.

1.5 유동화증권시장

1.5.1 유동화증권의 의의와 유동화제도

자산유동화(asset securitization)란 부동산, 매출채권, 유가증권, 주택저당채권 등 재산적 가치는 있으나 유동성이 낮은 자산을 현금화(monetization)하는 것을 총칭하나 일반적으로는 유동화자산을 유가증권화하는 증권화방식을 의미하며, 현행 「자산유동화에 관한 법률」에서도 증권화방식의 자산유동화만을 인정하고 있다. 유동화증권(ABS: asset backed securities)시장이란 이와 같은 유동화자산을 기초로 증권을 발행하여 당해 자산의 관리 · 운영 · 처분에 의한 수익으로 그 증권의 원리금을 지급하는 증권이 거래되는 시장을 말한다.

우리 나라는 그 동안 채권 유통시장이 제대로 발달되지 못한데다 현행 「민법」상 채권양도시 제3자 대항요건, 저당권 이전의 경우 각 담보물권의 변경등기, 근저당권부채권의 경우 피담보채권의 확정 등 법적인 문제[13) 등으로 동 시

13) 현행 「민법」상 채권양도시 제3자에 대항하기 위해서는 확정일자 있는 증서에 의하여 채무자에게 통지하거나 채무자의 승낙을 받아야 하며 저당권, 소유권 등 물건의 양도시에는 등기를 하여야 효력이 발생한다.

장이 제대로 형성되지 못하였다.

그러나 1997년 외환위기 이후 금융기관과 자산관리공사 등이 보유하고 있는 부실채권이나 토지 등의 자산을 조기에 현금화하여 자금조달을 원활하게 함으로써 금융기관의 재무건전성을 높이고 주택저당채권(mortgage)을 증권화하여 장기주택금융을 안정적으로 공급할 필요성이 증대됨에 따라 정부는 특별법인 「자산유동화에 관한 법률」을 제정하였다(1998년 9월).

동법은 자산유동화에 관한 「민법」상의 자산양도절차의 간소화를 위한 특례를 인정하여 유동화전문회사 등이 유동화를 위해 금융기관 등 자산보유자로부터 자산유동화계획에 따라 양도나 신탁을 받은 경우 동 사실을 금융감독위원회에 등록하도록 하고 동 등록을 한 경우에는 채권양도의 경우 제3자에 대항이 가능하게 하였다.[14)]

특히 양도채권이 질권이나 저당권에 의해 담보된 채권인 경우에는 등록이나 등기를 하지 않아도 유동화전문회사 등이 그 질권이나 저당권을 취득하도록 하였다.

이는 권리양도 절차에 관한 특례인정 없이 자산유동화제도를 도입할 경우 유동화증권의 기초(담보)가 되는 수많은 자산에 대해 자산별로 통지하거나 등기에 막대한 비용과 시간이 소요되기 때문이다. 한편 근저당권부채권의 피담보채권확정절차를 간소화하기 위해 자산보유자(금융기관)가 채무자에게 추가로 채권을 발생시키지 않고 그 채권의 전부를 양도하겠다는 통지서를 발송하고, 채무자가 10일 이내에 이의를 제기하지 않을 경우, 통지서를 발송한 다음 날 근저당권부채권이 확정되는 것으로 간주하는 간이확정절차를 도입하였다.

자산유동화업무를 영위할 수 있는 자는 동 법에 의한 유동화전문회사, 「신탁업법」에 의한 신탁회사 및 자산유동화업을 전업으로 하는 외국 법인으로 하였다. 자산유동화회사는 유동화를 위한 중개기구(SPV: special purpose vehicle)[15)]로서 유동화자산의 양수, 유동화증권의 발행 및 유동화자산의 관리·운용·처분 등의 업무를 수행한다.

자산유동화의 절차를 요약하면 유동화 대상자산을 보유한 자산보유자

---

14) 채무자에게 2회 이상 통지하였음에도 통지서가 반송된 경우 양도사실을 신문에 공고하면 통지가 된 것으로 갈음한다. 「민법」상으로는 통지 반송시 대항력 구비가 불가능하다.

15) SPV는 자산유동화의 중간매체역할을 하는 기구로서 회사형(SPC: special purpose company)과 신탁형(신탁회사)이 있다.

(originator)가 유동화자산을 유동화전문회사(SPC 또는 신탁회사)[16]에 양도 또는 신탁하고 동사는 이를 기초(담보)로 하여 유동화증권을 발행한다. 이때 유동화전문회사는 유동화자산의 관리를 자산관리자(servicer)에게 위탁한다. 자산관리자는 자산보유자(originator), 소정의 자격을 갖춘 자산관리전문회사(AMC: asset management company) 및 종합신용정보회사[17] 등이 될 수 있다. 자산관리자는 위탁받은 유동화자산을 자신의 고유자산과 구분하여 관리한다.

유동화증권의 발행·상환 등 유동화증권과 관련된 일반운영업무는 업무수탁인(administrator)에게 위탁하며 일반적으로 은행이 업무수탁인이 된다. 그리고 유동화자산의 안전성을 위해 자산관리자가 위탁받아 관리하는 유동화자산은 자산관리자의 채권자의 강제집행이나 「파산법」, 「화의법」 및 「회사정리법」에 의한 보전처분 또는 중지명령의 대상이 될 수 없도록 되어 있다.

유동화전문회사는 유동화자산의 범위, 유동화증권의 종류, 유동화자산의 관리방법 등 자산유동화에 관한 계획인 자산유동화계획에 따라 출자증서 사채, 증권 또는 증서를, 신탁회사는 자산유동화계획에 따라 수익증권을 발행할 수 있도록 하되 유동화증권 발행총액은 유동화자산의 매입가액 또는 평가가액을 넘지 못하도록 하였다.

자산보유자가 유동화전문회사에 유동화자산을 양도하는 방식은 진정양도(true sale) 방식에 의하도록 되어 있다. 그리고 다음과 같은 진정양도 요건을 갖출 경우 이를 담보권의 설정으로 보지 않고 양도한 것으로 간주함으로써 유동화자산 양도의 독립성을 보장하고 있다.

❶ 매매 또는 교환에 의할 것
❷ 자산에 대한 수익권 및 처분권을 양수인이 보유할 것
❸ 양도인의 자산반환청구권 및 대가반환청구권이 존재하지 아니할 것
❹ 양수인이 자산에 대한 위험을 인수할 것

---

16) 유동화전문회사는 설립 및 운영이 용이한 「상법」상의 유한회사형태로 하고 직원을 고용할 수 없는 서류상의 회사로 하였다. 일반적으로 특별목적회사의 파산가능성을 최소화(bankruptcy remote)하기 위해 다양한 안전장치를 한다. 특별목적회사는 유동화업무나 이에 직접적으로 부수되는 업무 이외의 업무는 취급하지 못하게 하고 금융감독위원회에 등록된 자산유동화계획에 의한 자금차입, 지급보증 및 담보제공만을 허용하는 것 등이 그 예이다. 「자산유동화에 관한 법률」에서는 유동화전문회사는 다른 회사와 합병하거나 다른 회사로 조직을 변경할 수 없게 하였다.

17) 「신용정보의 이용 및 보호에 관한 법률」에 의거 신용조회업, 신용조사업 및 채권추심업을 허가받은 자를 말한다.

유동화증권의 대상이 되는 유동화자산에는 특별한 제한은 없으나 양도가 가능하여야 한다. 특히 유동화전문회사 등이 다른 유동화전문회사 등으로부터 유동화증권 또는 유동화자산을 양도 또는 신탁받아 이를 기초로 유동화증권을 발행할 수 있게 함으로써 다단계 자산유동화제도도 가능하게 하였다. 다단계유동화는 특히 자산보유자의 신용도가 낮거나 유동화대상자산의 질이 낮아 직접 유동화가 곤란한 경우 등과 같이 자산보유자가 투자자를 대상으로 직접 ABS를 발행하기가 곤란한 경우 등에 이용된다.

유동화전문회사 등에 자산을 양도할 수 있는 기관은 자산유동화를 위하여 도입한 「민법」 및 「세법」 상의 일부 특례조항으로 인하여 발생할 수 있는 사회적 부작용을 최소화하기 위해 공공성이 큰 금융기관, 자산관리공사, 예금보험공사 등 일부 공기업, CRC 및 신용도가 우량한 법인으로서 금융감독위원회가 인정하는 법인 등으로 한정하였다.

한편, 주택저당채권의 유동화를 촉진함으로써 주택금융을 활성화하기 위해 「주택저당채권유동화회사법」에 의거 주택저당유동화제도가 도입되었다. 동 법에 의해 설립된 유동화 중개회사인 한국주택저당채권유동화회사는 주택저당채권의 매입, 주택저당증권[18] 발행, 지급보증업무 및 기타 금융감독위원회가 승인한 부대업무를 수행한다. 또한 동 중개회사는 유동화전문회사와 같이 자산관리위탁계약에 의거 금융기관 등에 주택저당채권의 관리를 위탁하며 동 중개회사가 금융기관으로부터 주택저당채권을 양도받은 경우에는 그 사실을 금융감독위원회에 등록하여야 하고 동 등록을 한 경우에는 「민법」 상의 채권양도의 대항요건을 갖추거나 저당권이 이전된 것으로 간주한다.

1.5.2 유동화증권의 법적 성격

종래 일부 법률학자 간에 대출채권의 양도와 관련된 문제점의 하나로 저당권의 부종성[19]과 등기의 공신력 문제가 제기되었었다. 저당권의 부종성 문제는

18) 주택저당채권담보부채권과 주택저당채권담보부수익증권을 포함한다. 주택저당채권담보부채권(MBB: mortgage backed bond)은 주택저당채권을 담보로 하여 발행되는 채권을, 주택저당채권담보부수익증권(MBS: mortgage backed security)은 주택저당채권을 기초로 하여 발행되는 수익증권을 말한다.

19) 부종성이란 저당권의 성립 및 존속을 위해 피담보채권이 존재해야 한다는 것을 전제로 저당권을 피담보채권과 분리하여 양도하거나 다른 채권의 담보로 제공하지 못하는 것을 말한다. 부종성이 있

[그림 1-1] 유동화증권 구조도

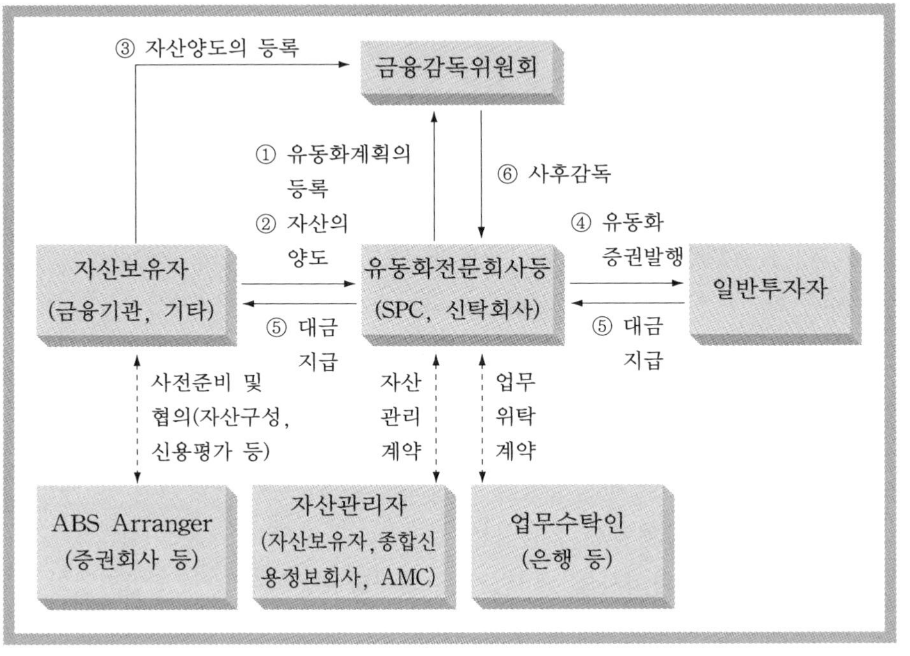

저당권담보부 대출채권의 담보를 다시 유동화증권의 담보로 할 경우 피담보채권에 관해 발생할 수 있는 많은 이의와 항변 때문에 유동화증권 발행기관의 관리사무가 복잡하고 담보가치의 보전을 충분히 기대할 수 없다는 것이다. 그러나 대출채권 없이 저당권만을 유통시키는 경우에는 저당권의 부종성 문제가 발생할 수 있으나 대출채권의 유동화는 대출채권을 매각하면서 당해 채권에 설정된 저당권도 동시에 이전하는 것이므로 저당권의 부종성에 위배되는 것이 아니며 오히려 부종성으로 인해 담보가치가 보다 확실하게 보장된다는 견해도 있다. 등기의 공신력 제고문제는, 우리 나라의 등기제도는 등기의 공시력[20]만 인

는 저당권의 경우 비록 등기를 신뢰하여 양수하더라도 피담보채권이 존재하지 않는 한 보호받지 못한다. 우리 나라의 「민법」은 저당권을 수반하지 않을 것을 당사자간의 특약으로 정하지 않는 한 채권과 저당권의 부종성과 수반성을 적용하여 양자를 분리하여 제3자에게 양도하지 못하게 되어 있다.

20) 물권의 변동은 언제나 외부에서 인식할 수 있는 어떤 표상, 즉 공시방법을 수반해야 한다는 것으로 거래의 안전을 위해 인정하는 원칙이다. 우리 나라 부동산 공시제도는 부동산 권리관계의 변동을 공시하는 등기제도와 부동산 자체의 현황(위치, 형태, 경계 등)을 명확히 파악하기 위한 지적제도로 이원화되어 있고 동산의 공시방법은 인도, 즉 점유이전이다. 부동산의 경우 공시의 원칙이 비교적 잘 기능하고 있으나 등기부와 지적공부를 관장하는 기관이 다름에 따라 양 공부의 표시가 상이한 경우가 있어 이러한 사실을 모르고 등기부상에 표시된 부동산의 상황만 믿고 거래한 제3자는 예상치

정하고 등기의 공신력[21)]은 인정하지 않고 있기 때문에 대출채권을 매입한 투자자가 이에 부수한 저당권이 사실상의 권리관계와 부합되지 않을 경우 손해를 입을 우려가 있다는 것이다. 특히 소액임차보증금 등 저당권에 우선하는 채권이 존재할 경우 더욱 그러하다.

따라서 대출채권의 유동화를 용이하게 하기 위한 최선의 방법은 등기의 공신력을 인정하는 방향으로 관계법률을 개정하거나 차선책으로 등기의 공신력 제고를 위한 방안이 마련되어야 한다는 것이다. 그러나 이 문제는 비단 대출채권의 유동화에 한정된 문제가 아니라 등기에 기초한 모든 재산권의 이전 및 저당권을 담보로 한 기왕의 금융관행에서도 발생될 수 있는 것이므로 유동화된 저당권부대출채권의 경우 투자자보호를 위해 다른 거래보다 약간의 공신력만 더 부여하면 충분하다는 견해도 있다. 구체적인 예로 미국과 같은 부동산권이 보험(title insurance)[22)]의 도입 등이 그것이다.

우리 나라도 2000년부터 미국의 FATI(First American Title Insurance)사의 국내지점을 필두로 일부 보험사들이 이를 판매하기 시작하였다. 우리 나라

못한 손해를 입을 수도 있다. 특히 동산물권의 경우 그 공시방법인 점유의 이전이 공시로서 대단히 불완전하기 때문에 공시의 원칙은 거의 그 기능을 발휘하지 못하고 있다. 따라서 현대법은 동산물권에 관하여 공시의 원칙을 관철시키는 방법으로서 두 가지 제도를 이용하고 있다. 하나는 일정한 상품상의 권리를 증권화하여 그 증권에 배서, 교부함으로써 공시방법으로 사용하는 것이며(상법상의 화물상환증, 선하증권, 창고증권 등), 다른 하나는 특수한 동산물권에 관하여 공시장부에 의한 공시, 즉 등기, 등록을 인정하는 것이다(선박, 자동차, 항공기, 중기 등). 공시의 원칙은 물권에 관해서만 인정하는 것이 아니며, 광업권, 어업권, 무체재산권 등은 물론 채권에도 인정되고 있다.

21) 물권의 존재를 추측케 하는 표창, 즉 공시방법을 신뢰해서 거래한 자가 있는 경우, 비록 그 공시방법이 진실한 권리관계에 일치하고 있지 않더라도 마치 그 공시된 대로의 권리가 존재하는 것처럼 보호해야 한다는 원칙을 말한다. 이 원칙의 인정근거는 거래의 안전을 보호하는 데 있다. 즉 공시방법은 실체관계와 부합하지 않을 수가 있는데(예: 무효인 매매계약에 기하여 소유권이전등기가 완료된 경우) 이러한 공시방법을 신뢰한 자를 보호하는 제도가 공신력의 원칙이다. 따라서 이는 공시력의 원칙을 보완하는 방법이라 할 수 있다. 우리 「민법」은 부동산에 관하여 공신력을 인정하지 않고, 동산에 관하여도 도품·유실물건을 제외한 거래물건에 관해서만 이를 인정하고 있다. 따라서 부동산 등기의 기재사실만을 믿고 부동산 매매거래를 하더라도 위조, 사기, 강박, 무능력에 의한 의사표시 등으로 인하여 등기부상의 권리와 실질의 권리관계가 일치하지 않는 경우에는 매수인은 예기치 못한 손해를 입을 수 있다. 등기공무원의 실질적 심사권이 없기 때문에 요식행위인 서면에 의한 형식적인 심사에 의해 권리관계가 등기부에 기재되기 때문이다. 이에 비하여 독일 「민법」은 동산과 부동산 모두에 관하여 공신력을 인정하고 있으며, 프랑스 「민법」은 동산에 관하여만 이를 인정하고 있다. 우리 「민법」은 프랑스 「민법」과 같이 신뢰보호 내지 거래보호보다는 진정한 권리보호를 우선하고 있는 것이다. 저당권의 등기에 관한 공신력이 인정되면 선의의 양수인은 비록 저당권이 성립되지 않거나 저당권의 양도행위가 무효라 할지라도 등기를 신뢰한 양수인은 유효하게 저당권을 취득한다.

22) 부동산권리보험이란 보험계약자인 매수인이나 저당권자와 보험자인 보험회사와의 보험계약에 의하여 매수인이나 저당권자가 그가 취득하고자 하는 부동산권리가 하자로 인하여 취득할 수 없을 때 보험회사로부터 보험금을 지급받음으로써 보호받는 손해보험계약이다. 자세한 것은 제12장 보험 및 연금시장을 참고하기 바란다.

의 경우 부동산등기제도가 있으나 명의신탁 등으로 인해 부동산매수대금을 지불하고서도 소유권이전을 받지 못하거나 저당권을 설정해 놓고도 무권리자에 의한 저당권 설정 등으로 인하여 저당권을 행사하지 못하는 경우와 같이 등기부만 조회해서는 발견할 수 없는 위험[23] 등이 적지 않아 동 보험의 수요가 적지 않을 전망이다.

1.5.3 유동화증권의 종류

현재 유동화증권은 주택저당채권을 기초로 발행되는 MBS와 주택저당채권 외의 자산을 기초로 발행되는 ABS로 나눌 수 있다. ABS는 기초자산에 따라 유동화자산이 사채권인 CBO(collateralized bond obligation), 유동화자산이 대출채권인 CLO(collateralized loan obligation) 및 유동화자산이 매출채권, 회사채, 수익증권 등 다양한 자산을 기초로 발행되는 일반 ABS 및 ABCP(asset backed commercial paper) 등이 있다. 특히 CBO와 CLO 등과 같이 채무증서를 기초자산으로 발행하는 ABS를 총칭하여 CDO(collateralized debt obligation)로 부르기도 한다.

ABS는 기초자산의 자금수익원에 따라 현금흐름(cash flow)형과 시장가치(market value)형으로 구분할 수 있다. 현금흐름형은 ABS 상환을 위한 수익원이 기초자산으로부터의 예측이 가능한 액면가 기준의 현금흐름을 바탕으로 하고 시장가치형은 동 수익원이 기초자산의 시장가치 혹은 매매가치를 바탕으로 한다.

현금흐름형의 경우 기초자산으로부터 발생하는 현금흐름의 시기와 부도위험이 주된 변수인 반면 시장가치형의 경우 기초자산의 가격변동성이 보다 중요한 변수가 된다. 현재 국내에서 발행하는 ABS는 대부분 현금흐름형이다.

ABS는 또한 ① 기초자산의 법적소유권을 SPV에 양도(assignment)하는 방법, ② 기초자산에 대한 법적소유권은 보유하되 동 자산으로부터의 현금흐름만을 SPV에 매각(participation)하는 방법, ③ 기초자산에 대한 법적소유권은 유

23) 우리 나라 등기제도는 등기의 공신력을 인정하지 않고 있어 무권리자의 저당권 설정 등과 같이 저당권의 설정에 하자가 있는 경우에는 비록 저당권이 등기되어 있더라도 저당권자는 등기된 내용대로 저당권을 행사할 수 없고 임금채권이나 저당권등기일로부터 소급하여 1년 이내에 발생한 국세징수권은 등기하지 않더라도 저당권부채권에 우선한다.

지하면서 신용파생상품(credit derivatives)을 이용하여 기초자산의 신용위험과 스프레드위험을 제3자에게 이전하는 방법 등이 있다. 현재 국내에서 발행되는 ABS는 대부분 ①의 방법을 채택하고 있다.

자산보유자는 원칙적으로 SPV에 기초자산을 진정양도(true sale)함으로써 SPV는 자산보유자의 파산으로부터 절연(bankruptcy remote)되어 있다. 그리고 ABS의 신용평가는 독립된 신용평가회사에 의해 이루어져 자산보유자와 연계성을 갖고 있지 않는(delinked transaction) 것이 원칙이나 자산보유자가 지급보증 등 ABS 선순위채권의 신용보강을 하는 경우에는 ABS의 신용등급이 자산보유자의 신용상태와 연계될 수도 있다.

ABS는 소정의 신용등급을 받기 위해서는 기초자산의 신용위험과 관련하여 신용보완(credit enhancement)이 필요한데, 이를 위해 주로 이용되는 방식으로는 후순위채 발행, 초과수익(excess spread) 및 현금예치(cash collateral accont) 방식 등이 있다.

후순위채발행방식은 기초자산을 담보로 발행하는 ABS 채권을 변제함에 있어 우선권을 갖는 선순위채권과 변제순위가 열위에 있는 후순위채권으로 나누어 발행하여 결과적으로 후순위채권보유자가 선순위채권을 보증하게 하는 방식이다.

일반적으로 선순위채권은 투자자가 갖고 후순위채권은 ABS 발행자가 인수함으로써 간접적으로 ABS 발행자가 보증을 하게 된다.

초과수익방식은 기초자산으로부터 발생하는 수익이 ABS 투자자에게 지급하는 이자와 자산관리수수료 등 각종 비용을 합한 것보다 충분히 높게 하여 기초자산의 잠재적 부실에 따른 대손에 대비하는 방식이다. 현금예치방식은 기초자산의 부실에 따를 잠재적 손실을 담보하기 위해 ABS의 상환이 완료될 때까지 별도로 현금을 예치케 하는 방식이다.

ABS는 유동화자산의 장래현금흐름과 유동화증권의 만기를 맞추기 위하여 서로 만기가 다른 수종의 유동화증권을 동시에 일괄발행하므로 만기가 6월부터 10년 이상까지 다양하다.

ABCP는 일반적으로 단기금리가 장기금리보다 낮은 점을 이용하여 유동화자산을 대상으로 SPV가 장기 ABS 증권을 발행하는 대신 단기의 CP를 반복적으로 차환 발행함으로써 이자지급비용의 절감은 물론, 유동화자산에서 조기회수되어 SPV가 보유하게 되는 잉여자금(idle money)의 최소화 등이 가능해져 자금조달비용을 낮출 수 있는 장점이 있다. 반면 ABS 발행의 기초(담보)가 되는 기존의 유동화자산을 신규발생되는 자산으로 교체(일종의 담보교체)하는 방식으로 단기매출채권을 기초로 장기의 ABS를 발행하는 회전(revolving)방식도 있다.

동 방식은 단기매출채권을 기초로 장기기업자금 조달이 가능하고, ABS 발행비용을 절감할 수 있는 효과가 있다.

신용카드매출채권은 일반적으로 1~2개월 후 결제되는 것이 보통이기 때문에 이를 기초자산으로 하는 ABS(CARD: certificates of amortizing revolving debts라고도 한다)를 발행하기 위해서는 ABS 만기까지 매출채권이 일정규모 내에서 계속적으로 소멸과 생성을 반복하는 회전방식으로 구조화할 필요가 있다. 일반적인 대출과 같이 원리금이 정기적으로 상환되는 자산(amortizing assets)을 기초자산으로 하는 ABS의 경우 기초자산으로부터 나오는 현금흐름이 바로 ABS의 원리금 상환재원으로 사용(pass-through)되는 데 비해 회전구조 하에서는 기초자산으로부터 나오는 현금흐름은 일부만이 ABS의 이자만을 지급하고 남은 금액은 신규매출채권을 매입하여 기초자산에 추가 편입하게 된다.

현재 국내에서 카드매출채권을 대상으로 발행되는 ABS는 대부분이 동 매출채권을 신탁회사에 신탁하고 발급받는 수익증권을 기초로 SPV가 ABS를 발행하는 2단계구조로 되어 있다. 즉, 1단계에서는 카드회사가 카드매출채권을 수탁은행의 금전채권신탁계약을 통해 포괄적으로 신탁하여 이를 기초로 제1종 및 제2종수익증서를 발급받고 2단계로 SPV가 이 중 제1종수익증권을 양도받아(제2종수익증권은 카드회사가 인수한다) 이를 기초자산으로 하여 선순위채권과 후순위채권을 발행한다.

이때 제2종수익증권과 후순위채권은 각각 제1종수익증권과 선순위채권에 대한 신용보완기능을 한다.

■용어정리

마켓메이커(market maker): 딜러의 한 형태로서 자신이 담당한 종목에 대하여 자신의 계정으로 일반투자자들의 매도 · 매수 주문에 응함으로써 당해 종목에 대한 개별적인 시장을 형성하고 투자자들에게 유동성 서비스를 제공하는 시장 내의 전문적인 증권업자를 말한다.

구조설계채권(Structured bond): 일반채권에 특정한 구조가 내장된 채권으로 옵션, 선도, 워런트, 스왑 등과 같은 파생상품이 내장된 채권으로 정의되나, ABS채권 등과 같이 채권의 집합화, 채권에 대한 신용보강 등이 내장된 채권까지 광의로 정의한다.

자산 유동화(asset securitization): 부동산, 매출채권, 유가증권, 주택저당채권 등 재산적 가치는 있으나 유동성이 낮은 자산을 현금화하는 것을 총칭, 일반적으로는 유동화 자산을 유가증권화하는 증권화방식을 의미한다.

■연습문제■

1. 다음 용어들을 간략하게 설명하라.
   (1) 발행사무와 발행위험
   (2) 직접발행과 간접발행
   (3) 총액인수와 잔액인수
   (4) 주식분할과 주식합병
   (5) 상장(listing)
   (6) 보통거래와 당일결제거래
   (7) 동시호가
   (8) 유상증자와 무상증자

2. 발행시장에서 인수(underwriting)의 기능을 설명하고, 여러 가지 인수방법을 설명하라.

3. 발행시장과 유통시장의 기업공시에서 그 내용을 열거하라.

4. 기업을 증권시장을 통해 공개 매수할 경우 그 목적과 내용을 설명하라.

▩알기 쉬운 경제 상식

Common sense case 1 – 확산되는 '스톡옵션'

잘 될 가능성이 있는 작은 회사들이 직원들에게 월급대신 주식을 주는 '스톡 옵션제(stock option)'를 큰 회사들도 앞다퉈 도입하겠다고 나서고 있습니다. 도대체 큰 회사들에 무슨 일이 일어난 것일까?

세상은 돌고 돈다고 하죠? 몇 년 전 이 말이 딱 들어 맞는 일이 벌어졌습니다. 삼성 · 현대 등 큰 회사들이 직원들에게 '스톡 옵션(stock option)'을 줄 테니 "회사를 나가지 말아달라"고 '부탁'을 했었습니다. 1997~1998년만 해도 큰 회사들은 외환위기로 장사가 안 되자 직원들에게 웃돈을 주면서 "회사를 나가라"(명예퇴직)고 했었는데 말입니다. 그렇다면 왜 외환위기 때와는 정반대의 일이 벌이지고 있는 것일까요?

그 이유는 사람들이 외환위기를 겪으면서 큰 회사도 망할 수 있고, 평생 다닐 수 있는 안정적인 직장이 아니라는 생각을 가지게 된 거죠. 그러니 좋은 기술을 갖고 있는 사람(우수 및 전문 인력)들은 능력이 있을 때 내 사업을 해 보겠다고 회사를 차리거나(창업), 스톡옵션을 받고 잘 될 가능성이 큰 벤처 기업(돈은 없지만 창의적인 아이디어를 가진 기업가들이 세운 회사)으로 자리를 옮기는 것입니다. 삼성 SDS와 LG정보통신에서는 1999년 한 해에만 200~300여 명이 회사를 떠났습니다. 이에 비상이 걸린 큰 회사들도 벤처 기업이 주로 써 왔던 스톡옵션이라는 '당근'을 내밀며 회사를 떠나려는 사람들의 옷자락을 붙들었던 것이지요. 그러면 스톡옵션이 무슨 '만병 통치약'이라도 되냐구요? 그렇지는 않습니다. 하지만 벤처 기업으로 발길을 옮기려는 직원들의 마음을 되돌리는 '약'이 될 수는 있습니다.

즉, 회사가 돈을 벌면 월급쟁이도 덩달아 큰 돈을 벌게 돼 있는 것이 스톡옵션이기 때문입니다. 이러한 스톡옵션은 회사가 임직원에게 "일정기간(3년)이 지나면 우리 회사 주식을 일정 가격(행사가격)에 살 수 있다"라면서 준 권리를 말합니다. 통상적으로 자기 회사 주식을 살지 안 살지 고를 수 있는 권리라고 해서 '주식 매입 선택권'이라고도 합니다.

B회사 임원이 주식 1만주를 3년 뒤 1주당 2만원에 살 수 있는 스톡옵션을 받았다고 상상해 봅시다(주식은 매일 사고 팔 수 있어 오르내리기를 수 없이 반복한다). 3년이 지난 후 이 회사 주식 값이 3만원이 됐다면 이 임원은 스톡옵션을 행사할 것입니다. 왜냐하면 이 임원은 회사 주식을 2만원에 살 수 있는 스톡옵션, 즉 권리를 행사하여 2

만원에 사서 3만원에 팔 수 있기 때문이죠. 그렇게 하면 한 주당 1만원씩, 모두 1억원(1만주×1만원)의 이익을 간단히 얻을 수 있게 되는 것이죠.

하지만 주식 가격이 2만원 아래로 떨어지면 이 임원은 스톡 옵션을 행사하지 않을 겁니다. 왜냐하면 이 스톡옵션, 즉 권리를 행사하여 2만원에 사는 것보다 시장에서 사면 더 싸게 살 수 있기 때문이죠. 이렇게 되면 스톡 옵션은 쓸모 없는 '종이쪽'이 되고 말겠죠.

보통 스톡옵션은 보너스 또는 월급 대신 주기도 합니다. 이를 받은 사람들은 어떻게 행동을 할까요? 이들은 주식 값이 올라야 본인이 권리를 행사하여 큰 돈을 벌 수 있다고 생각하기 때문에 회사의 이익을 남기기 위해 열심히 일을 할 것입니다. 이익이 많으면 많을수록 회사의 주식 가격은 올라 갈테니까요.

이런 스톡옵션 제도를 활용하면, "열심히 일을 하든 안 하든 월급은 나오는데, 뭐하러 월급쟁이가 죽자 살자 일해!"(도덕적 해이)라는 주인(주주)의 우려도 사라지겠죠. 이러한 스톡옵션은 회사 성장에 기여한 만큼 주기 때문에 근무 기간에 따라 직원에게 골고루 주식을 나누어 주는 종업원 지주제와는 다릅니다.

1920년대 초 미국에서 처음 시작돼 이제는 미국 증권거래소에서 주식이 거래되는 기업(상장기업)의 80% 이상이 이 제도를 쓸 정도로 널리 퍼져 있습니다. 우리나라 역시 1997년 이후 중소기업 뿐만 아니라 대기업까지 앞다퉈 도입하고 있는 실정입니다.

이 제도는 보통 성공할 가능성은 크지만 월급은 많이 줄 수 없는 벤쳐기업들이 우수한 인재들을 데려다 쓰기 위해 많이 활용하고 있습니다. 마이크로 소프트사나 넷스케이프 같은 회사들도 창업할 때 스톡옵션을 도입해 지금과 같은 큰 회사가 됐습니다. 한 때 주식 가격이 90배 이상 오른 벤처 기업도 마찬가지입니다. 대기업 과장을 그만두고 최근 이 회사에 입사한 A이사가 2만 3천원에 1만 5000주(5000원 액면가 기준)를 스톡옵션으로 받는다고 상상해 보세요. 현재 1주당 23만원이고 스톡옵션을 행사할 수 있는 3년 뒤에도 이 주식 가격이 지속된다면 A이사는 약 30억원 이상의 어마어마한 금액을 벌 수 있다는 계산이 나옵니다.

이러니 큰 회사에 다니던 사람들이 밤잠 안 자고 노력하면 '노다지'를 캘 것이라는 '꿈'을 갖고 벤처 기업의 문을 두드리는 것이지요. 큰 회사들 역시 우수한 인재들이 나가는 것을 막으려고 스톡옵션으로 맞불을 놓을 것이구요.

The Investment Theory

제 2 편

포트폴리오 이론 및 시장균형 이론

제 2 장 위험과 위험 회피

투자론에서 가장 중요한 이론의 시작점이 포트폴리오 이론을 다루는 장으로, 포트폴리오 이론과 함께 투자론의 핵심인 위험과 위험회피에 대한 이론적인 내용을 다룬다. 아울러 투자론에서 가장 기초가 되는 위험과 기대수익률을 산출하는 수학적 방법론을 다루게 된다.

2.1 위험과 위험 회피

2.1.1 위험 분석의 기초 개념

우리는 흔히 어린아이가 물가에서 놀면 위험하다고 이야기한다. 왜냐하면 어린아이가 물속에 빠져 익사할 염려가 있기 때문이다. 다시 말해 물가에서 노는 어린아이의 생사가 불확실하기 때문에 물가에서 노는 어린아이는 위험하다. 이와 마찬가지로 어떤 유가증권이 위험하다는 의미는 유가증권의 미래 가치가 불확실하다는 뜻으로 해석할 수 있다. 이와 같은 유가증권의 대표적인 예가 주식이다. “주식시장에서 주가는 귀신도 맞추지 못한다”라는 증시격언이 있다. 이 말이 바로 주식의 미래가격은 불확실하다는 것을 풍자하고 있기 때문에 주식이 위험유가증권의 대표주자로 간주된다.

위험(risk)이 있다는 것은 미래에 발생 가능한 상황이 하나 이상이라는 것을 의미한다. 본 절에서는 미래에 두 가지 결과가 일어날 수 있는 투자안에 대해 지금 일정한 초기자본(initial wealth)을 투자하는 경우를 가정하여 위험의 기초개념 및 이를 계량화할 수 있는 방법을 소개한다. 주식분석을 위해서는 주식이 조금 위험하다 또는 많이 위험하다 등 위험의 정도를 주관적으로 표현할 수 없고 객관적으로 계량화된 수치가 필요하다.

초기자산(W)이 100,000원이라고 하고 두 개의 가능한 투자결과를 가정하자. 좋은 투자결과가 나올 확률(p)은 0.6이며, 이 경우 자산가치(W_1)는 150,000원이다. 한편, 0.4($=1-p$)의 확률로 나쁜 결과가 나오는 경우의 자산가치(W_2)는 80,000원이 된다고 하자.

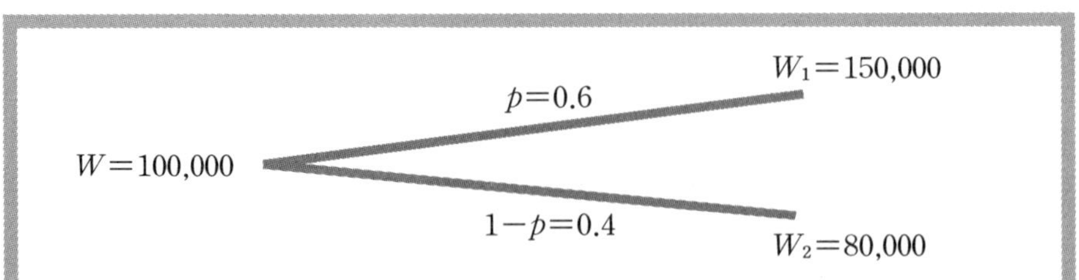

투자자 갑에게 1년 후의 자산가치가 위와 같은 투자안이 주어졌다고 가정하면 이 투자자는 이 투자안을 어떻게 평가할 것인가?

먼저 생각할 수 있는 방법은 우리에게 잘 알려진 평균과 분산이라는 통계치를 이용해 위에서 주어진 투자안의 특성을 파악할 수 있다. 1년 후 자산가치의 평균 혹은 기대치(expected value)를 $E(W)$[1] 라고 하면,

$$
\begin{aligned}
E(W) &= pW_1 + (1-p)W_2 \\
&= (0.6 \times 150{,}000) + (0.4 \times 80{,}000) \\
&= 122{,}000\text{원}
\end{aligned}
$$

따라서 100,000원의 투자원금에 대한 기대이익은 22,000원(=122,000−100,000)이 된다.

위에서 주어진 투자안의 위험을 계량화하기 위해서는 통계학의 분산이라는 통계치가 주로 이용된다. 분산은 σ^2로 표시되며, 이는 발생 가능한 각각의 미래자산가치와 기대치의 차이를 제곱한 후 여기에 해당 확률을 곱해 구한다.[2] 따라서 위에서 주어진 투자안의 분산은 다음과 같이 구할 수 있다.

$$
\begin{aligned}
\sigma^2 &= p[W_1 - E(W)]^2 + (1-p)[W_2 - E(W)]^2 \\
&= 0.6(150{,}000 - 122{,}000)^2 + 0.4(80{,}000 - 122{,}000)^2 \\
&= 1{,}176{,}000{,}000
\end{aligned}
$$

표준편차 σ는 분산의 제곱근이고, 위의 예에서는 $\sqrt{1{,}176{,}000{,}000} = 34{,}292.386$원이 된다. 표준편차는 분산의 제곱근이기 때문에 표준편차를 알면 분산을 구할 수 있고 또 반대로 분산을 알면 표준편차를 구할 수 있다. 따라서 표준편차와 분산을 동일 개념으로 간주하여도 무방하다.

분산을 구하는 공식에서 우리가 짐작할 수 있듯이 발생 가능한 각각의 미래자산가치가 기대치에서 멀리 떨어져 있으면 있을수록 투자안의 분산은 커지

1) E는 expectation의 머리글자이다.

2) 발생가능한 각각의 미래자산가치에 기대치를 뺀 후 제곱을 하지 아니하고 해당 확률을 곱하면 항상 0의 값이 나온다. 항상 0이 나오는 이유는 기대치를 구하는 공식을 상기하면 쉽게 이해할 수 있다.

고 이러한 투자안일수록 우리는 위험이 높은 투자안이라고 말할 수 있다. 다시 말해 미래자산가치가 기대치를 중심으로 하여 넓게 분포되어 있으면 그 투자안은 위험하다고 간주된다.

위에서 예를 들고 있는 위험투자안에 대한 대안으로 국채에 투자하는 경우를 생각해 볼 수 있다. 이 경우 1년 만기 국채는 5%의 수익률을 제공한다고 가정하자. 즉, 100,000원의 자금으로 5,000원의 이익을 확실히 얻을 수 있다. 투자자 갑이 국채에 투자하면 미래자산가치의 기대치는 105,000원이며 분산은 미래자산가치가 확실하기 때문에 0이 된다. 투자자 갑이 직면하고 있는 두 가지 투자안을 하나의 그림으로 나타내면 다음과 같다.

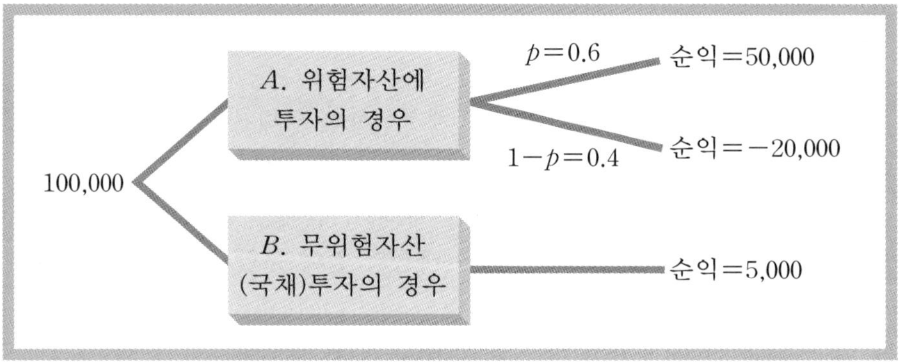

위의 그림에서 투자자 갑은 위험투자안 *A*와 무위험투자안 *B* 중 하나를 선택하게 될 것이다. 투자자 갑이 어떤 투자안을 선택하게 되는지는 투자자 갑의 효용함수에 달려 있으며 효용함수는 추후 설명될 것이다.

앞에서 위험투자안의 기대이익이 22,000원이었다. 따라서 안전한 국채에 투자하는 것보다 위험이 있는 투자안에 투자함으로써 기대할 수 있는 추가적인 이익은 22,000원−5,000원=17,000원이다. 이것은 위험이 있는 투자에 대한 보상으로 17,000원 만큼의 **위험프리미엄**(risk premium)을 얻을 수 있는 것을 의미한다.

주어진 위험프리미엄이 투자위험에 대한 보상(reward)으로 충분한지의 여부는 아주 중요한 문제이다. 이는 투자자의 위험선호도에 의해 결정될 것이며 효용이론에서 상세히 다룰 예정이다. 제 2 편 포트폴리오 이론 및 시장균형이론에서는 위험투자안 또는 위험자산에 내재된 위험을 어떻게 측정하는 것이 바람직하고 이러한 위험에 대해 투자자가 기대할 수 있는 위험프리미엄의 결정을 다루게 된다.

2.1.2 위험과 기대수익률

일반적으로 분산으로 측정되는 위험과 기대수익률은 비례관계가 있다고 한다. 다시 말해 위험이 높으면 높을수록 그에 비례하여 높은 위험프리미엄이 존재한다. 이는 투자자들이 높은 투자위험을 부담하면 할수록 거기에 따른 기대수익률이 높고, 위험이 낮은 투자일수록 거기에 따른 기대수익률이 낮음을 의미한다. 달리 말하면 투자자들은 기대수익률이 높은 투자라면 기꺼이 높은 위험을 감수할 것이지만, 굳이 기대 수익률이 높지 아니 하다면 높은 위험을 감수하지 않으려는 경향이 있다. 이를 투자자들의 위험회피성향이라 한다. 이와 같은 투자자들의 소위 위험회피성향은 여러 증권들의 역사적 평균수익률과 표준편차에서 잘 나타난다.[3] 아래 표는 1926년부터 1986년까지 61년 동안 미국 증권시장에서 주식과 채권의 연평균수익률과 표준편차를 계산한 것이다. 이 표에서 보면 평균수익률이 높을수록 표준편차가 크다는 것을 알 수 있다. 단기국채인 T-bill의 연평균수익률은 3.15%이고 표준편차는 3.34%이지만, 보통주의 연평균수익률은 12.12%이고 표준편차는 21.04%이다. 결론적으로 주식은 국채나 회사채에 비하여 기대수익률은 높으나 위험 또한 크다는 것을 알 수 있다. 따라서 투자자들은 채권투자에서 확실하지만 낮은 수익률을 기대할 수 있고, 주식 투자로부터 불확실하지만 높은 수익률을 기대할 수 있다.

[표 2-1] 미국 채권과 보통주의 연평균수익률과 표준편차(1926~1986) (단위: %)

	T-bill	T-bond	회 사 채	보 통 주
연평균수익률	3.15	4.17	5.33	12.12
표준편차	3.34	8.48	8.44	21.04

3) 기대수익률은 글자 그대로 투자자들이 기대하는 수익률이기 때문에 우리는 시장에서 기대수익률을 직접 관찰할 수 없다. 따라서 우리는 실현된 역사적 수익률의 평균을 기대수익률로 간주한다.

2.1.3 위험 회피와 효용가치

전 절에서 위험투자안이 무위험투자안에 비해 위험 프리미엄이 존재함을 보았다. 일반적으로 위험 프리미엄이 0인 투자안을 공정한 게임(fair game)이라고 부른다. 앞의 위험투자안은 위험프리미엄이 0이 아니기 때문에 공정게임이 아니나, 만일 초기투자금액이 미래자산가치의 기대값인 122,000원이라면 공정게임이 된다. **위험 회피적**(risk averse)인 투자자는 공정한 게임보다 유리한 투자안만 선택한다. 다시 말하면 위험 회피적 투자자는 위험에 대한 보상으로 투자안의 기대수익률이 무위험자산의 기대수익률보다 더 크게 되어야 한다. 투자자가 부담하는 위험이 클수록 더 큰 기대수익률을 요구하게 된다. 이와 같이 위험에 비례하여 얼마만큼 기대수익률이 높아야 하는지는 투자자의 위험회피정도에 따라 달라진다.

우리는 투자자의 위험회피정도를 보다 정형화하기 위해 효용이라는 개념을 도입한다. 각 투자자는 각 투자안의 기대수익률과 위험을 바탕으로 각 투자안에 **효용**(utilty)이라는 점수를 부여할 수 있다고 가정하자. 즉 효용 점수를 투자안의 우선순위를 결정하는 수단으로 생각해 볼 수 있다. 높은 효용점수는 보다 매력적인 위험-수익률 관계를 가지는 투자안에 주어진다. 위험이 일정한 투자안들 중에서 높은 기대수익률을 가지는 투자안일수록 높은 효용점수를, 기대수익률이 일정한 투자안 중 높은 위험을 가지는 투자안에는 낮은 효용점수가 주어진다. 이와 같은 특성을 가지는 하나의 함수로 다음과 같은 식을 생각해 볼 수 있다.

$$U = E(r) - 0.005A\sigma^2 \qquad \langle 식\ 2.1\rangle$$

여기서 U는 효용가치, A는 투자자의 위험 회피 정도를 나타내는 위험 회피도(degree of risk aversion)이다.

〈식 2-1〉에서 효용은 기대수익률 $E(r)$이 높을수록 증대하고 분산(σ^2)이 높을수록 감소한다. 분산이 효용을 감소시키는 정도는 계수 A, 즉 투자자의 위험

예를 들어 삼성전자 과거 수익률의 평균이 15%라면 우리는 내년도 삼성전자의 기대수익률을 15%로 가정하여도 무방하다.

회피도에 의존한다. 보다 위험 회피적인(즉 보다 큰 A를 가진) 투자자는 위험이 있는 투자안에 더 큰 감점을 부여하여 효용을 감소시키게 된다. 투자자는 여러 가지 선택 가능한 포트폴리오 중에서 가장 효용이 높은 투자안을 선택한다.

〈식 2.1〉에서 무위험투자안에서 얻는 효용은 위험에 대한 감점이 없기 때문에 단순히 그 투자안의 기대수익률만으로 평가되어진다. 예를 들면 투자자 갑의 투자문제를 다시 생각해 보면 22%의 기대수익률과 34%의 표준편차를 가지는 위험투자안과 5%의 무위험 수익률을 갖는 국채 간의 선택이었다. 위험이 있는 투자안의 위험 프리미엄은 17%로 크지만, 그 투자안의 위험도 매우 크기 때문에 투자자 갑은 그다지 위험 회피적이 아니라도 안전한 단기채권에 모두 투자하는 전략을 선택하게 된다. $A=3$이라는 그다지 크지 않은 위험회피계수를 가진다고 해도 〈식 2-1〉로는 위험이 있는 포트폴리오의 효용가치는 $22-0.005\times3\times34^2=4.66\%$가 되고 무위험 수익률보다 약간 작게 된다. 이 경우 투자자 갑은 당연히 위험이 없으면서도 수익률은 더 높은 국채를 선호하고 위험 있는 투자안을 기각한다.

위험에 대한 감점으로 기대수익률을 하향 수정한 정도는 $0.005\times3\times34^2=17.34\%$이다. 만약 투자자가 보다 덜 위험 회피적이라면〔위험 인내도(risk tolerance)가 더 크다면〕, 예를 들어 $A=2$라고 하면 A는 기대수익률을 11.56% 만큼 하향 조정한다. 이 경우, 위험투자안의 효용수준은 10.44%가 되고, 이는 무위험 수익률보다는 높기 때문에 투자자는 이 투자안을 채택하게 된다.

위험투자안의 효용 만큼을 무위험투자안에서 얻기 위해 무위험 투자안이 제공하여야 하는 수익률을 위험투자안의 **확정등가수익률**(certainty equivalent rate of return)이라고 한다. 예를 들어 위험투자안의 효용수준이 10.44%라면 이와 같은 위험투자안과 동등한 효용을 제공하는 무위험 투자안의 수익률은 10.44%가 되어야 한다. 왜냐하면 무위험 투자안의 수익률이 10.44%라면 무위험투자안은 위험에 대한 감점이 없기 때문에 수익률이 바로 효용수준이 되기 때문이다.

이제 어떤 위험투자안의 확정등가수익률이 대체적인 무위험 투자안의 수익률을 상회할 때만 위험투자안을 선택하는 것이 바람직하다고 할 수 있다. 매우 위험 회피적 투자자는 위험 투자안에 대해, 무위험 수익률을 하회하는 확정등가수익률을 부여할 수 있고 따라서 투자자는 그러한 위험투자안을 거부할 것이

[그림 2-1] 투자포트폴리오의 위험-수익률의 상충관계(trade-off)

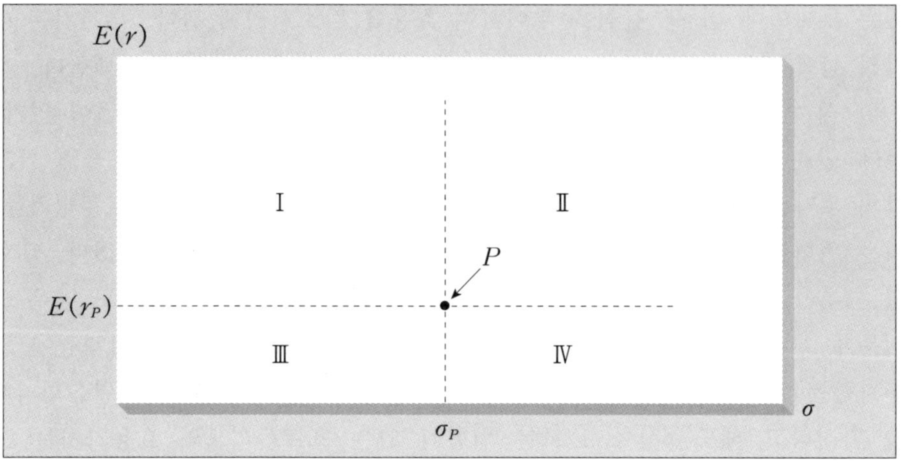

다. 반면 위험 회피도가 보다 낮은, 혹은 위험 인내도(risk tolerance)가 높은 투자자는 같은 위험투자안에 대해 무위험 수익률을 상회하는 확정등가수익률을 부여하며 따라서 이 투자자는 무위험 투자안보다도 위험투자안을 선택할 것이다.

위험 회피적 투자자와는 반대로 **위험 중립적**(risk neutral) 투자자는 위험이 있는 투자안을 단순히 기대수익률에 의해서만 판단한다. 위험 중립적 투자자에게는 위험 수준은 관심 밖이고 따라서 위험에 대해 별도로 감점하지 않는다. 이러한 위험 중립적 투자자에 있어서 위험투자안의 확정등가수익률은 단순히 기대수익률과 같다.

위험 선호적(risk loving) **투자자**는 공정한 게임이나 도박을 즐긴다. 이 투자자는 위험의 '재미'를 고려해 기대수익률을 상향조정한다. 위험 선호자는 공정한 게임일지라도 이를 택한다. 위험선호 투자자는 공정 게임에 대해 무위험 투자수익률을 상회하는 확정등가수익률을 부여할 수 있는데, 그 이유는 위험으로부터 효용을 얻을 수 있기 때문이다.

우리는 다양한 위험투자안의 기대수익률과 표준편차를 도표상의 종축과 횡축에 표시하고 투자자가 똑같이 매력적이라고 생각하는 점들을 연결함으로써 투자자의 위험-수익률 간의 선택문제를 표현할 수 있다.

기대수익 $E(r_p)$와 표준편차 σ_p를 가지는 포트폴리오 P는 제 IV 상한의 어떤 위험투자안보다도 기대수익이 크거나 같은 반면에 표준편차는 그 상한의 어떠한 위험투자안보다 낮거나 같기 때문에 제Ⅳ상한의 어떠한 위험투자안보다도 위험 회피적 투자자에게 선호된다. 반대로 제Ⅰ상한의 어떠한 위험투자안도 위험투자안 P보다 선호되는데, 이는 그 기대수익이 P보다 크거나 같고 그 표준편차는 P의 것보다 작거나 같기 때문이다.

이것을 평균-표준편차(mean-standard deviation) 혹은 평균-분산기준(mean-variance criterion: M-V 기준)이라고 한다.이러한 기준에 의하면 만약 $E(r_A) \geq E(r_B)$ 이고 $\sigma_A \leq \sigma_B$인 경우 최소한 하나의 부등식이 절대적으로 성립하면, A가 B보다 우월(dominate)하다고 한다.

[그림 2-1]의 기대수익-표준편차의 그림에서 바람직한 것은 북서방향인데 이 방향에서는 기대수익률은 증가하고 분산은 감소한다. 이것은 북서 상한에 있는 어떠한 포트폴리오도 P보다 우월한 것을 의미한다.

제Ⅱ상한과 제Ⅲ상한에 속하는 포트폴리오에 대해서는 어떻게 말할 수 있을까? P와 비교하여 그들이 바람직한가 어떤가는 투자자의 위험 회피특성에 의존한다. 투자자가 P포트폴리오와 동등한 매력을 가지는 모든 포트폴리오를 인식할 수 있다고 가정하자. P를 기준으로 하면 표준편차가 상승하면 효용은 낮아지나 이것이 기대수익률의 증가에 의해 보상되어지는 Q점이 있다면 이 점은 투자자에 있어서 P와 동일하게 매력적인 투자안일 것이다.

이와 같이 동일하게 선호되는 위험투자안, 즉 동일한 효용가치를 가지는

[그림 2-2] **무차별 곡선**

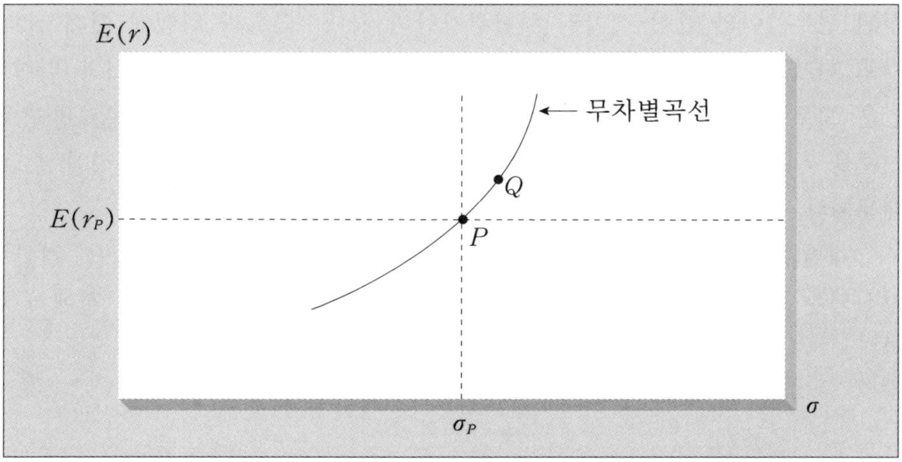

[표 2-2] 위험 회피계수 $A=4.0$인 투자자가 선택 가능한 포트폴리오의 효용가치

기대수익률, $E(r)$	표준편차, σ	효용$=E(r)-0.005A\sigma^2$
10%	20.0%	$10-0.005\times4\times400=2$
15	25.5	$15-0.005\times4\times650=2$
20	30.0	$20-0.005\times4\times900=2$
25	33.9	$25-0.005\times4\times1,150=2$

모든 위험투자안의 점을 연결한 곡선이 평균-표준편차 평면 위에 존재할 것이다[그림 2-2 참조]. 이것을 **무차별곡선**(indifference curve)이라고 한다.

무차별곡선상의 점들을 정하기 위해 [표 2-2]에 있는 위험 회피계수 $A=4$를 가지는 투자자에 있어서 가능한 몇 개 위험투자안의 효용가치를 검토해 보자. 각각의 위험투자안은 동일의 효용을 제공하기 때문에 높은 기대수익률을 가지는 위험투자안은 그에 비례하여 높은 위험을 가지는 것에 유의해야 한다.

2.2 포트폴리오 위험

우리는 앞절에서 개별 위험투자안의 기대수익률과 위험에 대해 살펴 보았다. 이 절에서는 이러한 개별 위험투자안이 결합하여 하나의 위험투자안이 형성된 경우, 이와 같이 결합된 위험투자안의 기대수익률과 위험에 대해 살펴 보기로 하자. 위험투자안의 대표적인 예가 주식이다. 왜냐하면 주식과 위험투자안은 모두 위험을 내포하고 있다는 면에서 동일하고 따라서 우리는 평균-분산 기준을 적용해 위험투자안을 분석하는 방식과 동일하게 주식을 분석할 수 있기 때문이다.

개별주식의 위험과 기대수익률이 주어진 경우 이러한 주식을 결합하여 형성되는 포트폴리오의 기대수익률과 위험을 측정하는 방법을 이 절에서 취급한다.

2.2.1 포트폴리오 이론

포트폴리오 이론은 여러 주식에 투자하면 기대수익률과 위험이 어떻게 변하는지를 밝힌 이론으로서 1990년 노벨경제학상을 받은 마코위츠(Markowitz)에 의해 1950년대에 개발되었기 때문에 마코위츠 이론이라고도 한다. 이 이론은 모든 투자자들이 위험 회피형이라는 가정에서 출발한다. 즉, 사람들은 높은 수익률을 원하고 확실한 결과를 선호한다는 것이다. 이 이론은 투자자들이 원하는 기대수익률을 달성하면서 가장 적은 위험을 부담할 수 있는 주식결합을 어떻게 구성하는지를 알려준다.

포트폴리오 이론의 원리를 설명하기 위하여 다음과 같은 두 가지 사업을 하는 기업이 있다고 가정해 보자. 이 기업은 청명한 날에 장사가 잘 되는 음료장사와 비오는 날에 장사가 잘 되는 우산장사를 동시에 하고 있다. 날씨가 좋으면 음료가 많이 팔리겠지만 우산사업은 타격을 받을 것이고, 두 사업의 연간 수익률이 계절별로 [표 2-3]과 같이 주어졌다고 하자.

만약 비오는 계절과 청명한 계절이 일 년 중에 반반이라 한다면 우산사업하는 주식에 투자한 투자자들은 연중 반은 50%의 수익률을 올릴 것이고 연중 반은 −25%의 수익률을 올려 평균적으로 12.5%의 수익률을 얻을 것으로 기대된다. 이때 12.5%를 투자자들의 기대수익률이라 한다. 마찬가지로 음료사업하는 주식에 투자한 투자자들도 평균 12.5%의 수익률을 얻을 것으로 기대된다.

그러나 두 사업 중에 하나만에 투자하는 것은 매우 위험한데 그 이유는 날씨가 어떻게 되냐에 따라 50%의 수익률을 얻을 수도 있지만, −25%의 손해를 볼 수도 있기 때문이다. 그러나 하나의 주식에만 투자하는 대신에 분산해서 각각의 주식에 절반씩 투자한다고 가정해 보면 비오는 계절이든 청명한 계절이든 상관없이 12.5%의 확실한 수익률을 얻을 수 있음을 알 수 있다. 즉 비오는 계

[표 2-3] 계절에 따른 두 사업의 수익률

구 분	우산사업	음료사업
비오는 계절	50%	−25%
청명한 계절	−25%	50%

[표 2-4] 상관계수의 분산효과와 관계

상관계수	위험에 대한 분산의 영향
+1.0	위험의 감소효과는 없음
+0.5	어느 정도의 위험 감소효과 발생
0	상당한 위험 감소효과 발생
−0.5	대부분의 위험은 제거됨
−1.0	모든 위험이 제거됨

절의 수익률 및 청명한 계절의 수익률 공히 12.5%이기 때문이다.

간단한 위의 예로부터 우리는 분산효과(diversification effect)의 장점을 배울 수 있다. 각각의 사업은 날씨의 상태에 따라 큰 영향을 받지만, 두 사업은 날씨의 상태에 따라 반대로 영향을 받기 때문에[4] 두 사업에 동시에 투자할 경우에는 한쪽의 위험이 다른 쪽의 수익으로써 만회가 되기 때문이다. 위의 예처럼 사업들 간의 상관관계가 완전히 −1인 경우에는 포트폴리오의 위험이 완전히 제거될 수도 있음을 보았다.

그런데 여러분들 중에는 다음과 같이 분산효과에 대해서 의문을 제기하는 사람도 있을 것이다. 시장이 붕괴되거나 시장이 호황일 때는 모든 주식이 거의 같이 빠지거나 같이 오르는데 과연 분산효과를 볼 수 있을까? 그렇다. 여기에 분산효과의 묘미가 있는 것이다. 주식들 간의 상관관계가 +1이 아니기만 한다면, 즉 완전히 똑같이 움직이지만 않는다면 분산효과는 발생한다는 것이다. 마코위츠의 분산효과를 정리하면 위의 [표 2-4]와 같다.

2.2.2 자산 위험과 포트폴리오 위험

포트폴리오 위험을 평가할 때 각 자산 수익률 간의 상호관계를 고려해야 한다. 가장 단순한 예로 보험계약은 포트폴리오의 다른 부분이 성과가 나쁠 때 대규모 지급액(payoff)을 제공함으로써 위험을 줄여 준다. 화재보험은 하나씩

4) 이를 통계적으로는 두 사업이 음의 상관관계를 갖는다고 한다.

별개로 보면 매우 불확실하고 변동성 높은 지불구조(pay-off structure)를 가지나 투자자의 주택과 같은 포트폴리오의 다른 주요부분이 손실을 볼 때 그에 대해 보험금을 지불하므로 전체 포트폴리오의 리스크를 경감시키는 작용을 한다.

이러한 두 종류의 자산(주택과 화재보험)이 상쇄하는 형태의 지불구조로 인해 전체 포트폴리오의 위험이 감소한다. 특정의 위험 원천에 대한 노출(exposure)을 상쇄하는 지불구조를 가지는 자산에 투자하는 것을 **헷지**(hedging)라고 부른다.

보험계약은 헷지 수단이다. 여러 가지 측면에서 금융시장은 보험처럼 직접적인 것은 아니라도 유사한 헷지 기회를 제공하고 있다. 예를 들어 선탠 로션(suntan lotion)을 만드는 회사와 우산을 만드는 회사를 생각해 보자. 각 기업의 주식은 정반대의 기후 위험에 직면하고 있다. 비가 많은 여름에는 로션회사의 수익은 악화되나 우산회사의 수익은 상승한다. 우산회사의 주식은 선탠 로션회사에 대해 '날씨 보험'으로 역할을 수행하게 되며, 이것은 화재보험이 주택을 보험하는 것과 같다. 로션회사가 (나쁜 날씨 때문에) 영업실적이 좋지 않을 때 '보험자산'인 우산회사의 주식이 그 손실을 상쇄하는 높은 수익을 제공한다.

포트폴리오 위험을 통제하기 위한 또 하나의 수단은 분산(diversification)인데, 이것은 다양한 자산에 광범위하게 분산 투자함으로써 특정 자산의 위험영향을 제한하는 것을 의미한다. 계란을 여러 바구니에 나누어 담음으로써 전체 포트폴리오 위험을 독립적인 개별증권 위험의 합보다 실제로 작게 할 수 있다.

2.2.3 포트폴리오 수학의 복습

수입의 대부분이 기금운용 수익으로 구성되는 비영리조직인 한양 재단의 경우를 생각해 보자. 수년 전 파리 제과사의 창업자가 한양 재단이 매각하지 않는다는 조건으로 대량의 파리 제과사 주식을 한양 재단에 기증했다. 이 주식은 한양 재단의 기금의 50%를 차지하고 있다. 한양 재단은 나머지 50%를 어떻게 투자할 것인지에 대해서는 자유롭게 결정할 수 있다.

파리 제과사의 주식가치는 설탕가격에 민감하다. 설탕 공급이 떨어지는 해에는 설탕가격은 상승하고 파리사는 꽤 많은 손실을 입는다. 다음과 같은 시나

[표 2-5] 파리제과사 주식 수익률 분포

	정상 설탕 가격 연도		가격 비정상 연도
	강세 주식시장	약세 주식시장	설탕파동
확 률	0.5	0.3	0.2
수 익 률	25%	10%	−25%

리오 분석을 사용해 파리 제과사의 자산가치를 표시해 보자.

통계학을 사용하여 이들 세 개의 가능한 결과를 요약하기 위해, 평균 또는 분산에 관한 중요한 규칙 몇 가지를 검토하자.

규칙 1 평균 혹은 기대수익률(expected return)은 모든 시나리오에서 발생하는 수익률의 가중평균치이다. 이때 가중치로 시나리오 s의 발생확률 $Pr(s)$이 사용된다. 시나리오 s의 수익률을 $r(s)$라고 하면 기대수익률 $E(r)$은,

$$E(r)=\sum_{S} Pr(s)r(s) \quad \langle 식\ 2.2\rangle$$

이 된다. 이 공식을 세 개의 가능한 시나리오를 가지는 이 경우에 적용시키면 파리 제과사의 기대수익률은,

$$E(r_{파리})=(0.5\times 25)+(0.3\times 10)+0.2\times(-25)=10.5\%$$

가 된다.

규칙 2 어떤 자산 수익률의 분산(variance)은 기대수익률과 시나리오별 수익률의 차이를 제곱한 후 시나리오 s의 발생확률 $Pr(s)$를 곱해 구한다. 기호를 사용하면,

$$\sigma^2=\sum_{S} Pr(s)[r(s)-E(r)]^2 \quad \langle 식\ 2.3\rangle$$

그러므로 이 예에서는,

$$\sigma^2_{파리}=0.5(25-10.5)^2+0.3(10-10.5)^2+0.2(-25-10.5)^2=357.25$$

파리사의 수익의 **표준편차**(standard deviation)는 분산의 제곱근으로서, $\sqrt{357.25}=18.9\%$가 된다.

한양 재단은 기금의 50%를 파리사 주식으로 보유하고 있고 전체 포트폴리오의 위험을 낮추기 위해 나머지 50%를 5%의 확정수익률을 가지는 단기 국채에 투자하려고 한다. 앞 예의 경우 각 자산에 대한 한양 포트폴리오 구성비는 각각 0.5이고 따라서 포트폴리오의 기대수익률은,

$$E(r_{\text{한양재단}})=0.5E(r_{\text{파리}})+0.5r_{\text{단기국채}}$$
$$=(0.5\times 10.5)+(0.5\times 5)=7.75\%$$

가 된다.

포트폴리오의 표준편차는 규칙 3에 의해 도출된다.

규칙 3 위험 자산과 무위험 자산이 통합되면 포트폴리오의 표준편차는 위험자산의 표준편차에 포트폴리오에서 차지하는 그 자산의 비중을 곱한 것과 동일하게 된다.

이 경우, 한양 재단의 포트폴리오 50%는 파리사의 주식에 투자되고 50%는 무위험의 단기국채에 투자되고 있으므로,

$$\sigma_{\text{한양}}=0.5\sigma_{\text{파리}}=0.5\times 18.9=9.45\%$$

파리사 주식 위험에 대한 노출을 절반으로 감소시킴으로써 한양 재단은 그 포트폴리오 표준편차를 반으로 줄였다. 그렇지만 이 위험 절감에 따른 대가로 기대수익률도 절감되었다. 파리사 주식의 기대수익률은 10.5%이고 단기국채로

[표 2-6] 삼양사 주식 수익률 분포

	설탕수급 정상년도		설탕수급 비정상년도
	강세주식시장	약세주식시장	설탕파동
확 률	0.5	0.3	0.2
수 익 률	1%	−5%	35%

구성되는 포트폴리오의 기대수익률은 7.75%이다. 5%의 무위험 단기국채에 비교할 때 파리사 주식의 위험 프리미엄 5.5%인 것을 알 수 있는 한편, 그 절반이 단기국채로 구성되는 포트폴리오의 위험 프리미엄은 2.75%(7.75−5.0)이다. 파리사 주식의 비율을 포트폴리오의 반으로 감소시킴으로써 한양 재단은 포트폴리오의 위험 프리미엄을 5.5%에서 2.75%로 반으로 감소시켰다.

재단 운영에 대한 기금의 기여도를 높이기 위해 한양 재단 이사회는 최근 전문 펀드매니저를 채용하였다. 펀드매니저는 설탕산업과 제과산업을 조사하여 국내 설탕 수급이 원활하지 않은 해는 국내 대형 설탕회사인 삼양사가 막대한 이익을 얻고 주가가 급상승하는 것을 발견하였다. 삼양사 주식의 시나리오 분석은 위와 같다.

삼양사 주식의 기대수익률은 6%이며 그 표준편차는 14.73%이다. 이와 같이 삼양사는 파리사와 거의 같은 정도의 변동성이 있지만, 그 기대수익률은 단기국채 수익보다도 약간 높다. 따라서 이런 분석으로는 삼양 주식은 매력 있는 투자로 보이지 않는다. 그러나 한양 재단에 있어서 그 주식은 매우 유망하다.

삼양사는 카리브의 국내 설탕 수급 부족 시 파리사의 수익이 최악이 되는 때에 최고의 수익을 올리므로 파리사 주식 보유자에 있어서는 뛰어난 헷지 가능성을 제공하는 것이 된다. 파리사와 삼양사에 동일하게 투자를 분할했을 때 한양 재단의 포트폴리오를 생각해 보자. 각 시나리오의 기대수익은 포트폴리오가 동일하게 두 개의 주식을 분할되는 것으로, 규칙 3에 의해 파리사와 삼양사의 수익률의 단순평균이 된다.

한양 재단이 삼양사 및 파리제과로 구성된 포트폴리오에 투자하는 경우 기대수익률은 8.25%로 표준편차는 4.83%이다.

펀드 매니저는 세 개 대안의 위험과 수익을 다음과 같이 요약하였다.

[표 2-7] **포트폴리오 수익률 분포**

	설탕수급 정상년도		설탕수급 비정상년도
	강세주식시장	약세주식시장	설탕파동
확 률	0.5	0.3	0.2
수 익 률	13.0%	2.5%	5.0%

포트폴리오	기대수익률	표준편차
파리사에 전부투자	10.50%	18.90%
단기국채 절반투자	7.75	9.45
삼양 절반투자	8.25	4.83

삼양 주식을 포함하는 헷지 포트폴리오(hedge pforfolio)가 안전한 단기국채에 투자하는 것보다 위험 절감전략에 우월하다. 그것은 단기국채 50%의 포트폴리오보다 높은 기대수익률과 낮은 표준편차를 가지고 있기 때문이다. 요점은 삼양사 주식은 수익의 표준편차가 큼에도 불구하고 파리사 주식투자자에 있어서는 위험절감효과를 가진다는 것이다.

포트폴리오에 있어서 개별자산의 위험은 전체 포트폴리오 수익의 변동성에 미치는 효과라는 관점에서 평가되어야 한다. 이 예는 원래 위험 포트폴리오의 포지션과 반대의 관계에 있는 수익률을 가지는 자산은 가장 효과적인 위험 절감기능을 가지는 것을 나타내고 있다.

자산의 헷지나 분산투자 가치를 계량화하기 위해 공분산(covariance)이나 상관관계(correlation)라는 개념을 사용한다. 공분산은 두 개의 위험 자산의 수익이 어느 정도 공통으로 움직이는가를 측정하는데, 정의 공분산은 파리사와 삼양사 주식이 반대로 변동하는 것을 의미한다.

공분산을 측정하기 위해 특정 시나리오의 수익이 기대수익으로부터 괴리되는, 혹은 '예상 외의 상황(surprise)'을 생각해 보자.

$$[r_{\text{파리}} - E(r_{\text{파리}})][r_{\text{삼양}} - E(r_{\text{삼양}})]$$

각각의 시나리오에 대해 두 개 주식의 수익이 함께 움직인다면, 즉 만약 두 수익이 동시에 그 기대값을 상회하거나 혹은 동시에 기대값을 하회한다면 이 두 항을 곱한 것은 양의 값을 가질 것이다. 그 반대로 한편의 수익은 기대값을 상회하고 다른 쪽은 하회한다면 그것은 음의 값을 가질 것이다. 이와 같이 수익이 어느 정도 같은 방향으로 움직일지를 측정하는 좋은 방식으로 모든 시나리오에 대해 이 곱한 값의 기대치를 공분산으로 정의한다.

	설탕수급 정상년도		설탕수급 비정상년도
	강세주식시장	약세주식시장	설탕파동
확 률	0.5	0.3	0.2
		수익률(%)	
파 리	25	10	−25
삼 양	1	−5	35

$$Cov(r_{파리},\ r_{삼양})=\sum_{S}Pr(s)[(r_{파리}-E(r_{파리})][r_{삼양}-E(r_{삼양})] \qquad \langle 식\ 2.4\rangle$$

이 예에서 $E(r_{파리})=10.5\%$, $E(r_{삼양})=6\%$로, 각 시나리오의 수익률을 요약하면 위의 표와 같고, 〈식 2.4〉를 이용하여 공분산을 계산한다. 두 주식 간의 공분산은,

$$\begin{aligned}\mathrm{Cov}(r_{파리},\ r_{삼양})&=0.5(25-10.5)(1-6)+0.3(10-10.5)(-5-6)+0.2(-25\\&\quad-10.5)(35-6)\\&=-240.5\end{aligned}$$

부의 공분산은 삼양 주식의 파리 주식에 대한 헷지의 특성을 확인한다. 삼양사의 수익은 파리사의 수익과 반대로 움직인다.

공분산보다 이해하기 쉬운 통계지표는 상관계수(correlation coefficient)로 공분산을 −1(완전한 부의 상관) 및 +1(완전한 정의 상관) 사이에서 측정한다. 두 변수의 상관계수는 그들의 공분산을 각각의 표준편차를 곱한 것으로 나누어 얻어진다. 그리스 문자의 ρ로 상관계수를 나타내면,

$$\begin{aligned}\rho(파리,\ 삼양)&=\frac{Cov[r_{파리},\ r_{삼양}]}{\sigma_{파리}\sigma_{삼양}}\\&=\frac{-240.5}{18.9\times 14.73}=-0.86\end{aligned}$$

−0.86이라는 상관계수(−1에 가까운)는 파리사와 삼양사의 주가가 반대로 움직이는 경향이 강한 것, 즉 서로 '박자가 어긋나는'것을 나타낸다.

각 자산 공분산의 포트폴리오 위험에 대한 영향은 포트폴리오 분산의 다음 공식에서 보면 분명해진다.

규칙 4 각각 σ_1^2와 σ_2^2라는 분산을 가지는 두 개의 위험 자산이 W_1과 W_2의 비율로 포트폴리오를 구성하면, 포트폴리오의 분산 σ_p^2는 다음과 같이 된다.

$$\sigma_p^2 = w_1^2\sigma_1^2 + w_2^2\sigma_2^2 + 2w_1 w_2 Cov(r_1, r_2)$$

앞의 예에서 파리사와 삼양사의 주식은 동일 비율이므로 $W_1 = W_2 = 0.5$로, $\sigma_{파리} = 18.9\%$, $\sigma_{삼양} = 14.73\%$, $Cov(r_{파리}, r_{삼양}) = -240.5$가 주어지므로,

$$\sigma_p^2 = (0.5^2 \times 18.9^2) + (0.5^2 \times 14.73^2) + [2 \times 0.5 \times 0.5(-240.5)] = 23.3$$

즉 $\sigma_p = \sqrt{23.3} = 4.83\%$로 우리가 앞의 시나리오 분석에서 도출한 포트폴리오 수익의 표준편차와 정확하게 같다.

포트폴리오의 분산을 위한 규칙 4는 포트폴리오 위험에 대한 공분산의 영향을 명확하게 보여주고 있다. 정의 공분산은 포트폴리오의 분산을 증대시키고, 한편 부의 공분산은 포트폴리오의 분산을 감소시키는 작용을 한다. 수익이 부의 상관관계를 갖는 두 자산은 그 가치변동의 영향이 상쇄되어 포트폴리오의 수익을 안정화시키므로 이러한 효과가 나타난다.

기본적으로 헷지란 기존의 포트폴리오와 부의 상관관계를 갖는 위험 자산을 구입하는 것이다. 이 부의 상관관계가 헷지자산의 변동성, 즉 위험을 절감하는 효과를 가진다. 헷지전략은 포트폴리오에 무위험의 자산을 포함하는 단순한 위험 절감전략에 비해 보다 효과적인 대체방법이 된다.

다음 장에서 합리적인 시장에서 헷지자산은 상대적으로 낮은 수익률을 제공한다는 것을 검토할 것이다. 보험계약과 같은 완전 헷지는 특정 위험에 대해 완전하게 부의 상관을 가지도록 만들어져 있다. "공짜 점심(free lunch)"이 없는 세상을 전제로 하면, 위험을 저하시키는 데 대해 지불하는 보험료(insurance premium)는 포트폴리오의 기대수익률을 감소시킨다.

■용어정리

위험(risk): 일반적으로는 손해, 손상 또는 손실이 발생할 확률을 의미하나 경제적 의미에서의 위험이란 미래수익의 변동가능성이라 정의할 수 있다. 투자론에서는 수익의 변동가능성을 확률분포로 나타내게 되는데, 수익의 변동가능성이 크면, 즉 위험이 크면 분포함수가 넓게 나타나고, 위험이 작으면 분포함수가 좁게 펴져 있게 된다. 따라서 위험을 계량적으로 측정할 수 있으며, 대표적인 위험측정치로서 분산, 표준편차 등을 이용한다

위험프리미엄(risk premium): 특정만기의 위험이 있는 투자자산에 대한 요구수익률과 동일만기의 무위험자산에 대한 요구수익률의 차이를 말한다. 어떤 증권의 수익률과 그 증권의 위험과는 상충관계(trade-off relation)에 있기 때문에 위험이 클수록 동 자산의 요구수익률은 더 높아지게 마련이다. 이런 의미에서 리스크 프리미엄은 투자자의 추가 위험부담에 대한 보상이라고 할 수 있다

위험 회피적(risk averse) **투자자**: 위험회피형은 위험을 기피하는 이성적인 인간의 행동으로, 위험을 부담하는 경우에는 반드시 이에 상응하는 보상을 바라는 형이다. 위험회피형 투자자의 효용함수는 부(富)의 증가함수이나, 한계효용은 체감하게 되는데 그 이유는 일반적으로 수익률이 높을수록 위험이 증가하여 효용이 한계적으로 작아지기 때문이다.

확정등가수익률(certainty equivalent return): 무위험 투자안이 위험 포트폴리오와 동등한 투자매력을 가질 수 있도록 확정적으로 제공해야 할 수익률을 말한다.

위험 중립적(risk neutral) **투자자**: 위험의 크기와는 관계없이 기대수익률에만 의거해서 의사결정을 내리는 투자자를 말한다. 따라서 위험중립형의 효용함수는 부에 따라 일직선으로 증가하고 한계효용은 불변인 선형함수이다.

위험 선호자(risk lover): 위험을 선호하는 인간행동으로 높은 수준의 수익률을 얻기 위해 큰 위험마저도 기꺼이 부담하려는 형태이다. 위험추구형의 효용함수는 부의 증가함수이며 한계효용은 부의 증가에 따라 점차 증가한다.

무차별곡선(indifference curve): 동일하게 선호되는 포트폴리오는 동일한 효용가치를 가지는 모든 포트폴리오의 점을 연결한 선을 말한다.

헷지(hedging): 자신의 이익을 가격변동위험으로부터 보호하고자 이미 보유하고 있거나 보유할 예정인 현물포지션에 대응하여 동일한 수량의 반대포지션을 선물시장에서 취하는 것.

표준편차(standard deviation): 분산의 제곱근.

공분산(covariance): 두 변수의 상호연관도를 측정하는 척도.

■연습문제■

1. 주식 투자에 이익을 볼 확률이 0.6, 그때의 예상수익률이 50%이고, 반대로 손해를 볼 확률이 0.4이고 예상수익률이 −20%이라 하자.

주식투자 예상수익률과 확률

확률(P_1)	0.6	0.4
수익률(r_C)	50%	−20%

당시의 연간 정기예금 금리(r_1)는 10%이다. 투자 원금의 반을 주식에, 나머지 반을 정기예금에 투자하여 포트폴리오를 구성한다고 가정하자. 다음 물음에 답하시오.

(1) 주식 투자의 기대수익률[$E(r_i)$]을 계산하시오.

(2) 주식 투자의 표준편차(σ_1)를 계산하시오.

(3) 포트폴리오의 기대수익률[$E(r_P)$]을 계산하시오.

(4) 포트폴리오의 위험(σ_r)을 계산하시오.

2. 두 가지 투자안의 확률분포는 아래 표와 같다.

사 건	1	2	3
증권 A 수익률(%)	10	5	−20
증권 B 수익률(%)	0	5	−10
확 률	0.5	0.4	0.1

각 증권 수익률의 분산, 표준편차를 구하고 두 수익률 사이의 공분산과 상관계수를 구하시오.

3. 다음과 같은 A, B 2개의 투자안이 있다.

A		B	
결 과	확 률	결 과	확 률
2	0.3	3	0.5
3	0.2	4	0.25
4	0.5	5	0.25

(1) 만약 효용함수가 $U(Y)=10Y-Y^2$라면 어느 투자안이 좋겠는가를 계산하시오.

(2) 어느 수준 이상의 부에서 이 효용함수를 더 이상 이용할 수 없을까?

4. 재산이 2억 5,000만원인 어느 회사원은 아파트를 2억원에 구입하고 나머지 5,000만원은 6%의 정기예금에 가입할 예정이다. 아파트에 혹시 화재가 나지 않을까 염려한 그는 화재보험에 가입하려 한다. 실제로 아파트에 화재가 날 가능성은 0.1%로 매우 낮다. 이 회사원은 자연로그 함수를 효용함수로 갖고 있으며, 아파트 값이 2억원으로 변함이 없다고 가정할 경우 이 회사원이 지불할 적정 보험료를 산출하시오. 만일 화재가 발생하면 아파트가격은 토지가격인 5천만원이라고 가정한다.

■알기 쉬운 경제 상식

Common sense case 2 - 분식회계란 무엇인가?

지난 2003년 3월 국내 굴지의 기업인 SK글로벌의 분식회계 사건으로 국내 경제에 한바탕 회오리가 몰아 쳤었다. 특히 SK글로벌의 분식 규모가 살아 있는 기업으로는 국내 최대이고 3대 대기업이라는 점에서 국내 기업들의 분식회계 실태를 가늠케 해 더욱 충격을 주었었다. 더욱 큰 문제는 국내의 상당수의 기업들이 분식회계를 하고 있다는 게 현실이라는 것이다.

그렇다면 '분식'이란 뭘까? 또 분식은 왜 나쁜 것일까?

분식(粉飾)이라는 말을 국어사전에서 찾아보면, "실제보다 좋게 보이도록 거짓으로 꾸미는 것"이라고 되어 있다. 우리의 어머니들이 예전에 쓰시던 화장품을 '분(粉)'이라고 하였다. '가루'라는 뜻이지요. 그런데 이 분의 용도가 분을 얼굴에 바름으로써 주름살을 감추고 피부를 젊게 보이게 하려는 것이다.

따라서 회사가 장부를 분식했다고 하면 장부를 실제보다 좋은 것처럼 보이게 하려고 "분으로 화장을 했다"는 뜻을 담고 있다. 통상적으로 가계에서 쓰는 가계부처럼 기업 역시 돈이 얼마나 들어오고 나가며, 빚은 얼마이고, 팔다 남은 상품은 얼마나 되는지 등을 장부에 기록한다. 이를 회계 장부라고 한다. 이러한 회계장부를 통해서 그 기업이 좋은지 아닌지를 일반인들이 알 수가 있는 것이다.

금융감독원에 따르면 '90년부터 2000년까지 감리를 받은 1천 544개사 중 35%인 540개가 분식회계를 했다가 적발됐다. 국내기업 3개 중 1개 이상이 분식회계를 하고 있는 셈이다. 상장사들도 예외는 아니어서 이 기간 전체 감사대상 724개사 중 22.7%에 달하는 165개사가 분식회계를 해 투자자들에게 거짓 정보를 제공한 것으로 드러났다. 최근에 적발된 사건만 해도 SK글로벌을 포함, 현대상선, 한화그룹, 코오롱 TNS 등 줄을 있고 있다.

기업의 분식 회계 어떻게 이루어지나요.

1. 최고 경영자와 회계 책임자가 서로 짠다.
방법 → 빚을 줄인다.
→ 상품이나 기계 등 자산의 값어치를 높게 매긴다.
→ 받을 돈(외상매출금)을 부풀린다.
→ 쓸모없는 자산을 값어치 있는 것처럼 계산한다.
→ 못 받을 채권을 받을 수 있는 것처럼 꾸민다.
→ 안 쓴 연구개발비를 쓴 것처럼 적는다.
→ 사장 등 특수 관계인에게 빌려준 돈을 적지 않는다.

↓

2. 회계 장부를 분식한다.

↓

3. 외부 감사를 대충 때운다. → 공인회계사의 묵인 또는 공모

↓

4. 회계 장부 공표 → 적자를 흑자로, 적자 축소, 흑자 확대를 조작

↓

5. 회계장부를 믿고 은행에서 돈을 빌려 주거나 주가가 오른다.

↓

6. 적자나 빚이 많아 도산하거나 당국에 적발된다.

↓

7. 주가 하락으로 투자자 손실, 금융권 부실 채권 발생

↓

8. 경영진과 회계사를 고발, 투자자들은 손해배상 소송

↓

9. 회사는 매각 또는 청산, 경영진과 회계사는 민·형사상 처벌을 받는다.

SK글로벌은 은행에 대한 부채를 없애는 방법 등으로 2001년에만 1조 5천억원의 분식회계를 했다. 대북 비밀지원 의혹을 받고 있는 현대상선은 산업은행에서 대출받은 3천억원을 회계장부에서 누락시켰고, (주)한화와 한화석유화학, 한화유통은 상호지분매입과 당기순이익 과다 계상 등으로 9천억원이 넘는 분식회계를 했다. 코오롱 TNS도 지난 '99년과 2000년 회계에서 단기차입금을 누락시키고, 순이익을 부풀린 혐의로 임원이 구속 기소됐다.

이처럼 많은 국내 기업들이 분식회계를 하고 있다는 것은 무슨 의미일까? 회사의 모양

을 좋게 보이려고 회사의 장부를 조작했다는 것이다. 예를 들어 여러분이 장난감 가게에서 무선으로 조종하는 자동차를 한대 샀다고 하자. 가게 아저씨가 번드르르한 자동차를 내놓고 새차라고 해서 샀는데, 무선이 잘 안 듣고 부속품은 5년 이상된 고물이라는 것을 알았다면 기분이 나쁠 것이다. 기업 역시 사고 팔 수 있는 물건이다. 그런데 돈을 많이 벌었고 재산도 많다고 장부에 적어 놓은 것을 보고 주식을 샀는데, 그게 전부 엉터리라면 얼마나 속이 상할까? 불행하게도 많은 국내 기업들이 이러한 거짓말을 하고 있다는 것이다.

그동안 우리나라 기업들은 거짓 장부를 만들어 보여주는 데 대해 별로 부끄러움을 느끼지 않았다. 좋은 회사로 포장해야 은행에서 돈을 빌리기 쉽고 주가도 올라가기 때문이다. 회사를 위해서라면 회계장부를 엉터리로 만들어도 된다고 생각했기 때문이다. 그리고 기업의 회계장부는 매년 회계사들이 감사를 하게 되어 있다. 회계장부를 제대로 작성했는지를 검사하는 것이다. 그러나 그동안 우리 사회는 이 회계감사가 왜 중요한지 모르고 있었다. 회계사들은 기업의 거짓말을 감시해야 하는 데도 슬쩍 한쪽 눈을 감아 주고 봐 준 경우가 허다했던 것이다. 또한 정부는 정부대로 기준을 제대로 만들지 않았었고, 은행은 담보만 보고 대출을 해 줬으니까 장부가 어떻든 신경을 쓰지 않았다. 장부를 엉터리로 적고 이를 대충 눈감아 준 사람들을 처벌하는 일도 소홀했었다.

부실 감사 회계법인에 내린 주요 벌칙

조치 연도	회계법인	감사 대상 회계	조치 내용
1998	청 운	기아자동차	지정제외 3%
1998	신 동	아시아자동차	지정제외 3%
1999	청 운	대우통신	업무정지 1개월
1999	세동(안진과 합병)	고 합	지정제외 1%
1999	영 화	경기화학	지정제외 1%
1999	세동(안진과 합병)	대한생명	지정제외 2%
1999	신 한	해태제과	지정제외 1%
1999	안 건	해태전자	지정제외 2%
1999 2000	신 동	(주)대우 · 대우중공업 쌍용자동차 · 대우자판	업무정지 12개월
2000	안 건	대우자동차 · 오리온전기	지정제외 3%
2000	안 진	대우전자 · 경남기업	지정제외 3%

지정제외: 증권선물위원회가 감사인을 지정할 때 직전 연도 일정 비율의 회사 수를 감사인 지정에서 제외하는 조치

자료: 금융감독원

또한 장부가 엉터리인 기업의 주식을 사서 큰 피해를 보더라도 손해배상 소송을 하는 투자자들도 별로 없었다. 따라서 분식 회계의 책임은 기업 · 정부 · 회계사 · 은행 · 투자자 모두에게 있었다고 볼 수 있다.

따라서 이러한 분식회계를 막기 위해선 먼저 국제 기준에 맞도록 기준을 바꿔야 한다. 기업이 분식을 했을 때는 담당자나 임원 또는 회사 주인을 엄하게 처벌하는 것도 필요하다. 즉 분식회계에 대한 책임을 법적으로나 경제적으로 묻는 것이다. 아울러 회계사들이 수시로 회계감사를 할 수 있도록 하는 것도 필요하다. 엉터리로 작성한 장부를 눈감아 준 회계사에 대해 법적 책임을 묻는 것도 필요하다. 이러한 노력들이 있어야 우리나라 기업의 장부가 정직하고 깨끗하게 씌어졌다는 평가를 받을 수 있을 것이다. 그래야만 외국인들이 장부를 믿고 우리 기업에 투자하지 않을까?

제 3 장

위험 자산과 무위험 자산의 자산 배분

전 장에서 배운 자산별 위험과 기대수익률, 그리고 기본적 포트폴리오 이론을 토대로 위험자산과 무위험자산에 대한 자본 배분 방법론인 자본시장선을 산출하고, 이러한 자본시장선을 기초로 개인별 위험회피도를 감안한 최적 자본 배분 포트폴리오 산출 방식에 대해 다룬다.

3.1 위험 포트폴리오와 무위험 포트폴리오 간의 자본 배분

과거 실적을 보면 장기국채가 단기국채보다 투자 위험이 높고 주식은 그보다 더 위험이 높다. 반면, 투자 위험이 높을수록 평균수익률이 더 높은 것으로 나타났다. 물론 투자자는 이들 투자자산 종류 중의 하나에 집중투자하지는 않는다. 투자자는 모든 자산 종류 중에서 여러 가지 증권을 조합하여 포트폴리오를 구성한다. 포트폴리오의 일부는 무위험 1년 만기 정기예금에 투자되고 일부는 위험이 높은 주식에 투자되는 경우가 일반적이다.

포트폴리오 위험을 조절하는 가장 간단한 방법은 위험 자산과 1년 만기 정기예금이나 기타의 단기금융상품 등 무위험 자산에 대한 투자비율을 조절하는 것이다. 이 자본배분결정은 각 자산 종류 내에서 특정 증권을 선택하는 것이 아니라 보다 광범위한 투자자산 종류별로 자본의 배분비율을 결정하는 것이다. 대부분의 투자전문가들은 자산배분 비율결정이 포트폴리오 구성에 있어 가장 중요한 부분이라고 생각한다.

이와 같은 자본배분비율결정을 우리는 자산배분선택문제라고 부르기로 하자. 이와 같은 가장 기본적인 자산배분선택문제, 즉 안전한 단기금융상품에 대한 투자비중과 위험자산에 대한 투자비중 간에 적절한 조합을 택하는 문제가 바로 위험-수익률 간의 선택문제에 직결된다.

위험자산 포트폴리오를 P로, 무위험 자산을 F로 표시하기로 하자. 논의를 간단히 하기 위해 투자자의 전체 포트폴리오는 두 개의 뮤추얼 펀드로 구성되는데, 전자는 모두 주식에, 후자는 장기채권에 모두 투자된 것으로 가정하자. 이제 위험자산 포트폴리오의 구성은 주어진 것으로 가정하고, 위험자산 포트폴리오와 무위험자산 간의 자본배분에만 집중한다.

자산을 위험자산 포트폴리오에서 무위험 자산으로 이전하는 경우, 위험자산 포트폴리오 중의 위험 자산의 구성비는 바꾸지 않고, 전체의 포트폴리오 중에서 위험 포트폴리오의 상대적인 비중을 내린다.

예를 들면 총 시장가치가 300,000원이며 그 중 90,000원이 무위험 자산인 MMF(Money Market Fund)에 투자된 포트폴리오를 가정하자. 나머지 210,000

원은 위험 자산에 투자되고 있는데, 그 내역은 주식(E)에 113,400원, 장기채권(B)에 96,600원이 투자되어 있다. 위험자산 중 주식보유비율은 54%이며 위험자산 중 장기채권의 비중은 46%이다.

$$E : W_1 = \frac{113,400}{210,000} = 0.54$$

$$B : W_2 = \frac{96,600}{210,000} = 0.46$$

무위험 자산을 포함하는 완성포트폴리오(complete portfolio) 중에서 위험포트폴리오가 차지하는 비율을 y라고 하면,

$$\mathrm{y} = \frac{210,000}{300,000} = 0.7\,(\text{위험 자산})$$

$$1 - \mathrm{y} = \frac{90,000}{300,000} = 0.3\,(\text{무위험 자산})$$

완성 포트폴리오 중에서 각 위험자산이 차지하는 비율은 아래와 같다.

$$E : \frac{113,400}{300,000} = 0.378$$

$$B : \frac{96,600}{300,000} = 0.322$$

위험자산 포트폴리오 비중 = 0.700

포트폴리오 소유자는 위험자산 포트폴리오의 비율을 y=0.7에서 y=0.56으로 내리려 한다고 하자. 이 경우 210,000원 중에서 42,000원을 매각하고 그 대금으로 MMF를 구입함으로써 위험 포트폴리오는 168,000원(0.56×300,000원)으로 줄게 된다. 무위험자산은 300,000원×(1−0.56)이 되는데, 이는 당초 MMF 보유분에 42,000원을 추가하여 132,000원이 되는 것이다.

90,000원 + 42,000원 = 132,000원

그러나 여기서 중요한 것은 위험자산 포트폴리오 중 각 증권의 구성비를 바꾸지는 않는다는 것이다. 위험 포트폴리오 중 주식과 장기채의 비율은 각각 54%와 46%이기 때문에 주식을 22,680원(0.54×42,000원), 장기채를 19,320원(=0.46×42,000원) 매각하면 매각 후의 구성비는 바뀌지 않는다.

$$E: W_1 = \frac{113,400 - 22,680}{210,000 - 42,000} = 0.54$$

$$B: W_2 = \frac{96,000 - 19,320}{210,000 - 42,000} = 0.46$$

위험 자산포트폴리오 중에서 주식과 장기채를 구별하여 생각하기보다 위험자산 포트폴리오를 주식과 장기채를 일정한 비율씩 포함하는 단일 펀드라고 볼 수도 있다. 이런 의미에서 위험펀드를 여러 위험증권으로 구성되는 단일의 위험자산이라고 보자.

이러한 가정에서 위험 자산과 무위험 자산의 구성을 바꿈으로써, 즉 위험자산비율(y)을 내림으로써 위험을 줄이는 것이 왜 바람직한가를 보자. 완성포트폴리오의 위험을 줄이기 위해서는 두 가지 방법을 가정해 볼 수 있다. 첫 번째 방법은 위험자산과 무위험자산 간의 자본배분비율을 일정하게 두고 위험자산에 속한 주식 및 장기채의 보유내역을 바꾸는 방법이다. 즉 완성 포트폴리오의 위험을 감소시키기 위해서는 위험이 높은 주식을 보다 위험이 낮은 주식으로 교체하는 것이다. 두 번째 방법은 위험 포트폴리오에 속한 위험자산의 내역을 변동시키지 아니하고 위험자산과 무위험자산 간의 배합비율을 변화시키는 것이다. 두 번째 방법이 첫 번째 방법보다 완성 포트폴리오의 위험 정도를 변화시키는 보다 바람직한 방법이다. 왜냐하면 위험 포트폴리오 중 각 증권의 구성비를 바꾸지 않는 한, 자본의 재배분에 의해 위험 포트폴리오의 투자수익률이 취하는 확률분포에는 변화는 없을 것이다. 다만 위험 자산과 무위험 자산으로 구성되는 완성 포트폴리오가 취하는 투자수익률의 확률분포만 변화시킬 수 있다. 즉 완성 포트폴리오의 투자수익률 확률분포를 후자가 더 적절히 통제할 수 있다.

3.2 무위험 자산

무위험 자산은 일반적으로 채무불이행 위험이 없는 자산을 일컬으며, 대개 정부가 발행하는 단기국채를 말한다. 좀더 구체적으로 말하면 미국 재무성(Department of Treasury) 발행 단기 국채인 30일 또는 90일 만기의 Treasury bill이 무위험 자산에 해당되는데, 우리나라에서 이와 유사한 무위험자산이라면 90일 만기의 통화안정증권일 것이다. 우리나라에서는 3개월 만기의 CD(양도성 예금증거)나 환매채 또는 1년만기 정기예금을 무위험 자산으로 사용할 수도 있다.

무위험 자산은 채무불이행 위험은 없으나 인플레이션 위험이나 이자율 위험까지 없는 것은 아니다. 진실로 무위험 자산은 이러한 위험까지도 없는 자산이어야 하지만 현실로 그런 자산을 찾기란 거의 불가능하다. 하지만 단기간의 만기를 가진 국채 또는 CD는 주식에 비해 상대적으로 그러한 위험이 없다고 보아야 할 것이다.

[그림 3-1] 3개월 만기 CD와 T-bill 수익률 간의 스프레드

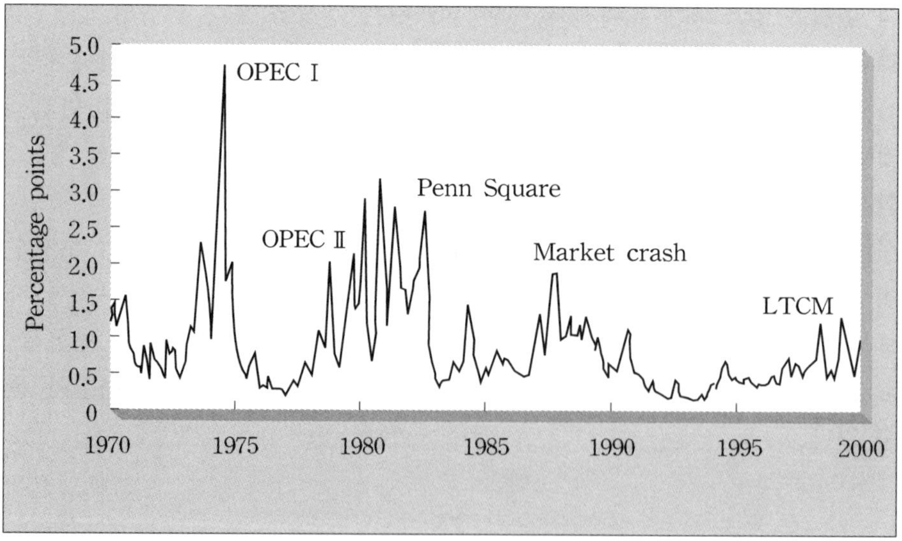

3.3 위험 자산과 무위험 자산으로 구성되는 포트폴리오

이 절에서는 투자자가 이용 가능한 위험-수익의 조합을 어떻게 구성하는지에 대한 문제를 생각해 본다. 이것은 자산배분에 관한 '기술적' 분야로 자산시장(assets market)의 특성을 고려하면서, 투자자가 이용 가능한 투자기회(investment opportunity)를 어떻게 도출하는지에 대한 문제이다. 또 다음 절에서는 특정 개인이 실현 가능한 위험과 수익의 조합 중에서 어떤 최적 조합을 선택할 것인가 하는 문제를 다룰 것이다.

최적 위험 포트폴리오 구성에 대한 투자자의 결정이 주어졌다고 가정하자. 따라서 마지막 문제는 전체 투자예산 중에서 얼마를 위험 포트폴리오 P에 배분할지, 즉 y의 비율을 얼마로 할지 정하는 것이다. 나머지 $1-\mathrm{y}$는 무위험 자산 F에 배분되는 부분이다.

r_p, $E(r_p)$, σ_p는 각각 포트폴리오 P의 수익률, 기대수익률 및 표준편차를 나타내고, r_f는 무위험 자산의 수익률을 나타낸다. 숫자를 통해 예를 들면, $E(r_p)$가 15%, σ_p가 22%, r_f가 7%일 때, 위험 포트폴리오의 위험 프리미엄은 $(E(r_p)-r_f)$로부터 8%가 된다.

위험 포트폴리오의 비율이 y, 무위험 자산의 비율이 $1-\mathrm{y}$일 때 C로 표현되는 전체 포트폴리오의 예상 투자수익률 r_c는 다음과 같다.

$$r_c = \mathrm{y}r_p + (1-\mathrm{y})r_f$$

따라서 이 포트폴리오의 기대수익률은 다음과 같다.

$$\begin{aligned} E(r_c) &= \mathrm{y}E(r_p) + (1-\mathrm{y})r_f \\ &= r_f + \mathrm{y}[E(r_p) - r_f] = 7 + \mathrm{y}(15-7) \end{aligned} \qquad \langle 식\ 3.1 \rangle$$

이 결과는 쉽게 이해할 수 있다. 어떤 포트폴리오의 경우에도 기본이 되는 수익률은 무위험 자산의 수익률이다. 이에 더하여 이 포트폴리오는 $E(r_p)-r_f$로 표현되는 위험 포트폴리오의 위험 프리미엄과 위험 자산 보유비율 y에 의

[그림 3-2] 기대수익률-표준편차 평면에서 위험 자산과 무위험 자산으로 구성되는 투자기회 집합

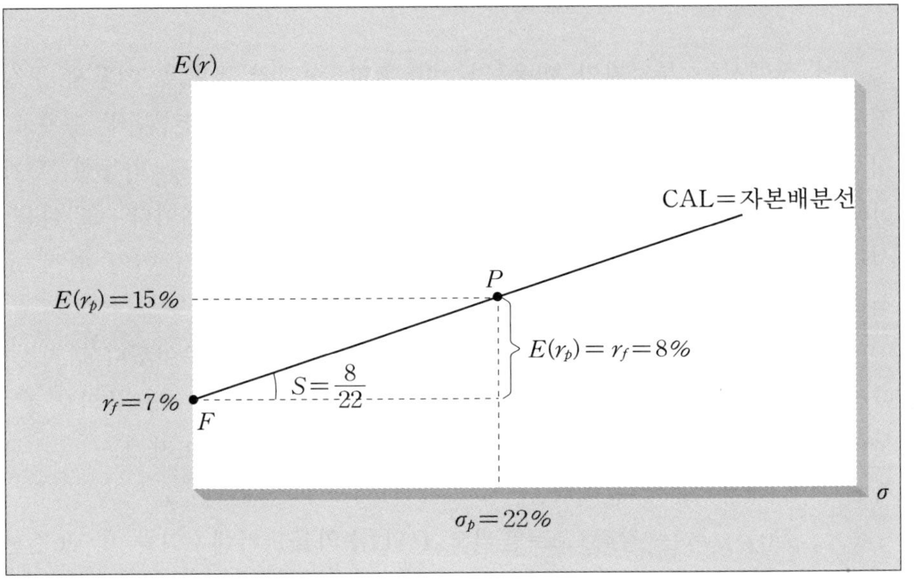

해 결정되는 수익률, 즉 $y[E(r_p)-r_f]$를 얻을 것이 기대된다. 이 경우 위험자산의 보유비율 y가 0이면 전체 포트폴리오의 수익률은 무위험자산의 수익률과 일치한다. 투자자는 위험 회피적이며 따라서 정의 위험 프리미엄이 없으면 위험자산을 보유하려고 하지 않을 것이다.

제 2 장에서 설명한 바와 같이 위험 자산과 무위험 자산으로 포트폴리오를 구성하면 그 포트폴리오의 표준편차는 위험 자산의 표준편차에 그 포트폴리오에서 차지하는 위험 자산의 비율을 곱한 것이 된다. 이 경우에서는 전체 포트폴리오는 위험 자산과 무위험 자산으로 구성되고 있다. 위험 포트폴리오의 표준편차는 22%이기 때문에 다음 식이 성립한다.

$$\sigma_c = y\sigma_p = 22y \qquad \langle 식\ 3.2 \rangle$$

이것은 전체 포트폴리오의 표준편차가 위험 자산의 표준편차와 위험 자산 투자비율의 양쪽에 비례한다는 것을 보여준다. 이상을 요약하면, 전체 포트폴리오의 기대수익률은 $E(r_c)=r_f+y[E(r_p)-r_f]=7+8y$가 되고, 표준편차는

$\sigma_c = 22\mathrm{y}$가 된다.

다음에 기대수익률과 표준편차를 각각 종축과 횡축에 나타낸 평면상에 포트폴리오의 특성을 y의 함수로 표시해 보자. 이것은 [그림 3-2]에 나타나 있다. 무위험 자산 F의 기대수익률과 표준편차의 조합은 그 표준편차가 0이기 때문에 종축상에 나타난다. 위험 자산 P는 표준편차 $\sigma_p = 22\%$와 15%의 기대수익률이 대응되는 점이다. 만약 투자자가 모든 것을 위험 자산에 투자한다면 그 때의 y는 1.0이 되고 결과적으로 포트폴리오는 P가 된다. 또 y가 0의 상태를 선택한다면 그 때의 $1-\mathrm{y}$는 1.0이 되므로 결과적으로 포트폴리오는 F가 된다.

그러면 y가 0과 1 사이에 있는 중간 포트폴리오의 경우 어떻게 될 것인가, 그들 포트폴리오는 F점과 P점을 연결하는 직선상에 나타날 것이다. 그리고 그 직선의 기울기는 $\frac{[E(r_p) - r_f]}{\sigma_p}$로 표현되고, 이 경우는 $\frac{8}{22}$이 된다.

전체 포트폴리오 중에서 위험 자산에 대한 투자비율을 높이면 〈식 3.1〉에서 8%로 나타난 위험 프리미엄에 의해 기대수익률은 높게 된다. 또 〈식 3.2〉에서 22%로 나타난 표준편차도 높게 된다. 추가적 위험 부담에 의한 추가적 수익률은 0.36(=8/22)이 되는 것을 알 수 있다.

점 F와 점 P를 연결하는 정확한 방정식의 직선을 유도하기 위해 〈식 3.2〉를 변형하면 $\mathrm{y} = \frac{\sigma_c}{\sigma_p}$가 된다. 이것을 〈식 3.1〉의 y에 대입하면 기대수익률과 표준편차의 선택관계를 설명할 수 있다.

$$
\begin{aligned}
E(r_c) &= r_f + \mathrm{y}[E(r_p) - r_f] \\
&= r_f + \frac{\sigma_c}{\sigma_p}[E(r_p) - r_f] \qquad \langle 식\ 3.3\rangle \\
&= 7 + \frac{8}{22}\sigma_c
\end{aligned}
$$

이와 같이 포트폴리오의 기대수익률과 표준편차 사이에는 절편 r_f와 다음과 같은 기울기를 가진 1차 함수로 나타나는 선형관계가 있다.

$$S = \frac{E(rp) - rf}{\sigma_p} = \frac{8}{22}$$

[그림 3-2]는 y가 여러 다른 값을 취할 때 얻는 모든 포트폴리오의 실현 가능한 기대수익률과 표준편차의 조합으로, 즉 투자기회의 집합(investment opportunity set)을 나타낸다. 이 도표는 r_f를 기점으로 P점까지 뻗는 직선이다.

이 직선을 **자본배분선**(capital allocation line: CAL)이라고 하고, 투자자가 이용 가능한 모든 위험과 수익의 조합을 나타내고 있다. 자본배분선의 기울기 S는 선택된 포트폴리오의 경우 추가적인 한 단위의 표준편차 증가에 상응하는 기대수익률의 증가분을 나타내고 있다. 바꿔 말하면, 추가적 위험으로부터 얻어지는 추가적인 수익의 척도가 된다. 이와 같은 의미에서 이 기울기를 **보상-변동성 비율**(reward-to-variability ratio)이라고도 한다.

위험 자산과 무위험 자산에 균등배분된 포트폴리오를 가정하면 y의 값은 0.5이고 따라서 기대수익률 $E(r_c)$는 $7+0.5\times8=11\%$가 되는데, 여기에는 4%의 위험 프리미엄이 포함되어 있다. 또 표준편차 σ_c는 $0.5\times22=11\%$가 된다. 이 포트폴리오는 직선 FP의 한 가운데에 위치하고 있으며 보상-변동성 비율 S는 $\frac{8}{22}=0.36$이다.

포트폴리오 P의 우측의 CAL상의 점은 무엇을 나타내는가? 만약 투자자가 무위험 이자율 7%로 차입할 수 있다면 P 우측에 위치하는 자본배분선상의 포트폴리오를 만들 수 있다.

30만 원의 자금을 가진 투자자가 추가로 12만 원을 빌려 모든 자금을 위험 자산에 투자한다고 하자. 이것은 위험 자산에 대한 레버리지 포지션(leveraged position)이고, 투자자금의 일부는 차입에 의해 조달되었다. 이 경우,

$$y=\frac{420,000}{300,000}=1.4$$

그리고 $1-y=1-1.4=-0.4$는 무위험에 대한 공매 포지션(short position), 즉 차입 포지션을 의미한다. 7% 이자율로 자금을 빌려 주는 것이 아니라, 투자자는 같은 이자율로 차입하였다. 포트폴리오 수익률의 분포는 이 경우에는 동일한 보상-변동성 비율을 가진다.

$$E(r_c)=7\%+(1.4\times8\%)=18.2\%$$

$$\sigma_c = 1.4 \times 22 = 30.8\%$$

$$S = \frac{E(r_c) - r_f}{\sigma_c} = \frac{18.2-7}{30.8} = 0.36$$

레버리지 포트폴리오는 레버리지가 없는 포지션에 비해 높은 표준편차를 가진다는 것은 누구나 예상할 수 있다. 물론 정부 이외의 투자자는 무위험 이자율로 빌릴 수 없다. 차입자의 지급불능 위험을 고려해 대부자는 높은 대출금리를 요구한다. 따라서 정부 이외의 투자자의 차입비용은 7%보다도 높게 된다. 만일 차입금리 $r_f^B=9\%$라면 차입가능 범위 내에서 보상-변동성 비율, 즉 자본배분선의 기울기는,

$$\frac{[E(r_p) - r_f^B]}{\sigma_p} = \frac{6}{22} = 0.27$$

이 된다. 따라서 자본배분선은 [그림 3-3]에서 보는 것과 같이 점 P에서 휘어진다. 점 P의 좌측에서 투자자는 7% 금리로 대부(lending)를 하고 있고 자본

[그림 3-3] 차입금리와 대출금리가 다른 경우의 투자기회 집합

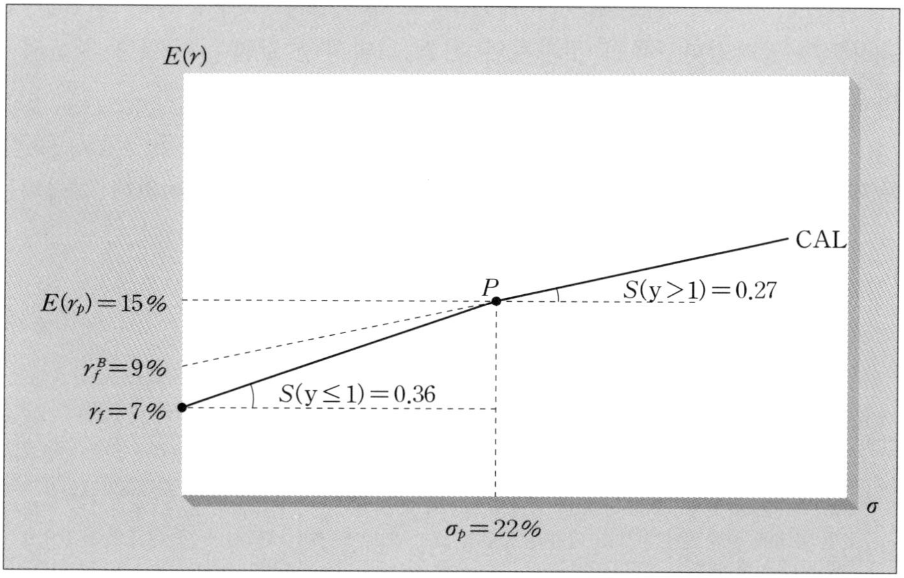

배분선의 기울기는 0.36이다. 한편, y가 1보다 큰 점 P의 우측에서는 투자자는 위험 자산에 추가적인 투자를 위해 차입을 하며 자본배분선의 기울기는 0.27이다.

실제 위험 증권에 투자하기 위한 차입은 증권회사에 신용거래계좌(margin account)가 있으면 간단하게 할 수 있다. 신용매입은 총매입 규모의 50%를 상회할 수 없다. 따라서 만일 계좌의 순자산액이 30만원이면 30만원까지 차입이 가능하다.[1] 그 때 계좌의 자산총액은 60만원이며 부채총액은 30만원이 되고 y의 값은 2.0이 된다.

3.4 위험 회피와 자산 배분

우리는 지금까지 자본배분선(CAL), 즉 다양한 자산배분 형태에 따라 얻어지는 위험-수익률 조합(risk-return combination)이 어떻게 형성되는가에 대해 살펴보았다. 주어진 자본배분선 하에서 투자자는 가능한 선택 범위 내에서 하나의 최적 조합을 택해야 한다. 이것은 필연적으로 위험-수익 간의 선택 문제를 야기한다. 무위험 이자율이나 보상-변동성 비율에 의해 규정되는 동일한 투자기회 내에서도, 위험 회피에 대한 개개 투자자의 차이에 따라 위험 자산 보유정도가 달라진다. 특히 투자자의 위험 회피성이 강할수록 위험 자산의 비유비중은 작아지고 반면 무위험 자산의 비중은 커진다.

제 2 장에서 우리는 주어진 투자수익률의 확률분포를 가진 포트폴리오에서 투자자가 얻는 효용은 포트폴리오의 기대수익률과 그 분산에 의해 결정되는 것을 보았다. 우리는 제 2 장에서 다음과 같은 효용함수를 가정하였다.

$$U = E(r) - 0.005A\sigma^2 \quad \langle 식\ 3.4\rangle$$

1) 신용매입을 한 투자자는 증권회사의 신용계좌에 증권을 예치해 두어야 한다. 만약 증권의 가치가 '유지증거금(maintenance margin)' 이하로 내려가면 '증거금 납부요청(margin call)'이 발생하고 투자자는 계좌에 적정수준의 순자산 가치를 유지해야 한다. 만약 margin call을 투자자가 이행하지 못하면 규정에 따라 증권회사를 예치된 증권의 전부 또는 일부를 매각하여 이 대금으로 필요한 증거금 수준을 유지해야 한다.

여기서 A는 위험 회피계수(coefficient of risk aversion)를 나타낸다. 이 식에서 어떤 포트폴리오로부터 얻는 효용은 기대수익률이 높을수록 증가하고, 분산값(σ^2)이 클수록 감소한다. 이러한 변동의 상대적 증가폭은 위험 회피계수 A에 의해 결정된다. 위험 중립적 투자자에 있어서 $A=0$이다. 위험 회피성향이 강할 때 A의 값도 크게 된다.

무위험 이자율이 r_f, 위험 포트폴리오의 기대수익률이 $E(r_p)$, 표준편차가 σ_p일 때, 어떤 y에 대해 전체 포트폴리오의 기대수익률은 〈식 3.1〉에 의해 결정된다.

$$E(r_c) = r_f + \mathrm{y}[E(r_p) - r_f]$$

또 〈식 3.2〉로부터 전체 포트폴리오의 분산은 다음과 같이 된다.

$$\sigma^2_c = \mathrm{y}^2\sigma^2_p$$

[표 3-1] 위험 회피도 $A=4$인 투자자의 경우 위험 자산에 대한 투자비중(y)에 대한 효용 수준

(1) y	(2) $E(r_c)$	(3) σ_c	(4) U
0	7	0	7.00
0.1	7.8	2.2	7.70
0.2	8.6	4.4	8.21
0.3	9.4	6.6	8.53
0.4	10.2	8.8	8.65
0.5	11.0	11.0	8.58
0.6	11.8	13.2	8.32
0.7	12.6	15.4	7.86
0.8	13.4	17.6	7.20
0.9	14.2	19.8	6.36
1.0	15.0	22.0	5.32

투자자는 위험 자산에 대한 최적 투자비중 y를 선택함으로써 효용수준 U를 극대화하려고 한다.

[그림 3-4]는 [표 3-1]에서 얻은 효용함수를 나타낸 것이다. 여기서 효용은 y=0.41에서 극대화된다. y가 0.41 이하에서는 투자자는 기대수익률을 높이기 위해 보다 더 위험을 택할 의사를 가진다. 그러나 y가 0.41보다 높은 상태에서는 위험이 이미 높고 위험 자산에 더 많이 투자하는 것은 바람직하지 않다. 이 수준을 넘어서는 위험 증대에 따른 효용감소분이 기대수익 증대에 의한 효용증대 효과보다 커지고 따라서 효용을 감소시킨다.

보다 일반적인 형태로 효용극대화 문제를 풀기 위해 다음과 같이 나타낸다.

$$\text{Max } U = E(r_c) - 0.005A\sigma^2{}_c = r_f + \text{y}[E(r_p) - r_f] - 0.005A\text{y}^2\sigma^2{}_p$$

극대화의 문제를 상기 식의 도함수를 0으로 놓고 풀 수 있다. 이렇게 위험 회피형의 투자자의 위험 자산에 대한 최적 투자비율 y*가 다음과 같이 구해진다.[2)]

[그림 3-4] 위험 자산의 비중(y)의 함수로 나타낸 효용의 크기

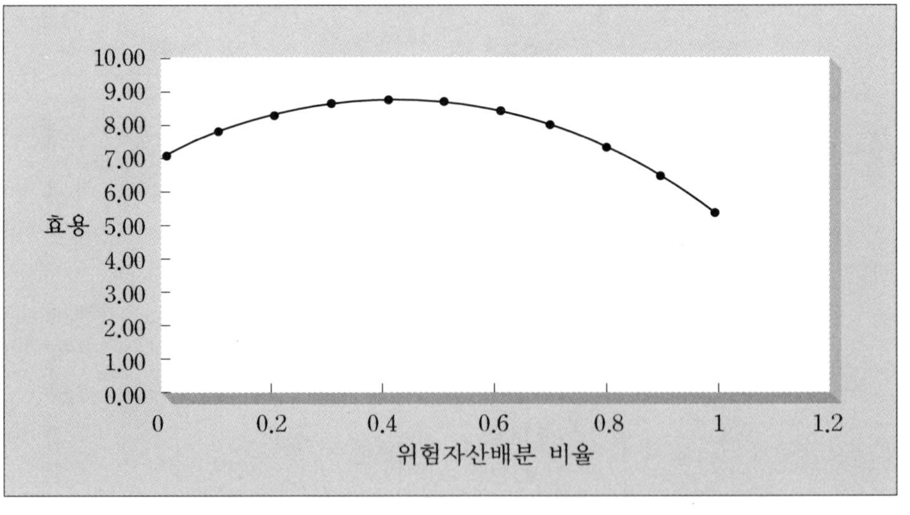

2) y에 대한 도함수는 $E(r_p) - r_f - 0.01\text{y}A\sigma^2{}_p$이다. 이 식을 0으로 놓고 y에 대해 풀면 〈식 3.5〉가 된다.

$$y^* = \frac{E(r_p) - r_f}{0.01A\sigma^2_p} \qquad \langle 식\ 3.5 \rangle$$

이 결과 위험 자산에 대한 최적비율은 분산에 의해 측정되는 위험과 위험 회피도의 수준에 반비례하고 위험 자산이 제공하는 위험 프리미엄에 정비례하는 것을 알 수 있다.

앞의 예에서 $r_f = 7\%$, $E(r_p) = 15\%$, 그리고 $\sigma_p = 22\%$인 경우로 돌아오면 위험 회피계수가 4인 투자자에 있어서 최적투자비율은 다음과 같다.

$$y^* = \frac{15 - 7}{0.01 \times 4 \times 22^2} = 0.41$$

바꾸어 말하면 이 투자자는 투자자금의 41%를 위험 자산에 투자하고 59%를 무위험 자산에 투자하는 것이 된다. [그림 3-4]에서 본 것처럼 이것은 효용을 극대화하는 y의 값이다.

위험 자산에 41% 투자한 경우 전체 포트폴리오는 아래와 같은 기대수익률

[그림 3-5] $A = 2$와 $A = 4$일 때 $U = 5$와 $U = 9$에 대한 무차별곡선

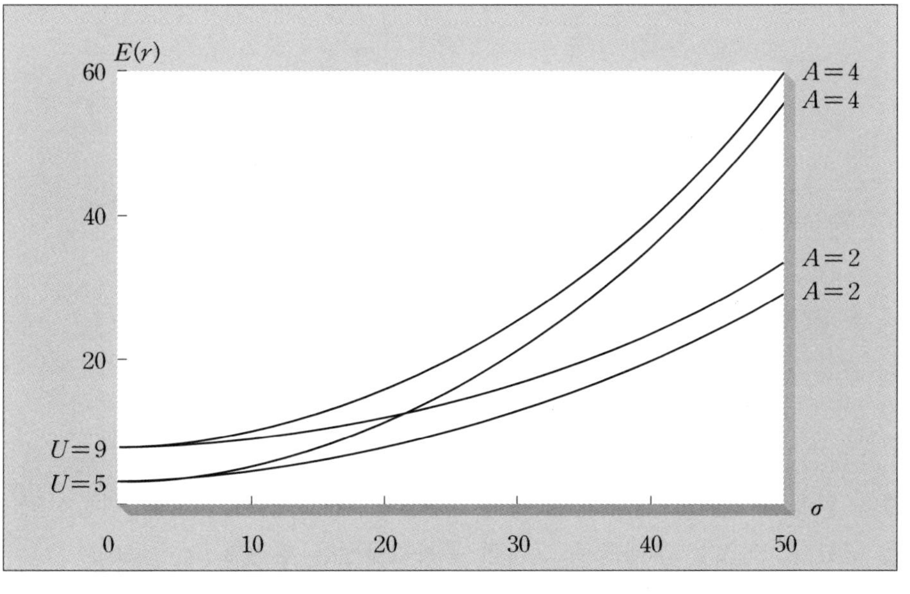

과 표준편차를 가진다.

$$E(r_c) = 7 + [0.41 \times (15 - 7)] = 10.28$$
$$\sigma_c = 0.41 \times 22 = 9.02\%$$

전체 포트폴리오의 위험 프리미엄은 $E(r_c) - r_f = 3.28\%$가 되는데, 이는 9.02%의 표준편차를 가지는 포트폴리오에서 얻어진다. $\frac{3.28}{9.02}$가 0.36이고 이것은 이 문제에서 가정한 보상-변동성 비율의 값과 같다.

이러한 의사결정 문제를 표시하는 다른 방법은 무차별곡선(indifference curve) 분석을 이용하는 것이다. 무차별곡선은 동일한 수준의 효용을 갖는 기대수익률-표준편차의 조합을 나타내는 것이다. 곡선은 기대수익률과 표준편차 간의 투자자가 요구하는 교환관계를 나타내는 것이다.

무차별곡선을 어떻게 만드는가를 보여 주기 위해 위험 회피도(risk aversion) $A=4$인 투자자가 모든 자산을 수익률 $r_f = 5\%$인 무위험 포트폴리오를 보유한다고 가정하자. 이 포트폴리오의 분산이 0이므로 〈식 3.4〉에 의해 효용 가치 $U=5$임을 안다. 이제 $\sigma=1\%$인 위험 포트폴리오를 보유할 때 동일한 효용수준을 유지하기 위해 투자자가 요구하는 기대수익률을 구한다. 〈식 3.4〉를 이용하여 σ가 높아진 것을 보상하기 위해 $E(r)$은 얼마나 증가해야 하는지 계산한다.

$$U = E(r) - 0.005 \times A \times \sigma^2$$
$$5 = E(r) - 0.005 \times 4 \times 1^2$$

여기에서

$$E(r) = 5 + 0.005 \times A \times \sigma^2$$
$$= 5 + 0.005 \times 4 \times 1^2 = 5.02\% \qquad \text{〈식 3.6〉}$$

다른 여러 σ 값에 대해 이것을 계산하면 $U=5$를 유지하는 데 필요한 $E(r)$ 값을 얻을 수 있다. 이 과정을 통해 $U=5$에 대한 기대수익률과 변동성의 조합을 구한다. 이것을 그래프로 그리면 무차별곡선을 얻는다.

스프레드시트를 이용하여 투자자의 무차별곡선을 쉽게 얻을 수 있다. [표 3-2]는 $A=2$와 $A=4$인 두 투자자의 효용가치가 5와 9인 경우의 위험-수익률 조합을 보여 준다. 예를 들어 제2열은 〈식 3.6〉을 사용하여 $A=2$인 투자자에 대해 효용가치 5를 얻기 위해 제1열의 표준편차에 상응하는 기대수익률을 계산한 것이다. 제3열은 $U=9$인 경우 기대수익률-표준편차 조합을 보여 준다. 이 기대수익률-표준편차 조합이 [그림 3-5]에서 $A=2$로 표시된 두 개의 곡선으로 나타난다.

무위험 포트폴리오의 효용가치는 그 포트폴리오의 기대수익률과 같으므로 [그림 3-5]의 각 무차별곡선의 절편(intercept, $\sigma=0$인 점)은 이 곡선상의 포트폴리오의 **확정등가**(certainty equivalent)라고 하는데, 이것은 이 곡선의 효용가치이다. 이 점에서 '효용'이나 '확정등가'라는 말은 바꾸어 쓸 수 있다. 각 무차별곡선의 절편이 각각 5%와 9%로 두 곡선의 효용수준에 정확히 상응한다.

선택할 수 있다면 투자자는 높은 무차별곡선 혹은 높은 확정등가(효용) 값

[표 3-2] 스프레드시트를 이용한 무차별곡선의 계산(제2-4행의 값은 특정의 효용가치를 얻기 위해 필요한 기대 수익률임)

σ	$A=2$		$A=4$	
	$U=5$	$U=9$	$U=5$	$U=9$
0	5.00	9.00	5.00	9.00
5	5.25	9.25	5.50	9.50
10	6.00	10.00	7.00	11.00
15	7.25	11.25	9.50	13.50
20	9.00	13.00	13.00	17.00
25	11.25	15.25	17.50	21.50
30	14.00	18.00	23.00	27.00
35	17.25	21.25	29.50	33.50
40	21.00	25.00	37.00	41.00
45	25.25	29.25	45.50	49.50
50	30.00	34.00	55.00	59.00

을 가진 포트폴리오를 선호할 것이다. 높은 무차별곡선상의 트폴리오는 주어진 위험 수준에서보다 높은 기대수익률을 제공한다. 예를 들어, $A=2$인 투자자의 무차별곡선은 동일한 모양을 가지나, 5라는 변동성 수준에서 효용이 9인 곡선상의 포트폴리오는 기대수익률이 9.25%를 제공하는데, 이것은 $U=5$인 아래의 곡선상의 상응하는 포트폴리오의 기대수익률에 비해 높다.

[표 3-2]의 제4열과 5열은 $A=4$인 더욱 위험 회피적(risk averse) 투자자에 대해 분석하고 있다. 그 결과는 [그림 3-5]의 무차별곡선으로 나타나 있는데 더 위험 회피적 투자자는 덜 위험 회피적인 투자자보다 무차별곡선의 기울기가 급하다. 기울기가 급한 것은 포트폴리오 위험의 증가를 보상하기 위해 기대수익률이 더 많이 상승해야 한다는 것을 의미한다.

무차별곡선이 높은 것은 효용이 높다는 것이다. 투자자는 따라서 가능한 가장 높은 무차별곡선 상에서 완성 포트폴리오를 찾기 바란다. [그림 3-6]의 자본배분선(capital allocation line)으로 표시되는 투자기회(investment opportunity)상에 무차별곡선을 중첩시키면 CAL과 접하는 가장 높은 무차별곡선을 찾아낼 수 있다. 그 무차별곡선은 CAL에 접하고 접점(tangency point)은 최적 완성 포트폴리오(optimal complete portfolio)의 표준편차와 기대수익률의 조합에 해당된다.

이것을 예시하기 위해 [표 3-3]은 $A=4$인 투자자의(효용수준이 7, 7.8, 8.653 및 9.4인) 네 개의 무차별곡선에 대한 계산을 보여 준다. 제2~5열은 〈식 3.6〉을 사용하여 각 곡선에 상응하는 효용수준을 제공하는 제1열의 표준편차에 대응하는 기대수익률을 계산하였다. 제6열은 〈식 3.3〉을 사용하여 제1열의 표준편차 σ_c에 대한 CAL 상의 $E(r_c)$를 계산하였다.

$$E(r_c)=r_f+[E(r_p)-r_f]\frac{\sigma_c}{\sigma_p}=7+[15-7]\frac{\sigma_c}{22}$$

[그림 3-6]은 네 개의 무차별곡선과 CAL을 보여준다. 이것은 $U=8.653$인 무차별곡선이 CAL과 접하는 것을 보여 준다. 접점은 효용을 극대화하는 완성 포트폴리오를 나타낸다. 접점은 $\sigma_c=9.02\%$이고 $E(r_c)=10.28\%$로서 $y^*=0.41$에서 최적 완성 포트폴리오의 위험, 수익률 파라미터를 나타낸다.

[표 3-3] 네 개의 무차별곡선에 대한 기대수익률과 CAL

σ	$U=7$	$U=7.8$	$U=8.653$	$U=9.4$	CAL
0	7.00	7.80	8.65	9.40	7.00
2	7.08	7.88	8.73	9.48	7.73
4	7.32	8.12	8.97	9.72	8.45
6	7.72	8.52	9.37	10.12	9.18
8	8.28	9.08	9.93	10.68	9.91
9.02	8.63	9.43	10.28	11.03	10.28
10	9.00	9.80	10.65	11.40	10.64
12	9.88	10.68	11.53	12.28	11.36
14	10.92	11.72	12.57	13.32	12.09
18	13.48	14.28	15.13	15.88	13.55
22	16.68	17.48	18.33	19.08	15.00
26	20.52	21.32	22.17	22.92	16.45
30	25.00	25.80	26.65	27.40	17.91

[그림 3-6] 무차별곡선을 이용하여 최적 완성 포트폴리오를 찾는 방법

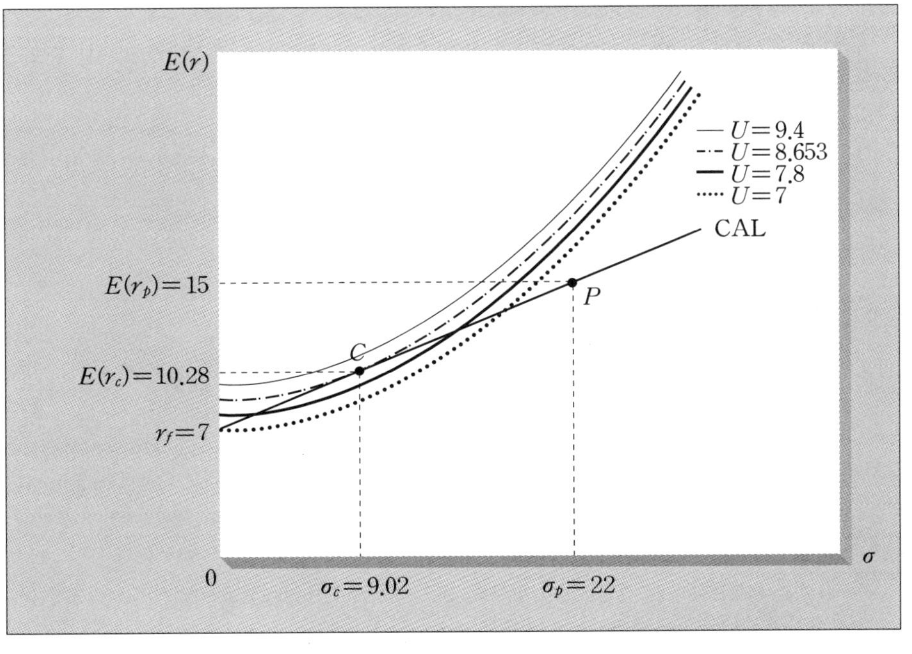

이들 값은 〈식 3.5〉를 사용하여 계산한 값들과 일치한다.

위험 포트폴리오와 안전하지만 수익률이 낮은 무위험 포트폴리오 자산에 대한 투자배분 비중, y*의 선택은 주로 투자자의 위험 회피성향에 의해 결정된다.

3.5 소극적 전략 · 자본시장선

자본배분선(CAL)은 무위험 자산과 위험 포트폴리오 P에서 도출되었다. 위험 포트폴리오 P에 특정자산의 포함 여부를 결정하는 것은 **소극적 전략**(passive strategy)이나 혹은 **적극적 전략**(active strategy)에 따라 달라진다. 소극적 전략이란 어떠한 직·간접적인 증권분석도 하지 않고 포트폴리오를 구성하는 방식을 말한다.[3] 얼핏보면 소극적 전략은 단순하게 보일 수도 있다. 그러나 거대한 자본시장의 수요와 공급의 힘에 의해 증권의 균형가격이 결정된다는 점을 염두에 두면 이러한 전략이 다수의 투자자에 있어서는 합리적인 전략이 될 수도 있을 것이다.

[표 3-4] N&P500과 1년 만기 정기예금의 평균 기대수익률과 표준편차 및 1년 만기 정기예금에 대한 주식의 위험 프리미엄

	N&P500		1년 만기 정기예금		1년 만기 정기예금에 대한 주식의 위험 프레미엄	
	평 균	표준편차	Mean	S.D.	Mean	S.D.
1926~1942	7.2	29.6	1.0	1.7	6.2	29.9
1943~1960	17.4	18.0	1.4	1.0	16.0	18.3
1961~1979	8.6	17.0	5.2	2.0	3.3	17.7
1980~1999	18.6	13.1	7.0	3.0	11.6	13.8
1926~1999	13.1	20.2	3.8	3.3	9.3	20.6

3) '간접적 증권분석'이란 증권분석의 업무를 전문 자산관리사(money manager) 같은 중개자에게 위임하는 것을 의미한다.

과거의 주식 및 채권 수익률 자료를 사용하여 소극적 전략을 모색할 수 있다. 소극적 보유전략에 의한 위험 자산 후보는 잘 분산된 주식 포트폴리오(well-diversified equity portfolio)가 될 것이다. 소극적 전략은 어떤 개별 주식 혹은 주식 그룹에 관한 정보수집을 필요로 하지 않다는 것은 이미 언급하였고 따라서 중립적인 분산전략을 택하지 않으면 안 된다. 그 한 방법이 기업부문의 가치를 반영하여 결정되는 시장 포트폴리오(market portfolio)를 선택하는 것이다. 예를 들어 이 포트폴리오 중에서 LG에 대한 투자비율은 전 상장주식의 시가총액에 대한 LG주식의 시가총액 비율과 일치한다.

가장 보편적인 미국 주식의 가중평균지수는 자본금 상위 500사로 구성되는 S&P500 지수이다. [표 3-4]는 이 포트폴리오의 과거 장기간의 실적 자료를 보여 준다. 마지막 난에서는 보통주 포트폴리오의 1년 만기 정기예금에 대한 평균 위험 프리미엄과 표준편차를 나타내고 있다.

1년 만기 정기예금과 보통주주가지수로 결정되는 자본배분선(CAL)을 우리는 **자본시장선**(capital market line: CML)이라고 부른다. 소극적 전략은 CML로 대표되는 투자기회의 집합으로 얻을 수 있다.

투자자가 소극적 전략을 선택하는 것은 얼마나 합리적인 것인가? 물론 이 질문에 대해서는 적극적 전략에 수반되는 비용과 그 혜택을 비교하지 않고는 대답하기 힘들다. 그러나 몇 가지 생각할 것이 있다.

첫째, 적극적 전략은 무료가 아니다. 투자자가 직접 시간과 비용을 들여 위험 자산을 포함하는 최적 포트폴리오를 구성하기 위해 정보를 입수하거나 혹은 증권 전문가에게 수수료를 지불하면서 포트폴리오 구성을 의뢰하는 적극적 포트폴리오 전략은 소극적 포트폴리오 전략에 비해 비용이 높게 발생한다. 소극적 포트폴리오 편성에는 1년 만기 정기예금의 구입에 따른 약간의 수수료와 주가지수 펀드를 운용, 판매하는 투자신탁회사에 운영보수(management fee)만 지급하면 된다. 소극적 전략을 구사하는 둘째 이유는 무임승차혜택(free-rider benefit)에 있다. 만약 적극적 전략을 구사하는 다수의 유능한 투자자가 있어 이들의 저평가된 자산을 구입하여 고가에 매각하고 고평가된 자산을 매각하여 가격을 하락시킨다면 대체로 자산의 가격은 적정하게 평가되고 있다고 말할 수 있다. 따라서 잘 분산된 주식 포트폴리오는 대체로 공정가격에 의한 적절한 투자라고 할 수 있고, 소극적 전략이 평균적인 적극적 투자자의 투자전략에 비해 열등하다고 할 수 없다.

요약하면, 소극적 포트폴리오는 사실상 무위험인 1년 만기 정기예금(혹은 대체적으로 MMF)과 전체 증권시장지수에 연동하는 보통주식 펀드에 투자하는 것이다. 이러한 전략을 나타내는 자본배분선을 자본시장선이라고 부른다.

소극적 투자자는 그들의 위험 회피정도에 따라 투자예산을 배분한다. 이러한 분석방법을 이용하여 우리는 전형적인 투자자의 위험 회피계수(risk-aversion parameters)를 추정할 수 있다. 예를 들어 [표 3-4]에서처럼 위험 프리미엄이 9.3%이며, 표준편차가 20.6%인 것으로 가정하여, 이 수치들을 〈식 3.5〉에 대입하면,

$$\mathrm{y}^* = \frac{E(r_m) - r_f}{0.01 \times A \times \sigma_m{}^2}$$

$$= \frac{9.3}{0.01 \times \mathrm{A} \times 20.6^2} = 0.74$$

따라서 위험 회피계수는 다음과 같다.

$$A = \frac{9.3}{0.01 \times 0.74 \times 20.6^2} = 2.96$$

물론 이것은 단순한 추정에 불과하다. 왜냐하면 이 추정은 과거의 평균 투자수익률과 표준편차가 미래 수익률과 위험에 대한 최선의 예측이라는 가정하에서 이루어졌기 때문이다. 그러나, 이용 가능한 다양한 자산을 대상으로 분석한 광범위한 연구결과, 일반적으로 투자자의 위험 회피계수가 2.0에서 4.0 사이에 있는 것을 나타나고 있다.[4)]

---

4) 예를 들어 I. Friend and M. Blume, "The Demand for Risky Assets." American Economic Review 64(1094) 또는 S.J. Grosson and R.J. Shiller, "The Determinants of the Variability of Stock Market Prices." American Economic Review71(1981)을 참조.

■용어정리

무위험 자산: 채무불이행 위험이 없는 자산을 말하며, 대개 정부가 발행하는 단기국채를 의미한다.

자본배분선(capital allocation line:CAL): 포트폴리오의 실현 가능한 기대수익률과 표준편차의 조합으로써 투자기회의 집합을 나타낸 선을 말한다.

공매 포지션(short position): 주가가 하락하였을 때 재매입하여 시세차익을 얻거나 현재 보유하고 있는 주식의 가격하락에 따른 위험을 방지하기 위한 목적으로 현재 보유하고 있지 않은 주식을 매도하는 것을 말한다.

무차별곡선(indifference curve): 동일한 수준의 효용을 주는 기대수익률 · 표준편차의 조합을 나타낸 선을 말한다.

소극적 전략(passive strategy): 어떠한 직간접적인 증권분석도 하지 않고 포트폴리오를 구성하는 방식을 말한다.

자본시장선(capital market line: CML): 무위험자산이 존재하는 경우, 균형상태의 자본시장에서 효율적 포트폴리오의 기대수익과 위험의 선형관계를 나타내는 선을 말한다.

■연습문제■

1. 투자자 李씨는 100,000원의 투자자금을 어디에 투자할지 투자계획을 세우고 있다. 그는 자신의 자본을 정기예금(r_i)과 주식[$E(r_i)$]에 배분하기로 하였다. 각 투자대상의 기대수익률 $E(r_i)$와 위험 σ_i이 다음과 같은 때 물음에 답하라.

   정기예금 금리 r_i=10%, 주식 기대수익률 $E(r_i)$=22%, 위험 σ_i=34%

   (1) 주식 투자 비중을 w%라 할 때, 포트폴리오 기대수익률 $E(r_p)$와 위험 σ_p를 구하라.

   (2) 자본배분선(CAL)을 구하고, $E(r_p)$를 y축으로, σ_p를 X축으로 하는 좌표축에 이 선을 나타내시오.

   (3) 위험보상비율(reward-to-variability ratio: RAVAR)의 의미를 설명하라.

2. A 투자자문회사는 기대수익률이 17%, 표준편차가 27%인 포트폴리오를 운용하고 있다. 지금 무위험이자율은 7%라고 가정한다.

   (1) 어떤 고객은 자본의 70%를 A 투자자문회사가 운용하는 포트폴리오에, 그리고

나머지 30%를 무위험자산에 투자하고 있다. 그 고객의 기대수익률과 수익률의 표준편차를 구하시오.

(2) A 자문회사의 포트폴리오 내용은 다음과 같다.

주식 X: 27%

주식 Y: 33%

주식 Z: 40%

(1)에서 고객의 투자규모가 5,000,000원이라면 실제로 X, Y, Z 각 주식과 무위험 자산에 얼마씩 투자한 결과인가?

(3) A 자문사 포트폴리오의 위험보상비율을 구하시오.

(4) A 자문사의 CAL을 구하고 CAL의 기울기를 구하시오.

(5) 어떤 고객이 목표수익률을 15%로 설정하고 A 자문사 포트폴리오와 무위험 자산에 투자하고자 한다.

1) 그의 A 자문사 포트폴리오에 투자비율 W를 구하시오.

2) 그 고객의 X, Y, Z와 무위험자산에의 실제 투자비율을 구하시오.

3) 그 고객이 부담할 표준편차를 구하시오.

(6) 어떤 고객의 위험회피도인 A가 3.5라고 가정하자.

1) 그는 자기자본의 몇 %를 A 자문회사 포트폴리오에 투자할 것인가?

2) 그렇게 투자할 경우 기대수익률과 표준편차를 구하시오.

■알기 쉬운 경제 상식

Common sense case 3 - 한국주가와 미국주가의 동조화 현상

주식투자를 하는 사람 중 많은 사람들이 아침에 일어나면 간밤에 "미국 주식시장이 어떻게 됐나" 살피는 사람도 많고, 또한 오전 뉴스 시간에도 전날 미국 주식시장 동향에 대해 자세한 소개를 하는 것을 많이 들었을 것입니다. 이에 이런 의문을 가지실 것입니다. "아니 우리나라 주식에 투자하는데 미국 주식시장에 왜 그리 관심을 많이 가지는 거지"라고 말입니다.

그 이유는 미국 주식시장 상황이 국내 주식시장과 비슷한 움직임을 보이는 경우가 많기 때문입니다. 특히 IMF 이후 이러한 현상은 더욱 뚜렷하게 나타나고 있는데, 이런 현상을 흔히 '증권시장 동조화(同調化)'라고 합니다.

그리고 이러한 증권시장 동조화는 비단 우리나라에만 국한된 문제는 아니고 선진국인 일본이나 유럽 등의 주식시장도 마찬가지 양상을 띠고 있습니다. 그렇다면 이러한 현상은 왜 나타나는 것일까요?

먼저 주가라는 것은 기업들이 좋은 상품을 많이 팔아 더 많은 돈을 벌 수 있을 것이란 기대감이 있어야만 올라간다는 것을 알고 있을 겁니다. 이렇게 돈을 잘 버는 기업들이 많으면 자연 나라 경제도 좋아질 것이구요.

결국 미국의 주가가 오른다는 것은 사람들이 미국 경제가 앞으로 잘 될 것이라는 기대감을 갖는 것이고, 반대로 미국 주가가 떨어지는 것은 미국 경제의 장래를 나쁘게 본다는 것이겠지요.

문제는 이러한 미국 경제가 세계 경제에 미치는 영향력이 엄청나다는 점입니다. 후진국의 경제 개발 지원을 위해 설립된 '세계은행(IBRD)'이라는 국제기구에 따르면 2001년 한 해 동안 미국 내에서 생산된 상품과 서비스의 규모, 이를 국내 총생산(GDP)라고 하는데 이 액수가 10조 2000억 달러나 됐어요. 물론 세계에서 가장 큰 규모입니다.

이를 우리나라 돈(1달러=1,200원)으로 환산하면 1경 2,240조원이라는 어마어마한 액수가 나옵니다. '경'이라는 수치는 '조' 다음의 화폐단위입니다. 이 돈을 우리나라 4,500만명의 국민들에게 나눠주면 1인당 2억 7,000만원씩 돌아가는 엄청난 규모입니다. 2001년 우리나라 GDP는 4,222억달러(약 506조원)로 미국의 24분의 1정도에 불과합니다.

또한 미국은 2001년 자국에서 생산한 물건을 외국에 판 것보다 다른 나라 상품을 4,174억달러어치나 더 사들였습니다. 이는 미국의 입장에서 보면 무역수지 적자이고 다른 나라들이 흑자를 달성한 것입니다. 우리나라 역시 2001년 미국을 상대로 88억달러 무역수지 흑자를 기록하였습니다. 이러한 이유 때문에 전세계 경제가 좋고 나쁘고는 사실 미국 경제가 좌우한다고 해도 지나친 말이 아니라는 것입니다.

미국 기업들이 장사를 잘 해 미국 경제가 좋아지면 자연 미국에 반도체나 자동차, 휴대전화 등을 수출하는 우리 기업들도 돈을 더 많이 벌 수 있겠죠. 이렇게 되면 우리나라 기업의 주식을 사려는 사람들도 더 많아지고 주가도 자연스럽게 올라간다는 의미입니다.

그리고 미국 주식시장이 우리에게 중요한 또 다른 이유는 미국을 비롯한 외국인 투자자들이 우리나라의 우량기업 주식에도 많은 투자를 하고 있다는 것입니다. 2002년 8월말 기준으로, 우리나라 상장주식과 코스닥 주식의 가격을 전부 합한 금액은 346조원으로 이 중 3분의 1정도인 108조 6,000억원어치의 주식을 외국인들이 보유하고 있습니다.

만일 외국인들이 삼성전자나 SK텔레콤, KT 등 우리나라 대표적 기업들의 주식을 팔아치운다면 주가가 떨어질 가능성이 클 것입니다. 특히 이러한 대형 우량기업들의 주가가 떨어지면 전체 주식시장에도 나쁜 영향을 미치게 되는 것입니다.

그런데 외국인 투자자들은 세계 경제 상황이 나쁠 것 같으면 미국을 비롯한 전세계 시장에서 주식을 팔고, 상대적으로 안전하고 이자도 받을 수 있는 채권을 사는 경우가 많습니다. 이렇듯 외국인 투자자들이 미국에서 주식투자를 줄이기로 마음 먹는다면 우리나라 주식시장에서도 주식을 팔아버릴 가능성이 커지게 될 것입니다.

이러한 이유 때문에 미국 주식시장의 동향은 우리나라 뿐만 아니라 전세계 투자자들의 주시 대상이 되고 있는 것입니다. 결론적으로 미국 주식시장은 다른 나라 주식시장의 상황을 예상할 수 있는 풍향계와 비슷한 역할을 하고 있는 것입니다.

제 4 장 최적 위험 포트폴리오 이론

분산 투자를 통한 투자 자산의 위험을 낮추는 포트폴리오이론에 대한 상세한 기술을 담고 있으며, 아울러 포트폴리오의 위험과 기대수익률의 구체적 산출 방법을 다루고 있다. 그리고, 최적 위험 포트폴리오 선정 시 투자론의 가장 중요한 이론 중의 하나인 마코위츠의 효율적 투자기회선의 도출 과정과 개인의 위험 회피도를 감안한 최적 위험 포트폴리오 선정방법과 절차에 대해 다루고 있다.

4.1 분산투자와 포트폴리오 위험

포트폴리오가 오직 하나의 증권, 예를 들면 한양 컴퓨터사의 주식으로 구성되어 있다고 하자. 그러면 포트폴리오 위험의 원천은 무엇일까? 두 가지의 불확실성 요소를 생각할 수 있다. 하나는 경기순환, 인플레이션, 환율 등 일반적인 경제상황에 의해 야기되는 위험이다. 이들 경제변수들은 확신을 가지고 예측할 수 없고 따라서 한양 컴퓨터주식의 수익률에 영향을 미친다. 이들 거시경제요인(macroeconomic factor)에 더하여 기업고유요인(firm-specific factor)들이 위험에 영향을 미치는데, 예를 들면 R&D 분야에서의 성공이나 임원교체 등의 요인도 기업업적이나 주가수익률에 영향을 준다. 이들 요인은 다른 기업에는 별 영향을 미치지 않으면서 한양사의 주식가치에만 영향을 미친다.

다음에는 포트폴리오에 다른 증권을 추가하는 단순한 **분산투자**(diversification) 전략을 생각해 보자. 예를 들어, 포트폴리오의 반을 한양 컴퓨터사에, 또 나머지 반을 LG정유사에 투자하는 경우이다. 포트폴리오 위험은 어떻게 변화할 것인가. 두 개 주식에 대한 기업 고유의 위험이 각각 다르기 때문에 포트폴리오 위험은 저하된다. 예를 들면, 원유가격이 하락하여 LG정유사의 영업실적이 나빠지나, 한편에서 컴퓨터 가격은 상승하여 한양컴퓨터사의 업적에는 좋은 영향을 줄 수도 있다. 두 개의 영향은 부분적으로 상쇄되고 포트폴리오 수익률은 안정된다.

포트폴리오를 구성하는 증권의 수를 두 개로 한정할 필요는 없다. 포트폴리오에 더 많은 증권을 포함할수록 개별 기업 고유 위험(firm-specific risk)은 서로 상쇄되고 따라서 포트폴리오 수익률의 변동성(volatility)은 저하된다. 그러나 궁극적으로 아주 많은 종류의 증권을 포트폴리오에 포함시킨다 해도 모든 위험을 완전히 제거할 수는 없다. 모든 증권이 공통의 거시경제요인의 영향을 받는 한 이들 위험 요인에 대한 노출을 피할 수 없다.

[그림 4-1] A의 경우와 같이 모든 위험이 기업고유 위험인 경우는 분산투자에 의해서 위험을 임의적으로 낮은 수준까지 내릴 수 있다. 그 이유는 모든 기업고유위험의 원천이 서로 독립적이기 때문에 포트폴리오에 포함되는 증권을

[그림 4-1] 포트폴리오에 포함되는 주식수의 함수로 나타낸 포트폴리오

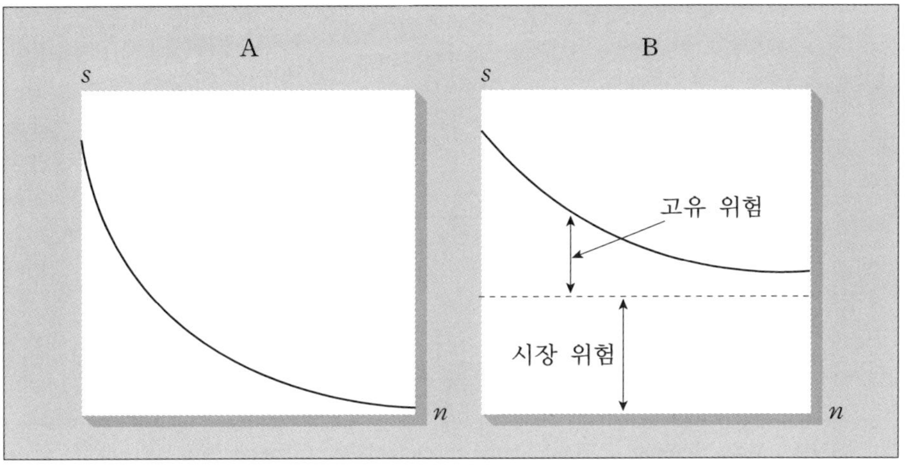

분산시킴으로써 포트폴리오 전체위험을 무시할 수 있는 낮은 수준까지 내릴 수 있다. 위험의 원천이 서로 독립적인 경우에 이러한 위험 저하 현상을 **보험원리**(insurance principle)라고도 하는데 그 이유는, 보험은 다수의 독립적인 위험 원천에 대해 분산을 통한 위험 절감을 달성하기 때문이다.

어떤 위험 원천이 모든 증권에 대해 공통적으로 영향을 미치는 경우는 비록 광범위한 분산투자를 하여도 위험을 제거하는 데는 한계가 있다. [그림 4-1] B는 증권의 수가 많아질수록 포트폴리오 수익률의 표준편차는 하락하지만 0으로 되지는 않을 것을 나타내고 있다. 광범위한 분산투자를 통해서도 제거 불가능한 위험을 **시장 위험**(market risk)라고 하는데, 이는 이러한 위험은 시장 전반에 보편적인 것이기 때문이다. 또 시장위험은 **체계적 위험**(sys-toenatic risk), 또는 **분산불가능 위험**(undiversifiable risk)라고도 불린다. 이에 대해, 분산투자에 의해 제거 가능한 위험은 **고유 위험**(unique risk), **기업고유 위험**(firm-specific risk), **비체계적 위험**(nonsystenatic risk), 또는 **분산가능 위험**(diversifiable risk)라고 불린다.

이러한 분산에 의한 위험 절감효과는 많은 실증분석에 입증된다. [그림 4-2]는 뉴욕증권거래소(NYSE)의 상장주식 데이터를 사용하여 분석된 포트폴리오 분산투자의 효과를 나타내고 있다.[1] 포트폴리오는 무작위로 추출된 주식으

1) Meir statman, "How Many Stocks Make a Diversified Portfolio," Journal and Quantitative

[그림 4-2] 포트폴리오 분산

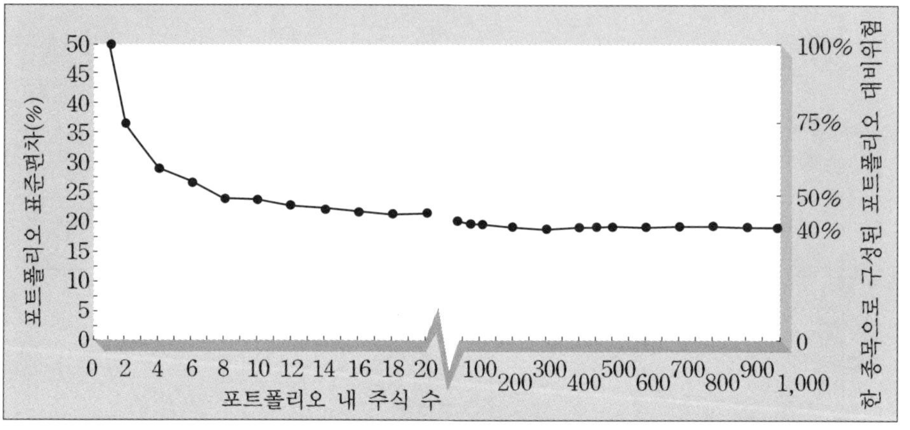

Source: Meir Statman, "How Many Stocks Make a Diversified Portfolio," *Journal of Financial and Quantiative Analysis* 22(September 1987).

로 동일지분의 포트폴리오를 구성했을 때 주식 종류 수와 포트폴리오 수익률의 표준편차 간의 관계를 나타낸다. 도표에서 알 수 있는 것처럼, 포트폴리오 위험은 분산투자에 의해 감소하지만 체계적 위험 혹은 공통적 위험 원천에 의해 그 한계가 정해진다.

4.2 두 개의 위험 자산으로 구성된 포트폴리오

앞의 절에서 여러 증권에 동일 비중으로 투자한 경우, 즉 단순 분산투자의 위험 절감효과를 검토하였다. 이번에는 일정한 기대수익률 수준에서 위험을 최소화하는 투자, 즉 효율적인 분산투자(efficient diversification)를 어떻게 달성하는가에 대해 논한다.

최적 위험 포트폴리오를 구성하기 위해서는 복잡한 통계기법을 사용하는 작업이 필요하다. 그러나 기본원칙은 두 개의 위험 자산으로 포트폴리오를 구성할 때와 같다. 따라서 먼저 간단한 방식을 분석하고 다음에 이것을 보다 현실적인 경우에 적용해 보자.

Analysis 22 (September 1987).

먼저 투자자가 두 개의 위험 자산(risky assets)만을 보유한 경우를 가정하자. 분산투자의 효과를 얻기 위해 투자자는 다양한 장기채권으로 포트폴리오를 구성하는 뮤추얼 펀드(D)를 첫째 자산으로 하고, 다음에 두 번째 자산으로 주식 포트폴리오인 뮤추얼 펀드(E)를 선정한다고 하자. 두 개의 자산으로 구성된 포트폴리오 수익률의 결합확률분포(joint porbability distribution) 계수는 [표 4-1]에 제시되어 있다.

채권 포트폴리오와 주식 포트폴리오의 보유비율을 각각 W_D, $W_E(=1-W_D)$라고 하면, 두 개 자산으로 구성되는 포트폴리오의 수익률은 다음 식으로 표현된다.

$$E(r_p)=W_DE(r_p)+W_EE(r_E) \qquad \text{〈식 4.1〉}$$

포트폴리오의 분산(variance)은 2장 규칙 5에 따라 다음 식으로 표현된다.

$$\sigma_p^2=W_D^2\sigma_D^2+W_E^2\sigma_E^2+2W_DW_ECov(r_D,\ r_E) \qquad \text{〈식 4.2〉}$$

유의할 점은 포트폴리오의 분산은 투자수익률과 달리, 각 자산의 분산의 가중평균이 아니라는 것이다. 포트폴리오 분산에 대한 〈식 4.2〉를 보다 명확히 이해하기 위해, 어떤 변수의 자신과의 공분산은 그 변수의 분산이라는 것을 상기하자. 즉,

$$CoV(r_D,\ r_D)=\sum Pr(\text{시나리오})[r_D-E(r_D)][r_D-E(r_D)]$$

[표 4-1] **두 개 뮤추얼 펀드의 주요 통계치**

	채권펀드		주식펀드
기대수익률, $E(r)$	8%		13%
표준편차, σ	12%		20%
공분산, $\text{Cov}(r_D,\ r_E)$		72%	
상관계수, ρ_{DE}		0.30	

$$=\sum Pr(\text{시나리오})[r_D - E(r_D)]^2 \qquad \langle\text{식 4.3}\rangle$$
$$=\sigma_D^2$$

따라서 포트폴리오의 분산을 포현하는 다른 공식은 다음과 같다.

$$\sigma_p^2 = W_D W_D CoV(r_D, r_D) + W_E W_E CoV(r_E, r_E) + 2W_D W_E CoV(r_D, r_E) \quad \langle\text{식 4.4}\rangle$$

즉, 포트폴리오의 분산은 공분산의 가중합(weighted sum)이라고 생각할 수 있고, 그 가중치는 공분산 항목에 포함되는 각 자산의 포트폴리오 구성비를 곱한 것이다.

[표 4-2]는 두 개의 뮤추얼 펀드 수익률의 공분산 행렬(covariance matrix)을 보여 준다. 포트폴리오를 구성하는 각 펀드의 비중은 W_D와 W_E로 표시된다. 이 행렬은 스프레드시트 프로그램을 이용하여 포트폴리오 분산을 쉽게 계산할 수 있도록 한다. 먼저 공분산 행렬의 각 요소를 그에 상응하는 포트폴리오 구성비로 곱한다. 그 후 네 개의 값을 〈식 4.4〉에 따라 합하여 포트폴리오

[표 4-2] 공분산 행렬에서 포트폴리오 분산을 계산

A. 공분산행렬

포트폴리오 비중	W_D	W_E
W_D	$CoV(r_D, r_D)$	$CoV(r_D, r_E)$
W_E	$CoV(r_E, r_D)$	$CoV(r_E, r_E)$

B. 포트폴리오 비중을 고려한 공분산행렬

포트폴리오 비중	W_D	W_E
W_D	$W_D W_D CoV(r_D, r_D)$	$W_D W_E CoV(r_D, r_E)$
W_E	$W_E W_D CoV(r_E, r_D)$	$W_E W_E CoV(r_E, r_E)$
$W_D + W_E = 1$	$W_D W_D CoV(r_D, r_D) + W_E W_D CoV(r_E, r_D)$	$W_D W_E CoV(r_D, r_E) + W_E W_E CoV(r_E, r_E)$
포트폴리오 분산	$W_D W_D CoV(r_D, r_D) + W_E W_D CoV(r_E, r_D) + W_D W_E CoV(r_D, r_E) + W_E W_E CoV(r_E, r_E)$	

분산치를 계산한다.

공분산 행렬은 대각선으로 대칭, 즉 $CoV(r_D, r_E)=CoV(r_E, r_D)$이기 때문에 위의 식을 사용할 수 있다. 따라서 각 공분산항은 두 번씩 나타난다.

〈식 4.2〉는 공분산항이 부(−)인 경우 포트폴리오 분산이 감소함을 보여 준다. 공분산이 정(+)의 값을 가지는 경우에는 두 증권이 완전한 정의 상관관계(perfect positive correlation)를 가지지 않는 한, 포트폴리오의 표준편차는 여전히 각 증권의 표준편차의 가중평균치보다 작다.

이것을 확인하기 위해 제2장 〈규칙 3〉에서 공분산은 상관계수(correlation coefficient)에서 다음과 같이 계산될 수 있다.

$$CoV(r_D, r_E)=\rho_{DE}\sigma_D\sigma_E$$

따라서

$$\sigma_p^2=W_D^2\sigma_D^2+W_E^2\sigma_E^2+2W_DW_E\rho_{DE}\sigma_D\sigma_E \qquad \langle 식\ 4.5\rangle$$

공분산이 크기 때문에 ρ_{DE}가 클수록 포트폴리오 분산(portfolio variance)이 커진다. 완전히 정의 상관관계, 즉 $\rho_{DE}=1.0$인 경우 〈식 4.5〉의 우변은 완전제곱이 된다. 따라서 이 식을 다음과 같이 고쳐 쓸 수 있다.

$$\sigma_p^2=(W_D\sigma_D+W_E\sigma_E)^2$$

또는,

$$\sigma_p=W_D\sigma_D+W_E\sigma_E$$

따라서 두 증권이 완전한 정의 상관관계를 가지는 경우 이들 증권으로 구성되는 포트폴리오의 표준편차는 개별 증권의 표준편차의 가중평균과 동일하게 되는 것이다. 또 완전한 정의 상관관계를 가지지 않는 경우에는 포트폴리오의 표준편차는 개별증권의 표준편차의 가중평균의 값보다도 낮게 된다.

헷지 자산(hedge assets)은 포트폴리오에 포함된 다른 자산과 부의 상관관계를 가진다. 〈식 4.5〉는 이러한 헷지 자산의 총위험을 감소시키는 중요한 역할을 하고 있음을 보여 준다. 나아가, 〈식 4.1〉은 기대수익률이 두 수익률의 상관관계에 영향을 받지 않는 것을 보여 준다. 따라서 다른 조건이 동일하다면 투자자는 기존의 포트폴리오를 구성하는 자산과 상관관계가 낮거나 부의 상관관계를 가지는 새로운 자산을 추가하는 것을 선호할 것이다.

포트폴리오의 표준편차는 구성증권 표준편차의 가중평균치보다 작은 반면 포트폴리오의 기대수익률은 포트폴리오를 구성하는 개별증권의 기대수익률의 가중 평균이기 때문에 완전한 정의 상관관계를 가지지 않는 증권으로 구성되는 포트폴리오는 개별증권보다 항상 우월한 위험-수익률 기회(risk-return opportunity)를 제공한다. 증권 간의 상관관계가 작을수록 포트폴리오의 효율성은 향상된다.

포트폴리오의 표준편차는 얼마나 작아질 수 있나? 상관계수의 최소값은 −1이고, 이 때는 완전한 부의 상관관계가 되는 것이다. 이 경우, 〈식 4.5〉는 다음과 같이 간략하게 된다.

$$\sigma_p^2=(W_D\sigma_D-W_E\sigma_E)^2$$

그리고 포트폴리오의 표준편차는.

$$\sigma_p=(W_D\sigma_D-W_E\sigma_E)\text{의 절대값}$$

$\rho=-1$의 경우 투자자는 완전히 헷지된 포지션을 가질 수 있다. 포트폴리오의 구성비율을 다음과 같이 정하면 포트폴리오의 표준편차는 0이 된다.

$$W_D\sigma_D-W_E\sigma_E=0$$
$$W_D=\frac{\sigma_E}{\sigma_D+\sigma_E}$$
$$W_E=\frac{\sigma_E}{\sigma_D+\sigma_E}=1-W_D$$

위의 가중치를 사용하면 포트폴리오 표준편차는 0이 된다.[2)]

이들 방식을 [표 4-1]에 제시된 채권 및 주식형 펀드 자료에 적용하여 분

2) 완전히 정의 상관관계를 가지는 자산으로도 포트폴리오의 분산을 0으로 만들 수가 있는데, 이 때는 공매(short sale)가 필요하게 된다.

석해 보자. 이 자료를 사용하여 포트폴리오 기대수익률, 분산 및 표준편차는 다음과 같이 구해진다.

$$E(r_p)=8W_D+13W_E$$
$$\sigma_p{}^2=12^2W^2{}_D+20^2W^2{}_E+2\times12\times20\times0.3\times W_DW_E$$
$$=144W^2{}_D+400W^2{}_E+144W_DW_E$$
$$\sigma_p=\sqrt{\sigma_p{}^2}$$

포트폴리오 구성비율 W_D, W_E를 다양하게 변화시킴으로써 그것이 포트폴리오의 기대수익률과 표준편차에 미치는 영향을 볼 수 있다. 자산구성의 변화가 포트폴리오 기대수익에 주는 효과는 [표 4-3]과 [그림 4-3]에 나타나 있다. 채

[표 4-3] 다양한 상관계수에 따른 기대수익률과 표준편차

			주어진 상관관계 하에서의 포트폴리오 위험			
W_D	W_E	$E(r_P)$	$\rho=-1$	$\rho=0$	$\rho=0.30$	$\rho=1$
0.00	1.00	13.00	20.00	20.00	20.00	20.00
0.10	0.90	12.50	16.80	18.04	18.40	19.20
0.20	0.80	12.00	13.60	16.18	16.88	18.40
0.30	0.70	11.50	10.40	14.46	15.47	17.60
0.40	0.60	11.00	7.20	12.92	14.20	16.80
0.50	0.50	10.50	4.00	11.66	13.11	16.00
0.60	0.40	10.00	0.80	10.76	12.26	15.20
0.70	0.30	9.50	2.40	10.32	11.70	14.40
0.80	0.20	9.00	5.60	10.40	11.45	13.60
0.90	0.10	8.50	8.80	10.98	11.56	12.80
1.00	0.00	8.00	12.00	12.00	12.00	12.00
			최소분산 포트폴리오			
		W_D	0.6250	0.7353	0.8200	–
		W_E	0.3750	0.2647	0.1800	–
		$E(r_P)$	9.8750	9.3235	8.9000	–
		σ_P	0.0000	10.2899	11.4473	–

권에 대한 투자 비율을 0에서 1.0(따라서 주식투자비율을 1.0에서 0)까지 변화시키는 경우 포트폴리오 전체의 기대수익률은 13%(이것은 주식펀드의 기대수익률이다)에서 8%(채권에 대한 기대수익률)까지 변한다.

$W_D>1$이며 $W_E>0$의 경우에는 어떻게 될 것인가. 이 경우는 주식펀드를 공매(short sale)하고 그 매각대금으로 채권펀드에 투자하는 전략을 취한다고 생각할 수 있다. 이 투자전략은 포트폴리오의 기대수익을 감소시킨다. 예를 들면, $W_D=2$, $W_E=-1$의 경우 포트폴리오의 기대수익률은 3%[$=2\times8+(-1)\times13$]가 된다. 이 포트폴리오에 있어서 채권펀드의 가치는 순자산액의 두 배로 된다. 이러한 예외적인 포트폴리오에서는 순자산으로 부족한 부분을 순자산과 동일한 규모의 주식 펀드를 공매하여 얻은 자금으로 충당하고 있다.

$W_D<0$이며 $W_E>1$의 경우는 반대현상이 생긴다. 이 경우 투자전략은 채권펀드를 공매하고 그 자금을 주식펀드 구입에 충당하는 것이다.

물론 각 자산의 투자비율을 변화시키면 포트폴리오의 표준편차에 영향을

[그림 4-3] 투자비율의 함수를 나타낸 포트폴리오 기대수익률

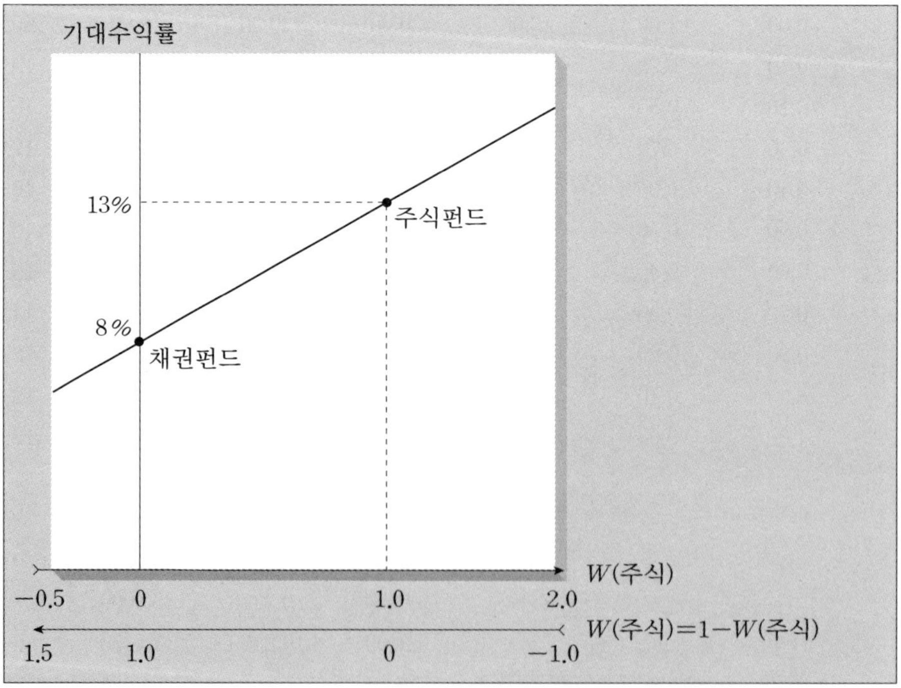

미친다. [표 4-3]은 〈식 4.5〉를 이용하여 다양한 포트폴리오 구성비와 상관계수에 상응하는 포트폴리오의 표준편차를 보여준다. [그림 4-4]는 포트폴리오 구성비와 표준편차 간의 관계를 도표로 나타낸 것이다. 먼저 $\rho_{DE}=0.3$의 곡선을 보면, 포트폴리오에서 주식의 비율이 0%에서 100%로 변하면서 처음에는 채권에서 주식으로 비중이 옮겨감에 따라 분산투자의 효과에 의해 표준편차는 낮아지지만, 다시 포트폴리오 전체에서 차지하는 주식의 구성비율이 높아질수록 궁극적으로는 분산투자의 효과가 소멸되기 때문에 표준편차는 어떤 점에서부터 다시 높아진다. 이러한 모양은 자산 간의 상관계수가 그다지 높지 않은 경우에 나타나는 것이다. 상관계수가 높은 경우에 포트폴리오의 표준편차는 저위험 자산에서 고위험 자산으로 비율이 증가함에 따라 단조롭게 증가하게 된다. 그러나 이 경우에도 작으나마 정의 분산투자 효과가 나타난다.

포트폴리오 표준편차의 최소치는 얼마인가? [표 4-1]에 제시된 각 파라미터에 대해 포트폴리오 표준편차를 최소화하는 포트폴리오 비중은 다음 식으로 구해진다.[3)]

$$W_{Min}(D)=0.82$$
$$W_{Min}(E)=1-0.82=0.18$$

이 **최소분산 포트폴리오**(minimun variance portfolio)의 표준편차는 [표 4-3]의 $\rho=0.30$에 대한 항목에 나타난 결과와 같이,

$$\sigma_{Min}=[(0.82^2\times12^2)+(0.12^2\times20)+(2\times0.82\times0.18\times72)]^{1/2}=11.45\%$$

이다.

[그림 4-4]의 연한 실선은 상관계수 $\rho=0.30$의 경우, 개별자산의 구성비에 따라 포트폴리오의 표준편차가 어떻게 변하는지를 나타내고 있다. 곡선은

3) 이 식은 기초대수학의 최소화 기법을 사용한다. 〈식 4.2〉에서 포트폴리오 분산에 대한 식을 쓰고 W_E 대신에 $1-W_D$를 대입하고 W_D에 대해서 미분하여 그 결과를 0으로 하여 W_D에 대해 풀면 된다. 즉,

$$W_{Min}(D)=\frac{\sigma_E^2-CoV(r_D,r_E)}{\sigma_D^2+\sigma_E^2-2CoV(r_D,r_E)}$$

또 다른 방법은 컴퓨터 스프레드시트를 사용하여 [표 4-3]을 정밀하게 계산하여 구할 수 있다.

[그림 4-4] 투자비율이 함수로 나타낸 포트폴리오 표준편차

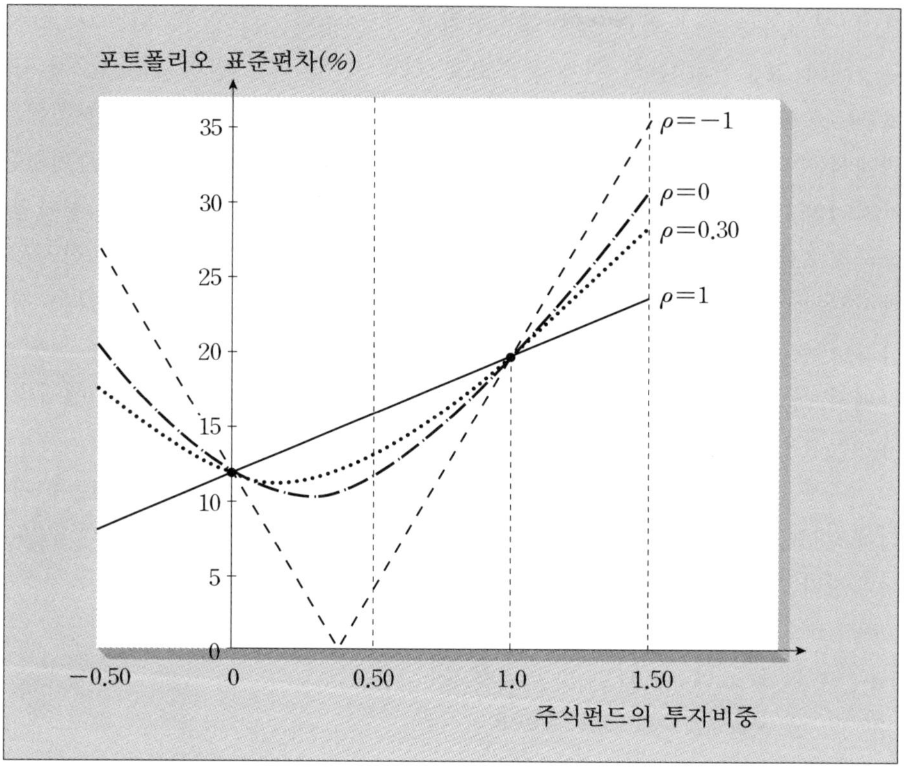

$W_D=1$과 $W_E=1$인 두 개의 비분산 포트폴리오 점을 통과하고 있지만, 최소분산 포트폴리오에서의 표준편차는 개개 증권의 표준편차보다 낮다는 점을 유의하자. 이것은 분산투자의 효과를 나타내고 있다.

[그림 4-4]의 다른 세 개의 선은 각 개별 자산의 분산이 일정할 때 상관계수가 변함에 따라 포트폴리오 위험이 어떻게 변하는지를 나타내고 있다. 이것은 [표 4-3]의 $\rho=0.3$ 이외의 세 개의 열의 수치를 도표화한 것이다.

$W_D=1$인 채권만으로 구성되거나 또는 $W_E=1$인 주식만으로 구성된 비분산 포트폴리오(undiversified portfolio)를 연결하는 직선은 개별자산의 수익률이 완전한 정의 상관관계를 가질 때, 즉 $\rho=1$인 경우의 포트폴리오 표준편차를 나타내고 있다. 이 경우에는 분산투자도 위험 절감 효과가 없이 포트폴리오의 표준편차는 단순히 개별자산의 표준편차의 가중평균과 동일하게 된다.

점선으로 나타난 곡선은 두 자산 간의 상관관계가 없는 경우, 즉 $\rho=0$인 경우의 포트폴리오 위험을 나타내고 있다. 두 자산간의 상관관계가 낮을수록 분산투자는 보다 효과적이 되고 포트폴리오 위험은 낮아지게 된다. 포트폴리오 표준편차의 최소값은 $\rho=0$인 경우 10.29%([표 4-3] 참조)로 각 자산의 표준편차보다 낮다.

마지막으로, 점선으로 표시된 역삼각 직선은 상관계수가 -1인 경우, 즉 개별자산의 수익률이 완전한 부의 상관관계를 가질 때의 포트폴리오의 표준편차를 나타내고 있다. 이미 말한 것처럼, $\rho=-1$의 경우 최소의 포트폴리오 표준편차를 달성하기 위해서 다음 식에 의해 개별자산의 구성비율을 구할 수 있다.

$$W_{Min}(D;\ \rho=-1)=\frac{\sigma_E}{\sigma_D+\sigma_E}$$

$$=\frac{20}{12+20}=0.625 \qquad \langle 식\ 4.6\rangle$$

$$W_{Min}(E;\ \rho=-1)=1-0.625=0.375$$

그리고 포트폴리오의 분산과 표준편차는 0이 된다.

포트폴리오 구성 자산의 파라미터들이 주어졌을 때, [그림 4-3]과 [그림 4-4]를 결합하여 포트폴리오의 위험(표준편차)과 기대수익률 간의 관계를 나타낼 수 있다. 이것이 [그림 4-5]이다. 어떤 한 쌍의 투자비율 W_D, W_E에 대해 [그림 4-3]에서 기대수익률을 구할 수 있고, [그림 4-4]에서 표준편차를 구할 수 있다. 여기서 얻어지는 포트폴리오의 기대수익률과 표준편차의 조합이 [표 4-3]에 나타나 있다. 이것을 나타낸 것이 [그림 4-5]이다.

[그림 4-5]의 연한 실선은 $\rho=0.30$ 때의 포트폴리오 투자기회 집합(portfolio opportunity set)을 나타내고 있다. 이 곡선상의 기대수익률과 표준편차의 조합은 모두 두 개의 개별자산의 집합에 의해 달성 가능하므로 이 곡선을 포트폴리오 투자기회 집합이라고 부른다. 다른 선들은 상관계수가 다른 값을 취하는 경우의 투자기회 집합이다. 두 개의 펀드를 연결하는 직선은 두 개 자산이 완전한 상관관계를 가지는 경우($\rho=1$)에는 분산투자에 따른 이익이 없는 것을 보여주고 있다. 투자 기회의 집합은 도표에서 좌상변까지 확대되지 않는다. 점선으로 표시된 곡선은 상관계수가 0.3보다 적은 경우 분산투자의 효과가 큰 것을

[그림 4-5] 표준편차의 함수로 나타낸 포트폴리오 기대수익률

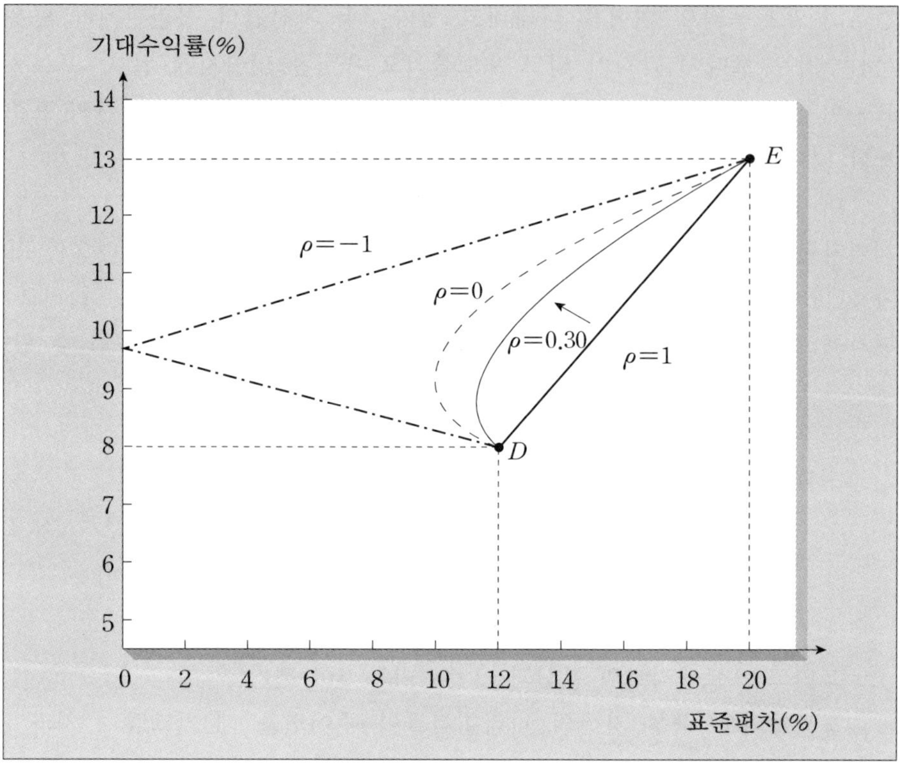

보여 준다.

마지막으로 $\rho = -1$인 경우에는 포트폴리오 기회의 집합은 직선으로 나타나며, 완전한 헷지 기회가 제공되고 분산투자에서 최대의 혜택을 얻는다.

요약하면 포트폴리오의 기대수익률은 개별자산 수익률의 가중평균과 같지만, 포트폴리오의 표준편차는 그렇지 않다. 개별자산의 수익률이 완전한 정의 상관관계를 가지지 않는 한, 분산투자는 이익을 가져온다. 상관계수가 낮을수록 분산투자가 가져오는 위험 경감은 효과는 크고, 완전한 부의 상관을 가지는 극단적인 경우에는 완전한 헷지도 가능하고 분산의 값이 0인 분산 포트폴리오(zero variance portfolio)의 구성도 가능하다.

여기서 어떤 투자자가 투자기회 집합으로부터 최적 포트폴리오를 선택하기를 바란다고 생각해 보자. 최선의 포트폴리오는 투자자의 위험 회피(risk aver-

[그림 4-6] 채권형 펀드와 주식형 펀드의 기회집합과 두 개의 가능한 CAL

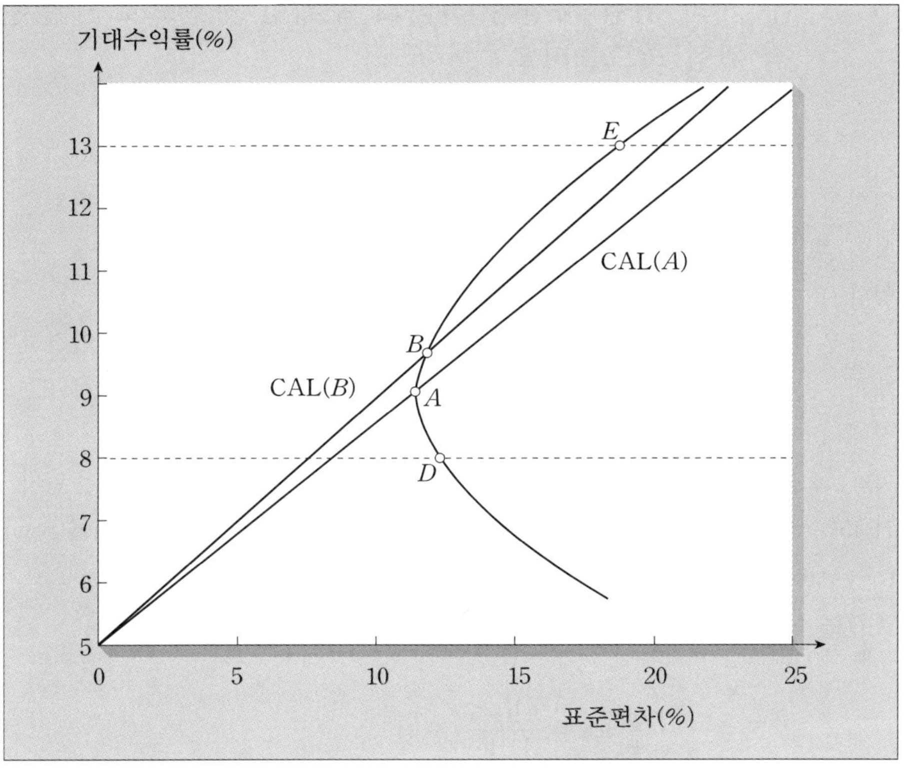

sion) 정도에 의존할 것이다.

[그림 4-6]의 CAL선상 위쪽에 위치하는 포트폴리오는 높은 수익률과 상대적으로 높은 위험을 동반한다. 이들의 선택 중에 어떤 것이 가장 바람직할 것인가는 투자자의 개인성향이 문제이다. 위험회피 정도가 강한 투자자는 CAL선상의 아래쪽에 위치하는 조합을 선택하는 것이 된다. 그곳에서는 기대수익률은 낮지만 위험도 낮기 때문이다.[4]

4) 주어진 위험 회피 수준에서 가장 높은 효용을 주는 포트폴리오를 결정할 수 있다. 제3장에서 포트폴리오에서 얻는 효용을 기대수익률 $E(r_p)$와 분산 σ_p^2의 함수로 $U=E(r_p)-0.005A\sigma$로 나타낼 수 있음을 보았다. 포트폴리오의 수익률 평균과 분산은 포트폴리오에 포함된 펀드의 비중 W_D와 W_E에 의해 〈식 4.1〉과 〈식 4.2〉에서 결정된다. 이 방정식을 풀면 두 펀드의 최적 투자비율은 다음과 같이 구해진다.

$$W_D=\frac{E(r_p)-E(r_E)+0.01A(\sigma_E^2-\sigma_D\sigma_E\rho_{DE})}{0.01A(\sigma_D^2+\sigma_E^2-2\sigma_D\sigma_E\rho_{DE})}$$

$$W_E=1-W_D$$

4.3 두 개의 위험 자산과 하나의 무위험 자산으로 구성된 최적 위험 포트폴리오

지금까지 주식과 채권에 한정하여 검토하였지만 이제 금리가 연 5%인 무위험의 T-bill을 포함하면 어떻게 될까? [그림 4-6]은 [표 4-1]의 자료를 이용하여 채권펀드와 주식펀드의 결합확률분포에 의한 투자기회의 집합을 나타내고 있다.

무위험 수익률(r_f=5%)로부터 두 개의 가능한 포트폴리오를 연결하여 두 개의 자본배분선(CAL)이 그려져 있다. 첫째로 가능한 CAL은 채권에 82%, 주식에 18%가 투자된 최소분산 포트폴리오 A를 통과하는 것이다([표 4-3]의 마지막 패널 참조). 포트폴리오 A의 기대 수익률 $E(r_A)$=8.9%, 표준편차 σ_A=11.45%이다. T-bills 수익률 r_f=5.0%인 상황에서, **보상-변동성 비율**(reward-to-varibility ratio), 즉 T-bill과 최소분산 포트폴리오를 연결하는 CAL의 기울기는 다음과 같다.

$$S_A=\frac{E(r_A)-r_f}{A}=\frac{8.9-5}{11.45}=0.34$$

다음에는 포트폴리오 A 대신 B를 선택하는 경우의 CAL을 고려해 보자. 포트폴리오 B는 자금의 70%를 채권에 30%를 주식에 투자하고 있다. 이 포트폴리오의 기대수익률은 9.5%(즉 4.5%의 위험 프리미엄)이며, 표준편차는 11.70%이다. 따라서 포트폴리오 B를 보유함에 따른 CAL상의 보상-변동성 비율은,

$$S_B=\frac{9.5-5}{11.7}=0.38$$

이며, 최소분산 포트폴리오와 T-bill로부터 얻어지는 보상-변동성 비율보다도 높게 된다. 따라서 포트폴리오 B는 포트폴리오 A보다 우월(dominate)하다.

그러나 포트폴리오 B에서 만족할 이유는 없다. CAL을 투자기회집합(investment opportunity set)과 접할 때까지 점차 위로 이동시킬 수 있다. 이 때 CAL

[그림 4-7] 최적 CAL 과 최적 위험 포트폴리오가 주어졌을 때 채권형 펀드와 주식형 펀드의 투자기회집합

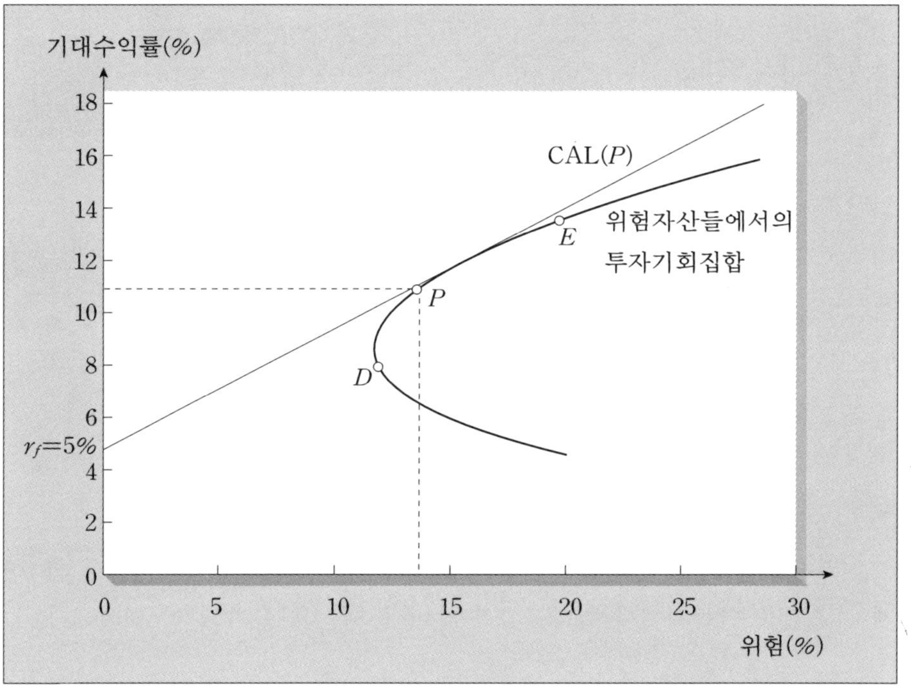

은 가장 높은 보상-변동성 비율을 가진다. [그림 4-7]에서 P로 표시한 접점 포트폴리오(tangency portfolio)는 T-bill과 혼합하기 위한 최적 위험 포트폴리오(optimal risk portfolio)가 된다.

$$E(r_p)=11\%$$
$$\sigma_p=14.2\%$$

실제로는 이러한 문제는 컴퓨터 프로그램을 통해 풀 수 있다. 여기서는 간단히 그 절차를 알아본다.

우리의 목적은 CAL의 기울기를 극대화하기 위한 W_D와 W_E, 즉 최대의 보상-변동성 비율을 가지는 위험 포트폴리오의 자본배분비율(즉 가장 높은 보상-변동성 비율을 가진 위험 포트폴리오를 구성하는 자산 가중치)을 구하는 것이다.

따라서 어떤 가능한 포트폴리오 p에 대해 CAL의 기울기를 극대화하는 것이 목적이다. 따라서 기울기가 목적함수(objective function)이며 이것을 S_p라 하면,

$$S_p = \frac{E(r_p) - r_f}{\sigma_p}$$

이다.

두 개의 위험 자산을 포함하는 포트폴리오에 대해 기대수익률과 표준편차는 각각 다음과 같이 된다.

$$E(r_p) = W_D E(r_D) + W_E E(r_E) 8W_D + 12W_E$$
$$\sigma_p = [W_D^2 \sigma_D^2 + W_E^2 \sigma_E^2 + 2W_D W_E CoV(r_D,\ r_E)]^{1/2}$$
$$= [144W_D^2 + 400W_E^2 + (2 \times 72W_D W_E)]^{1/2}$$

목적함수 S_p를 극대화할 때 자본분배비율의 합계, 즉 $W_D + W_E = 1$이라는 제약 조건을 만족시켜야 한다. 따라서 이 문제는 다음과 같이 표현된다.

$$\underset{W_i}{\text{Max}}\, S_p = \frac{E(r_p) - r_f}{\sigma_p}$$

여기서 제약조건은 $\Sigma Wi = 1.0$이며 이것은 기본적인 최적화 문제이다.

두 개의 위험 자산의 경우 최적 위험 포트폴리오(optimal risk portfolio), P의 자본분배비율은 다음과 같이 구해진다.[5)]

$$W_D = \frac{[E(r_D) - r_f]\sigma_E^2 - [E(r_E) - r_f]CoV(r_D,\ r_E)}{[E(r_D) - r_f]\sigma_E^2 + [E(r_E) - r_f]\sigma_D^2 - [E(r_D) - r_f + E(r_E) - r_f]CoV(r_D,\ r_E)}$$

$$W_E = 1 - W_D \qquad \langle \text{식 } 4.7 \rangle$$

이 식에 주식형 및 채권형 펀드의 데이터를 대입하면 최적 위험 포트폴리

5) 두 개의 위험 자산에 대해 문제를 푸는 방식은 다음과 같다. 위 식에 〈식 4.1〉의 $E(r_p)$와 〈식 4.5〉의 σ_p를 대입하고 W_E 대신에 $1 - W_D$를 대입한다. 그 후 S_p를 W_D에 대해 미분하여 그 도함수를 0으로 놓고 W_D에 대해 푼다.

오의 투자비율은,

$$W_D=\frac{(8-5)400-(13-5)72}{(8-5)400+(13-5)14-(8-5+12-5)72}=0.40$$
$$W_E=1-0.40=0.60$$

이 구해진다. 또 최적 위험 포트폴리오의 기대수익률과 표준편차는 각각 11%와 14.2%가 된다.

$$E(r_p)=(0.4\times8)+(0.6\times13)=11\%$$
$$\sigma_p=[(0.4^2\times144)+(0.6^2\times400)+(2\times0.4\times0.6\times72)]^{1/2}=14.2\%$$

[그림 4-8] 최적 완성 포트폴리오의 결정

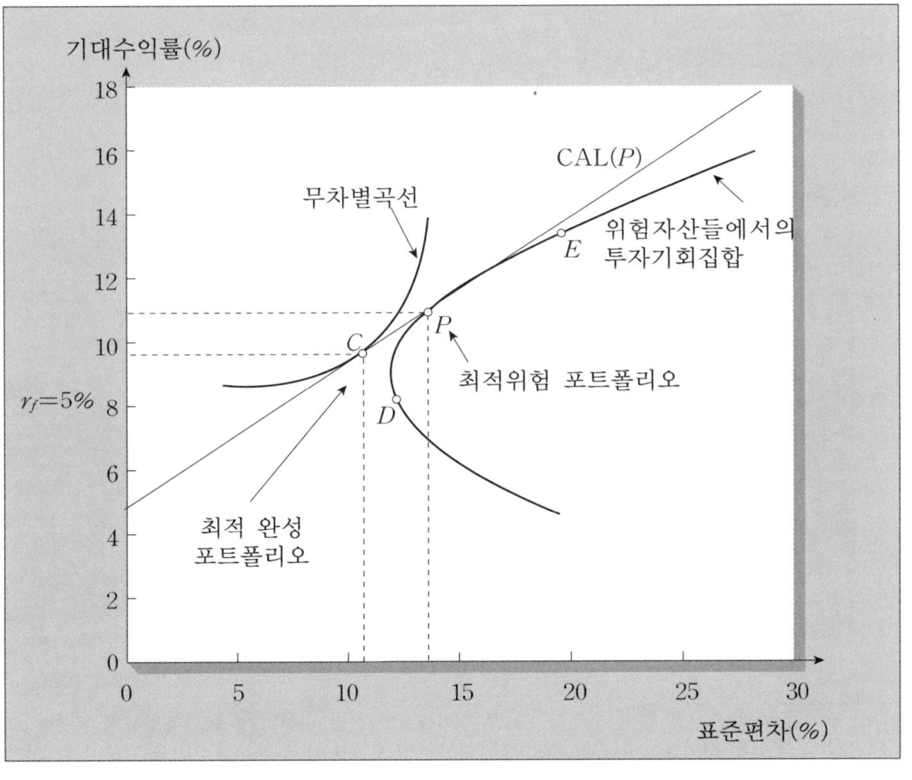

이 최적 위험 포트폴리오를 이용한 CAL의 기울기는,

$$S_p = \frac{11-5}{14.2} = 0.42$$

가 된다. 이것은 포트폴리오 P의 보상-변동성 비율이다. 이 기울기는 지금까지 앞에서 언급한 실현 가능한 포트폴리오의 기울기 중 가장 큰 기울기를 가진다.

제3장에서 최적 위험 포트폴리오와 또 이 포트폴리오와 T-bill을 조합하여 구성된 CAL이 주어졌을 때 최적 완성 포트폴리오(optimal complete portfolio)를 결정할 수 있었다. 최적 위험 포트폴리오 P가 결정되고, 또 개인의 위험 회피도(degree of risk aversion) A가 주어지면 완성 포트폴리오를 결정하기 위한 위험 자산의 최적구성비를 구할 수 있다.

위험 회피계수(coefficient risk aversion), $A=4$인 투자자의 포트폴리오 P에 대한 최적투자비율 y는,[6)]

$$y = \frac{E(r_p)-r_f}{0.01\times A\times \sigma_P^2} = \frac{11-5}{0.01\times 4\times 14.2^2} = 0.7439 \qquad \langle 식\ 4.8\rangle$$

[그림 4-9] 최적 완성 포트폴리오의 비중

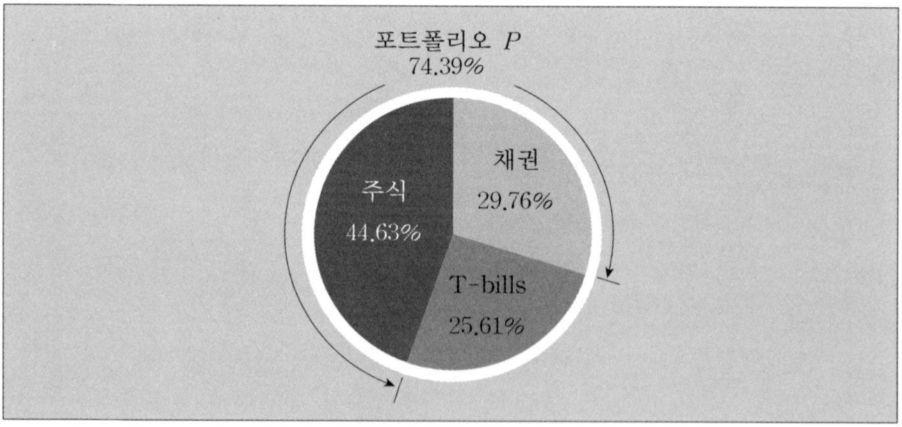

6) 앞에서 지적한 것과 같이 분모의 0.01은 수익률을 십진법 대신 백분율로 측정하기 때문에 오는 스케일 요소이다. 수익률을 십진법 소수(7% 대신 0.07)로 나타내면 분모에 0.01을 사용하지 않는다.

따라서 이 투자자는 포트폴리오 P를 74.39% 보유하고 나머지 25.61%를 무위험의 T-bill에 투자한다. 또 포트폴리오 P는 채권 40%, 주식 60%로 구성되어 있기 때문에 자금 전체로 보면 이 투자자는 채권에 29.76%, 주식에 44.63% 투자하는 것이 된다. [그림 4-8]과 [그림 4-9]에 이 문제가 그림으로 표현되어 있다.

여기까지의 분석을 기반으로 하여 다수의 위험 자산이 존재하는 경우로 일반화하는 것은 간단하다. 우선 여기서 무위험 증권과 위험 증권 모두 포함하는 완성 포트폴리오(complete portfolio)의 구성에 이르기까지의 과정을 요약해 보자.

❶ 모든 자산의 수익에 관한 특성(즉, 기대수익률, 표준편차 및 공분산)을 구한다.

❷ 위험 포트폴리오를 구성한다.

ⓐ 〈식 4.7〉에 의해 최적 위험 포트폴리오를 구한다.

ⓑ ⓐ에서 구한 최적 위험 포트폴리오의 투자비율과 〈식 4.1〉, 〈식 4.2〉를 이용하여 포트폴리오 P의 속성을 구한다.

❸ 무위험증권과 위험 포트폴리오 간의 투자비율을 결정한다.

ⓐ 〈식 4.8〉에 의해 완성 포트폴리오에 있어서 T-bill(무위험 증권)과 포트폴리오 p(위험 포트폴리오)의 투자비율을 구한다.

ⓑ 완성 포트폴리오에 있어서 개별 위험 자산과 무위험 T-bill의 투자비율을 구한다.

여기서 채권과 주식의 뮤추얼 펀드 등 두 개의 위험 자산은 이미 분산된 포트폴리오라는 것을 상기하자. 이들 포트폴리오 내의 분산은 분산되지 않은 개별 증권에 비해 위험 감소효과가 매우 크다. 예를 들어 평균적인 주식 수익률의 표준편차는 50%이다([그림 4-2] 참조). 반면 주가지수 펀드(stock-index fund)의 표준편차는 20%에 불과하고 이것은 S&P 500의 장기간의 과거 표준편차와 비슷하다. 채권과 주식 간의 자산배분의 최적화를 통해 완성 포트폴리오의 보상-변동성 비율을 개선할 수 있다. 주식, 채권 및 T-bill을 결합하여 얻는 CAL은 주식 포트폴리오의 기대수익률 13%와 같은 수익률을 얻으면서 완성 포트폴리오의 표준편차는 18%까지 줄일 수 있음을 보여 준다.

4.4 Markowiz 포트폴리오 선택 모형

포트폴리오 구성 문제를 다수의 위험 증권과 하나의 무위험 자산으로 일반화할 수 있다. 두 개 위험 자산의 경우와 세 단계로 나눌 수 있다. 제1단계는 위험 자산의 집합으로부터 얻을 수 있는 위험-수익의 조합(risk-return combination)을 확정하는 것, 제2단계는 CAL의 기울기가 최대가 되는 위험 자산의 최적 포트폴리오를 결정하는 것이다. 그리고 마지막 단계는 최적 위험 포트폴리오와 무위험 증권을 결합하여 가장 바람직한 완성 포트폴리오(compete portfolio)를 구성하는 것이다. 이들 단계를 상세하게 설명하기 전에 먼저 개략적으로 설명해 보자.

첫 단계는 투자자가 달성 가능한 위험-수익 기회(risk-return opportunity)를 결정하는 것이다.위험-수익률 기회는 **최소분산 프런티어**(minimum variance frontier)로 요약된다. 이 프런티어는 주어진 포트폴리오 기대수익률에 대한 최소 분산치를 나타낸 궤적이다. 기대수익률, 표준편차, 공분산의 정보가 주어졌을 때, 목표 기대수익률(target expected return)에 대응하는 최소분산 포트폴리오를 구할 수 있다. 여러 개의 목표 기대수익률을 설정하고 이에 대한 최소분산 포트폴리오를 계산하는 과정을 반복하면 기대수익률과 그에 대응하는 최소분산 포트폴리오의 무수한 조합을 얻을 수 있다. 이들 기대수익률과 표준편차의 조합이 [그림 4-10]에 나타나 있다.

포트폴리오 구성에 공매를 허용하면 개개 자산(증권)은 모두 최소분산 프런티어의 우측 안쪽에 위치한다.[7] 이것은 개별자산 하나만으로 구성되는 포트폴리오는 효율적이 아닌 것을 의미하고 있다. 분산투자에 의해 포트폴리오의 위험은 감소하는 동시에 기대수익률 제고가 가능해지는 것이다.

전체 최소분산 포트폴리오(global minimum variance portfolio)보다 위에 있는 최소 분산 프런티어 상의 모든 포트폴리오는 가장 좋은 위험-수익률 조합

7) 공매가 금지될 경우, 단일증권도 효율적 프런티어에 위치할 수 있다. 예를 들어 가장 높은 기대수익률을 가진 증권은 효율적 프런티어에 놓여야 하는데 이는 이 증권만이 가장 높은 수익률을 얻을 수 있기 때문이고, 동시에 그와 같은 수익률 수준에서는 가장 낮은 변동성을 가지기 때문이다. 그러나 공매가 허용되면 동일한 수익률에 대해 변동성이 낮은 포트폴리오를 구성할 수 있기 때문이다. 이러한 포트폴리오는 전형적으로 기대수익률이 낮은 증권에 대해 공매 포지션을 가지는 경우가 많다.

[그림 4-10] 위험 자산으로 형성되는 최소분산 경계선

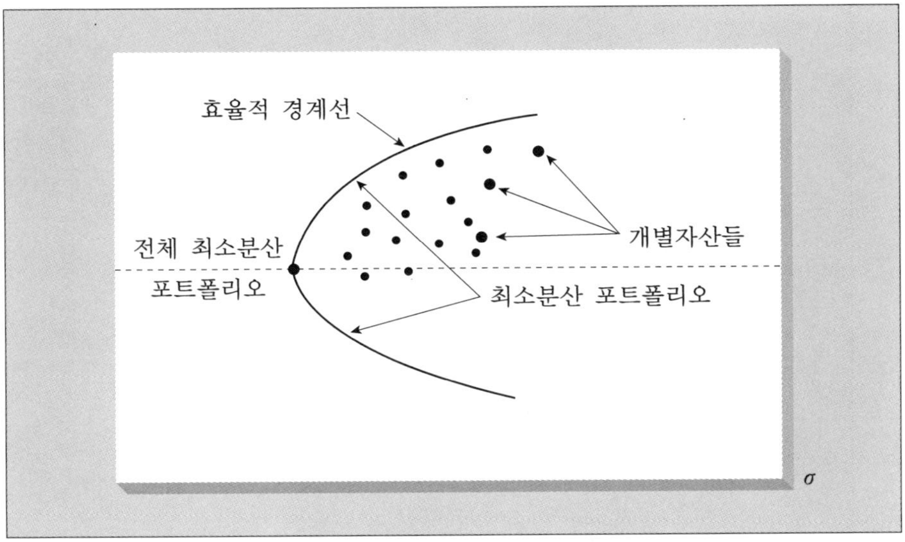

을 제공하고, 따라서 최적 포트폴리오로 후보가 된다. 따라서 전체 최소분산 포트폴리오 위의 프런티어 부분을 **위험 자산의 효율적 프런티어**(efficient frontier of risky assets)라고 한다. 최소분산 프런티어의 하부의 모든 포트폴리오에 대해서 동일한 표준편차에 대해 더 높은 기대수익률을 제공하는 포트폴리오가 바로 위에 존재한다. 따라서 최소분산 프런티어의 이 부분은 효율적이 아니다.

포트폴리오 최적화의 두 번째 단계에서는 무위험 증권에 대한 고려이다. 앞에서와 같이 가장 높은 수익-분산비율을 나타내는 자본배분선(CAL), 즉 가장 기울기가 큰 CAL을 [그림 4-11]과 같이 구한다. 최적 포트폴리오를 포함하는 CAL은 이미 앞에서 본 것처럼 효율적 프런티어 접선이다.

최적 위험 포트폴리오 P에서 효율적 프런티어와 접하는 CAL은 다른 어떠한 직선(프런티어를 관통하는 점선)보다 우월하다. 따라서 포트폴리오 P는 최적 위험 포트폴리오(optimal risk portfolio)이다.

마지막으로 개별 투자자는 [그림 4-8]에 나타나 있는 것과 같이 최적 위험 포트폴리오 P와 T-bill(무위험 증권)의 적절한 조합을 결정하여 포트폴리오를 구성한다.

[그림 4-11] 최적 CAL과 위험 자산의 효율적 경계선

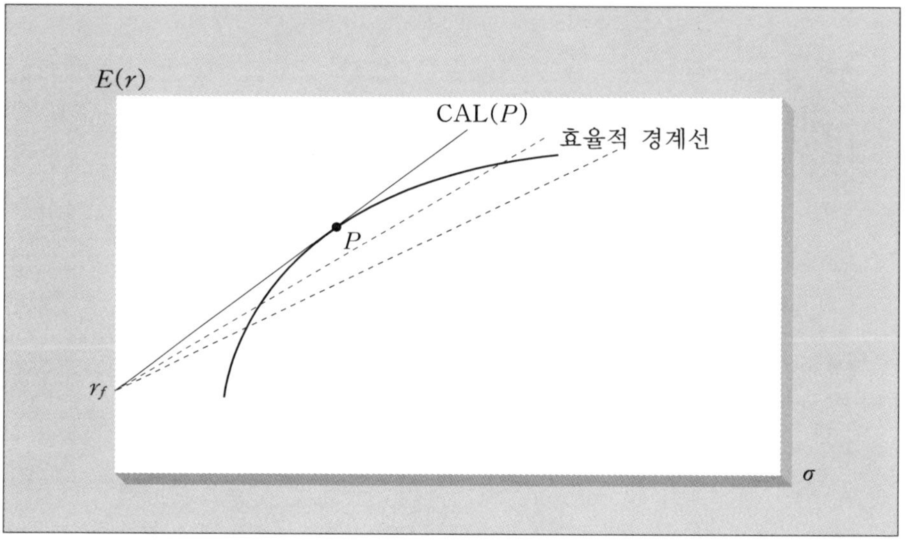

이제 포트폴리오 구성 단계별 절차를 보다 상세히 논의하자. 첫 단계의 위험-수익률분석에서 포트폴리오 매니저는 각 증권의 기대수익률과 공분산에 관한 추정치가 필요하다.

투자계획의 전제가 되는 포트폴리오 운용기간이 1년이라고 가정하자. 그러면 기대수익률 정보도 1년 간의 보유기간수익률(holding period return)이 필요하게 된다. 증권 애널리스트는 n개의 증권을 담당하고 있다고 하고, 이들 증권의 현시점($t=0$)에서의 가격을 P_1^0, …, P_n^0이라고 하자. 애널리스트는 1년 후($t=1$) 주가를 각각 $E(p_1^1)$, …, $E(p_n^1)$으로, 같은 기간의 배당 기대치를 $E(D_1)$, …, $E(D_n)$으로 예측하였다고 하자. 그러면 개개 증권의 기대수익률은 다음 식으로 구해진다.

$$E(r_i)=\frac{E(P_i^1)+E(D_1)-P_i^0}{P_i^0}$$

이들 수익률 간의 여러 공분산(공분산 행렬)은 통상 과거 수익률 자료에서 추정된다. 다른 방법은 과거 데이터를 사용하는 대신, 혹은 이것을 보완하는

방법으로 시나리오 분석에 기초하여 공분산을 추정하는 방법이 있다.

매니저는 이제 이들 자료에서 n개의 $E(r_i)$와 $n \times n$개의 공분산 행렬상의 추정치를 얻는다. 이 행렬은 n개의 대각선 요소는 분산의 추정값 σ이고, $n^2-n=n(n-1)$개의 비대각선 요소는 각 증권의 수익률 간의 공분산의 추정치이다. ($n=20$)의 경우에 대해서는 [표 4-2]로부터 이 점을 확인할 수 있다. 이 표에서는 각 공분산이 두 번 나타나기 때문에 실제로 다른 공분산의 추정값의 수는 $n(n-1)/2$이 된다 만약 포트폴리오 매니저가 50개 증권의 기대수익률, 50개의 분산 및 $50 \times 49/2=1{,}225$의 공분산 데이터가 필요하다.

이들 데이터가 얻어진 시점에서 개개 증권의 보유비율을 W_i라 했을 때의 포트폴리오 기대수익률 및 분산은 다음 식으로 구해진다.

$$E(r_p)=\sum_{i=1}^{n} W_i E(r_i) \qquad \langle \text{식 } 4.9 \rangle$$

$$\sigma_p^2=\sum_{i=1}^{n}\sum_{j=1}^{n} W_i W_j CoV(r_i,\ r_j) \qquad \langle \text{식 } 4.10 \rangle$$

이미 논의한 것처럼 분산투자의 개념은 오래된 것이다. "계란을 모두 한 바구니에 담아서는 안 된다"는 격언은 현대 재무이론보다 훨씬 이전부터 있었

[그림 4-12] 효율적 포트폴리오 집합

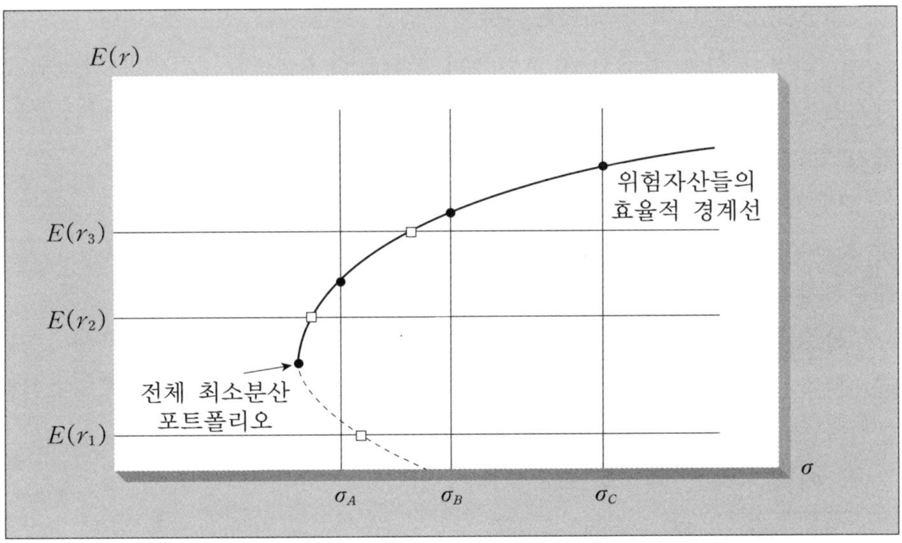

던 것이다. 그러나 1952년에 가서야 Harry Markowitz가 분산투자의 원리를 이용한 포트폴리오 선택모형을 발표하고 이 업적으로 그는 1990년에 노벨 경제학상을 수상하였다.[8)]

두 번째 단계는 자산의 효율적 프런티어(efficient frontier)를 확정하는 것이다.

위험 포트포리오에 대한 효율적 프런티어의 밑바탕에 있는 기본개념은 어떤 일정한 위험을 전제로 한 경우, 우리는 최대 기대수익률을 주는 포트폴리오를 선호한다는 것이다. 바꾸어 말하면 효율적 프런티어는 최소의 위험을 목표 기대수익률을 달성하는 포트폴리오의 집합이라고 할 수 있다.

실제로 위험 포트폴리오의 효율적 집합을 계산하는 이들 두 가지 방법은 동일하다. 이 점을 이해하기 위해 이들 방법을 그림으로 나타내 보자. [그림 4-12]는 최소분산 프런티어(minimum variance frontier)를 나타내고 있다.

네모로 표시된 점은 최소분산 프로그램으로 얻어지는 포트폴리오이다. 먼저 제약조건, 즉 특정 기대수익률을 기준으로 수평 직선을 긋는다. 이 선상에서 최소 표준편차의 포트폴리오(이 직선의 가장 왼쪽에 위치하는 포트폴리오)를 찾는다. 기대 수익률과 각 값에 대해 이 과정을 반복하여 최소분산 프런티어의 형상을 그릴 수 있다. 여기서 아래쪽의 비효율적 부분(점선부분)을 제외한 부분은 효율적 프런티어가 된다.

효율적 프런티어를 구하는 다른 방법은 특정 표준편차에 해당하는 수직선을 긋고 이 직선상 동일한 표준편차의 포트폴리오 중에서 최대의 기대수익률을 가지는 포트폴리오를 구한다. 이 과정을 다양한 표준편차에 대해서 반복하여 이 점들을 연결하면 효율적 프런티어가 얻어진다.

이 과정이 완료되면 효율적 포트폴리오의 위험이 만들어지는데, 이는 최적화 문제의 해답에는 포트폴리오의 자금배분비율 W_i, 기대수익률 $E(r_p)$, 그리고 표준편차 σ_p를 포함하기 때문이다.

포트폴리오 매니저가 지금가지 수행한 업무를 다시 한번 정리해 보자. 증권 애널리스트가 추정한 개별증권의 수익률과 분산값이 일련의 기대수익률 및 분산-공분산 행렬로 변환된다. 이들 자료를 입력자료 리스트(input list)라고 하는데, 이들 자료는 최적화 프로그램에 입력된다.

8) Harry Markowitz. "Portfolio Selection", Journal of Finance, March 1952.

프런티어에서 최적 위험 자산 포트폴리오를 선정하는 제2단계로 가기 전에 현실적인 문제를 하나 생각해 보자. 어떤 투자자는 추가적인 제약조건을 가질 수 있다. 예를 들면, 많은 기관투자자는 공매(short selling: 자산을 마이너스 포지션으로 하는 것)가 금지되고 있다. 이들 투자자에 있어서는 효율적 포트폴리오를 구할 때 공매가 배제되는 제약조건을 넣어야 된다. 이 특수한 경우에서는 단일 자산 그 자체가 효율적 포트폴리오가 될 가능성이 있다. 예를 들면, 가장 높은 기대수익률을 가지는 자산이 효율적 프런티어 상에 위치하는 것일 수 있는데. 이는 공매의 기회가 없기 때문에 그 기대수익률을 달성하는 유일한 방법이 위험 포트폴리오로 그 자산만을 보유하는 것이 되기 때문이다.

공매 제한은 제약조건의 한 예에 지나지 않는다. 예를 들면 어떤 투자자는 최적 포트폴리오 하에서 일정 수준의 기대배당이율을 보장받고 싶은 경우가 있다. 이 경우는 입력자료 리스트에 개별증권의 기대배당이율 d_1, …, d_n을 더하고, 최적화 프로그램에도 포트폴리오의 기대배당이율이 일정한 기준 d를 상회하는 제약조건을 부가해야 한다.

포트폴리오 매니저는 고객요구에 따라 효율적 포트폴리오 조합을 구성할 수 있다. 물론 추가적인 제약조건 하에서 구성되는 효율적 프런티어는 제약조건이 적은 경우의 효율적 프런티어보다도 불리한 수익-분산 비율을 가져온다는 의미에서 볼 때 어떠한 제약 조건도 비용을 동반한다. 고객은 이 비용을 인식해야 하고 법률에 의해 강제되지 않는 제약에 대해서는 신중히 검토해야 할 것이다.

또 최근 점차 보편화되고 있는 제약조건으로는 도덕적 혹은 정치적으로 바람직하지 않은 나라나 산업 또는 기업을 투자대상에서 제외하는 것이다. 이것은 사회적으로 책임 있는 투자(SRI: socially responsible investing)라고 하는데, 이러한 투자는 제약조건 하에서의 최적 포트폴리오를 형성하게 되고 보상-변동성 비율(reward-variability ratio)은 낮아지는 비용을 초래한다. 이러한 비용은 제약조건의 목적을 충족시키는 데 대한 기여라고 볼 수 있다.

4.5 무위험 자산에 대한 제약조건 하의 최적 포트폴리오

앞에서 배운 것처럼 무위험 증권의 도입에 의해 최적 포트폴리오의 선택은 단순화되었다. 즉 무위험 증권의 수익률로 차입이나 대출이 가능하다는 전제하에서는 모든 투자자에 있어서 공통의 최적 포트폴리오가 결정되었다. 이 포트폴리오에서 보상-변동성 비율이 최대가 된다. 모든 투자자는 동일한 위험 포트폴리오를 사용하는데, 다만 이 포트폴리오와 무위험 자산 간의 배분비율만 다를 뿐이다.

무위험 증권이 없는 경우는 어떻게 될까? T-bill은 명목수익률(nominal return)로는 무위험(risk free)이나 실직수익률(real return)은 불확실하다. 무위험 증권이 없으면 모든 투자자에게 공통적으로 최선이 되는 접점 포트폴리오(tangency portfolio)가 존재할 수 없다. 이 경우는 투자자는 [그림 4-13]과 같이 효율적 프런티어 상에서만 포트폴리오를 선택할 수밖에 없다.

개개 투자자는 [그림 4-13]에서처럼 자신의 고유한 무차별곡선(indifference curve)을 효율적 프런티어에 중첩시켜 최적 포트폴리오를 찾아낸다. 위험회피성향이 [그림 4-13]에서처럼 무차별 효용곡선이 U', U'', U'''로 나타나는 투자자는 포트폴리오 P를 선택할 것이다. 보다 위험 회피성향이 강한 투자자의 무차별곡선은 기울기가 더 가파르며, 이들은 기대수익률과 표준편차가 더 낮은 포트폴리오 Q를 선택하고, 위험 인내성(risk tolerance)이 높은 투자자는 기대수익률이나 표준편차가 높은 S를 선택할 것이다. 이들 투자자의 공통적인 특성은 모두 효율적 프런티어 상에 있는 포트폴리오를 선택한다는 것이다.

전적으로 무위험 대출(risk-free lending)이 가능한 경우에도 많은 투자자들은 차입제약(borrowing restriction)을 받을 것이다. 이들은 전혀 대출을 받을 수 없거나 또는 보다 현실적으로, 이들의 차입금리는 대출금리보다 훨씬 높았을 것이다.

무위험 투자(risk-free investment)가 가능하지만 투자자가 차입을 하지 못하는 경우도 CAL의 FP 구간에서의 무차별곡선이 CAL과 접하는 투자자의 경우 차입제약의 영향을 받지 않는다. 이들 투자자는 금리 r_f에서 순 대부자(net lender) 역할을 한다.

[그림 4-13] 무위험 자산이 없는 경우의 포트폴리오 선택

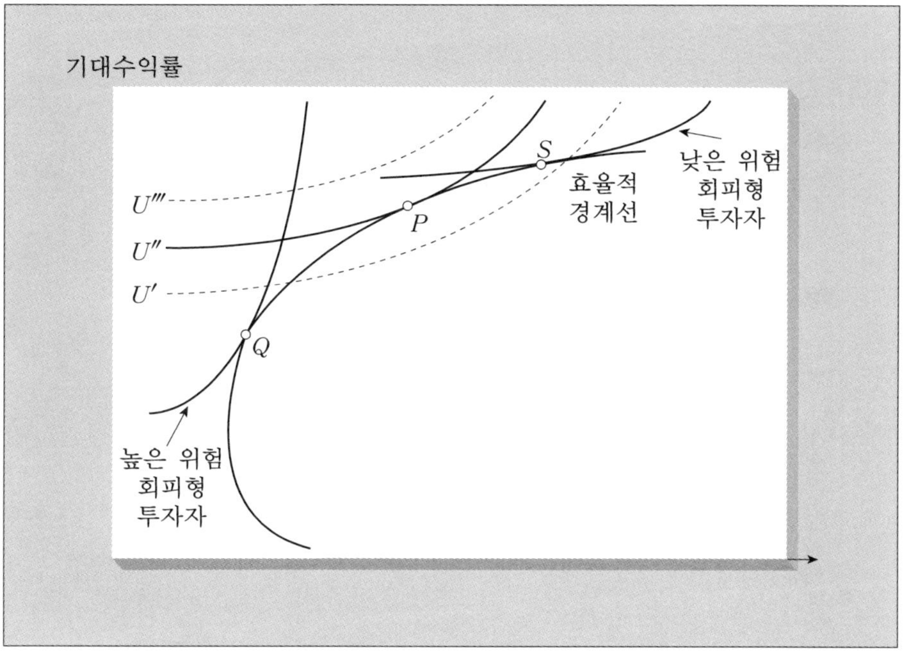

그러나 차입제약이 없으면 포트폴리오 B를 선택할 더 적극적이고 위험 인내성이 강한 투자자는 차입제약의 영향을 받는다. 이들 투자자는 차입제약에 따라 포트폴리오 B에서부터 위험 자산의 효율적 프런티어 상에 있는 포트폴리오 Q로 이동할 수밖에 없게 된다. 이들은 무위험 자산에 투자하지 않을 것이다.

보다 현실적 시나리오로서 차입하여 위험 포트폴리오에 투자하려는 투자자는 T-bill 이자율보다 더 높은 이자율을 지불해야 할 것이다. 예를 들어, 증권 브로커가 신용계좌(margin account)에 부과하는 콜 금리(call rate)는 T-bill 금리보다 높을 것이다.

투자자의 차입금리가 대출금리보다 높은 경우 자본분배선(CAL)은 [그림 4-15] 같이 세 개 부분으로 나누어진다. CAL_1은 방어적(위험 회피적) 투자자에 대한 효율적 포트폴리오 FP_1의 구간에서 유효하다. 이들 투자자는 금리 r_f에 자산의 일부를 T-bill에 투자한다. P_1이 이들의 접점 포트폴리오(tangency portfolio)로서 [그림 4-16]의 A를 완성 포트폴리오로 선택한다.

[그림 4-14] 무위험 대출은 가능하나 차입이 불가능한 경우의 포트폴리오 선택

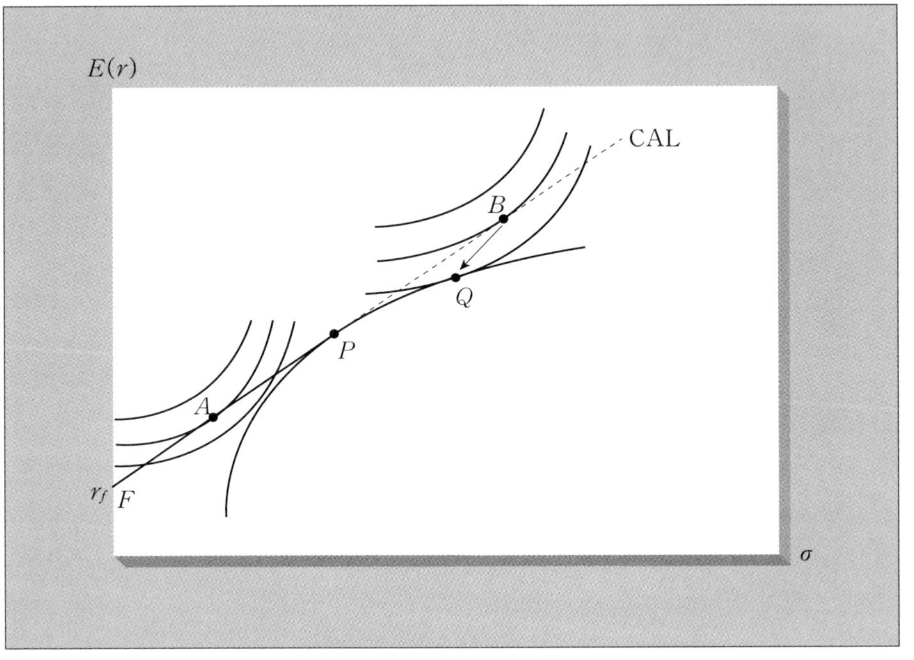

[그림 4-15] 차입금리와 대출금리가 다를 경우의 투자기회 집합

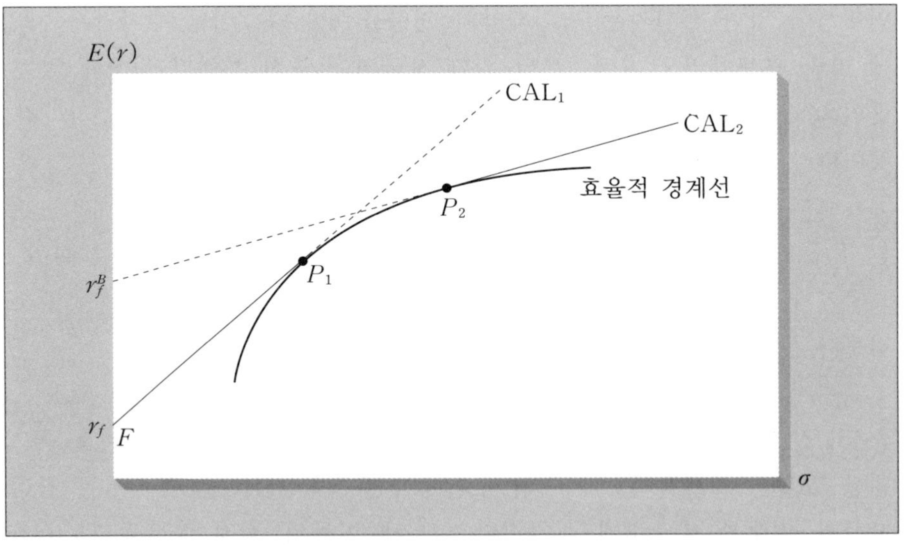

[그림 4-16] 차입금리와 대출금리가 다를 경우 방어적 투자자의 최적 포트폴리오

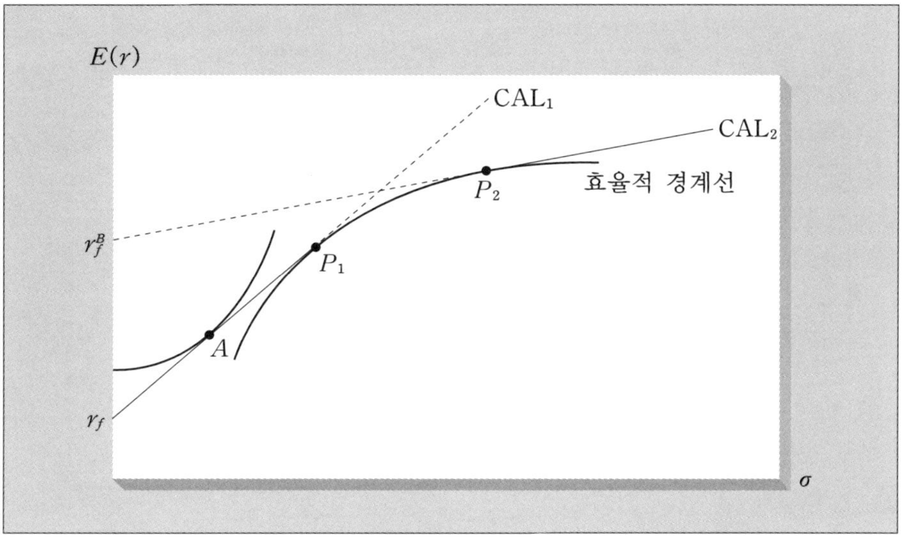

포트폴리오 P_2의 우측부분에서 유요한 CAL_2는 보다 적극적인 혹은 위험 회피성이 적은 투자자의 효율적 포트폴리오 집합을 나타낸다. 이 선은 r에서 시작하나 $r_j^B P_2$ 구간에서는 유효하지 않는데, 이는 r보다 낮은 r_f에서만 대부(T-bill에 대한 투자)가 가능하기 때문이다.

그림 r_j^B에 차입하여 최적 위험 포트폴리오에 투자하고자 하는 투자자는 포트폴리오 P_2를 위험 투자수단으로 삼을 것이다. 이 경우는 [그림 4-17]에 나타나 있는데, 이것은 CAL_2에 위험 회피성이 낮은 투자자의 무차별효용곡선을 중첩시켜 나타내었다. [그림 4-17]의 무차별곡선으로 나타나는 투자자는 포트폴리오 P_2를 최적 위험 포트폴리오로 하고 자금을 차입하여 이 포트폴리오에 투자함으로써 총 포트폴리오는 B에서 형성된다.

중간범위의 투자자는 T-bill에 투자할 만큼 방어적이지 않으면서 또 적극적이지도 않은 경우, P_1, P_2 구간 내의 효율적 프런티어 상에서 위험 포트폴리오를 구한다. 이 경우는 [그림 4-18]에 나타나 있다. [그림 4-18]에서 투자자를 나타내는 무차별 효용곡선은 효율적 프런티어 상의 접점 포트폴리오 C를 선택한다.

[그림 4-17] 차입금리와 대출 금리가 다를 경우의 공격적 투자자의 최적 포트폴리오

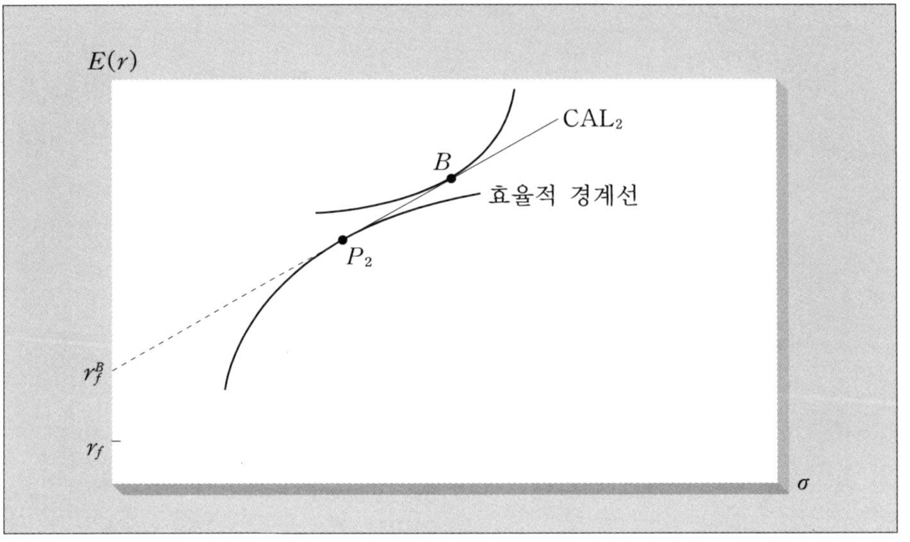

[그림 4-18] 차입금리와 대출 금리가 다를 경우, 중간 투자자의 최적 포트폴리오

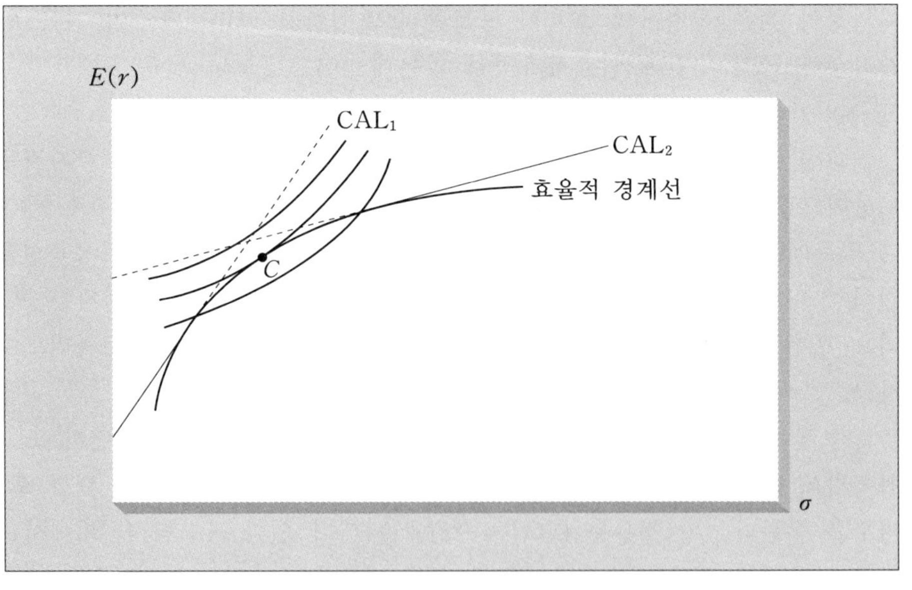

■용어정리

분산투자(diversification): 증권투자 시 기대투자수익을 올리는 데 있어 투자위험을 적게 하기 위하여 여러 종목의 증권에 분산하여 투자함으로써 개개의 위험을 서로 상쇄, 완화토록 하는 투자방법을 말한다.

변동성(volatility): 일정기간 동안 주식, 채권 또는 상품의 가격이 변동하는 정도를 의미한다.

체계적 위험(systematic risk): 주식의 위험을 크게 분산 가능한 위험과 분산 불가능한 위험으로 분류할 때 분산투자를 통하여 제거할 수 없는 위험을 말한다. 체계적 위험은 시장 전체의 변동위험으로서 이에 영향을 미치는 요인은 경기변동, 인플레이션, 경상수지, 사회·정치적 환경 등 거시적 변수들이다. 일반적으로 분산투자가 가능한 상황 하에서는 비체계적 위험보다는 체계적 위험을 투자의사 결정변수로 고려하게 된다.

비체계적 위험(nonsystematic risk): 증권시장 전반의 움직임에 관계없이 특정 개별주식에 한정된 위험으로 잔차위험이라고도 한다. 이는 시장수익률의 변동에 기인하지 않는 것으로 증권시장 전체의 변동과 관계없는 기업고유의 요인에 기인하는 위험이다.

공분산 행렬(covarance matrix): 두 자산(또는 변수)의 공분산 값을 행렬의 형태로 나타낸 것을 의미한다.

상관계수(correlation coefficient): 두 증권 사이에 존재하는 상호관련성을 측정하는 척도로서 두 증권수익률의 상관계수는 공분산을 각 증권수익률의 표준편차의 곱으로 나눔으로써 계산한다.

최소분산 프런티어(minimum variance frontier): 주어진 포트폴리오 기대수익률에 대한 최소 분산치를 나타낸 궤적을 의미한다.

위험 자산의 효율적 프런티어(efficient frontier of risky assets): 최소분산 프런티어상에 위험·수익관계에서 지배원리의 관계를 고려하여 동일한 위험에 대해 더 높은 기대수익을 제공하고, 동일한 기대수익에 대해 보다 낮은 위험을 제공하는 프런티어를 의미한다.

명목수익률(nominal return): 인플레이션에 의한 화폐의 실질가치의 하락을 고려하지 않은 투자수익률을 의미한다.

■연습문제■

1. 자산배분의 대상으로 채권(B)과 주식(S)의 기대수익률, 위험, 공분산, 그리고 상관관계는 다음과 같다.

	채 권(B)	주 식(S)
$E(r)$	8	13
σ	12	20
$Cov(r_B r_S)$	72	
ρ_{BS}	0.30	

두 자산에 대한 투자비중은 W_B와 W_S이다.

(1) 포트폴리오 기대수익률 $E(r_p)$와 위험 σ_p를 구하라.

(2) 두 자산에 대한 투자비중, W_B와 W_S가 다음과 같을 때 포트폴리오 위험 σ_p를 구하라.

W_B	W_S
0	1.00
0.75	0.25
0	1.00

(3) 포트폴리오 위험 σ_p를 최소화할 때의 B채권에 대한 투자비중 W_B와 그 때의 위험 σ_p를 계산하시오.

2. 다음과 같이 두 위험 자산 주식과 채권의 기대수익률, 위험, 공분산, 그리고 무위험자산(정기예금) 이자율이 주어졌을 때, 두 위험 자산과 무위험 자산으로 조합된 적정 포트폴리오를 구성하고, 그 적정 포트폴리오의 기대수익률 $E(r_p)$와 위험 σ_p, 그리고 이 때 자본배분선의 기울기 $R-V_p$를 구하시오.

$$E(r_S)=13\%,\ \sigma_S=20\%$$

$$E(r_B)=8\%,\ \sigma_B=12\%$$

$$Cov(r_S,\ r_B)=72\%$$

$$r_f=5\%$$

3. 다음과 같이 위험 자산 포트폴리오 P와 무위험 자산이 주어졌을 때 각각의 자산에 어느 정도 자본을 배분해야 하는가? A 투자자는 위험을 싫어하는 60대의 정년퇴직 투자자로서 위험 회피 정도는 A=4이고, B 투자자는 위험을 무릅쓰고라도 투자수익을 극대화하려는 30대의 회사원으로서 위험회피 정도는 A=1이라고 가정하자.

$$E(r_p)=11\%(\text{주식 투자비중 0.6, 채권투자비중 0.4}),\ \sigma=14.2\%,\ r_p=5\%$$

4. 다음과 같이 세 위험자산 x_1, x_2, x_3의 투자비 중 기대수익률, 위험 그리고 공분산이 주어졌을 때 세 위험자산으로 구성된 포트폴리오의 기대수익률 $E(r_p)$와 위험 σ_p를 구하시오.

$w_1=0.2$ $E(x_1)=13\%$ $\sigma_1=20\%$, $\sigma_{12}=17\%$

$w_2=0.7$ $E(x_2)=8\%$ $\sigma_2=12\%$, $\sigma_{23}=25\%$

$w_3=0.1$ $E(x_3)=25\%$ $\sigma_3=31\%$, $\sigma_{13}=28\%$

5. 1년 안에 투자원금을 두 배로 늘릴 확률이 0.5, 반대로 반으로 줄 확률이 0.5인 투자안의 위험은 얼마인가?

6. 주식 A의 수익률에 대한 분산이 0.16이고, B의 수익률에 대한 분산이 0.64이며, $\rho_{AB}=-1.0$이라 가정하자. 만약 여러분이 현재 10,000원을 소유하고 있다면 무위험 포트폴리오를 만들기 위해 여러분은 각 주식에 얼마 만큼씩 투자해야 하나?

■알기 쉬운 경제 상식

Common sense case 4 - 주주 배당

매년 초가 되면 신문기사 경제면에서 '배당'이라는 말이 심심찮게 나옵니다. 즉, 매년 초가 되면 개별 기업의 주주들이 모여 지난 한 해의 장사를 결산하고 남은 이익부분에 대해 배당을 정하는 주주총회를 열기 때문입니다.

배당이란 사전적 의미로 보면, "밑천을 낸 사람에게 그 이익을 몫몫이 나누어 줌"이라고 돼 있습니다. 즉 배당이란 기업에 밑천을 낸 사람(주주)에게 그 이익을 나눠주는 일입니다.

예를 들어, L씨가 '한양제과'란 회사의 주식 500주를 사서 이회사의 주주가 됐다고 합니다. 한양제과는 3월 중순 주주총회를 열고 지난 해 장사를 잘 했다며 25%의 현금 배당을 하기로 했다면 L씨는 '한 주당 액면가 5000원×0.25×500주'로 계산, 한양제과에서 62만 5000원을 받게 되는 것입니다.

실제 2001년 코리아나 회장품은 36%의 현금배당을 했습니다. 12월 말에 결산하는 증권거래소 상장 법인 중 배당을 하는 곳은 전체의 70% 안팍인데, 이들 기업의 배당률이 대부분 10% 미만인 점을 감안할 때 코리아나의 배당률은 매우 높은 수준이라고 볼 수 있습니다. 이 회사는 지난 5년간 평균 22%씩 성장해 이익이 많이 났습니다.

배당이란 일반적으로 주식을 처음 발행할 때 씌어 있는 금액, 즉 액면가를 기준으로 일정 비율의 금액을 나눠주는 것입니다. 코리아나 주식은 코스닥에 올라가 있고 액면가가 500원이니 주주들은 이번에 소유한 주식 한주당 180원을 받을 수 있게 됩니다. 물론 배당을 얼마나 할 것인가 하는 것은 주주총회에서 최종 결정할 사항입니다.

배당이 꼭 주식의 액면가를 기준으로 하는 것은 아닙니다. 주식시장의 현시세를 기준으로 배당을 하기도 합니다.

만약 한양제과의 주식 시세가 한 주당 1만 2000원이라고 하고, 주식 시세 기준으로 25%의 배당을 한다면 L은 '한 주당 시세 1만 2000원×0.25×500주'로 계산해 900,000원을 받을 수 있지요. 액면가를 기준으로 한 배당의 배 이상을 받는 셈입니다.

하지만 안타깝게도 우리나라에는 아직 주식 시세를 기준으로 배당을 하는 경우가 없습니다. 미국 등 외국에서나 있는 얘기지요. 액면가 5000원인 주식을 시세가 10만 원으로 올랐을 때 샀는데 액면가를 기준으로 배당하는 것은 비논리적이라는 얘기입니다. 우리나라도 투자자를 끌어 모으려면 시세를 기준으로 배당을 해야 한다는 목소리가 높아지고 있습니다.

배당을 현금 대신 주식으로 하기도 합니다. 현금으로 배당하는 경우를 '현금 배당' 이라 하듯, 주식으로 배당을 하면 '주식 배당'이라고 부르지요.

이렇게 배당의 형태와 규모를 결정해 주주들에게 나눠주기까지는 여러 과정을 거쳐야 합니다. 먼저 대차대조표 · 손익계산서 등 한해 동안 회사를 잘 꾸려왔는지에 대한 회계 장부를 만들어 영업 결산을 합니다. 이를 공인회계사가 있는 회계법인에 보여주고 장부를 제대로 만들었는지 감사를 받아야 합니다. 이어 주주들에게 나눠 줄 이익(배당)이 얼마나 가능한지 그 최고 한도를 계산합니다. 장사를 잘 못해 이익을 못 남겼다면 당연히 나눠 줄 돈이 없겠지요.

이사회에서는 이처럼 배당 형태와 규모를 잠정 결제하고 이를 최종적으로 주주총회에

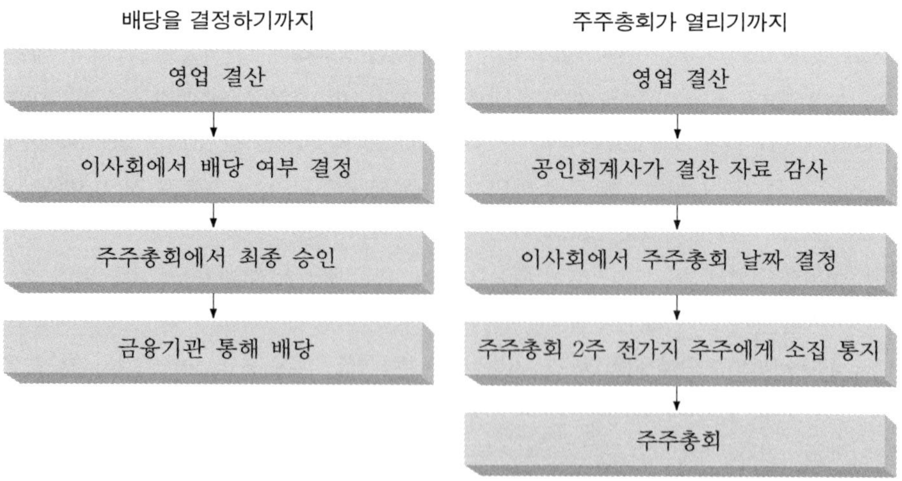

올려 승인을 받습니다. 주주들은 주주총회에서 승인된 배당을 금융기관 등을 통해 받을 수 있게 됩니다.

하지만 배당을 많이 한다고 꼭 주주들에게 유리한 것만은 아닙니다. 한양제과의 주식을 산 L의 입장에서는 배당을 많이 할수록 좋겠지요. 하지만 꼼꼼히 따져 보면 그게 L와 한양제과 모두에게 좋기만 한 것은 아니랍니다.

기업 형편에 지나치게 배당을 하고 나면 기업으로서는 살림을 꾸릴 돈이 그만큼 줄어들지 않겠어요. 재무 건전성이 약화한다고 표현하지요. 회사를 꾸려갈 돈이 넉넉지 못하면 새로운 사업이나 투자를 제대로 할 수 없어 사업이 어려워지게 됩니다. 그러면 결국 주가가 떨어지게 되고 주주는 손해를 보는 겁니다. 빌 게이츠가 회장을 맡고 있는 미국의 '마이크로소프트'는 회사를 시작한 이래 주주에게 한푼도 배당하지 않는 '무배당 원칙'을 고집하고 있습니다. 주주에게 배당할 돈을 다른 곳에 투자해 주식 가치를 높이고 주주에게 더 많은 이익을 주겠다는 것이지요.

제 5 장 자본자산가격 결정모형

투자론에서 가장 중요한 것이 자산의 적정 가치를 산출하는 것인데, 본 장에서는 투자론에서 가장 중요한 이론인 자본자산가격결정모형(CAPM)에 대해 상세하게 기술하고 있다. 그리고 자본 자산 가격 결정 모형에서 중요한 요인인 베타의 측정 방법에 대해 기술하고, 마지막으로 자본자산가격 결정 모형의 확장에 대해 다루고 있다.

일반적으로 위험자산의 가격결정 관계를 설명해 주는 대표적인 모형으로는 자본자산가격 결정모형(CAPM), 차익거래 결정모형(APT) 및 옵션가격결정 모형(OPM) 등이 있으나, 본 장에서는 자본자산가격 결정모형(CAPM)에 대해서만 설명하고 옵션가격 결정모형(OPM)에 관해서는 제11장 옵션시장에서 설명할 것이다.

5.1 자본자산가격 결정모형

자본자산가격 결정모형(capital asset pricing model: CAPM)이란 위험 자산(risky asset)의 기대 균형수익률(expected equilibrium return)을 추정하는 모형이다. CAPM 모형은 Harry Markowitz가 1952년에 현대 포트폴리오 관리의 기초를 마련한 후 12년 뒤 William Sharp,[1] John Lintner,[2] Jan Mossin[3]의 논문들에 의해서 발전을 거듭하였다.

우리들은 매우 단순화한 세계를 전제로 하는 "만약 …이라면 어떻게 될까(what if)"라는 가정을 바탕한 후 이러한 가정으로부터 도출되는 결론에 기초하여 CAPM을 유도한다. 이러한 CAPM을 표준 자본자산가격 결정모형(standard CAPM)이라고 한다. 일단 이것이 달성되면 점차 단계적으로 가정을 현실에 맞게 수정하면 비교적 현실적이고 포괄적인 모형을 만들 수 있으며, 이를 비표준 자본자산가격 결정모형(non-standard CAPM)이라고 한다. 우리는 제5장에서 표준 자본자산가격 결정모형만 취급한다.

먼저 CAPM으로 접근해 가기 위한 가정들을 설명하면 다음과 같다.

[가정 1] 시장에는 많은 투자자가 존재하며, 각 투자자의 초기 부(wealth)는 모든 투자자의 총합에 비해 작다. 따라서 개개 투자자는 자신의 증권거래를 통해 당해 증권의 시장가격에 영향을 미칠 수 없는 가격추종자(price-taker)이다. 이것은 보통 미시경제학에서 말하는 완전경쟁이라는 가정과 일치한다.

---

1) William Sharpe, "Capital Asset Prices: A Theory of Market Equilibrium,"Journal of Finance, 1964. 9.

2) John Lintner, "The Valuation of Risk Assets and the Selection of Risky Investments in Stock Portfolios and Budgets," Review of Economics and Statistics, 1965. 2.

3) Jan Mossin, "Equilibrium in a Capital Asset Market,"Econometrica, 1966. 10.

[가정 2] 모든 투자자는 하나의 동일한 투자기간을 갖는다. 이런 의미에서 CAPM은 단일기간모형이다.

[가정 3] 투자는 주식, 채권 등 공개적으로 거래되는 모든 금융자산과 무위험 차입이나 무위험 대출로 한정한다. 이 가정에 의하면 교육(인적 자산), 비공개 기업, 시민회관, 공항 등 거래되지 않는 자산에 대한 투자는 제외된다. 또 모든 투자자는 무위험 고정금리로 아무런 제약 없이 대출이나 차입을 할 수 있다.

[가정 4] 투자자는 세금이나 수수료(commission) 등의 거래비용(transaction cost)을 일체 지불하지 않는다. 물론 현실적으로는 각 투자자는 다른 한계세율을 적용받으며, 이에 따라 투자자산의 종류가 변한다. 예컨대, 수입 원천이 이자, 배당 그리고 자본소득(capital gains) 중 무엇인가에 따라 세제상의 취급이 달라진다. 뿐만 아니라, 증권매매는 비용이 소요되며, 매매수수료나 중계수수료(fee)는 거래규모나 투자자에 따라 달라진다. 이와 같은 비현실적인 가정이 필요한 이유는 우리가 추구하는 위험자산의 위험과 기대평균수익률 간의 관계를 집중적으로 탐구하고자 하기 때문이다. 이러한 관계가 규명된 후 가정을 완화시키면 이러한 관계가 어떻게 변하는지를 살피는 것이 처음부터 복잡한 가정에서 출발하는 것보다 더 편리하다.

[가정 5] 모든 투자자는 합리적이며 평균-분산 최적화(mean-variance optimization) 전략을 택한다. 즉 이들은 모두 주식 선택시 Markowitz 포트폴리오 선택모형(port-folio selection model)을 사용하고 있다는 의미이다.

[가정 6] 모든 투자자는 같은 방법으로 증권을 분석하며, 또한 경제에 관해서 같은 관점을 가지고 있다. 결과적으로 투자 가능한 증권으로부터 생성되는 장래 현금흐름에 대한 예측이 일치하게 된다. 즉, Markowitz 포트폴리오 선택모형에 입력할 기초자료가 동일하다. 주가와 무위험 금리가 주어지면, 모든 투자자는 효율적 프런티어(efficient frontier)나 최적 위험 포트폴리오(optimal risk portfolio)를 구성하기 위해 동일한 예상수익률이나 분산-공분산 행렬을 사용한다. 이러한 가정을 동질적 기대(homogenous expectation)라고 흔히 일컬어진다. 다시 말해 모든 투자자들이 모든 주식의 기대수익률, 분산 그리고 주식수익률 사이의 공분산에 대해 같은 견해를 가지고 있다. 이러한 가정

은 주식시장에서 모든 정보가 투자자들 사이에 자유로이 전달될 수 있다면 결코 무리한 가정이라고 말할 수 없다.

이러한 가정이 앞에서 말한 "만약 …이라면 어떻게 될까(what if)"라는 분석의 '만약(if)'에 해당되는 것이다. 이러한 가정으로 도출될 수 있는 결론을 요약하면 다음과 같으며, 이를 본 장에서 자세히 설명할 것이다.

(1) 모든 투자자는 거래되는 시장 포트폴리오(market portfolio. 흔히 M이라 표시된다.)를 위험자산 포트폴리오로 선택한다. 시장 포트폴리오의 구성종목은 시장에서 거래되는 모든 주식이며, 시장 포트폴리오에 포함된 특정 주식의 구성비율은 당해 주식의 주가를 발행주식 수로 곱한 당해 주식의 시가총액을 모든 주식의 시가총액을 합한 금액으로 나눈 값이다. 모든 주식의 시가총액을 합한 금액을 흔히 총시가총액이라 일컬어진다.

(2) 시장 포트폴리오는 효율적 프런티어 상에 존재할 뿐만 아니라, 모든 투자자의 최적 자본배분선(capital allocation line: CAL)과 접한다. 그 결과 무위험 이자율과 시장 포트폴리오(M)를 연결하는 선인 자본시장선(capital market line: CML)이 가장 좋은 자본배분선이 된다. 모든 투자자는 M을 최적위험포트폴리오로 보유하면서, 각각의 투자자들은 자신들의 위험성향에 따라 무위험자산과 시장 포트폴리오 M의 투자비율을 결정한다.

(3) 시장 포트폴리오의 위험 프리미엄(risk premium)은 시장 포트폴리오의 위험과 평균적인 투자자의 위험 회피도(degree of risk aversion)에 따라 결정된다. 수식으로 표현하면,

$$E(r_M) - r_f = \overline{A}\sigma^2_M \times 0.01$$

여기서 σ^2_M은 시장 포트폴리오의 분산(variance)이고, $\overline{A}$는 모든 투자자의 위험 회피도를 평균한 값이다. M이 모든 주식에 분산투자된 최적 포트폴리오이기 때문에 σ^2_M은 전체 자본시장의 체계적 위험(systematic risk)을 뜻한다.

(4) 개별자산의 위험 프리미엄(risk premium)은 시장 포트폴리오(M)의 위험 프리미엄과 베타계수(beta coefficient)에 비례한다. 베타는 어떤 주식의 수익률이 시장 수익률과 얼마나 동일성을 갖고 움직이는가를 측정하는 것이다.

베타(beta)는 다음과 같이 정의된다.

$$\beta_i = \frac{Cov(r_i,\ r_M)}{\sigma^2_M}$$

개별증권의 위험 프리미엄은 다음과 같다.

$$E(r_i) - r_f = \frac{Cov(r_i,\ r_M)}{\sigma^2_M}[E(r_M) - r_f] = \beta_i[E(r_M) - r_f]$$

5.1.1 시장 포트폴리오(market portfolio)

시장 포트폴리오(market portfolio)란 무엇인가? 모든 투자자들의 포트폴리오를 합하면 차입과 대출은 상쇄되어 없어지고 합산된 위험 포트폴리오의 가치는 전체 경제권의 부와 동일할 것이다. 이것이 시장 포트폴리오 M이다. 이 시장 포트폴리오에 포함된 각 주식의 비중은 그 주식의 시장가치(market value: 주가를 총발행주식 수로 곱한 것)를 모든 주식의 시장가치의 합계로 나눈 값이다.[4)] CAPM에 의하면 모든 투자자들은 시장 포트폴리오를 위험포트폴리오로 선택하게 된다.

앞 절에서 설명한 가정에 따르면, 모든 투자자는 동일한 위험 포트폴리오를 보유하려 한다는 것을 알 수 있다. 가령 모든 투자자가 동일한 Markowitz 분석기법[가정 5]을 동일한 증권 모집단에 적용하여[가정 3] 동일 투자기간(time horizon)[가정 2]에 대해 동일한 데이터를 사용하여[가정 6] 분석하면 그들은 모두 [그림 5-1]에 나타난 것과 같이 최적 위험 포트폴리오를 선택하게 되는 결론에 도달하는데, 이 포트폴리오는 무위험 이자율에서 연결되는 접선이 효율적 프런티어와 접하는 포트폴리오(M)가 된다. 이것은 예를 들어 투자자 개개인이 공통으로 보유하는 위험 포트폴리오(risky portfolio)에 포함되는 삼성전자 주식의 비중이 1%라고 하면 시장 포트폴리오에서도 삼성전자 주식의 비중은 1%가 될 것임을 의미한다. 이 원리는 개개 투자자의 위험 포트폴리오에 포함되는 어떤 주식에 대해서도 적용된다. 그 결과, 모든 투자자에게 있어서의

4) 앞에서 언급한 것처럼 편의상 "주식(stock)"만을 사용하였다. 그러나 실제로 시장 포트폴리오는 경제 내에 존재하는 모든 자산을 포괄한다.

[그림 5-1] 효율적 프런티어와 자본시장선

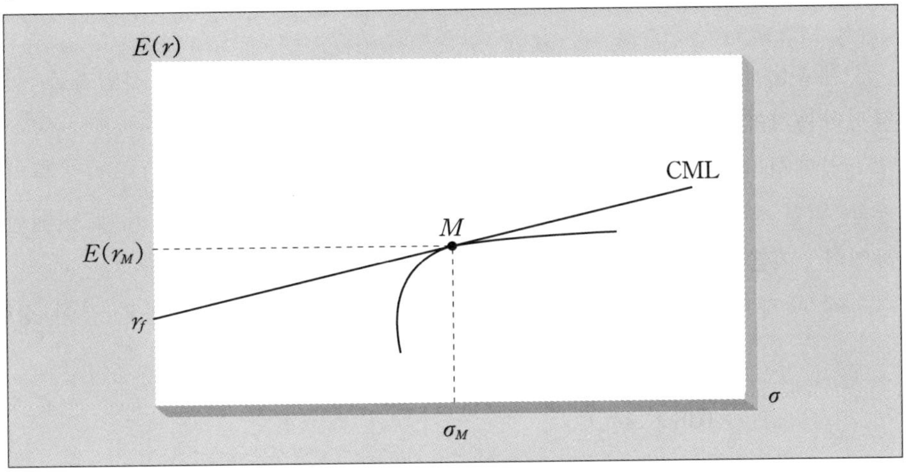

최적위험 포트폴리오(optimal risky portfolio)는 [그림 5-1]의 시장 포트폴리오 (M)이다.

가령 투자자의 최적포트폴리오에 예컨대 대한항공사의 주식 같은 어떤 특정 종목이 포함되어 있지 않았다고 하자. 모든 투자자가 대한항공 주식을 회피한다면 수요는 0이 되어 주가는 무제한으로 하락한다. 대한항공 주식가격이 점점 하락함은 주가가 싸지기 때문에 매력인 투자대상이 되고 다른 주식의 매력은 상대적으로 저하한다. 최종적으로는 대한항공 주식은 최적포트폴리오에 포함될 수 있을 정도의 매력을 주는 가격에서 안정되게 된다.

이러한 가격조정과정이 존재함에 따라 모든 주식이 최적 포트폴리오에 포함되게 된다. 이것은 모든 자산이 시장 포트폴리오에 포함될 수박에 없다는 것을 의미한다. 유일한 문제는 투자자가 최적 위험 포트폴리오에 주식을 포함시키고자 하는 주가의 수준이 얼마인가 하는 것이다.

이상의 논의는 모든 투자자들이 동일한 위험 포트폴리오를 보유한다면 이 포트폴리오는 시장 포트폴리오 M일 수밖에 없다는 단순한 결론을 얻기 위한 우회적인 방법을 사용하였으나 시장균형이라는 조건에서 모든 주식이 투자자들의 최적위험포트폴리오에 포함될 수박에 없다.

5.1.2 시장 포트폴리오의 위험 프리미엄

제4장에서 투자자가 위험 포트폴리오에 얼마나 투자할 것인가를 어떻게 결정하는가에 관해 논의하였다.

앞에서 시장 포트폴리오와의 균형 위험 프리미엄, $E(r_M)-r_f$는 투자자의 평균 위험 회피성향(risk aversion)과 시장 포트폴리오의 위험 σ_M에 비례한다고 하였다. 이를 설명하면 다음과 같다.

각 투자자는 최적 포트폴리오 M에 할당되는 비율 y를 다음과 같이 정한다.

$$y=\frac{E(r_M)-r_f}{0.01\times\overline{A}\sigma^2_M} \qquad \text{〈식 5.1〉}$$

단순형 CAPM(simplified CAPM)의 세계에서 무위험 투자는 투자자 간의 차입과 대출이 가능한 것을 전제로 한다. 차입은 반드시 그에 대응하여 채권자의 대출이 존재한다. 〈식 5.1〉에서 y=1로 하면 시장 포트폴리오의 위험 프리미엄은 그 분산치와 투자자의 평균 위험 회피도에 비례하는 것을 알 수 있다.

$$E(r_M)-r_f=0.01\times\overline{A}\sigma^2_M \qquad \text{〈식 5.2〉}$$

5.1.3 개별증권의 기대수익률

CAPM 이론에서 개별자산의 위험 프리미엄은 이 자산이 투자자가 보유하고 있는 포트폴리오의 위험에 기여하는 정도에 따라 결정된다. 그리고 포트폴리오 위험은 투자자의 요구 위험 프리미엄(required risk pre-mium)에 의해서 결정된다.

모든 투자자들은 동일한 기대수익률, 분산, 공분산 등에 대한 정보를 사용한다는 것을 기억하자.

예컨대, 우리가 한양전자 주식의 포트폴리오 위험을 측정하려고 한다고 하자. 한양전자 주식 보유에 따라 포트폴리오 전체의 위험에 미치는 영향이 시장 포트폴리오의 분산에 따라 어떻게 측정되는가를 다시 살펴 보자.

시장 포트폴리오의 분산을 측정하기 위해 제4장에서 논의한 바와 같이 시장 포트폴리오에서 차지하는 비율과 공분산 행렬을 사용한다. n개의 증권으로 구성되는 시장 포트폴리오에서 한양전자 주식을 부각시켜 보자.

포트폴리오 투자비중	W_1	W_2	⋯	$W_{한양전자}$	⋯	W_n
W_1	$Cov(r_1, r_1)$	$Cov(r_1, r_2)$	⋯	$Cov(r_1, r_{한양전자})$	⋯	$Cov(r_1, r_n)$
W_2	$Cov(r_2, r_1)$	$Cov(r_2, r_2)$	⋯	$Cov(r_2, r_{한양전자})$	⋯	$Cov(r_2, r_n)$
⋮	⋮	⋮		⋮		⋮
$W_{한양전자}$	$Cov(r_{한양전자}, r_1)$	$Cov(r_{한양전자}, r_2)$	⋯	$Cov(r_{한양전자}, r_{한양전자})$	⋯	$Cov(r_{한양전자}, r_n)$
⋮	⋮	⋮		⋮		⋮
W_n	$Cov(r_n, r_1)$	$Cov(r_n, r_2)$	⋯	$Cov(r_n, r_{한양전자})$	⋯	$Cov(r_n, r_n)$

전체 포트폴리오 분산에 대한 한양전자 주식의 공헌도는 다음과 같다.

$$w_{한양전자}[w_1 Cov(r_1, r_{한양전자}) + \cdots + w_{한양전자} Cov(r_{한양전자}, r_{한양전자}) + \cdots + w_n Cov(r_n, r_{한양전자})] \quad \langle 식\ 5.3 \rangle$$

〈식 5.3〉은 개별자산의 위험을 결정하는 데 있어서 분산과 공분산의 역할을 보여준다. 다수의 증권이 있는 경우 분산보다는 공분산이 더 많이 있다. 결과적으로 포트폴리오 전체의 분산에 대한 해당 증권의 공헌도는 그 증권 자신의 분산보다는 그 증권과 타 증권과의 공분산이 보다 중요한 관련성을 가진다는 것이다. 즉, 〈식 5.3〉의 괄호 내의 각 항목은 한양전자 주식과 시장 포트폴리오와의 공분산이다. 다시 말하면 시장 포트폴리오의 위험에 대한 어떤 증권의 공헌도는 해당 증권과 포트폴리오의 공분산 값으로 표시된다는 것이다.

$$시장\ 포트폴리오\ 분산에\ 대한\ 한양전자\ 주식의\ 공헌도 = w_{한양전자} Cov(r_{한양전자}, r_M)$$

이 결과를 통하여 예를 들어 한양전자 주식과 시장 전체의 공분산이 음(−)의 값을 가진다면, 시장 수익률의 움직임과 반대 방향의 수익률을 가져온다는 의미이다. 공분산이 정(+)의 값이면, 포트폴리오의 진동을 증폭시키는 기능을 하기 때문에 포트폴리오의 전체 위험에 대해 정(+)의 공헌을 하는 것이다.

이것을 보다 상세히 살펴 보기 위해 우선 시장 포트폴리오의 수익률이 다음과 같이 계산된다는 것을 생각하자.

$$r_M = \sum_{k=1}^{n} w_k r_k$$

따라서 한양전자 주식의 수익률과 시장 포트폴리오 수익률의 공분산은 다음과 같다.

$$Cov(r_{\text{한양전자}},\ r_M) = Cov(r_{\text{한양전자}},\ \sum_{k=1}^{n} w_k r_k) = \sum_{k=1}^{n} w_k Cov(r_{\text{한양전자}},\ r_k) \qquad \langle \text{식 } 5.4 \rangle$$

〈식 5.4〉의 마지막 항과 〈식 5.3〉의 괄호 내의 각 항목을 비교해 보면 확실히 한양전자 주식과 시장 포트폴리오 간의 공분산은 시장 포트폴리오의 분산에 대한 한양전자 주식의 공헌도에 비례하고 있음을 알 수 있을 것이다.

한양전자 주식의 시장 포트폴리오 분산에 대한 공헌도를 측정한 후, 한양전자 주식의 적정 위험 프리미엄을 결정할 수 있다. 먼저 시장 포트폴리오의 위험 프리미엄은 $E(r_M) - r_f$이고, 분산은 σ^2_M이기 때문에 보상-위험 비율(reward-to-risk ratio)은,

$$\frac{E(r_M) - r_f}{\sigma^2_M} \qquad \langle \text{식 } 5.5 \rangle$$

이 되며, 이 비율은 위험의 시장가격(market price of risk)이라고 불리는데,[5] 그 이유는 투자자가 포트폴리오 위험을 부담하는 데 대해 요구하는 추가적인 수익률을 나타내기 때문이다.

---

5) 이 수식은 시장 포트폴리오의 보상-변동성 비율 $[E(r_M) - r_f]/\sigma_M$이 때로는 위험의 시장가격이라고 불리는 경우가 있다. 한양전자의 적절한 위험 측정 수단은 시장과의 공분산(시장 포트폴리오의 분산에 대한 공헌도)이기 때문에, 이 위험은 백분율 수치의 제곱으로 측정된다. 따라서 이 위험의 가격$[E(r_M) - r_f]/\sigma^2_M$은 백분율 표시 분산의 제곱에 대한 백분율 표시 기대수익률의 비율로 정의된다.

여기서, 만약 시장 포트폴리오에 100% 투자하고 있는 평균적인 투자자가 무위험 이자율(risk-free rate)로 차입하여 극히 작은 δ비율로 투자를 증가시키고자 한다고 가정하자. 그러면 새로운 포트폴리오는 세 가지 종류의 자산, 즉 수익률이 r_M인 당초의 시장 포트폴리오에 투자하는 방안, 수익률이 $-\delta r_f$인 무위험 자산에 δ만큼 공매투자(short position)하는 방안, 규모 δ만큼을 수익률이 δr_M인 시장 포트폴리오에 투자하는 방안 등 세 개의 자산으로 구성되는 새로운 포트폴리오를 생각해 볼 수 있다. 포트폴리오의 수익률은 $(1+\delta)r_M-\delta r_f$가 된다. 당초의 예상수익률 $E(r_M)$에 비교한 한계수익률은 다음과 같이 된다.

$$\triangle E(r)=\delta[E(r_M)-r_f]$$

포트폴리오의 변동이 위험에 미치는 영향을 계산하기 위해 새로운 포트폴리오 분산을 계산한다. 새 포트폴리오는 $(1+\delta)$의 비중으로 시장에 투자하고 있고, 무위험 자산을 $-\delta$만큼 보유하고 있다. 따라서 포트폴리오의 분산은 다음과 같이 된다.

$$\sigma^2=(1+\delta)^2\ \sigma^2_M=(1+2\delta+\delta^2)\ \sigma^2_M=\sigma^2_M+(2\delta+\delta^2)\sigma^2_M$$

그러나 만약 δ가 극히 작으면 δ^2의 값은 2δ에 비교하면 무시할 수 있을 만큼 작기 때문에 이 항은 무시할 수 있다.[6] 따라서 새로운 조정된 포트폴리오의 분산은 $\sigma^2_M+2\delta\ \sigma^2_M$이 되고 포트폴리오 분산의 증가는 다음과 같다.

$$\triangle\sigma^2=2\delta\ \delta^2_M$$

이들 결과를 요약하면, 추가적인 위험 프리미엄(incremental risk premium)과 추가적인 위험의 비율, 즉 한계 위험 가격(marginal price of risk)은 다음의 비율로 정의되는데, 이것은 〈식 5.5〉에 나타난 위험의 시장가격의 절반과 같다.

---

6) 예를 들어, 가령 δ가 1%(자산의 0.01)라고 하면 그 제곱은 자산가치의 0.0001로서 당초 값의 1/100이다. $\delta^2\ \sigma^2_M$은 항상 $2\delta^2\ \sigma^2_M$보다 작다.

$$\frac{\triangle E(r)}{\triangle \sigma^2}=\frac{E(r_M)-r_f}{2\sigma^2_M}$$

여기서 δ만큼을 무위험 금리로 차입하여 추가적인 한양전자 주식에 투자하는 것으로 가정하자. 평균 초과수익률(mean excess return)의 증가폭은 다음과 같다.

$$\triangle E(r)=\delta[E(r_{한양전자})-r_f]$$

이 포트폴리오는 시장 포트폴리오에 1.0, 한양전자 주식에 δ만큼, 그리고 무위험 자산에 $-\delta$ 만큼 각각 투자하고 있는 것이다. 이 포트폴리오의 분산치는,

$$1^2\sigma^2_M+\delta^2\ \sigma^2_{한양전자}+[2\times 1\times \delta\times Cov(r_{한양전자},\ r_M)]$$이다.

따라서 분산의 증가분은 한양전자 주식의 보유증가에 따른 분산의 증가분에 해당 주식과 시장 간의 공분산(covariance)의 두 배를 더한 것이 된다.

$$\triangle \sigma^2=\delta^2\ \sigma^2_{한양전자}+2\delta Cov(r_{한양전자},\ r_M)$$

δ^2항은 무시할 수 있을 만큼 작은 값이기 때문에 삭제하면 한양전자 주식의 한계 위험 가격(marginal price of risk)은 다음과 같다.

$$\frac{\triangle E(r)}{\triangle \sigma^2}=\frac{E(r_{한양전자})-r_f}{2Cov(r_{한양전자},\ r_M)}$$

균형상태에서 한양전자 주식의 한계 위험 가격은 포트폴리오 한계 위험 가격과 같아야 한다. 그렇지 않으면 한양전자 주식의 한계 위험 가격이 시장 포트폴리오보다 큰 경우 투자자는 한양전자 주식의 비중을 증대시킴으로써 위험부담 대가로 포트폴리오의 수익률(보상)을 올릴 수 있다.

한양전자 주가가 시장평균에 비교해 높아질 때까지 투자자는 한양전자 주

식을 계속 매입할 것이다. 이 과정은 한양전자 주식의 한계 위험 가격이 시장의 한계 위험 가격과 일치할 때까지 계속한다.

반대로, 가령 한양전자 주식의 한계 위험 가격이 시장 포트폴리오보다도 낮을 경우에도 이와 같은 조정과정에 의해 양자의 한계 위험 가격은 일치하게 된다. 한양전자 주식과 시장의 한계 위험 가격이 동일하게 되면 한양전자 주식과 시장의 위험 프리미엄 간에는 다음 관계가 성립한다.

$$\frac{E(r_{\text{한양전자}})-r_f}{2Cov(r_{\text{한양전자}},\ r_M)}=\frac{E(r_M)-r_f}{2\sigma^2_M}$$

한양전자 주식의 적정 위험 프리미엄을 결정하기 위해 위 식을 다음과 같이 변형할 수 있다.

$$E(r_{\text{한양전자}})-r_f=\frac{Cov(r_{\text{한양전자}},\ r_M)}{\sigma^2_M}[E(r_M)-r_f] \qquad \langle\text{식 5.6}\rangle$$

$Cov(r_{\text{한양전자}},\ r_M)/\sigma^2_M$은 시장 포트폴리오의 분산에 대한 한양전자 주식의 기여도를 시장 포트폴리오의 분산에 대한 비율로 나타낸 것이다. 이 비율이 바로 베타(beta) 값으로 β라는 기호로 나타낸다. 〈식 5.6〉을 바꾸어 〈식 5.7〉을 얻는다.

$$E(r_{\text{한양전자}})=r_f+\beta_{\text{한양전자}}[E(r_M)-r_f] \qquad \langle\text{식 5.7}\rangle$$

위의 기대수익률-베타의 관계(expected return-beta relationship)는 가장 일반적인 자본자산가격결정모형(CAPM) 표현이다. 기대수익률-베타의 관계에 관해서는 나중에 보다 자세히 언급할 것이다.

이제 모든 개인이 동일한 행동을 한다는 가정이 왜 유용한가를 살펴 보자. 만약 모든 투자자들이 동일한 위험 포트폴리오를 보유하는 경우 각 자산의 시장 포트폴리오에 대한 베타는 각자가 보유하는 위험 포트폴리오에 대한 각 자산의 베타와 일치하는 것을 알게 된다. 따라서 투자자 모두가 각 자산의 적정 위험 프리미엄에 대해 일치된 견해를 가지게 될 것이다.

제4장에서 논의한 바와 같이, 충분히 잘 분산된 포트폴리오는 기업고유

위험(firm-specific risk)이 제거되어 체계적 위험(systematic risk) 또는 시장 위험(market risk)만이 남는다. 정확히 시장 포트폴리오를 보유하지 않아도 충분히 분산된 포트폴리오는 시장과 대단히 높은 상관관계를 가지기 때문에 시장에 대한 주식의 베타는 매우 유용한 위험 측정단위가 된다.

사실, 다수의 학자들이 시장 포트폴리오가 아닌 다른 포트폴리오를 보유하는 경우에도 수정 CAPM이 성립하는 것을 증명하였다. 예컨대 Brennan[7]은 각 투자자의 소득세율 차이가 시장균형에 미치는 영향을 연구하였고, Mayers[8]는 인적 자본(human capital) 등 거래가 이루어지지 않는 자산의 영향에 관해서 연구하였다. 이들은 모두 시장 포트폴리오가 모든 투자자에게 최적 위험 포트폴리오가 아니지만, 기대수익률-베타의 관계는 약간 수정하면 여전히 유효하다는 것을 증명하였다.

가령 기대수익률-베타의 관계가 모든 개별자산에 대해 성립한다면 자산의 어떠한 조합에 대해서도 성립되어야 한다. 어떤 포트폴리오 P가 k주식을 w_k 비중 만큼 보유하고 있고, 여기서 k는 1,··· n의 값을 가지는 것으로 하자. 각 주식에 대해 〈식 5.7〉의 CAPM식을 적용하여 각각의 식에 포트폴리오에서 차지하는 각 주식의 비중을 곱하여, 다음의 식과 같이 쓸 수 있다.

$$
\begin{aligned}
&w_1E(r_1)=w_1r_f+w_1\beta_1[E(r_M-r_f)]\\
&w_2E(r_2)=w_2r_f+w_2\beta_2[E(r_M-r_f)]\\
&\cdots=\cdots\\
&w_nE(r_n)=w_nr_f+w_n\beta_n[E(r_M-r_f)]\\
&E(r_P)=r_f+\beta_P[E(r_M)-r_f]
\end{aligned}
$$

위의 각 식을 합하면 CAPM은 포트폴리오 전체에 적용된다는 것을 알 수 있다. 그 이유는 $E(r_P)=\sum_k w_kE(r_k)$은 포트폴리오의 기대수익률이고, $\beta_P=\sum_k w_k\beta_k$는 포트폴리오의 베타값이기 때문이다. 그리고 이러한 결과는 시장 포트

7) Michael J. Brenan, "Taxes, Market Valuation, and Corporate Finance Policy," National Tax Journal, December 1973.

8) David Mayers, "Nonmarketable Assets and Capital Market Equilibrium Under Uncertainty," in Studies in the Theory of Capital Markets, ed. M. C. Jensen, New York: Praeger, 1972.

폴리오 자체에 대해서도 성립해야 한다.

$$E(r_M)=r_f+\beta_M[E(r_M-r_f)]$$

여기서,

$$\beta_M=\frac{Cov(r_M,\ r_M)}{\sigma^2_M}=\frac{\sigma^2_M}{\sigma^2_M}$$

으로서 $\beta_M=1$되기 때문에 당연히 성립하게 되는 것이다.

그리고, 이것은 모든 자산의 가중평균 베타는 1인 것을 나타낸다. 시장 베타(market beta) 값이 1이고 시장에 존재하는 모든 자산을 포함하는 포트폴리오라 하면, 모든 자산의 가중평균 베타는 1이 아니면 안 된다. 따라서 베타가 1보다 큰 주식에의 투자는 시장의 변동(market swing)을 상회하기 때문에 공격적(aggressive)이라고 표현된다. 반대로 베타치가 1보다 낮은 경우는 방어적(defensive)이라고 할 수 있다.

5.1.4 증권시장선(Security Market Line: SML)

기대수익률-베타의 관계는 보상-위험(reward-risk)의 방정식이라는 것을 살펴 보았다. 어떤 증권의 베타는 그 증권의 위험을 측정하는 적절한 수단인데 그 이유는 베타는 그 증권이 최적 위험 포트폴리오의 위험에 대한 기여분에 비례하기 때문이다.

위험 회피적인 투자자는 최적 위험 포트폴리오의 위험을 포트폴리오의 분산으로 측정한다. 이러한 상황에서는 개별자산의 보상(reward) 또는 위험 프리미엄은 포트폴리오의 위험에 대한 해당 자산의 공헌도에 의해서 결정된다고 볼 수 있다.

주식의 베타는 시장 포트폴리오의 분산에 대한 그 주식의 공헌도를 포트폴리오 전체의 분산에 대한 비율로 측정한 것이다. 따라서 어떠한 자산이나 포트폴리오에 대해 요구되는 위험 프리미엄(required risk premium)은 베타의 함수이다. CAPM은 이 직관을 뒷받침하는 것이며, 나아가 증권의 위험 프리미엄은

[그림 5-2] 증권시장선

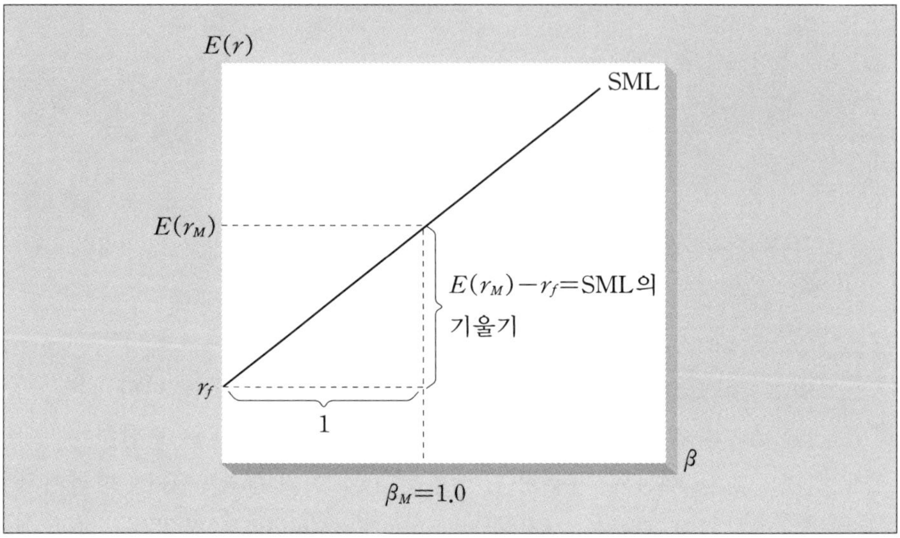

베타와 시장의 위험 프리미엄 모두와 직접 관련되어 있으며 위험 프리미엄은 $\beta[E(r_M)-r_f]$의 값을 가진다.

기대수익률과 베타의 관계는 [그림 5-2]의 증권시장선(security market line: SML)으로 나타낼 수 있다. 시장 포트폴리오의 베타는 1이기 때문에 이 선의 기울기는 시장 포트폴리오의 위험 프리미엄이 된다. 횡축상의 $\beta=1$인 점(시장 포트폴리오의 베타)의 종축의 값은 시장 포트폴리오의 기대수익률이다.

다음으로 증권시장선(security market line: SML)과 자본시장선(capital market line: CML)을 비교하여 보자. CML은 효율적 포트폴리오(effcient portfolio), 즉 시장 포트폴리오와 무위험 자산으로 구성되는 포트폴리오 군의 위험 프리미엄을 포트폴리오의 표준편차의 함수로 나타낸 것이다.

이 모형은 투자자가 전체 포트폴리오의 일부로 선택할 수 있는 충분히 잘 분산된 포트폴리오의 위험 지표로 표준편차를 측정수단으로 사용하고 있다. 이에 비해 SML은 개별자산의 위험 프리미엄을 자산의 위험 함수로 나타낸 것이다. 잘 분산된 포트폴리오를 구성하는 개별자산의 적절한 위험 측정수단은 표준편차나 분산이 아니다. 그것은 해당 자산의 포트폴리오의 분산에 대한 기여도이고 우리는 이것을 자산의 베타로 나타낸다. 그러므로 SML은 효율적 포트

[그림 5-3] SML과 양의 알파를 가진 주식

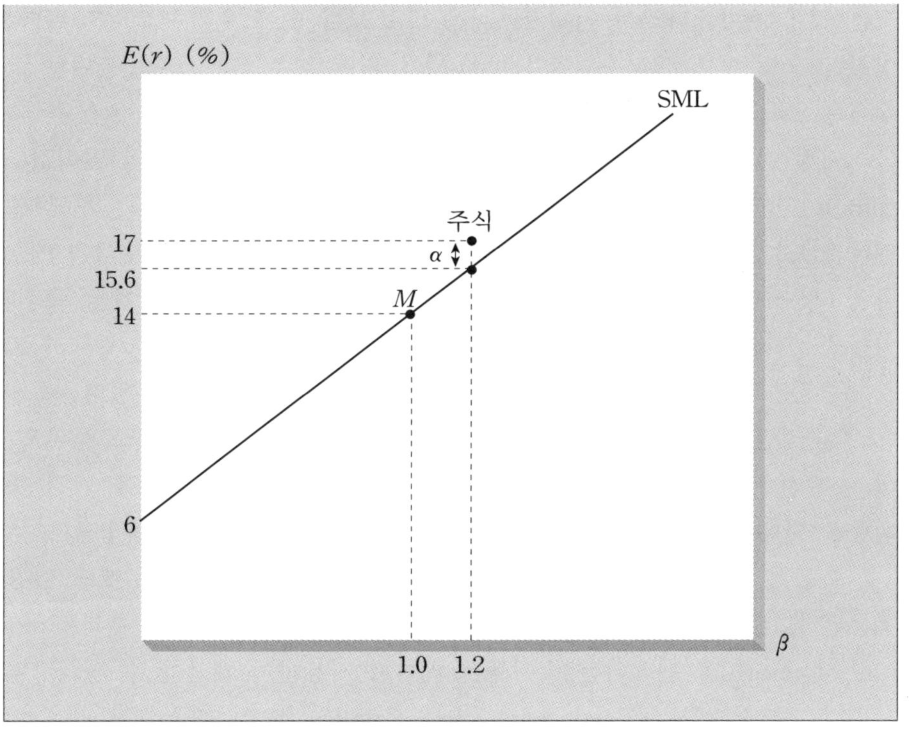

폴리오와 개별자산에 모두 적합하다.

또한 증권시장선은 투자성과(investment performance)의 측정지표를 제공한다. 베타로 표시되는 투자 위험이 주어진 경우 자본의 시간가치(time value)에 대한 보상뿐만 아니라 투자자가 부담하는 위험에 적당한 수익률을 SML이 제시하고 있다.

증권시장선은 기대수익률과 베타의 관계를 나타내는 도표이며, 따라서 적정가격(fair price)이 형성된 자산은 모두 정확히 SML상에 위치한다. 즉 각각의 예상수익률은 위험에 상응하는 수준이다. 그러므로 시장균형 상태이면 모든 증권은 SML상에 존재해야 한다.

만약 SML이 위험 자산의 적정수익률 평가를 위한 기준으로 이용된다고 하자. 그러면 증권분석(security analysis)을 통해 실제 예상수익률을 구할 수 있을 것이다. 가령 어떤 주식이 저평가되었다거나 혹은 좋은 매입대상으로 판단된다면 이것은 SML이 제시하는 적정수익률을 상회하는 기대수익률을 가져오는 것이 된다. 따라서 저평가주식은 SML보다 위에 위치하고, 그 베타를 주어진 것으로 보면 예상수익률은 CAPM에 의한 경우보다 크다. 반대로 고평가주식은 SML의 아래에 위치한다.

적정 기대수익률과 실제 예상된 수익률의 차이는 그 주식의 **알파값**(alpha value)이라고 불리고, α기호로 쓴다. 예컨대 시장수익률이 14%, 해당 주식의 베타가 1.2, 무위험 금리가 6%라고 하면, SML에 의하면 해당 주식의 예상수익률은 6%+1.2(14%−6%)=15.6%로 된다. 가령 어떤 투자자가 해당 주식의 수익률을 17%라고 예상하는 경우, 이 주식의 알파값은 1.4%이다(그림5-6참조).

증권분석은 알파값이 0이 아닌 증권을 찾는 것이라 할 수 있다. 증권분석은 소극적인 시장지수 포트폴리오(market index portfolio)를 포트폴리오 관리의 출발점으로 한다. 포트폴리오 매니저는 그 후 정의 알파값을 가진 증권의 비중을 확대하는 반면 부의 알파값을 가진 증권비중을 줄이는 과정을 밟는다.

아울러, CAPM은 투자예산결정(capital budgeting decision)에도 유용하게 응용된다. 신규 투자 프로젝트를 검토하는 기업은 투자자의 요구수익률(required rate of return)을 만족하는 수익률을 베타를 사용하여 계산할 수 있다. 경영자는 프로젝트의 내부수익률(internal rate of return: IRR), 또는 "hurdle rate"를 결정하는 데 CAPM을 사용할 수 있다.

5.2 베타(β)

일반적으로 단일지수모형에서 개별주식 i와 시장지수 m의 초과수익률과의 관계는 다음과 같다.

$$r_i - r_f = \alpha + \beta(r_m - r_f) + e_i$$

이는 $r_i - r_f$를 종속변수로, $r_m - r_f$를 독립변수로 하는 단순회귀분석(simple regession analysis)이다. 여기서, α, β 그리고 e_i는 회귀분석 결과 계산되는 회귀계수 및 잔차(residuals)이다. α는 상수로서 평균적인 기업고유수익률(firm-specific return)이고, β_i는 기울기로서 개별주식 i의 시장지수에 대한 민감도이며, e_i는 실제수익률과 균형수익률과의 차이이다.

구체적으로 베타는 다음과 같은 계산식으로 표현된다.

$$\beta_i = \frac{Cov(r_i,\ r_m)}{Var(r_m)} = \frac{\sigma_{im}}{{\sigma_m}^2} = \frac{\text{주식 } i\text{와 시장지수 } m\text{의 공분산}}{\text{시장지수의 분산}}$$

5.2.1 베타의 의미

β는 증권특성선의 기울기로서 초과수익률을 이용하거나 실제수익률을 이용하여도 회귀분석에서 같은 값이 계산된다. 앞에서도 언급하였듯이 베타는 어떤 주식이 시장 포트폴리오의 영향을 받는 민감도를 측정한다. 따라서 베타는 시장의 움직임에 대한 상대적 변동성을 측정한다고 볼 수 있다. 일반적으로 베타값이 1보다 크면 공격적 주식이라 하고, 베타값이 1보다 작으면 방어적 주식이라 한다.

5.2.2 베타의 안정성과 수정베타

장기간에 걸쳐 베타의 안정성(stationarity)이 있는가 하는 것은 이론적으로나 실무적으로 대단히 중요한 문제이다. CAPM 자체가 단일기간(one period) 모형이므로 베타의 안정성은 문제시되지 않으나, 현실적으로 베타는 측정기간마다 그 계산 결과가 틀리다.

그러나 어떤 주식의 베타라도 시장 포트폴리오 베타인 1로 회귀하는(mean toward 1) 속성을 가진다. 이는 전기의 큰 베타값은 당기에는 작아지고, 반대로 전기의 작은 베타값은 당기에는 크게 되는 소위 평균회귀(mean regression) 현상 때문이다.

이와 같은 현상은 실증분석결과에서도 입증된다. [표 5-1]은 서로 다른 세 기간 동안 포트폴리오 베타가 1로 회귀하는 평균회귀현상을 보여주고 있다. 각 포트폴리오는 100개의 주식으로 구성되었고, 베타는 각 기간 동안의 수익률로 계산되었다. 이 표를 보면 처음 기간의 작은 베타값은 기간이 경과함에 따라 점

[표 5-1] 베타의 평균 회귀 현상

포트폴리오	1947년~1954년	1954년~1961년	1061년~1968년
1	0.36	0.57	0.72
2	0.61	0.71	0.79
3	0.78	0.88	0.88
4	0.91	0.96	0.92
5	1.01	1.03	1.04
6	1.13	1.13	1.08
7	1.26	1.24	1.08
8	1.47	1.32	1.15

자료: Marshall E. Blume, "Betas and Their Regression Tendencies." *Jornal of finance*, 30, no. 3(June, 1975).

점 커지고 반대로 처음에 높은 베타값은 기간이 경과함에 따라 점점 작아지고 있음을 알 수 있다. 즉 포트폴리오 1의 경우 1947~1954년 기간 동안 추정베타값이 0.36이었으나, 그 다음 기간 이후 0.57 그리고 0.72로 점점 커지고 있다. 포트폴리오 8의 경우 첫 기간 1.47로 시작하였으나, 마지막 기간인 1961~1968년 기간에는 1.15로 작아지고 있다.

어떤 회사 주식이나 포트폴리오의 베타가 1로 수렴하는 이유는 다음과 같다.

첫째, 주식시장에 있는 모든 베타의 평균을 구하면 1이 되므로 어떤 주식의 베타를 구할 때 그 값은 1이 될 것으로 예상할 수 있다.

둘째, 제품이나 산업의 생명주기(life cycle)상 어떤 주식의 베타가 1이 될 것으로 예상할 수 있다. 예를 들어 어떤 기업이 신제품개발에 성공하여 고속으로 성장하면 주식은 시장지수보다 훨씬 더 높이 상승할 것이다. 그러나 새로운 기업이 이 제품생산에 뛰어들어 경쟁이 치열해지면 그 기업의 수익성이나 성장성은 산업평균수준으로 줄어들게 된다. 따라서 주가 역시 그 기업의 특성을 반영하기보다는 시장 전체의 영향을 더 크게 반영하게 된다. 따라서 베타는 1로 수렴하게 될 것이다.

메릴 린치(Merril Lynch) 증권회사는 베타값이 1로 수렴하는 속성을 감안, 전기에 추정한 베타값을 당기에 맞게 수정한 소위 수정베타(adjusted beta)를 다음과 같이 계산한다. 당기의 수정베타는 전기베타에 66.7%(=2/3)의 비중을 두고 1에 33.3%(1/3)의 비중을 두어 가중 평균한 것이다.

$$\text{수정베타} = \frac{2}{3} \times \text{전기추정베타} + \frac{1}{3} \times 1$$

이 수정방법으로 인하여 수정베타는 수정되지 않은 전기추정베타보다 1에 더 가깝게 된다. 따라서 전기추정베타가 1보다 작은 값은 큰 값으로 수정되고, 1보다 더 큰 전기추정베타는 수정된 후 이보다 더 작은 값이 된다.

5.2.3 베타 추정

앞에서 당기의 베타를 Merril Lynch가 사용하는 간편한 방법으로 수정하였으나, 미래의 베타를 추정하기 위해서는 주가수익률로 계산한 과거베타에 그 기업 특유의 요인을 고려하여야 한다. 이를 모형화하면 다음과 같다.

$$\text{당기베타} = a + b_1(\text{역사적 베타}) + b_2(\text{기업규모}) + b_3(\text{재무비율})$$

여기서 회귀계수 b_1, b_2 그리고 b_3가 추정되면 독립변수를 대입하여 추정베타를 구할 수 있다.

이 분야에서 대표적인 연구자인 Rosenberg & Guy는 베타 추정에 요구되는 재무요인을 다음과 같이 열거하였다.[9]

❶ 순이익의 분산
❷ 현금흐름 분산
❸ 주당순이익 성장률
❹ 기업규모(시가총액)
❺ 배당수익률
❻ 부채 · 자산 비율

9) Barr Rosenberg & J.Guy, "Prediction of Beta from Investment Fundamentals, Parts I and 2," *Financial Analysts Journal*, May-June과 July-August 1976.

5.2.4 베타 계산시 유의할 점

베타는 회귀분석에서 추정기간을 길게 하느냐 짧게 하느냐에 따라 그 값이 달라질 뿐 아니라, 일별 수익률과 월별 수익률 중 어느 수익률을 사용하는가에 따라 그 결과가 다르다. 이와 같이 베타는 계산에 이용되는 투입요소가 어떤가에 따라 차이가 많이 난다. 여러 학자들의 실증분석결과 베타 계산시 다음과 같은 6가지 원칙이 도출되었다.[10)]

첫째, 시장지수에 배당을 포함시키든 안 시키든 계산된 베타에는 큰 영향을 미치지 않는다.

둘째, 월별 수익률에 무위험이자율을 조정하든지 하지 않든지 계산된 베타에는 큰 영향을 미치지 않는다.

셋째, 시장지수로서 가치가중지수(value weighted index)를 사용하는가 아니면 동일가중지수(equally weighted index)를 사용하는가에 따라 베타값에 큰 영향을 미친다.

넷째, 자료 개수가 많아질수록 베타의 신뢰구간은 점점 좁아져서 더욱 신뢰할 만하다.

다섯째, 연도가 늘어나 자료 개수가 회귀분석에서 추가됨에 따라 베타값은 변화한다.

여섯째, 일별 수익률을 이용하여 구한 베타는 월별 수익률을 이용하여 계산된 베타와 다르다.

5.3 CAPM의 확장

Sharp가 단순형 CAPM을 유도할 때 사용한 가정은 분명히 현실과는 맞지 않다. 금융경제학자들은 CAPM 탄생 이래 이것을 보다 현실적인 상황에도 적용할 수 있도록 확장하는 노력을 계속해 왔다.

단순형 CAPM의 확장에는 크게 두 종류가 있다. 그 하나는 우리들이 이

10) Michael Ehrbardt, *The Search for Value*, Harvard business School Press, 1994.

장의 앞에서 제시한 기본 가정을 완화하는 것이다. 또 하나는 투자자가 자신이 투자한 증권 가치의 불확실성 외에 다른 위험 원천에 대해 우려하는 것에 착안하는 것으로, 예를 들어 예기치 않은 소비재의 상대가격 변화와 같은 것이다.

5.3.1 차입이 제한된 경우의 CAPM: 제로 베타 모형

CAPM은 모든 투자자가 Markowitz 함수에 투입하는 입력정보를 공유한다는 것을 가정하고 있다. 이에 따라 모든 투자자는 효율적(최소분산) 포트폴리오 프런티어의 위치에 관해 동일한 견해를 가지게 되는데, 이 프런티어 상에 위치하는 포트폴리오는 동일한 목표 기대수익률을 가지는 포트폴리오 중에서 가장 낮은 분산(variance)을 가진다.

모든 투자자가 r_f의 무위험 금리로 차입 또는 대출할 수 있다면, 이들은 최적 접점 포트폴리오(optimal tangency portfolio)의 위치에 대해 동일한 견해를 가지고 시장 포트폴리오의 일정비율을 공통의 최적 포트폴리오로 보유하게 된다.

그러나 많은 금융기관의 경우와 같이 차입이 제한되거나 차입자의 부도 위험을 감안하여 차입금리가 대출금리보다 높은 경우, 시장 포트폴리오는 더 이상 모든 투자자에게 공통의 효율적 포트폴리오가 되지 못한다.

무위험 금리로 차입하지 못하면 투자자는 각자의 위험 회피성향에 따라 얼마 만큼 위험을 부담할 것인지를 고려하여 효율적 포트폴리오 프런티어 상에서 위험 포트폴리오를 선택할 것이다. 따라서 시장 포트폴리오가 더 이상 공통의 최적 포트폴리오가 아니다. 실제로, 각 투자자가 다른 포트폴리오를 선택하는 경우 모든 투자자가 보유하는 포트폴리오를 통합하여 구성되는 시장 포트폴리오가 효율적 프런티어 상에 존재하는지에 대해서도 확신할 수 없다. 만약 시장 포트폴리오가 평균-분산 효율적 포트폴리오(mean-variance efficient portfolio)가 아니라면 CAPM의 기대수익률-베타 관계가 시장균형상태를 나타내지 못하게 된다.

이에 대해 Fischer Black[11)]은 무위험 투자가 제한된 경우의 기대수익률과

---

11) Fischer Black, "Capital Market Equilibrium with Restricted Borrowing," *Journal of business*, July 1972.

[그림 5-4] 효율적 포트폴리오에 대응되는 제로 베타 포트폴리오

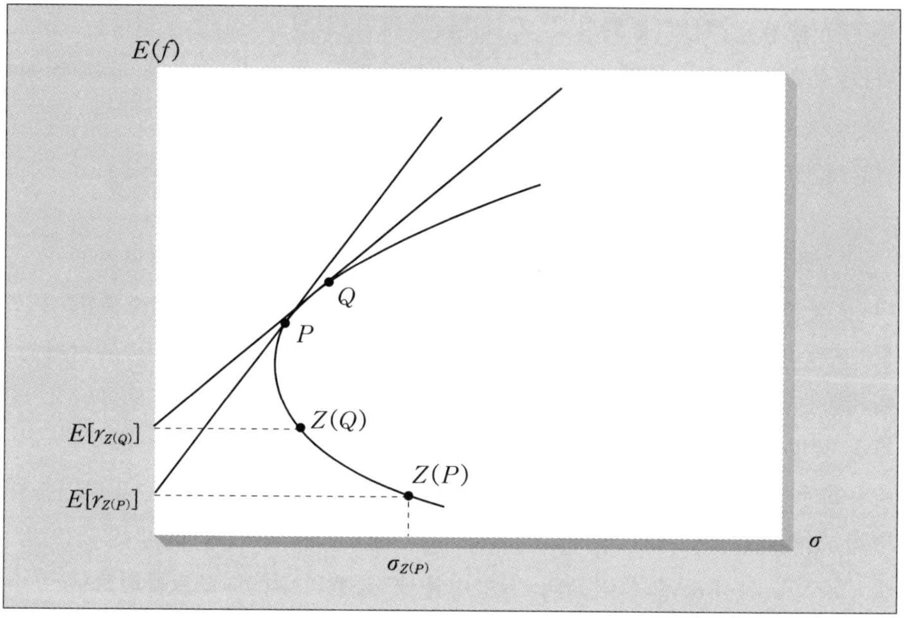

베타의 관계에 관해 모형을 개발하였다. Black의 모형은 꽤 난해하고 상당한 수학적 지식이 요구된다. 따라서 우리는 Black 이론의 개요만 보기로 하자.

무위험 자산이 존재하지 않는 경우의 Black의 CAPM 모형은 평균-분산 포트폴리오에 관한 다음의 세 가지 특성에 의존하여 만들어졌다.

(1) 효율적 포트폴리오를 조합하여 만든 포트폴리오도 효율적 프런티어 상에 존재한다.

(2) 효율적 프런티어상의 모든 포트폴리오는 최소 분산 프런티어의 하반부(비효율적 부분)에 "동반(companion)" 포트폴리오를 가지고 있는데, 이들은 상관관계를 가지지 않는다. 이들의 비상관성 때문에 동반 포트폴리오는 효율적 포트폴리오의 제로-베타 포트폴리오(zero beta portfolio)로 불린다.

효율적 포트폴리오의 동반인 제로-베타 포트폴리오의 기대수익률은 다음의 도식에 의해 구해진다. [그림 5-4]의 어떤 효율적 포트폴리오 P로부터 Y축으로 접선을 그린다. 이 접선이 Y축을 만나는 절편은 이 효율적 포트폴리오 P의 반대측의 $Z(P)$로 표시된 제로-베타 포트폴리오 표준편차를 나타낸다. [그림 5-4]에서 P와 Q 등 여러 포트폴리오는 각각 다른 제로-베타 포트폴리오를

가지고 있다.

이들 접선은 단순한 보조선에 지나지 않으며, 투자자가 이 선상의 기대수익률과 표준편차의 조합으로 투자할 수 있다는 의미는 아니다. 즉, 이러한 투자는 오직 무위험 자산과 접점 포트폴리오와의 결합에 의해서 가능할 뿐이다. 그러나 이 경우에는 투자자에게 무위험 자산이 없는 것으로 가정하고 있다.

(3) 모든 자산의 기대수익률은 효율적 프런티어 상의 어떤 두 개의 포트폴리오의 일차 함수로 나타낼 수 있다. 예컨대 P와 Q의 두 개의 최소분산 프런티어 상의 포트폴리오를 가정하자. Black에 의하면, 자산 i의 기대수익률은 모두 다음 식으로 나타낼 수 있는 것을 보여 주었다.

$$E(r_i)=E(r_Q)+[E(r_P)-E(r_Q)]\frac{Cov(E(r_i),\ E(r_P))-Cov(E(r_P),\ E(r_Q))}{\sigma^2{}_P-Cov(E(r_P),\ E(r_Q))}$$

〈식 5.8〉

제3의 특성은 시장균형과는 전혀 무관한 것임에 유의하자. 이것은 단순히 프런티어 상의 포트폴리오와 개별 증권 간의 수학적 관계이다.

위의 세 가지 특성에 따라 Black 모형을 무위험 자산이 존재하지 않는 경우, 무위험 대출은 가능하나 무위험 차입은 불가능한 경우, r_f보다 높은 금리로 차입하는 경우 등 여러 경우에 응용할 수 있다. 여기서는 무위험 대출은 가능하나 차입은 불가능한 경우에 이 모형이 어떻게 응용될 수 있는가를 보자.

한 사람은 위험 회피적 투자자는 [그림 5-5]에서 포트폴리오 T에 의해 만들어지는 CAL 상의 포트폴리오를 선택할 것이다. 다시 말하면 이 투자자는 포트폴리오 T와 무위험 금리 r_f로 대출하는 것을 결합할 것이다. 즉, 포트폴리오 T는 무위험 금리 r_f에서 시작한 선이 효율적 프런티어와 접하는 접점 포트폴리오이다. 위험 인내성이 있는 투자자는 보다 높은 수익률을 얻기 위해 높은 위험을 부담할 의사를 가지므로 이 경우 포트폴리오 S를 택할 것이다. 이 포트폴리오는 효율적 프런티어 상에 있으며 포트폴리오 T보다 위험과 수익률이 모두 높다. 전체 위험 포트폴리오(즉 시장 포트폴리오 M)는 두 투자자의 상대적 부와 위험 회피성향에 따라 결정되는 비중에 의해 포트폴리오 T와 S가 결합된 것으로 비중은 두 투자자의 부의 상대적인 수준과 위험 회피성향에 의해 결정된다. 따라서 포트폴리오 T와 S는 효율적 프런티어에 존재하기 때문에 M도

효율적이다(특성 1에서).

그리고, 특성 2로부터 시장 포트폴리오 M은 [그림 5-5]의 최소 분산 프런티어 상에 $Z(M)$으로 표시된 동반 제로-베타 포트폴리오를 가진다. 또한 특성 3에 의해 어떤 증권의 수익률도 〈식 5.8〉처럼 M과 $Z(M)$항의 형태로 표시할 수 있다. 그러나 $Cov[r_M,\ r_{Z(M)}]=0$으로 정의되었기 때문에, 〈식 5.8〉은 다음과 같이 간단히 된다.

$$E(r_i)=E[r_{Z(M)}]+E[r_M-r_{Z(M)}]\frac{Cov(r_i,\ r_M)}{\sigma^2_M} \qquad \text{〈식 5.9〉}$$

여기서 〈식 5.9〉의 P가 M으로, Q의 $Z(M)$으로 각각 바뀌었다. 〈식 5.9〉는 단순형 CAPM의 r_f가 $E[r_{Z(M)}]$으로 대체된 변형으로 생각할 수 있다.

좀더 현실적인 가정은 투자자는 r_f에서 무위험 금리로 대출할 수 있고 보다 높은 금리로 차입할 수 있는 경우이다. 이 경우도 앞에서와 동일한 논리를 사용하여 제로 베타 CAPM을 확립할 수 있다.

[그림 5-5] 차입이 없는 경우의 자본시장 균형

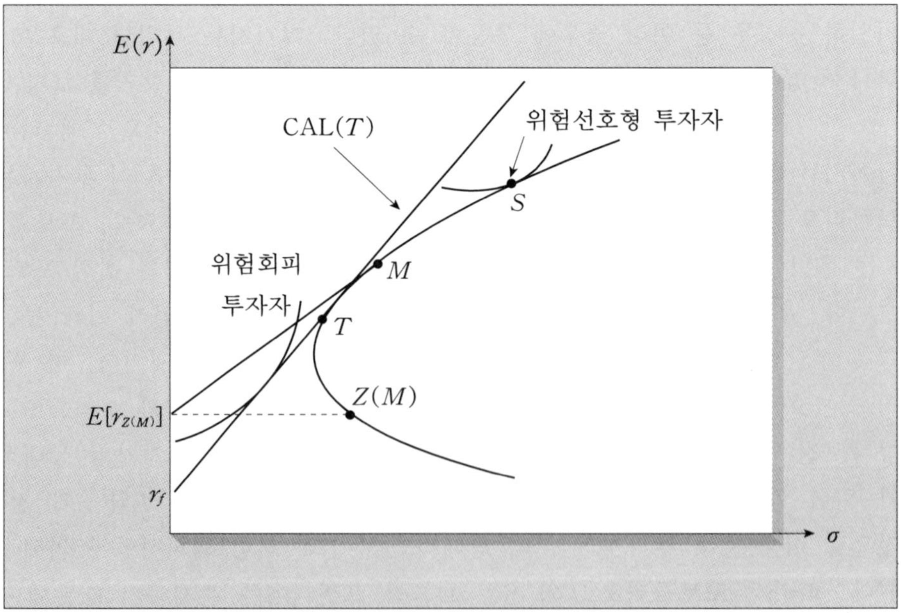

5.3.2 생애소비와 CAPM

단순형 CAPM에 대한 제한적 가정의 하나가 투자자는 근시안적이기 때문에 동일한 단일기간(single period) 단위로 투자계획을 한다는 것이다. 하지만 투자자는 실제로 생애소비(life time consumption)에 관심을 가지며, 또 자식들에게 유산을 남기기를 바랄 것이다. 그러므로, 이들이 달성 가능한 소비계획은 현재의 부와 투자 포트폴리오에서 얻을 수 있는 장래의 수익률에 의존한다. 따라서 이들은 자신의 재산상의 변화에 상응하여 필요한 한 포트폴리오를 재검토할 것이다.

그러나 Eugene Fama[12)]는 투자를 다기간(multi-period)으로 확장하여도 단순형 CAPM이 여전히 유용함을 보여 주었다. Fama가 근시안적인 투자 시계에 대한 가정을 바꾸는 대신 도입한 핵심적인 가정은 시간이 경과하여도 투자선호는 불변인 점과 무위험 금리나 증권수익률의 확률분포가 불규칙하게 변하지 않는다는 것이다. 물론 후자의 가정도 비현실적이라고 볼 수 있다.

용어정리

자본자산가격결정모형(capital asset pricing model: CAPM): 위험 자산(risky asset)의 예상 균형수익률(expected equilibrium return)을 추정하는 모형이다.

시장 포트폴리오(M: market portfolio): 시장에서 거래되고 있는 전 종목의 증권을 각각의 시가총액비율로 조합한 포트폴리오를 말한다. 이는 자본시장이론 중에서 중요한 의미를 가진 개념으로, 시장에 참가하는 투자자가 모두 위험 회피자이며 동일한 기대를 갖고, 시장이 완전하다면 시장이 균형상태에 있을 때 투자자들이 보유하고 있는 위험자산(증권)포트폴리오는 시장 포트폴리오로 모든 투자자들에게 동일하다.

위험 프리미엄(risk premium): 특정만기의 위험이 있는 투자자산에 대한 요구수익률과 동일만기의 무위험자산에 대한 요구수익률의 차이를 의미한다.

증권시장선(Security Market Line: SML): 완전시장 하에서 자본시장이 균형을 이루고 투자자들이 평균 · 분산기준에 의해 행동한다고 가정하면 어떤 주식 또는 포트폴리오의 기대수익과 체계적 위험 사이에는 선형관계가 성립하게 되는데, 이때의 선형관계식을 증권

12) Eugene F. Fama, "Multiperiod Consumption-Investment Decisions," American Economic Review 60(1970).

시장선이라 한다.

■연습문제■

1. S전자의 베타 계수(β)가 1.21이고, 종합주가지수(=시장 포트폴리오)기대수익률이 20%, 그리고 정기예금금리(=무위험수익률)가 12%일 때, S전자의 균형기대수익률은 얼마인가?

2. 어떤 증권의 현 시가가 40,000원이다. 그 주식의 기대수익률은 13%, 무위험이자율이 7%, 그리고 시장 위험 프리미엄이 8%라고 가정한다. 이 주식수익률의 시장 포트폴리오 수익률과의 공분산이 두 배가 될 경우 이 회사의 적정 주가는 얼마나 되는지 계산하시오.(단, 다른 변수에의 변화는 없고 이 회사는 일정한 배당을 계속한다고 가정).

3. S전자의 베타 계수(β)가 1.21이고, L 전자의 베타계수는 0.94로 측정되었다. 당시의 종합주가지수 수익률은 20%, 정기예금금리는 12%이며, S전자의 예상수익률이 23%, 그리고 L전자의 예상수익률이 18%라면, S전자와 L전자 중 어느 주식이 과대평가되었는가?

4. 무위험자산(=정기예금) 수익률이 12%이고, 시장 포트폴리오 기대수익률은 20%이다. 1.3의 β값을 갖는 것으로 기대되는 어떤 회사에서 투자안을 검토하고 있다.
   (1) 이 투자안의 요구수익률은 몇 %인가?
   (2) 이 투자안의 내부수익률이 21%이면 채택하는가 아니면 기각하는가?

5. 다음 자료를 이용하여 물음에 답하시오.

시장 포트폴리오의 기대수익률	공격적 주식의 기대수익률	방어적 주식의 기대수익률
0.05	0.02	0.035
0.20	0.32	0.140

   (1) 두 주식의 베타계수를 구하시오.
   (2) 시장 포트폴리오 수익률이 5%와 20%가 될 확률이 동일하다면 각 주식의 필수수익률을 구하시오.
   (3) 무위험이자율이 8%이고, 시장수익률이 5%와 20%가 될 확률이 동일할 때 SML을 구하시오.
   (4) SML선상에 두 주식의 위치를 그려보고 각각의 알파계수를 구하시오.

6. 다음과 같은 세 후 현금흐름이 예상되는 프로젝트의 경제성을 평가하고 있다.

미래 연도	세 후 현금흐름
0	−30,000
1	5,000
2	7,000
3	10,000
4	15,000
5	20,000

프로젝트의 베타(β)는 0.8이다. r_f=12%, 이고, $E(r_M)$=17%로 가정할 때 이 프로젝트의 순현가(NPV)와 내부수익률(IRR)은 얼마인가? 이 투자 프로젝트의 NPV가 0이 될 때 베타는 어느 정도 되어야 하는가?

■알기 쉬운 경제 상식

Common sense case 5. 집단소송제

아이스크림을 좋아하는 아이인 재민이는 어느 날 배탈이 났습니다. 병원에 가보니 한 동네에 사는 길수랑 영희도 와 있었습니다. 배를 콕콕 찌르고 설사하는 증상이 비슷했습니다. 신문에서도 비슷하게 배앓이를 하는 환자가 전국적으로 수천 명이라고 보도가 나왔고, 전문가들이 조사한 결과 재민이가 먹은 아이스크림에 병균이 들어 있었던 게 문제였습니다.

재민이는 치료비를 10만 원을 쓴 데다 일주일 동안 학교를 못 갔습니다. 그런데 같은 병을 앓은 길수는 증상이 심해 치료비가 100만원을 넘어, 아이스크림 회사를 상대로 재판을 걸어 치료비를 받아냈답니다. 재민이네도 아이스크림 회사에 찾아가 치료비를 물어달라고 했더니 재판을 하라는 겁니다. 그러나 재판을 하기 위해서는 변호사 비용 등 돈이 많이 들어가고, 법원에 가려니 학교를 또 빠져야 해 포기했답니다. 바로 이런 경우 피해자를 구제하는 제도가 집단소송제입니다.

길수가 재판에 이겼으므로 같은 병을 앓는 재민이는 재판을 안 해도 치료비를 받을 수 있도록 하는 것입니다. 실제로 1994년 미국 미네소타 주 주민들이 살모넬라균에 오염된 아이스크림을 먹고 식중독에 걸렸었습니다.

피해 주민들은 집단소송을 냈고, 그 결과 1만 3000여 명의 주민들이 80~7만

5000달러씩 아이스크림 회사에서 배상을 받았습니다.

하지만 우리나라에는 집단소송제도가 없기 때문에 길수가 재판에서 이겼어도 재민이가 재판을 안 하면 치료비를 받을 수 없답니다. 그렇다면 왜 우리나라에는 이 제도가 없을까요? 또한 정부가 도입하겠다고 하자 왜 기업 단체인 전국경제인연합에서 반대할까요. 이에 대한 첫 번째 이유가 재판이 많아지리란 것입니다. 적지 않은 비용과 시간이 필요하므로 재판을 하지 않던 사람들이 조금만 피해를 보아도 재판을 걸게 된다는 것입니다.

실제로, 1938년부터 집단소송제를 도입한 미국에선 불필요한 소송도 많다는 것입니다. 그리고, 1981년 미국에선 페놀을 방출한 회사에선 9000만 달러(약 1000억 원)를 물어주었습니다. 이처럼 가해자 입장에서는 집단소송에서 지면 많은 피해자에게 보상해야 하므로 큰 돈이 들어갑니다.

집단소송을 당한 회사는 법원의 판결이 나기 전에 피해자와 적당한 선에서 피해를 보상하며 타협하는 경우도 있습니다. 기업 입장에선 소송이 늘어나고 자칫 잘못하면 회사가 망할지도 모르는데 집단소송제를 도입하는 것이 반가울 리 없겠죠.

그러나 시민단체에선 "여러 사람이 당하는 집단적인 피해를 구제하는 데 안성맞춤"이라며 "이 제도가 있어야 물건을 더 잘 만들고 소비자를 보호할 것"이라고 말합니다.

사실 그 동안은 집단소송제를 도입하기 어려운 점도 있었습니다. 어떻게든 공장을 많이 지어 물건을 만들어 수출해 가난을 벗는 것이 환경과 소비자 보호보다 더 중요하다고 여겼던 시절이 있었던 것이 사실입니다.

정부도 이런 점을 인정해 도입을 미뤄 왔는데, 이젠 우리나라 기업도 덩치가 커졌고 세계적인 기업과 어깨를 겨루려면 거짓말을 해서는 곤란하고, 환경과 소비자 보호를 생각해야 할 때가 됐다는 것입니다.

정부는 우선 주식 투자와 관련한 분야에서 집단소송제를 도입할 생각입니다. 환경 오염 등 모든 피해에 대해 집단소송제를 도입하면 기업에 큰 충격을 줄 수 있으므로 단계적으로

집단소송 어떻게 이루어지나

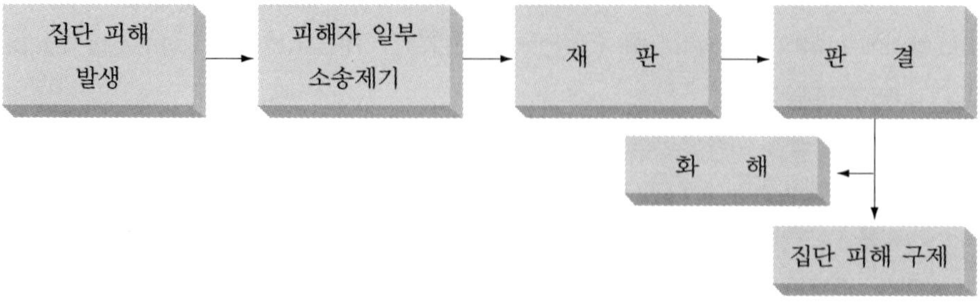

도입하자는 것입니다. 즉, 기업이 거짓말(허위공시)을 하거나, 이익이 실제보다 많은 것처럼 회계장부를 꾸미는(분식 회계) 경우가 있는데, 이것을 모르고 투자한 일반인들은 나중에 사실이 드러나면 주가가 떨어져 손해를 보게 됩니다. 이때 주주들이 집단소송을 낼 수 있도록 하자는 것입니다.

The Investment Theory

제 3 편

채권이론

제 6 장 채권가격과 수익률

주식과 더불어 투자론에서 언급되는 대표 자산 가운데 하나인 채권에 대한 기본적인 이론과 더불어 채권 가격 결정 방식, 그리고 채권 수익률과 채권 가격과의 관계에 대해 상세하게 다루고 있다.

6.1 채권의 특성 및 종류

6.1.1 채권의 특성

채권(bond)이란 채무자와 채권자 사이의 원리금 지급 의무관계를 나타내는 유가증권으로 유가증권을 발행하는 기업 또는 정부는 채무자이고, 그 유가증권을 매입하는 투자자는 채권자이다. 유가증권의 발행자는 그 유가증권을 매입하는 사람에게 일정한 투자금액에 대해 채권을 발행(매도)한다. 채권은 발행기업이 "내가 당신에게 빚을 지고 있다"라고 하는 일종의 채무증서이다. 이런 계약은 채무자가 채권자에게 정해진 날짜에 정해진 금액을 지급하도록 하는 의무를 부과한다.

전형적인 이표채권(coupon bond)은 채권의 만기까지 발행자가 채권 보유자에게 정해진 일정 시점에 이자를 지급하도록 하는 의무가 주어진다. 이렇게 지급되는 이자를 이표이자(coupon payment)라고 한다.

채권이 만기가 되면 발행자는 채권 보유자에게 채권의 액면가(par value 또는 face value)를 지급함으로써 부채를 상환한다. 채권의 이표(coupon)는 이자지급액을 정하는 기준이 된다. 연간 이자금액은 액면가에 이표이자율을 곱한 값이다. 즉, 채권의 이표이자, 만기, 그리고 액면가 등은 채권 발행자와 채권 보유자 간의 계약인 채권약정서(bond indenture)를 의미한다.

예를 들어 액면가가 1,000원이고 이표이자율 8%인 채권이 투자자에게 1,000원에 팔렸다고 하자. 예를 들어 만기가 30년일 경우, 이 채권 보유자는 채권의 만기 동안, 매년 액면가 1,000원의 8%인 80원를 지급받을 권리를 가진다. 80원의 금액은 통상적으로 한 번에 40원씩 연 2회로 나누어 지급된다. 채권의 만기인 30년말에 채권 발행자는 채권 보유자에게 액면가 1,000원도 함께 지급한다.

위의 이표(coupon)가 있는 것과는 달리, 때로는 이표이자를 전혀 지급하지 않는 무이표 채권 또는 무액면이자 채권(zero-coupon bond)이 발행되기도 한다. 이 경우 투자자는 만기에 액면가를 지급받게 되지만, 만기까지 별도의 이자지급은 없다. 이 채권의 이표이자는 0이다. 이런 채권은 액면가보다 훨씬 낮은 가격으로 발행되며, 투자자의 수익은 발행가와 만기에 지급될 액면가의 차이에서 얻어진다.

이러한 채권은 다음과 같은 특징을 가지고 있다.

❶ 채권은 채권발행자의 수익발생 여부와 관계없이 미리 정해진 이자를 지급해야 한다.
❷ 채권은 원리금의 상환기간이 발행시점에서 정해져 있는 기한부 증권이다. 채권은 만기가 중요하며, 같은 채권이라도 만기까지의 기간에 따라 수익률이 달라진다.
❸ 채권은 발행시에 이자와 상환금액이 확정되어 있는 고정금리 채권이 대부분이다.
❹ 채권은 대부분 장기증권이며 유통시장에서 쉽게 현금화할 수 있는 유동성이 높은 증권이다.

다음은 이러한 채권과 주식을 비교하여 보자. [표 6-1]에서 보는 바와 같이 채권과 주식은 자본의 성격이나 소유자의 권리 및 증권의 존속기간 등에 있

[표 6-1] 채권과 주식의 비교

	주 식	채 권
자본의 성격	자기자본	타인자본
소유자의 지위	주 주	채 권 자
소유자의 권리	• 의결권과 경영참가권을 소유 • 배 당 금 • 잔여재산분배권	• 의결권과 경영참가권 없음 • 확정이자 • 주식에 우선하는 잔여재산분배권
증권의 존속기간	만기가 없는 영구증권	만기가 있는 시한부증권
원금상환 여부	원금상환이 없는 대신에 배당을 지급	만기시 원금을 상환
위 험	상대적으로 큰 위험	상대적으로 작은 위험

어서 차이점이 많다. 그러나 최근에는 전환사채(CB), 신주인수권부사채(BW) 등 주식과 채권이 혼합된 증권과 무의결권 주식 등 사채와 유사한 주식의 발행이 증가하고 있고, 금융공학이 발달함에 따라 주식과 채권이 상호 접근하는 현상은 보다 활발해질 것이다.

6.1.2 채권의 종류

채권은 발행주체, 이자지급방법, 보증 유무 및 이자율의 변동 유무 등에 따라 다음과 같이 다양하게 분류할 수 있다.

(1) 발행주체에 따른 분류

채권은 발행주체에 따라 국채, 지방채, 특수채, 회사채로 구분할 수 있다. 흔히 국채와 지방채 및 특수채를 국공채로 분류하기도 한다.

[표 6-2] 발행주체에 따른 채권 분류

구 분	의 의	종 류
국 채 (government bond)	국가가 발행하는 채권	국민주택채권, 양곡기금채권, 국채관리기금채권, 재정증권 등
지 방 채 (municipal bond)	지방자치단체가 발행하는 채권	도시철도공채, 지역개발공채, 도로공채, 상수도공채 등
특 수 채 (specific laws bond)	특별한 법률에 의해서 설립된 기관이 발행하는 채권	한국전력공사채권, 토지개발채권, 도로공사채권, 수자원공사채권 등
금 융 채 (financial bond)	금융기관이 발행하는 채권	통화안정증권, 산업금융채권, 주택금융채권, 중소기업금융채권 등
회 사 채 (corporate bond)	주식회사가 발행하는 채권	보증사채, 담보부사채, 전환사채(CB), 신주인수권부사채(BW) 등

(2) 이자지급방법에 따른 분류

채권은 이자지급방법에 따라 이표채, 순수할인채 및 복리채로 구분한다.

[표 6-3] 이자지급방법에 따른 채권 분류

구 분	의 의	종 류
이 표 채 (coupon bond)	일정기간마다 이자가 지급되는 채권	대부분의 회사채
순수할인채 (pure discount bond)	할인발행되어 만기에는 액면금액을 지급받는 채권	통화안정증권, 산업금융채권, 재정증권 등
복 리 채 (compounding bond)	액면금액에 발행된 후 만기에 이자와 원금을 일시에 지급하는 채권	국민주택채권 지역개발채권 등

(3) 보증 유무에 따른 분류

채권을 보증 유무에 따라 보증채와 무보증채로 구분할 수 있다.

[표 6-4] 보증 유무에 따른 채권 분류

구 분	의 의	종 류
보증사채	금융기관 등 보증기관이 원리금의 지급을 보증하는 채권	정부보증채, 일반보증채
무보증사채	발행자의 신용도에 의해서 보증 없이 발행되는 채권	무보증회사채, 금융채권 등

(4) 지급이자율 변동 여부에 따른 분류

채권은 지급이자율의 변동 여부에 따라 확정금리채권과 변동금리채권으로 나눌 수 있다.

[표 6-5] 이자율 변동 여부에 따른 채권 분류

구 분	의 의	종 류
확정금리채권 (straight bond)	만기상환일까지 금리가 고정되어 있는 채권	국공채와 대부분의 회사채
변동금리채권 (floating rate bond)	이자율이 기준금리에 연동되어 지급기관마다 재조정되는 채권	산업금융채 등 일부 금융채와 일부 회사채

6.2 채권가격의 결정

채권의 이표이자 지급이나 원금상환은 모두 미래의 일정한 시점에서 이루어지기 때문에 이 현금흐름에 대해 투자자가 기꺼이 지불하고자 하는 가격은 미래 현금흐름의 현재가치에 달려 있다. 따라서 이러한 현재가치의 계산은 현재가치로 할인하기 위한 할인율인 시장이자율에 따라 달라진다. 하지만, 대부분의 채권은 무위험 채권이 아니기 때문에 할인율은 지급불능 위험, 유동성, 세금 특성, 수의상환 위험 등 그 채권의 고유한 특성을 반영하는 추가적인 프리미엄을 포함하게 된다.

논의를 단순하게 하기 위해 만기에 관계 없이 현금흐름을 할인하는 데 적절한 할인율은 하나만 존재한다고 하자. 하지만, 실제로는 각각 다른 기간에 발생하는 현금흐름마다 각기 다른 할인율이 적용되어야만 한다. 그러나 지금은 이런 세밀한 부분은 무시하기로 한다.

채권가치 평가를 위해 채권의 현금흐름을 적절한 할인율을 적용하여 할인한다. 채권의 현금흐름은 만기일까지의 이표이자와 최종 액면금액의 지급으로 구성된다.

그러므로,

채권가치 = 이표이자의 현재가치 + 액면가(원금)의 현재가치

만기를 T, 이자율을 r이라고 하면 채권가치는 다음의 식으로 쓸 수 있다.

$$\text{채권가치}=\sum_{t=1}^{T}\frac{\text{이표이자}}{(1+r)^t}+\frac{\text{액면가}}{(1+r)^T} \qquad \langle\text{식 } 6.1\rangle$$

〈식 6.1〉의 합계부호(Σ)는 각 이표이자의 현재가치를 모두 더하라는 뜻이다. 각 이표이자는 지급될 때까지의 기간에 따라 할인한다. 〈식 6.1〉의 오른쪽의 첫 번째 항은 연금의 현재가치이다. 두 번째 항은 채권 액면금액의 최종지급의 현재가치이다.

기초 재무관리 시간에 배운 바와 같이 이자율이 r일 때 T기간 동안 계속되는 1원 연금의 현재가치는 $\frac{1}{r}\left(1-\frac{1}{(1+r)^T}\right)$이다. 이것은 이자율이 r일 때 T기간연금계수(annuity factor)라고 부른다.[1)] 마찬가지로 $1/(1+r)^T$는 현가계수(PV factor), 즉 T 기간 후에 받을 1원의 현재가치라 부른다. 그러므로 채권의 가치는 다음과 같이 다시 쓸 수 있다.

$$\begin{aligned}\text{가격}&=\text{이표이자}\times\frac{1}{r}\left(1-\frac{1}{(1+r)^T}\right)+\text{액면가}\times\frac{1}{(1+r)^T}\\&=\text{이표이자}\times\text{연금계수}(r,\ T)+\text{액면가}\times\text{현가계수}(r,\ T) \qquad \langle\text{식 } 6.2\rangle\end{aligned}$$

예제 채권가격의 결정

예를 들어 다음과 같은 형태의 채권을 생각해 보자. 이표이자율이 8%, 만기는 30년, 반년마다 40원의 반기 이표이자를 60회 지급하는 액면가 1,000원의 채권이 있다고 하자. 그리고 연간 이자율이 8% 라고 가정하자. 그러면 채권의 가치는 다음과 같이 쓸 수 있다.

$$\text{가격}=\sum_{t=1}^{60}\frac{40\text{원}}{(1.04)^t}+\frac{1{,}000\text{원}}{(1.04)^{60}}$$

---

1) 연금의 현재가치 계산공식은 쉽게 도출할 수 있다. T기간 동안 지급되는 연금은 최초지급액이 당기($t=1$) 말에 지급되는 영구연금(perpetuity)에서 $(T+1)$ 기말에 최초지급액이 지급되는 영구연금을 뺀 것과 같다고 할 수 있다. 앞의 영구연금을 빼면 정확히 T기간 동안의 연금지급액과 같다. 1원을 영구히 지급할 때 그 현재가치는 1원/r임을 안다. 따라서 뒤의 영구연금의 현재가치는 $1/r$를 T기간 동안 할인한 $\frac{1}{r}\times\frac{1}{(1+r)^T}$와 같다. 연금의 현재가치는 앞의 영구연금에서 뒤의 영구연금을 뺀 $\frac{1}{r}\left(1-\frac{1}{(1+r)^T}\right)$과 같다.

=40원×연금계수(4%, 60)+1,000원×현가계수(4%, 60) 〈식 6.3〉

채권의 60회에 걸친 40원의 이표이자에 대한 현재가치가 904.94원이며, 최종 지급액인 1,000원 액면가(원금)의 현재가치는 95.06원이고, 따라서 채권의 총가치는 1,000원임을 쉽게 확인할 수 있다.

위의 예에서는 이표이자가 만기수익률과 같으며, 채권의 가치가 액면가와 같다. 만약 이자율이 채권의 이표금리와 같지 않다면 채권은 액면가와 같은 가격으로 거래되지는 않는다. 예를 들어 만약 연간 이자율이 10%로 상승하면 채권의 가격은 아래의 계산과 같이 189.29원이 떨어진 810.71원이 된다.

40원×연금계수(5%, 60)+10,000원×현가계수(5%, 60)
=757.17원+53.54원=810.71원

이자율이 높아지면 채권 보유자가 미래에 지급받을 금액의 현재가치는 낮아진다. 그러므로 이자율이 상승하면 채권가치는 하락한다. 이것은 채권 가치평가에 있어서 아주 중요한 일반원칙을 설명하는 것이다. 이자율이 상승하게 되면 채권가치는 하락하게 된다. 왜냐하면 채권이 지급하는 미래 현금흐름의

[그림 6-1] 채권가격과 수익률 간의 역관계. 금리 8%, 반기이자지급, 30년 만기의 이표채권

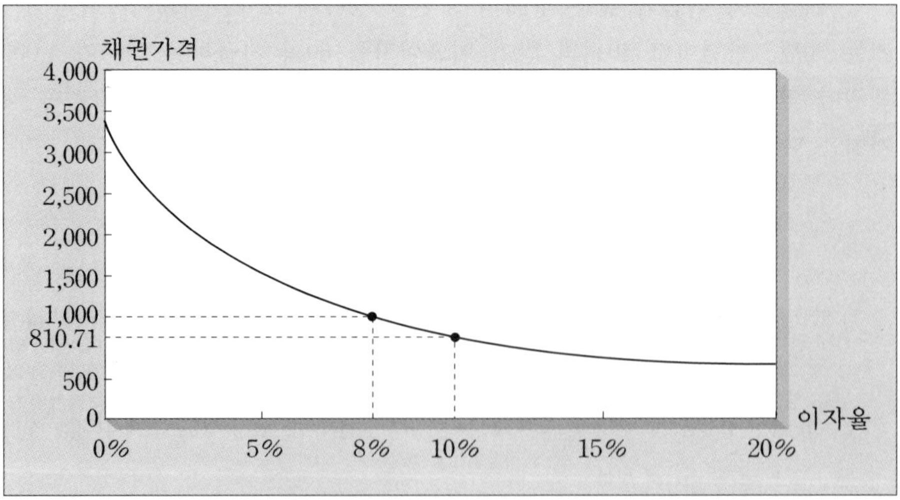

[표 6-6] 금리 수준별 채권가격(금리 8%, 반기이자 지급)

만 기	시장이자율에 따른 채권가격				
	4%	6%	8%	10%	12%
1년	1,038.83	1,029.13	1,000.00	981.41	963.33
10년	1,327.03	1,148.77	1,000.00	875.35	770.60
20년	1,547.11	1,231.15	1,000.00	828.41	699.07
30년	1,695.22	1,276.76	1,000.00	810.71	676.77

현재가치를 계산할 때 보다 높은 할인율로 계산되어지기 때문이다.

[그림 6-1]은 30년 만기, 8% 이표채권의 가격이 이자율에 따라 어떻게 변하는가를 보여 주고 있다(이자율이 8%일 때 채권의 가격은 1,000원이며, 이자율이 10%일 때는 채권이 810.71원임). 그림(또는 표 6-6)에서 곡선의 모양은 이자율상승에 의한 가격하락이 같은 크기의 이자율 하락에 의한 가격상승보다 적다는 점에 주목하라. 채권가격의 이와 같은 특성을 볼록성(convexity)이라고 하는데, 이는 채권가격곡선이 볼록한 모양을 가지기 때문이다.

이 곡률(curvature)은 이자율의 점진적인 상승은 점진적으로 작은 채권가격 하락으로 나타난다는 사실을 반영한다.[2] 그러므로 가격곡선은 높은 이자율에서 점차 평평해진다. 채권가격의 볼록성에 대해서는 제8장 채권의 투자전략 부문에서 다시 논의한다.

채권가격과 수익률 간의 반비례 관계는 확정소득증권의 핵심적인 특징이다. 이자율 변동은 확정소득증권 시장의 주된 위험을 의미한다. 제8장에서 이자율 변동에 대한 채권가격의 민감도를 평가하는 여러 가지 지표들에 대해 살펴볼 것이다. 그러나 지금으로서는 민감도를 결정하는 하나의 핵심적인 요소, 즉 채권의 만기만을 언급하기로 하자.

채권가격 위험을 평가하는 일반적인 규칙은 모든 다른 조건이 같을 때 채권만기가 길수록 채권가격의 이자율 변동에 대한 민감도는 더 커진다는 것이다.

---

2) 이자율의 영향이 점진적으로 작아지는 것은 높은 이자율에서는 채권의 가치가 낮다는 사실에서 오는 결과이다. 그러므로 낮은 채권가격에서 이자율이 추가적으로 상승하면, 채권가격 하락폭은 낮게 된다.

예를 들어 8% 이표채권이 만기와 수익률이 달라짐에 따라 가격이 어떻게 변하는가를 나타내는 [표 6-6]을 살펴보자. 이자율이 8%(채권이 액면가로 팔리는 이자율)로부터 벗어나면 채권가격의 변화는 만기가 짧을수록 더 작아진다.

이것은 일리가 있다. 만약 8% 이표채권을 액면가로 매입한 경우 시장이자율이 상승하면 투자는 손실을 입는다. 대체 투자수단이 더 높은 수익률을 제공하는 데 비해 당신의 투자금은 8% 수익률에 묶여 있기 때문이다. 이는 채권에 대한 자본손실에 반영되어 채권가격의 하락을 가져온다. 당신의 투자자금이 고정되어 있는 기간이 길수록 손실은 더욱 커지며, 이에 따라 채권가격의 하락은 더 커지는 것이다.

[표 6-6]에서 1년 만기 채권을 표시한 행은 아주 낮은 가격 민감도를 보여주고 있다. 즉 단지 1년 간의 수익이기 때문에 이자율 변화는 크게 위협적인 것이 못 된다. 그러나 30년 만기 채권의 경우 이자율 변동은 채권가격에 더 큰 충격을 주게 된다.

이것은 왜 단기국채가 가장 안전하다고 여겨지는지를 말해 주는 것이다. 이들 채권은 채무불이행 위험뿐만 아니라 이자율 변동에서 오는 가격 위험으로부터 자유롭기 때문이다.

6.3 채권수익률

채권의 수익률(current yield)은 보유 채권이 제공하는 현금수입을 채권가격에 대한 백분율로 표시한 것으로 이는 잠재적인 자본소득이나 손실은 무시한다는 것을 보았다. 하지만, 우리는 단지 채권의 현금수입뿐만 아니라 채권의 존속기간 동안 가격상승이나 하락까지도 함께 고려하는 수익률을 측정할 필요가 있는데, 여기서 필요한 채권의 수익률을 만기수익률이라 한다. 만기수익률은 채권의 존속기간 전체에 걸친 총 수익률의 표준적인 척도이다.

6.3.1 만기수익률

실제 채권 매입을 고려하고 있는 투자자에게는 약속된 수익률의 형태로 가격이 제시되지는 않는다. 그 대신 투자자는 채권가격, 만기일 그리고 이표이자 등으로부터 채권의 존속기간에 걸쳐 제공되는 수익률을 추정하여야 한다.

만기수익률(yield to maturity: YTM)은 채권 현금흐름의 현재가치를 채권가격과 같게 해 주는 이자율을 의미하며, 해당 보유 채권을 만기까지 보유한다고 가정할 경우 채권보유자가 갖게 되는 수익률을 의미한다.

이 이자율은 지금 채권을 사서 만기까지 보유할 때 얻을 수 있는 평균수익률의 척도로 간주된다. 만기수익률을 계산하기 위해서는 채권가격이 주어졌을 때 채권가격을 나타내는 식을 이자율에 대해 풀어야 한다. 예를 들어 8% 이표이자, 30년 만기의 채권이 1,276.76원에 거래된다고 하자. 이 가격으로 채권을 매입하는 투자자가 벌 수 있는 평균수익률은 얼마인가? 이 문제에 답하기 위해서는 채권의 잔여 현금흐름의 현재가치가 채권가격과 같아지는 이자율을 찾아야 한다. 그러므로 아래의 식을 풀어야 한다.

$$1{,}276.76\text{원} = \sum_{t=1}^{60} \frac{40\text{원}}{(1+r)^t} + \frac{1{,}000\text{원}}{(1+r)^{60}}$$

또는

$$1{,}276.76 = 40\text{연금계수}(r,\ 60) + 1{,}000 \times \text{현가계수}(r,\ 60)$$

위의 수식을 이용하여 r을 계산하면 $r=3\%$이며, 이것은 채권의 만기수익률로 간주된다. 그러나 이 3%의 수익률은 반기수익률이며, 통상적으로 연간수익률로 표현할 경우 6%로 나타낸다. 단순이자 방식에 의해 연간 이자율로 환산한 것을 채권등가수익률(bond equivalent yield)이라고도 한다. 그러므로 반기 수익률은 두 배로 계산하여 채권등가수익률 6%라고 신문지상에서 공표하게 된다.

그러나 채권의 연간 실효수익률(effective yield)은 복리방식으로 이자를 고려한 것이다. 만일 투자자가 매 반기마다 3%의 이자를 번다면 1년 후 투자금액 1원은 이자를 벌게 되어 1원$\times(1.03)^2=1.0609$원으로 늘어나며, 따라서 이 채권에 대한 연간 실효수익률은 6.09%가 된다.

한편, 위에서 설명한 채권의 만기수익률은 채권투자에 대한 내부수익률

(internal rate of return)이라고 한다. 만기수익률은 채권의 이표이자가 모두 만기수익률과 같은 수익률로 재투자된다는 가정 아래 채권의 만기까지의 복리 수익률로 해석될 수 있다.[3] 따라서 만기수익률은 평균 수익률의 대용치로 널리 이용되어지고 있다.

만기수익률은 채권의 이표이자를 채권가격으로 나누어서 얻어지는 현행수익률(current yield)과는 다르다. 예를 들어 이표이자 8%, 30년 만기 채권의 현재 시장가격이 1,276.76원이라면 현행수익률은 80원/1,276.76원=0.0627 또는 6.27%인데 비해 채권의 연간 실효 수익률은 6.09%이다. 액면가 이상으로 프리미엄이 붙어 거래되는(1,000원 대신 1,276.76원) 이 채권의 경우 이표이자(8%)가 현행수익률(6.27%)보다 높다.

이표이자는 이표이자를 채권가격(1,276.76원) 대신 액면가(1,000원)로 나눈 값이기 때문에 이표이자가 현행수익률보다 높다. 또한 만기수익률은 채권에 내재된 자본손실(capital loss)을 고려하기 때문에 현행수익률이 만기수익률보다 높다. 오늘 1,276.76원에 매입한 채권은 만기에는 1,000원으로 가격이 떨어진다.

투자자들은 채권의 수익률에 대해 대충 대충 느슨하게 말하는 것이 일반적이다. 이런 경우 거의 대부분의 사람들은 만기수익률에 대해 이야기하는 것이다.

6.3.2 실현 복리수익률과 만기수익률

우리가 아는 바와 같이 만약 모든 이표이자가 만기수익률과 같은 재투자율로 재투자된다면 만기수익률은 채권 존속기간에 걸친 실현된 수익률과 같다. 예를 들어 10%의 이표이자를 지급하고 만기가 2년이며, 액면가로 발행되는 채권을 생각해 보자. 그리고 이 채권의 만기수익률은 10%이다. 만약 100원의 이표이자가 10%의 수익률로 재투자된다면 [그림 6-2A]에서 보는 바와 같이 첫 해의 이표채권에 투자한 1,000원은 2년 후 1,210원으로 증가한다. 첫 해의 이표이자는 재투자되어 2년째에 110원이 되고, 2년차에는 두 번째 이표이자(100원)와 액면가(1,000원)를 합쳐 1,210원이 된다. 그러므로 투자된 금액의 복리성장률은 다음과 같이 계산된다.

---

3) 만약 재투자수익률이 채권의 만기수익률과 다르면 복리수익률은 YTM과 다르다.

$$1{,}000원(1+y_{실현})^2 = 1{,}210원$$
$$y_{실현} = 0.10 = 10\%$$

재투자율이 만기수익률 10%와 같을 때 실현된 복리수익률은 만기수익률과 같아진다.

그러나 만약 재투자율이 10%가 아니면 어떻게 될까? 만약 이표이자를 10%보다 높은 수익률로 재투자할 수 있다면 투자자금은 1,210원보다 더 많이 불어날 것이며, 실현된 복리수익률은 10%를 넘을 것이다. 만약 재투자율이 10%보다 작다면 실현된 복리수익률은 10%로 보다 작아질 것이다.

예를 들어 이표이자가 투자되는 이자율이 8%라고 하자. 아래의 계산은 [그림 6-2B]에 설명되어 있다.

이자를 받는 첫 이표이자의 미래가치	100원×1.08 = 108원
둘째 해의 현금 지급액(마지막 이표이자와 액면가)	1,100원

[그림 6-2] 투자자금의 증식

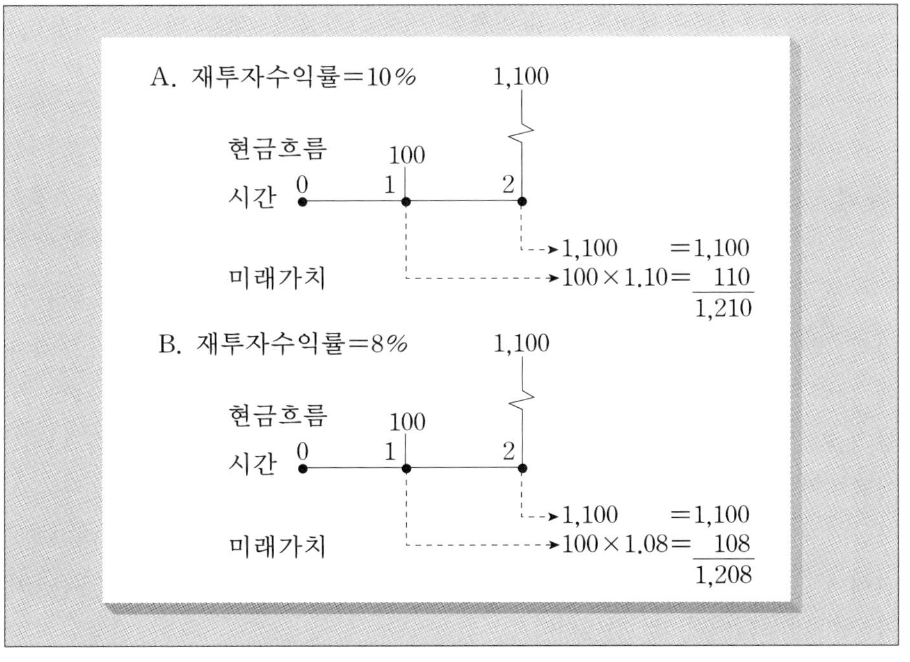

이표이자의 재투자를 포함한 투자금액의 총 가치 1,208원

실현된 복리수익률은 복리로 계산한 투자자금의 성장률을 계산함으로써 얻어진다.

투자자는 액면가 1,000원의 채권에 투자한 결과, 투자원금이 재투자되어 총 1,208원으로 투자자금이 증가하게 된다.

$$1{,}000\text{원}(1+y_{\text{실현}})^2 = 1{,}208\text{원}$$
$$y_{\text{실현}} = 0.0991 = 9.91\%$$

이 예는 재투자 수익률이 기간에 따라 변동할 때 전통적인 만기수익률이 안고 있는 문제점을 나타내는 것이다. 즉, 재투자 수익률이 기간에 따라 달라질 경우 전통적인 만기수익률은 실현된 복리수익률과 같지 않게 될 것이다. 그러나 미래 이자율이 불확실한 경제에서는 중도의 이표이자에 대한 재투자 수익률은 알려져 있지 않다. 그러므로 실현복리수익률은 투자기간이 끝나고 난 후 계산할 수 있지만, 미래 이자율에 대한 예측이 없이 미리 계산할 수는 없기 때문에 통상적으로는 실현복리 수익률과 만기수익률을 같은 의미로 사용하는 것이다.

6.4 시간변화에 따른 채권 가격

앞에서 말한 대로 이표이자가 시장이자율과 같을 경우 채권은 액면가로 거래될 것이다. 이 경우 투자자는 반복되는 이자지급의 형태로 화폐의 시간가치에 대한 공정한 대가를 받는다. 그러므로 공정한 대가를 지급받기 위한 더 이상의 자본소득은 필요하지 않다. 하지만 이표이자가 시장이자율보다 낮을 때는 이표이자만으로는 그들이 시장 다른 곳에서 얻을 수 있는 수익률 만큼을 투자자들에게 제공할 수 없을 것이다. 따라서 이러한 투자에 정당한 대가를 얻기 위해서, 즉 투자에 대한 고유한 자본소득을 제공하기 위해서는 채권은 액면가 이하로 발행되어야 할 것이다.

이 점을 보다 쉽게 설명하기 위해 다음 예를 가지고 설명하여 보자. 특정 채권의 연 이표이자는 7%이고, 만기까지는 3년이 남았고 이자율은 연 8%이다. 이 채권의 적정가격은 남아 있는 기간의 이표이자와 액면가의 현재가치가 된다. 이 현재가치는,

$$70원 \times 연금현가계수(8\%, 3년) + 1{,}000원 \times 현가계수(8\%, 3년) = 974.23원$$

으로 이는 액면가보다 작다. 다음으로 한 해가 지난 후 이표이자가 지급된 후에 채권은 다음 가격에 거래될 것이다.

$$70원 \times 연금현가계수(8\%, 2년) + 1{,}000원 \times 현가계수(8\%, 2년) = 982.17원$$

이 된다. 이로써 1년이 지난 후에는 1년 동안 7.94원의 자본소득이 생기게 된다. 투자자가 위 채권을 현재 시점에서 974.23원에 구입한다면 1년 동안의 총수익률은 이표이자에 자본소득을 더한 금액인 70원+7.94원=77.94원이 된다. 따라서 채권 수익률은 77.94원/974.23원=8%로써 이는 시장에서의 수익률과 정확하게 일치한다.

채권가격이 현재가치의 공식에 따라 정해질 때 할인 발행된 채권은 총 적정수익률을 제공하기 위하여 낮은 이표이자를 충분히 보상해 줄 자본소득을 제공한다. 반대로 이표이자가 시장이자율을 초과하는 경우에는 이자수익 그 자체만으로도 시장 다른 곳에서 얻을 수 있는 수익보다 더 크게 되므로 투자자들은 채권의 액면가 이상으로 값을 매길 것이다.

그러나 채권은 만기에 접근함에 따라 이표이자의 지급이 적게 남아 있게 되므로 가격은 떨어지게 될 것이다. 이는 결과적으로 높은 이표이자 지급을 상쇄시키게 되고 결과적으로 채권 소지자는 적정가격(fair price) 만큼만 받게 될 것이다.

[그림 6-3]은 만기에 가까워질수록 이표이자가 높은 경우와 낮은 경우 채권의 가격 추이를 나타낸다. 이표이자가 낮은 채권은 자본소득이 발생할 것이고, 높은 이자율의 이표채는 자본손실을 발생시키게 된다.

이러한 예는 각 채권들이 투자자들에게 같은 총수익을 제공한다는 것을 보

[그림 6-3] 이표채권의 가격변동

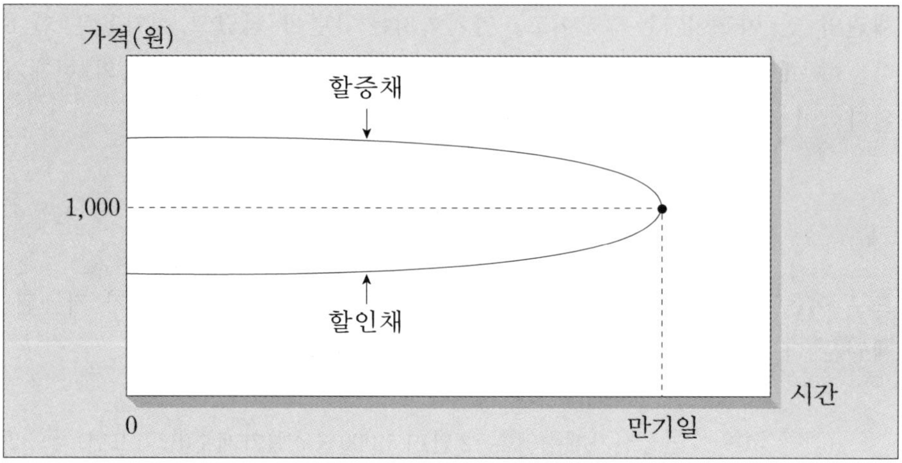

여 준다. 비록 자본소득과 이자수익은 다르다고 하더라도 자본시장이 제기능을 발휘한다면 각 채권의 가격은 경쟁력이 있는 이자율을 제공할 것이다. 또한 증권의 수익률은 세금과 위험을 고려한 후에는 서로 같은 수준이어야 한다. 그렇지 않다면 투자자들은 낮은 수익률의 증권을 매각하려 할 것이고 다른 증권들과 경쟁이 가능할 만큼 충분한 수익률을 낼 때까지 가격은 하락할 것이다. 그러므로 모든 증권의 가격이 공정하게 매겨져서 기대수익률이 적정(필요한 위험조정과 세금 조정 후)해질 때까지 가격은 계속 조정될 것이다.

6.4.1 만기수익률과 보유기간수익률

위의 예에서 우리는 보유기간수익률과 만기수익률이 같은 경우를 고려하였다. 예에서는 채권수익률은 연초에도 8%이고 연말에도 8%였다. 그리고 보유기간 수익률 또한 8%였다. 즉, 만기수익률이 보유 기간 동안 변화하지 않는다면 채권수익률은 보유기간 수익률과 같을 것이다.

그러나 이자율이 변화할 때는 채권수익률도 변동할 것이다. 즉, 시장이자율의 변동은 채권수익률의 변동을 가져올 것이다. 그렇게 되면 채권의 보유기간 수익률은 초기의 이자율보다 높을 수도 있고 낮을 수도 있다.

채권수익률의 증가는 가격을 낮추게 되고 이는 보유기간수익률이 초기의 수익률보다는 낮아지게 됨을 의미한다. 반대로 채권 수익률의 감소는 보유기간 수익률이 처음의 수익률보다 커지도록 하는 결과를 가져올 것이다.

이를 보다 쉽게 설명하기 위해 예를 들면, 만약 30년 만기 채권이 연 80원의 이표이자를 지급하고 액면가 1,000원에 거래되고 있다고 하자. 초기의 채권 만기수익률은 8%이다. 이자율이 8%에 머물러 있다면 보유기간수익률도 8%일 것이다. 그러나 이자율이 8% 이하로 떨어진다면 채권 가격은 상승할 것이다. 만약 가격이 1,050원로 상승한다고 가정하면 보유기간수익률은 8%보다 커지게 될 것이다.

$$\text{보유기간수익률} = \frac{80\text{원} + (1{,}050\text{원} - 1{,}000\text{원})}{1{,}000\text{원}} = 0.13 \text{ 또는 } 13\%$$

다음으로, 만기수익률과 보유기간수익률의 차이에 관하여 다른 관점에서 살펴보기로 하자. 일반적으로 만기수익률은 채권의 이표이자, 채권의 현재가격 그리고 액면가에 따라 달라진다. 이 모든 값들은 현재 관측 가능하므로, 만기수익률은 쉽게 계산할 수 있다. 하지만 이와 반대로 보유기간수익률은 특정 투자기간의 수익률이며, 이는 보유기간 말의 채권시장 가격에 따라 달라진다. 따라서 이 가격은 지금은 알 수 없는 가격이다.

6.4.2 무이표채권

할인발행채권(original issue discount bond)은 액면가에 발행되는 이표채권(coupon bond)에 비해 일반적으로 많이 발행되지는 않는다. 즉, 할인발행채권은 의도적으로 이표이자를 낮게 하여 액면가에서 할인된 가격에 거래되는 채권을 말하며, 그 극단적인 예가 무이표 채권(zero-coupon bond 또는 zero 채권)으로, 이표이자가 없고 따라서 자본소득만이 해당 채권의 모든 수익률을 제공한다. 그러므로 무이표채권은 만기에 한 번의 현금흐름을 채권 소유자들에게 제공하게 된다.

이러한 무이표채권의 대표적인 채권이 미국 재무성 증권인 T-bill이다. 미국 재무성은 채권 만기일에 10,000달러를 상환하는 조건으로 10,000달러 미만의 가격으로 채권을 발행한다. 따라서 이 채권에 투자하는 투자자의 모든 투자

[그림 6-4] 만기수익률 10%의 30년 만기 무이표채권의 시간별 가격변화. 가격은 $1,000/(1.10)^T$이며 T는 만기까지의 기간임

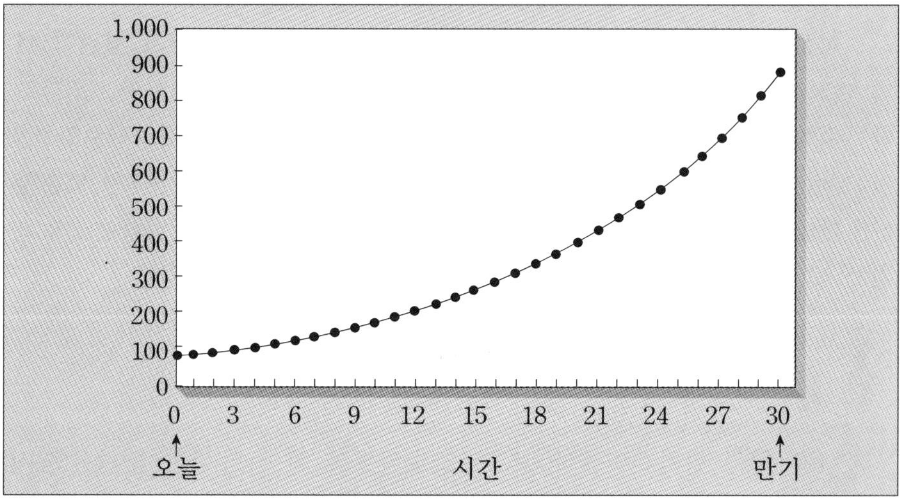

수익은 시간의 경과에 따른 채권가격의 상승 형태로 생긴다.

그러면 이러한 무이표 순수할인채권의 경우 시간이 지남에 따라 가격은 어떻게 되는가? 무이표채권의 경우, 채권만기에는 무이표채권은 액면가에 팔릴 것이다. 그러나 만기 이전에는 이 채권들은 화폐의 시간가치 때문에 할인되어 거래될 것이다. 따라서 시간이 지남에 따라 가격은 액면가에 접근한다. 만약 이자율이 일정하다면 무이표채권의 가격은 이자율과 정확히 같은 속도로 증가할 것이다.

이러한 특징을 보기 위해 만기까지 30년이 남아 있는 무이표채권을 고려하자. 만약 시장이자율이 연 10%라고 가정하면, 채권의 현재가격은 1,000원$/(1.10)^{30}=57.31$원일 것이다. 그리고 다음해에는 만기까지 29년이 남았고 수익률이 여전히 10%라고 가정한다면, 가격은 전기에 비하여 10% 오른 1,000원$/(1.10)^{29}=63.04$원이 된다. 이는 채권의 액면가가 일 년 적게 할인되어지기 때문에 채권의 가격은 1년간 할인계수 만큼 증가한다.

[그림 6-4]는 시장이자율이 연 10%인 경우 30년 무이표채권의 만기까지의 가격추세를 보여 주는 것이다. 위 그림에서 보면, 채권의 가격은 선형이 아니라 지수함수형태로 증가한다.

6.5 채무불이행 위험과 채권가격 결정

채권은 일반적으로 확정 소득흐름을 보장하지만 투자자들이 발행자가 채무불이행을 하지 않을 것이라는 확신을 갖지 못하면 소득흐름에 위험이 전혀 없지는 않다. 일반적으로 정부나 공공기관에서 발행하는 채권의 경우는 발행자의 파산 위험이 없다고 여겨지는 반면에 일반 회사채는 그렇지 않다.

만약 채권 발행자인 회사가 파산한다면 채권 보유자들은 그들이 약속받은 금액 전액을 받지는 못할 것이다. 그러므로 채권의 실제 지급 금액은 회사의 재무상황에 따라 다르기 때문에 불확실하다.

일반적으로 신용 위험(credit risk)라고 불리는 채권불이행 위험은 Moody's 사, S&P사, Duff&Phelps 및 Fitch사 등 신용 평가기관에서 평가하며, 국내의 경우 한국신용정보, 한국신용평가, 한국기업평가 등 3개사에서 기업 신용평가를 수행하고 있다. 이들은 큰 회사의 회사채와 지방채(municipal bond)의 신용등급뿐만 아니라 회사에 대한 재무정보를 제공한다. 각 신용평가회사는 회사채와 지방채 발행의 안전도에 대한 평가를 반영하기 위하여 등급을 매긴다.

최고등급은 AAA이거나 Aaa이며, Moody's사의 경우, 각 평가등급을 1, 2 또는 3의 숫자를 붙여 각 등급을 세분한다(예 Aaa1, Aaa2, Aaa3). 다른 신용 평가기관은 + 또는 −를 붙인다.

BBB나 그 이상(S & P, Duff & Phelps, Fitch) 또는 Baa와 그 이상(Moody' s)은 투자적격채권(investment-grade bond)으로 평가되고, 반면에 그보다 낮은 등급의 채권들은 투기등급(speculative grade)이나 정크본드(junk bond)로 분류된다.

6.5.1 정크본드

정크본드(junk bond) 또는 고수익 채권(high yield bond)은 수익률이 매우 높지만, 발행기관의 신용도가 너무 낮아 투자위험성이 매우 높은 채권을 말하며 일명 투기등급 채권이라 한다. 과거 1977년 전에 거의 대부분의 정크본드는 "추락한 천사(fallen angels)"로 불려진 말이며, 이들 채권들은 과거에는 투자등급을 받은 회사였지만, 그 이후에 발행회사의 실적부진, 경영악화 등으로 등급이 하락한 것이다.

그러나 1977년부터는 회사들이 "원본 정크본드(original-issue junk bond)"를 발행하기 시작했다. 이러한 정크본드의 발행은 은행 대출보다 낮은 비용의 자금조달 대안이었다. 채권등급에서 무디스사(Moody' s)의 등급이 ba1 이하이거나 스탠더드 & 푸어스사(standard & poor' s)의 등급이 bb 이하인 채권을 말한다.

이러한 고수익 채권은 1980년대에 LBO(leveraged buy-out)나 적대적 기업 인수 시도에 이용되면서 엄청난 악명을 얻었다. 정크본드 시장은 이러한 악명으로 인하여 일시적으로 침체기를 걷다가, 1980년대 이후 비약적으로 다시 성장하였다.

6.5.2 채권 안정성의 결정요인

채권 평가기관들은 신용등급을 발행자의 재무비율과 추세분석에 기초한다. 안전성을 평가하는 주된 비율들은 다음과 같다.

(1) 커버리지 비율(coverage ratio)

기업 이익(earnings)을 고정비로 나눈 비율. 예를 들면 이자보상비율(times-interest-earned ratio)은 이자와 세금지급 이전 기업이익을 이자비용으로 나눈 것이다. 고정금융비용 보상률(fixed-charge coverage ratio)은 감채기금 지급액과 리스 지급료를 이자비용에 더하여 모든 고정현금채무에 대한 이익의 비율을 구하는 것이다. 커버리지 비율이 낮거나 하락하는 것은 현금흐름이 어려워질 가능성이 있음을 의미한다.

(2) 레버리지 비율(leverage ratio)-부채비율(debt-to-equity)

지나치게 높은 레버리지 비율은 지나치게 부채가 많음을 의미하고 회사가 채권의 이자비용 만큼을 충분히 벌어들일 수 없을 것이라는 가능성을 보여준다.

(3) 유동성 비율(liquidity ratio)

일반적으로 흔히 쓰이는 유동성 비율은 유동비율(current ratio, 유동자산/유동부채)과 당좌비율(quick ratio, 재고자산을 제외한 유동자산/유동부채)이다. 이러한 비율들은 회사의 지급능력을 측정한다.

(4) 수익성비율(profitability ratio)

자산과 자기자본에 대한 수익률(rate of return)의 측정치이다. 수익성 비율은 회사의 전반적인 재무건전성 지표이다. 자산수익률(이자와 세금지급 이전 이익을 총자산으로 나눈 값)은 이러한 측정치들 중에 가장 많이 쓰이는 지표이다. 높은 총자산 수익률을 가진 기업은 증권시장에서 보다 많은 자금을 조달할 수가 있다. 왜냐하면 이는 회사의 투자에 대한 더 좋은 수익률을 얻을 것이라는 좋은 전망을 주기 때문이다.

(5) 현금흐름 대 부채비율(cash flow-to debt ratio)

총 현금흐름을 총부채로 나눈 값이다.

이상과 같은 재무제표 지표들이 기업의 신용등급 결정에 중요한 변수들로 작용하고 있다.

6.5.3 만기수익률과 채무불이행 위험

회사채는 발행기업의 지급불능 또는 채무불이행 위험(default risk)에 많은 영향을 받기 때문에 채권의 명시된 만기보유수익률과 기대수익률을 구분해야 한다. 명시된 수익률은 기업이 채권발행 의무를 다했을 때만 실현된다. 그러므로 명시된 수익률은 채권의 최대가능 만기수익률이라고 할 수 있다. 하지만 기대 만기수익률은 파산 가능성, 즉 채무불이행 위험까지 포함하여야만 한다.

예를 들어 2003년 4월에 (주) 진로가 법정관리가 진행중이고, 2006년 만기인 채권은 액면가의 23% 할인된 금액에 발행되어 만기수익률은 60%를 초과하였다. 하지만 이 채권의 실제 투자자들은 실제 이 채권에서 60% 이상의 수익률을 기대하지는 않는다. 왜냐하면 채권 보유자들은 발행된 채권에 약속된 금액을 전부는 받지 못할 것으로 생각하고, 기대현금흐름에 기초한 수익률이 명시된 현금흐름에 기초한 수익률보다 낮을 것으로 판단할 것이기 때문이다.

	기대만기수익률	명목만기수익률
이자지급	45	45
이자지급회수	20회	20회
마지막지급금액	700	1,000
채권가격	750	750

만기기대수익률과 명목상 만기수익률 간의 차이를 보여주기 위해서 20년 전에 9%의 이표채를 발행한 기업이 있다고 가정하자. 현재 채권만기는 10년 남아 있지만 기업은 재무적 어려움을 겪고 있다. 투자자들은, 기업이 이자지급 능력은 남아 있지만 만기 때 파산하게 되면서 채권보유자들은 만기 시점에 액면가의 70%만 회수 가능할 것으로 생각한다. 그리고 현재 이 채권가격은 750원이라고 할 때, 만기수익률은 위의 표를 이용하여 계산할 수 있다.

위 표를 이용하여 약속된 지급액에 기초한 만기수익률은 13.7%이다. 그러나 투자자들은 만기시 700원을 지급하는 기대지급액에 기초해서 계산할 경우 만기수익률은 11.6%밖에 되지 않는다. 즉, 명시된 만기수익률은 투자자들이 실제 받을 것으로 기대하는 수익률보다 더 크다는 것이다.

이처럼 채무불이행 위험(default risk)이 존재하는 회사채권의 경우 이를 보상해 주기 위해 해당 회사채에 반드시 채무불이행 프리미엄(default premium)이 부가된다. 이러한 프리미엄은 채권의 약정수익률과는 다른 채무불이행 위험이 거의 없는 국공채 수익률 간의 차이로 나타난다. 만약 기업이 만기시까지 지급여력을 유지한다면 투자자들은 국공채에 투자했을 때에 비해서 더 높은 수익을 얻을 수 있게 된다.

그러나 기업이 지급불능상태에 빠질 경우 회사채는 국공채보다 낮은 수준의 수익을 투자자에게 제공하게 된다. 따라서 회사채는 무위험 국공채보다 높거나 낮은 수익을 올릴 수 있는 가능성을 가지고 있다. 다르게 표현하면 상대적으로 위험이 높은 투자대상이라고 말할 수 있다.

위험 채권에 부가되는 채무불이행 프리미엄의 형태를 이자율의 위험 구조(risk structure of interest rate)라 한다. 채무불이행 위험이 커지면 커질수록 채무불이행 프리미엄은 점점 더 증가하게 된다.

■용어정리

채권(bond): 국가, 공공단체, 회사 등이 널리 일반대중으로부터 일시에 대량의 자금을 조달하고, 그 반대급부로 조달원금의 상환과 이자지급 등의 조건을 명확히 표시하여 발행하는 일종의 차용증서이다.

이표이자(coupon payment): 채권의 원금지급 이외에 정기적으로 이자를 따로 지급하는 것을 말한다.

볼록성(convexity): 이자율 상승에 의한 가격하락이 같은 크기의 이자율 하락에 의한 가격상승보다 적다는 원리이다.

채권의 수익률(current yield): 보유 채권이 제공하는 현금수입을 채권가격에 대한 백분율로 표시한 것을 말한다.

만기수익률(yield to maturity: YTM): 최종수익률이라고도 하며 채권을 만기까지 보유할 경우 받게 되는 모든 수익이 투자원금에 대하여 1년 대비 어느 정도의 수익을 가져오는가를 나타내는 예상수익률을 말한다.

보유기간수익률: 채권의 매입일로부터 매각일까지의 보유기간에 대응한 1년 대비 수익률을 의미한다.

무이표 채권(zero-coupon bond): 쿠폰금리 없이 발행가격을 이자율에 의거, 할인해 발행하는 할인식 채권이다. 발행자는 만기까지 이자지급이 없어 부담이 적으며, 투자자는 이자소득(interest gain) 대신 자본이득(capital gain)을 얻게 된다. 무이표 채권의 기간은 일반적으로 보통채권보다 장기이며 발행비용은 저렴한 편이다

신용 위험(credit risk): 채무불이행의 발생은 확실하지 않더라도 채권발행기업의 신용도(credit quality)가 하락할 위험을 말한다.

정크본드(junk bond): 미국에서 처음 도입된 개념으로 넓은 의미로는 미국 통화당국의 자산운용준칙에 의해 연방은행 및 주법 은행이 보유할 수 없는 투자비적격사채를 말하나 협의로는 발행자의 채무불이행 위험이 높은 고위험, 고수익채권을 말한다

채무불이행 위험(default risk): 채권의 원금과 이자가 약속대로 상환될 수 없는 위험을 말한다.

■연습문제■

1. 한양기업(주)은 만기가 3년이고, 액면 100,000원, 그리고 액면금리가 12%인 회사

채를 발행할 예정이다. 이자는 연 4회 분기별로 지급하고, 현재의 시장 이자율이 12%이라고 할 때 다음 물음에 답하시오.

(1) 이 회사채의 발행가격은 얼마인가?

(2) 위 한양기업(주) 회사채를 발행가격 100,000원에 매입한 어느 투자자가 1년이 지난 후 처분하려고 한다. 이자율은 과거 1년 전보다 훨씬 내려 10%라고 하면, 이 회사채의 내재가치(이론가격)은 얼마인가?

2. 한양기업(주)의 회사채는 발행된 지 1년이 지난 후 현재 유통시장에서 1권면당 액면 100,000원짜리가 102,000원에 매매되고 있다. 액면 금리 12%, 분기마다 이자 지급, 그리고 만기가 2년 후에 도래할 때 이 회사채의 만기수익률을 구하시오.

3. 만기가 15년 남아 있고, 액면금리가 14% 분기마다 이자지급 채권의 액면가가 10,000원이다. 시중금리가 21%인 경우 채권의 가격을 구하시오.

4. 채권투자자 갑은 투자기간은 1년이고, 다음 3가지의 유형의 채권을 고려하고 있다. 3가지 채권 모두 채무불이행 위험이 동일하고, 만기가 10년 남아 있다. 첫 번째 채권은 만기에 10,000원을 지급해 주는 무이표채이다. 두 번째 채권은 발행금리가 8%이고, 1년에 한번 이자를 지급한다. 세 번째 채권은 발행금리가 10%이고 1년에 한번 이자를 지급한다.

(1) 현재의 시중금리가 8%이라면 각 채권의 가격을 구하시오.

(2) 1년 후에도 금리 수준이 8%로 유지된다면 각 채권의 가격은 어떻게 변하겠는가? 1년 후에 매각한다면 1년간의 납세 전 투자수익률을 구하시오. 채권 투자자 갑의 소득세율이 30%인 경우 납세 후 투자수익률을 구하시오.

5. 액면금리가 12%인 3년 만기 회사채가 있다. 현재 만기수익률 10%가 내년에도 계속 유지된다면, 내년 가격은 지금 가격보다 높은가 아니면 낮은가?

■알기 쉬운 경제 상식

Common sense case 6. 물가 상승

물가는 나라가 경제를 끌고 가는 데 있어 으뜸을 이루는 부분입니다. 일반서민이 가정

살림을 꾸리는 부분에 있어서는 물론 여러분의 호주머니 용돈까지 바로 영향을 주기 때문입니다.

우리나라가 경제 개발 정책을 가속화하던 시절(흔히 '개발연대'라고 합니다) 물가를 통제하기란 여간 힘든 게 아니었습니다. 한 해 20~ 30%의 물가 상승률을 기록하는 것이 예사였으니까요. 나라가 정말 안 되겠다고 생각했는지 1980대 들어 방향을 틀기 시작했습니다. 물가를 잡는 데 역점을 두기 시작한 것이지요. 매일 성장만 얘기하며 물가 오름세를 정당히 내버려 뒀다가 새로 안정이라는 기치를 올리면서 물가 관리에 나선 것입니다.

세계사적으로 볼 때 인플레이션 개념이 본격적으로 등장한 것은 16세기 유럽에서였습니다. 콜럼버스의 신대륙 발견 이후 금광, 은광이 발견되고 그 생산이 크게 늘어나면서 물가 상승이 지속됐습니다. 가장 유명한 예는 제1차 세계대전 이후의 독일의 경우입니다. 1923년 무렵 독일의 물가는 하늘 높은 줄 모르고 뛰어 올라 한 때는 1조 마르크가 1마르크 신세로 추락하기도 했습니다. 실제로 저축을 했던 형보다 맥주를 사 마시고 병과 뚜껑을 모았던 동생이 부자가 됐다는 일화가 결코 과장이 아니라는 말입니다.

인플레이션은 물가(물건 값)가 오른다는 의미입니다. 달리 말하면 화폐가치(돈 값)가 떨어져 결국 화폐(돈)보다는 재화(물건)를 가지고 있는 사람이 유리하게 됩니다. 극단적으로는 아예 예금을 하기보다 소비하는 편이 나을 수도 있습니다.

실제 이렇게 된다면 문제는 심각해집니다. 우선 우리가 저축을 줄이면 은행에 돈이 모자랍니다. 이 경우 기업이 투자를 위해 은행에서 돈을 빌리려 해도 얻지 못할 경우가 많아집니다. 따라서 기업으로는 결국 투자를 포기해야 합니다. 이렇게 되면 나라 경제도 비상일 수밖에 없습니다. 돈이 부족한 상태를 오래 지속하면 심각한 일이 벌어질 수도 있기 때문에 외국에서 돈을 들여오는 방도를 찾아야 합니다.

하지만, 정작 문제는 잘 사는 사람이 혜택을 본다는 점입니다. 가만히 있어도 돈 값이 떨어지니 상대적 계산만으로도 부동산 값은 오르는 것 아닙니까. 물건 또는 땅 · 건물을 가진 사람의 재산은 눈덩이처럼 불어납니다. 반대로 소시민들의 경제는 더욱 어려워집니다. 우선은 같은 수입으로 구입할 수 있는 물건이 적어집니다. 특히 새로 부동산을 갖는 것은 엄두 조차 못 내게 되고 결과적으로 내집을 마련하겠다는 목표는 멀어지기만 합니다. 아무리 절약해 돈을 모아도 집을 살 즈음 그 값은 더 올라버리니 그럴 수밖 없습니다.

사실 약간의 물가 상승은 경제에 도움이 됩니다. 물건(상품)과 부동산(공장)을 갖고 있는 기업에 유리하니 겉보기에는 나라 경제가 잘 돌아간다는 거죠. 하지만 그건 절대 경계해야 할 일이에요. 결과적으로 가진 자를 위해 덜 가진 자를 위협하는 셈이 되기 때문입니다.

그렇다면, 물건 값(물가)은 어떻게 정해지는지 아시죠. '사자' 수요와 '팔자'는 공급이 만나는 점에서 가격이 결정됩니다. 만일 수요가 갑자기 늘면 어떻게 될까요. 당연히 값이 오릅니다. 또 공급이 줄면 역시 값이 오르기 마련입니다.

인건비나 물건의 재료비가 올라도 사정은 같습니다. 생산자는 그 비용을 소비자에게 떠넘겨 경영 악화를 막으려는 속성을 가지고 있습니다. 흔히 국제 기름값이 폭등하고 원자재 가격마저 불안해질 경우 생겨나는 현상입니다.

여기에서 우리는 두 가지를 말할 수 있겠네요. 하나는 수요가 물가 상승을 끌어간다 해서 수요 견인(demand－pull) 인플레이션, 다른 하나는 비용이 뒤에서 물가를 부추긴다 해서 비용 인상(cost－push) 인플레이션입니다. 추가적으로, 시중에 돈이 얼마나 많은가 하는 점입니다. 경제학에서는 이를 통화 요인에 의한 인플레이션이라고 합니다. 가령 시중에 돈이 많이 풀리면 자연 돈값은 떨어집니다. 이는 바로 물건값이 비싸진다는 의미와 같습니다. 그래서 물가 상승이 불가피하게 됩니다.

이러한 물가는 하나만이 의미하는 것은 아닙니다. 흔히 물가 하면 소비자물가를 의미합니다. 생활과 가장 밀접하기 때문이죠. 예컨대 물가 상승률이 30%라 할 때도 바로 이것을 의미합니다. 소비자물가지수는 재정경제부가 매달 발표합니다. 기준 시점인 1995년 가계(집)에서 구입한 각종 물건과 서비스 등 509개 품목의 값을 100으로 하고, 달라진 가격을 계산해 내는 것이죠. 따라서 생활 수준의 향상이나 식구 수의 변동, 자녀의 성장에 따른 소비자와 지출 규모의 변화는 포함되지 않습니다. 다른 하나는 생산물가입니다. 그것은 기업 간의 대량 거래에서 형성되는 모든 상품의 가격변동을 측정한 것입니다. 한국은행이 서울을 비롯한 16개 주요 도시, 896개 품목을 대상으로 작성해 발표하고 있습니다.

제 7 장 이자율의 기간구조와 수익률 곡선

장기채권과 단기채권의 이자율이 왜 다른지를 규명하는 것이 이자율의 기간구조(term structure)로서 이러한 이자율 기간구조는 이자율 예측에 중요한 수단이므로 적극적인 채권투자가에게는 필수적인 정보가 된다. 그리고, 현물이자율, 선도이자율 그리고 만기수익률의 관계를 기술하고, 이자율 기간구조이론(term structure of interest rate)은 수익률이 만기에 따라 결정되는 원리를 설명하는 것으로, 구체적으로 특정한 수익률곡선이 도출되는 원리를 설명한다.

7.1 이자율의 기간구조와 수익률 곡선

일반적으로 장기채권은 단기채권보다 이자율이 높다는 것은 상식적으로 알려져 있는 사실이다. 이에 대해 보다 구체적인 논리를 살펴보면 다음과 같다. 즉, 장기채권이 단기채권보다 이자율(혹은 수익률)이 높은 이유는 ① 만기가 길면 길수록 이자율 변화에 따른 위험이 크기 때문이고, ② 돈을 빌려 주는 입장에서 볼 때 장기채권은 그만큼 오랜 기간 동안 유동성을 포기해야 하기 때문이다. 그렇다고 반드시 장기채권이 단기채권보다 이자율이 높은 것은 아니다.

미국의 경우 실제로 그 반대의 경우도 상당히 많기 때문이다. 결국 이자율 차이는 투자자의 기대심리와 경기인식에 달려 있다.

이와 같이 장기채권과 단기채권의 이자율이 왜 다른지를 규명하는 것이 이자율의 기간구조(term structure)이다. 한편 같은 만기의 회사채라 하더라도 왜 수익률 차이를 보이는지를 규명하는 것이 이자율의 위험구조(risk structure)이다.

이자율 기간구조는 이자율 예측에 중요한 수단이므로 적극적인 채권투자가에게는 필수적인 정보가 된다. 특히 미국과 같이 국채나 회사채 모두 30년 정도의 만기를 가진 채권이 많은 경우 이자율 예측에 의한 투자는 기본이며, 또한 기간구조 예측을 위한 자료도 많고 기법도 다양하다.

이자율의 기간구조는 만기와 이자율의 관계를 규명한다. 이러한 관계를 표시한 것을 수익률곡선(yield curve)이라 하는데,[1] 즉 수익률곡선이란 만기에 따른 이자율의 움직임을 나타낸 그래프이다. [그림 7-1]은 수익률곡선의 대표적인 세 가지 형태이다.

우상향 수익률곡선(a)에서는 장기이자율은 단기이자율보다 높다. 따라서 장기투자보다는 단기투자가 바람직하다. 우하향 수익률곡선(b)에서는 단기이자율이 장기이자율보다 높다. 투자자 입장에서는 장기투자가 바람직하다. 평행 수익률곡선(c)에서는 장기이자율과 단기이자율이 거의 같다.

---

1) 무이표채권(zero coupon bond)에서 이자율과 만기와의 관계를 나타낸 곡선을 특히 순수수익률곡선(pure yield to maturity)이라 한다.

[그림 7-1] 수익률 곡선

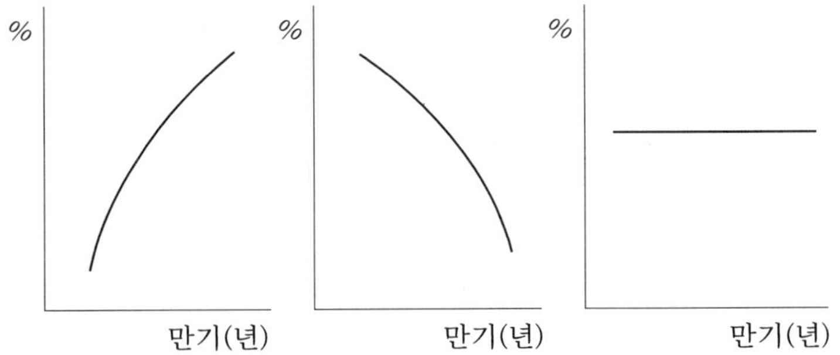

(a) 우상향 수익률곡선 (b) 우하향 수익률곡선 (c) 수평행 수익률곡선

한 가지 주의할 점은 곡선의 명칭은 수익률(yield)로 표시하다가 설명은 이자율(interest rate)로 하는 점이다. 이는 수익률과 이자율을 동일하게 보는 것으로서, 채권시장이 균형상태에 도달하면 일물일가의 법칙이 성립하여 모든 채권수익률이 오직 하나의 당시 이자율로 귀결된다는 데 기인한다.

위와 같은 수익률 곡선은 어떻게 그릴까? 다시 말해서 만기에 따라서 수익률은 어떻게 구하여질까? 이에 대해서는 다음에 차례차례 설명되어질 것이다.

7.2 채권의 가격결정과 이자율 기간구조

7.2.1 채권의 가격결정

주어진 한 기간의 이자율을 그 기간의 기간이자율(short interest rate)이라고 부른다. 채권시장의 모든 시장 참여자들이 향후 4년 동안 기간이자율은 [표 7-1]에 나와 있는 결과를 보일 것이라고 확신한다고 하자.

물론, 시장참여자들이 이와 같은 일련의 기간이자율 추이를 볼 수는 없다. 투자자들은 다만 다양한 만기의 채권가격과 수익률을 알 수 있을 뿐이다. 그럼에도 불구하고 [표 7-1]의 기간이자율의 추이는 서로 다른 채권의 가격을 평가

[표 7-1] 만기별 채권의 연간이자율

연 도	이 자 율
0(현재)	8%
1	10
2	11
3	11

할 때 투자자들이 염두에 두고 있는 이자율의 시리즈로 생각할 수 있다.

이러한 이자율 결과가 주어지면 다양한 만기의 채권에 대해서 어떤 가격이 관찰될까? 계산을 간단히 하기 위해, 지금은 무이표채권(zero coupon bond)만을 이용하자. 1년 후 1,000원을 지급하는 채권은 오늘 1,000원/1.08=925.93원에 거래될 것이다. 마찬가지로 2년 만기 채권이 오늘 거래되는 가격은 다음과 같을 것이다.

$$P=\frac{1,000}{(1.08)(1.10)}=841.75 \qquad \langle 식\ 7.1\rangle$$

이 값은 미래 현금흐름 1,000원의 현재가치인데, 이는 2년 후 1,000원을 지급하기 위해서 지금 841.75원를 따로 준비해 두어야 한다는 의미이기도 하다. 이 841.75원은 1년 후 841.75원(1.08)=909.09원으로, 둘째 해에는 909.09원(1.10)=1,000원의 금액이 된다.

n기 후에 받게 되는 1원의 현재가치는 일반적으로 다음과 같이 쓸 수 있다.

$$n\text{기후 1원의 현재가치}=\frac{1}{(1+r_1)(1+r_2)\cdots(1+r_n)}$$

단, r_i는 i기에 적용되는 연 이자율이다. 이 방법을 반복하면 [표 7-2]의 두번째 열에 나타나는 바와 같이 3년 만기, 4년 만기 채권의 가격을 찾아낼 수 있다.

역으로 채권가격을 이용하여 각 채권에 대한 만기수익률을 계산할 수도 있다. 수익률은 채권가격과 채권 지급금의 현재가치를 일치시키는 유일한 이자율이다. 비록 이자율은 시간의 흐름에 따라 변화하지만, 산출된 만기수익률은 모든 채권의 지급금을 할인할 때 적용되는 유일한 '평균'이자율이다. 예를 들어 2년 만기 무이표채권의 수익률을 y_2라고 하면, 이 y_2는 다음 식을 만족한다.

$$841.75 = 1{,}000/(1+y_2) \quad \text{〈식 7.2〉}$$

위의 식을 풀면 $y_2 = 0.08995$이다. 위의 과정을 다른 채권에 반복 적용하면 [표 7-2]에 세 번째 열에 나와 있는 만기 수익률의 결과를 얻을 수 있게 된다. 예를 들어 아래 식을 풀면 3년 만기 무이표채권의 수익률 y_3을 알 수 있다. $758.33 = 1{,}000/(1+y_3)^3$

이제 네 가지 만기의 채권에 대해서 만기까지 기간의 함수로서의 만기수익률의 그래프를 그릴 수 있다. [그림 7-2]에 나타난 그래프를 **수익률곡선**(yield curve)이라고 한다.

[그림 7-2]에서는 수익률곡선이 완만하게 상승하고 있지만, 실제로는 다양한 모양의 곡선이 나타날 수 있다.

무이표채권의 만기수익률(yield to maturity)은 때로 일반적으로 **현물이자율**(spot rate)이라고 부르는데, 이것은 무이표채권의 만기에 해당하는 기간에 대하여 적용되는 현재의 이자율이다. [표 7-2]의 세 번째 열의 수익률이 바로 네 가지 만기에 대한 현물이자율을 나타낸다. 하지만 현물이자율 또는 수익률이 매년의 연간 이자율과 같지 않다는 사실에 주목하자.

각 미래 연도에 대한 기간이자율과 다른 만기일에 대한 현물이자율이 다르

[표 7-2] 액면이자 채권의 가격과 수익률

만 기	채권가격	만기수익률
1	₩925.93	8.000%
2	₩841.75	8.995%
3	₩758.33	9.660%
4	₩683.18	9.993%

[그림 7-2] 수익률 곡선

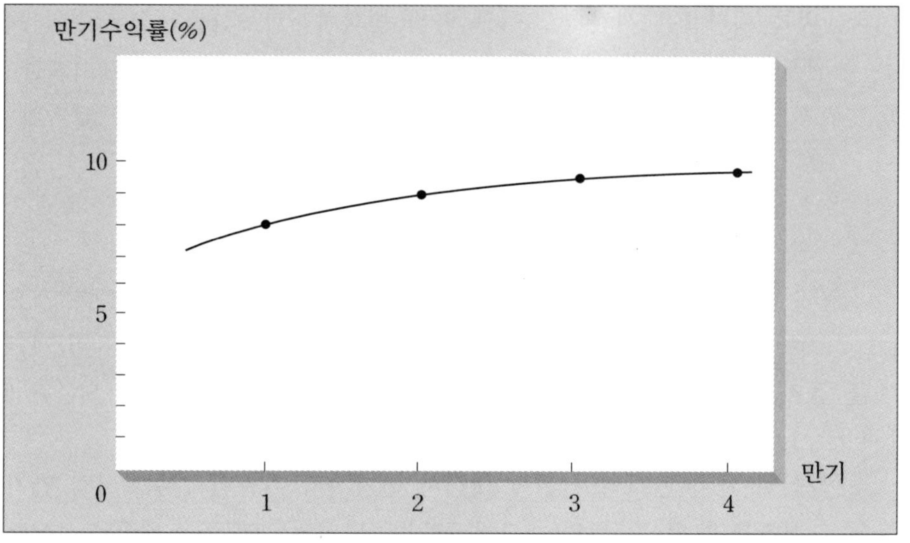

다는 점을 강조하기 위해 [그림 7-3]을 살펴보자. 첫째 항목은 각 연도의 현물이자율을 나타낸다. 자료의 첫 번째 선은 각 1년 기간에 대한 기간 이자율을 나타낸다. 그 아래쪽의 선들은 현재부터 해당되는 만기일까지의 다양한 보유기간들에 대한 현물이자율, 또는 이에 상응한 만기수익률 그림을 나타낸다.

2년 만기 채권의 수익률(yield)은 1차 연도와 2차 연도의 기간이자율의 평균과 비슷하다. 이는 향후 2년 동안의 이자율이 각각 8%와 10%라면(복리계산을 무시할 경우), 1년 단위의 투자를 두 번 반복하면 18%의 누적수익률을 얻을 수 있기 때문이다. 따라서 경쟁적 시장에서의 2년 만기 채권에 대한 총 수익률은 약 18%로 기대할 수 있고, 이를 연간 단위로 환산하면 9%의 만기수익률이 되고, 이는 [표 7-2]에 나와 있는 수익률 8.995%와 거의 같다.

수익률은 채권 수명 동안의 평균수익률의 척도이기 때문에 1차 연도와 2차 연도에 적용하는 시장 이자율에 의해 결정되어야 한다.

실제로 더 정확히 계산할 수 있는데, 〈식 7.1〉과 〈식 7.2〉를 이용하여 계산할 수 있다. 이에 대한 계산 방식은 다음과 같다.

[그림 7-3] 기간이자율 대 현물이자율

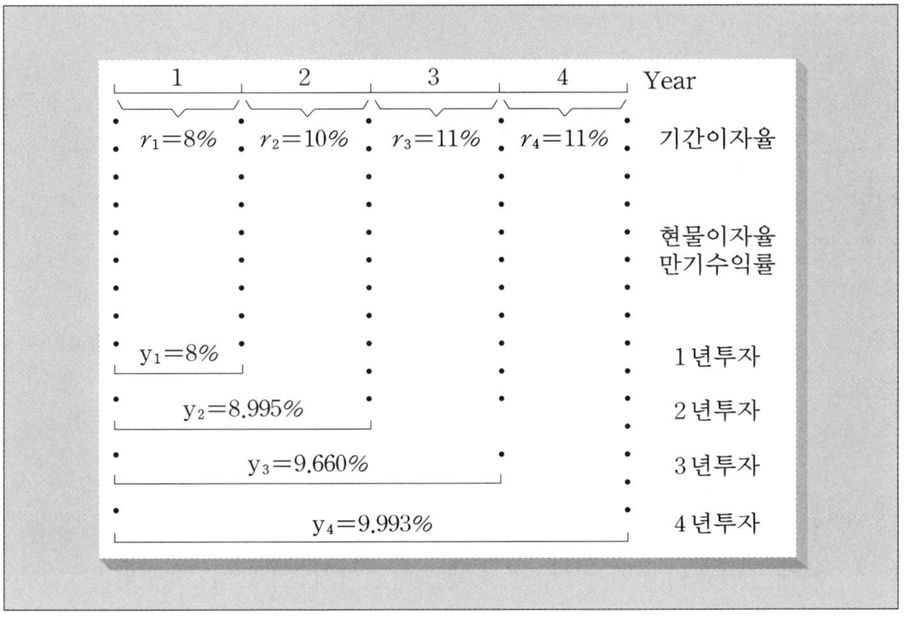

$$841.75=\frac{1,000}{(1.08)(1.10)}=\frac{1,000}{(1+y_2)}$$

이므로

$$(1+y_2)^2=(1.08)(1.10)$$

이고

$$1+y_2=[(1.08)(1.10)]^{1/2}=1.08995$$

마찬가지로,

$$1+y_3=[(1+r_1)(1+r_2)(1+r_3)]^{1/3}$$

이며

$$1+y_4=[(1+r_1)(1+r_2)(1+r_3)(1+r_4)]^{1/4} \qquad \langle 식\ 7.3\rangle$$

이 된다. 따라서 실제로 수익률은 각 기간별 이자율의 평균이다.

7.2.2 보유기간수익률

[표 7-2]에서 네 개 채권에 대한 1년 보유기간 동안의 투자수익률은 각각 얼마인가? 수익률이 높은 채권이 높은 투자수익률을 제공할 것이라 생각할 수 있지만, 반드시 그렇지는 않다. 불확실성이 없는 단순한 세상에서 모든 채권은 어떤 보유기간에 대해서도 같은 투자수익률을 제공해야 한다. 그렇지 않다면, 어떤 채권이 다른 채권들을 결합한 것보다 낮은 투자수익률을 제공한다면 최소한 한 개의 채권은 다른 채권들보다 열등한 것이 되어, 아무도 그 채권을 보유하려고 하지 않기 때문에 가격은 하락하게 된다. 사실상 만기수익률이 서로 다름에도 불구하고 각 채권은 다음 해에도 올해의 기간이자율과 같은 투자수익률을 제공할 것이다.

이 점을 확인하기 위해 각 채권에 대한 투자수익률을 계산해 보자. 오늘 1년 만기 채권을 925.93원에 매입하면, 1년 후 만기일에 액면가 1,000원을 받는다고 하자. 이표이자(coupon)가 없는 채권이기 때문에 총수입은 1,000원－925.93원＝74.07원이고, 투자수익률은 74.07/925.93＝0.08, 즉 8%이다.

2년 만기 채권을 오늘 841.75원에 매입한다고 하자. 내년이자율은 10%가 될 것이고 채권의 만기는 1년이 남았다. 이 채권은 1,000원/1.10＝909.09원에 거래된다. 따라서 보유기간수익률(holding-period return)은 (909.09－841.75)/841.75＝0.08이며, 이것은 다시 투자수익률이 8%임을 의미한다. 마찬가지로 3년 만기 채권을 758.33원에 매입하여 연말에 1,000원/(1.10)(1.11)＝819.00원에 매각하면, 투자수익률은 (819.00－758.33)/758.33＝0.08이 되어 다시 투자수익률은 8%이다.

그러므로 이자율 변동이 확실히 알려져 있고, 모든 채권가격이 공정하게 형성된다면 모든 채권은 같은 연간 투자수익률을 제공할 것이다. 장기채권의 수익률이 높은 것은 단지 미래 이자율이 현재의 이자율보다 높고, 장기채권이 이자율이 높은 기간에도 계속 존속한다는 사실을 반영할 뿐이다.

단기채권 보유자는 낮은 만기수익률을 얻지만 앞으로 이자율이 높은 기간에는 원리금을 재투자(roll over)하여 높은 수익률을 얻을 수 있다.

결과적으로 장기채권 보유 전략과 단기채권의 재투자 전략은 적어도 이자율이 확정적인 세계에서는 모두 같은 수익률을 제공한다는 것이다.

7.2.3 현물이자율, 선도이자율 그리고 만기수익률

현물이자율(spot interest rate)이란 말뜻 그대로 현재의 이자율이다. 다시 말하면 현물이자율은 현재시점에서부터 장래의 일정시점까지의 매 기간별 이자율이다. 예를 들면 은행에서 3년간 1억원을 연 15%로 빌릴 때 현물이자율은 15%이다. 또는 2년 후에 만기가 도래하는 국채를 할인하여 현재 매입할 때 예상되는 만기수익률은 현물이자율이다.

할인채의 만기수익률은 채권을 현재 시장가격으로 매입하여 만기까지 보유할 때의 수익률을 나타내는데, 이 개념은 바로 현재시점에서 장래 일정시점까지의 이자율이므로 현물이자율 개념과 같게 된다. 그러나 회사채와 같은 이표채의 만기수익률은 현물이자율이 아니다. 이표채의 만기수익률 k는 제6장에서 설명한 채권 가치 산출식을 이용할 경우 다음과 같이 정의된다.

$$P_0=\sum_{t=1}^{n}\frac{CF_t}{(1+k)^t}+\frac{F}{(1+k)^n}$$

그런데 현물이자율은 위의 공식에서 k 대신 S_t로 대체된다. 여기서 S_t는 현재시점에서부터 t시점까지의 현물이자율이다.

$$P_0=\sum_{t=1}^{n}\frac{CF_t}{(1+S_t)^t}+\frac{F}{(1+S_t)^n} \qquad \text{〈식 7.4〉}$$

회사채에서 만기수익율 k는 매기간의 할인율이 k로 일정하지만 현물이자율 S_t는 할인율이 t기간마다 서로 다르다.

선도이자율(forward interest ratte)이란 1년 후 또는 3년 후 등 미래시점에 시장에서 형성되는 단기금리로서 위험을 고려하지 않고 단순히 장기투자와 단기투자를 같게 하기 위해 요구되는 수익률이다.

선도이자율은 미래의 어느 시점 t에서부터 그 후 m기간 동안의 이자율을 의미하는데, 이 경우 선도이자율은 $f_{t,t+m}$으로 표시된다. 예를 들면, $f_{1,2}$는 1년 후에 1년 동안의 선도이자율을 나타내고, $f_{2,4}$는 2년 후 2년 동안의 선도이자율을 나타낸다.

만약 지금부터 2년 후에 예상되는 1년 만기의 단기이자율이 18%라면 선도이자율 $f_{2,3}$은 18%가 된다.

선도이자율은 위험을 고려한 기대이자율과는 다르다. 그러나 현재시점에서 선도이자율을 알기 어려우므로 만기수익률이 주어질 경우 현물이자율로부터 미래의 선도이자율을 추정하는데, 이를 내재 선도이자율(implied forward rate)이라 한다.

현물이자율, 선도이자율, 그리고 만기수익률과의 관계는 다음과 같다.

$$(1+S_1)(1+f_{1,2})=(1+S_2)^2$$ 〈식 7.5〉[2)]

여기서 S_1: 기간 1의 현물이자율(0시점부터 1시점까지)
S_2: 기간 2의 현물이자율(0시점부터 2시점까지)
$f_{1,2}$: 기간 2에 예상되는 선도이자율(1시점부터 2시점까지)

다음의 예로서 현물이자율, 선도이자율 그리고 만기수익률의 관계를 알아보자. 1,000,000원의 투자자금을 가진 회사원이 2년의 목표투자기간을 염두에 두고 투자대상을 검토중이다. 가장 위험이 적은 정기예금투자를 고려하고 있는 그는 연 10.83%의 2년 만기 정기예금에 원금 1,000,000원을 투자할 예정이다. 이 때 그가 2년 후 만기에 받게 될 금액은 $1,000,000(1+0.1083)^2=1,228,327$원이다.

만약 그가 연 8.74%의 1년 만기 정기예금에 가입하고 1년 후에 받게 될 목돈을 다시 1년간 다른 금융상품에 투자한다면, 이때 이 금융상품의 이자율이 몇 %가 되어야만 2년 만기 정기예금을 선택했을 때와 같은 액수의 투자성과를 올릴 수 있을까? 원금 1,000,000원을 연 8.74%의 1년 만기 정기예금에 예치할 때 1년 후 만기에 받게 될 금액은 $1,000,000(1+0.0874)=1,087,400$원이다.

이 1,087,400원을 다음 1년간 다른 금융상품에 투자할 때 수익률을 x%라 하면, $1,087,400(1+x)=1,228,327$이 되어야 하고, 이 때 x는 12.96%가 된다.

---

2) 이를 보다 일반화시키면 다음과 같은 식이 된다.

$$(1+S_{n-1})^{n-1}(1+F_{n-1,n})=(1+S_n)^n$$

2년의 목표투자기간 동안 투자자금을 2년 만기 정기예금에 투자하는 만기보유 전략(maturity strategy)은 결국 1년간 1년 만기 정기예금에 투자한 후 다음 1년을 다른 금융상품에 투자하는 회전전략(rollover strategy)과 같은 결과를 가져온 셈이다.

여기서 2년 만기 정기예금이자율 년 10.83%는 기간 2의 현물 이자율 S_2이고, 1년만기 정기예금이자율 년 8.74%는 기간 1의 현물이자율 S_1이며, 1년 후 다음 1년간 투자할 때의 금융상품 이자율 년 12.96%는 기간 2에 예상되는 선도이자율 $f_{1,2}$이다. 이를 공식화하면 다음과 같다.

$$(1+0.0874)(1+0.1296)=(1+0.1083)^2$$

또한 이를 일반식으로 표시하면 다음과 같다.

$$(1+S_1)(1+f_{1,2})=(1+S_2)^2$$

그러나 〈식 7.5〉는 무이표채권(zero coupon bond)일 경우에만 가능하다. 이표채권일 경우는 액면이자를 고려하여 선도이자율을 구한다.

2년 만기 채권의 만기수익률을 k라 할 때 이표채권(coupon bond)에서 선도이자율과 현물이자율은 다음과 같은 관계가 있다.

[그림 7-4] 현물이자율, 선도이자율 그리고 만기수익률

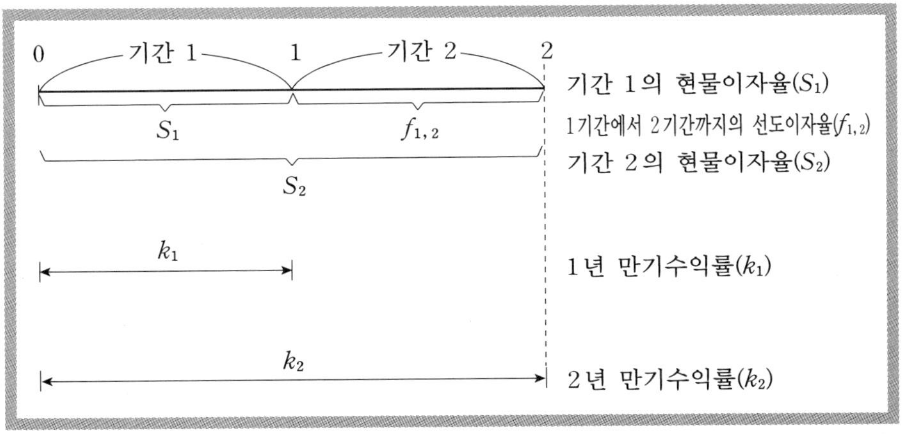

$$P_0=\frac{CF_1}{(1+k)}+\frac{CF_2}{(1+k)^2}+\frac{F}{(1+k)^2}\text{(만기수익률로 표시)}$$

$$P_0=\frac{CF_1}{(1+S_1)}+\frac{CF_2}{(1+S_2)^2}+\frac{F}{(1+S_2)^2}\text{(현물이자율로 표시)}$$

$$P_0=\frac{CF_1}{(1+S_1)}+\frac{CF_2}{(1+S_1)(1+f_{1,2})}+\frac{F}{(1+S_1)(1+f_{1,2})}\text{(선도이자율로 표시)}$$

현물이자율, 선도이자율 그리고 만기수익률의 관계를 그림으로 표시하면 [그림 7-4]와 같다.

7.3 기간구조이론

이자율 기간구조이론(term structure of interest rate)은 수익률이 만기에 따라 결정되는 원리를 설명하는 것으로, 구체적으로 특정한 수익률곡선이 도출되는 원리를 설명한다. 여기에는 기대이론, 유동성 프리미엄 가설, 그리고 시장 분할설 등이 있다. 이는 이론(theory)이라기보다는 검증을 거쳐야 하는 가설(hypothesis)로 제시되어 있다.

7.3.1 기대이론(expectation hypothesis)

기대이론(expectation hypothesis)은 선도이자율이 미래 단기금리에 대한 투자자들의 기대값이라는 내용이다. 예를 들면, 지금부터 1년 후에 예상되는 만기 1년의 선도이자율 $f_{1,2}$(또는 f_2)는 그 때에 형성되리라 기대하는 투자자들의 단기이자율 예측치 $E(r_2)$이다. 즉 $f_{1,2}=E(r_2)$이다. 만약 기대이론이 맞다면 채권의 만기수익률을 이용해서 계산한 선도이자율은 미래의 단기금리를 예측할 수 있는 중요한 정보인 셈이다. 예를 들면 2년 만기의 만기수익률 k_2에서 선도금리 f_2를 구하면 이것이 바로 미래 단기금리 $E(r_2)$가 된다. 즉 다음과 같은 등식이 성립한다.

$$(1+k_2)^2=(1+r_1)(1+f_2) \qquad \text{〈식 7.6〉}$$

$$(1+k_2)^2=(1+r_1)(1+E(r_2))$$

따라서 $f_2=E(r_2)$이다.

〈식 7.6〉에서 만기수익률(k_n)은 선도이자율의 기하평균으로서 $\sqrt{(1+r_1)(1+f_2)}-1$이다.

이를 일반식으로 표시하면 다음과 같다.[3)]

$$k_n=\sqrt[n]{(1+r_1)+(1+f_2)(1+f_3)\cdots(1+f_n)}-1 \qquad \text{〈식 7.7〉}$$

1,000,000원의 투자자금을 2년간 투자하려는 회사원의 예에서 기대이론의 내용을 설명해 보자. 연 10.83%의 수익률을 보장하는 2년 만기의 정기예금 투자선택이 수익률 연 8.74%의 1년 만기 정기예금에 투자한 후 그 금액을 다시 1년 만기 12.96%의 수익률을 가진 금융상품에 투자하는 롤오버(rollover) 전략과 같다고 할 때, 선도이자율 12.96%는 회사원이 예측하는 1년 후 단기이자율과 반드시 일치해야 한다. 즉, 선도이자율은 단기이자율의 예측치이다. 만약 이렇게 되지 않을 때 금융시장은 불균형상태에 있으므로 투자자들은 보다 수익률이 높은 쪽으로 투자자금을 운용하게 된다.

이런 과정을 계속 거치면서 금융시장은 결국 균형상태에 도달하게 되고, 이 결과 선도이자율은 바로 기대현물이자율이 된다. 기대이론에 의하면,

$$f_{1,2}=E(r_2)=12.96\% \text{ 이다.}$$

이 경우 수익률 곡선상에서 만기수익률은 10.83%이다.

만기수익률 계산과정은 다음과 같다.

$$10.83\%=\sqrt{(1+0.874)(1+0.1296)}-1$$

---

3) 만기수익률이 선도이자율의 산술평균이라면 그 계산식은 다음과 같다.

$$k_n=\frac{r_1+f_2+f_3+\cdots+f_n}{n}$$

산술평균이 항상 기하평균보다 크지만, 그 차이는 무시하리 만큼 작다.

[그림 7-5] 기대이론과 만기수익률

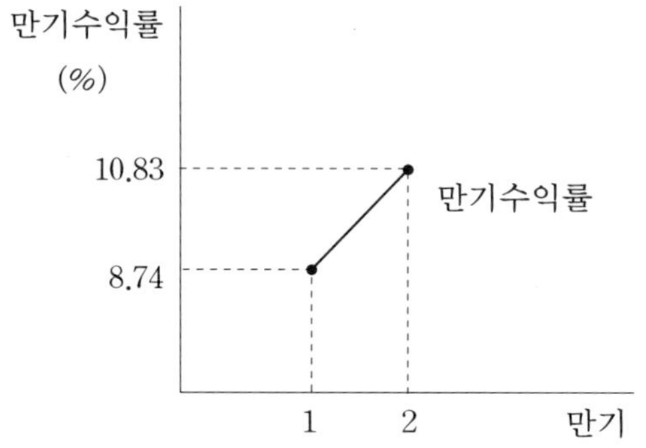

기대이론에서 만기와 만기수익률을 그림으로 나타내면 [그림 7-5]와 같다.

기대이론에 의하면 만약 투자자들이 미래 이자율이 오를 것이라고 예상하면 수익률곡선이 우상향(upward)하고, 반대로 만약 미래 이자율이 내릴 것으로 투자자들이 기대하면 수익률곡선은 우하향(inverted) 한다.

7.3.2 유동성 선호설(liquidity preference hypothesis)

일반적으로 단기채권보다는 장기채권은 장기간 보유에 따른 위험이 커지므로 장기채권 투자자들은 장기채권 보유에 따른 위험보상을 요구한다. 대부분의 투자자들은 위험회피형이므로 단기채권을 선호한다. 따라서 위험회피형 투자자는 위험 부담에 대한 보상으로서 장기채권을 보유할 때 더 높은 수익률을 요구하게 되는데 이를 유동성 선호설이라 한다.

유동성 프레미엄은 선도이자율과 미래기대 단기금리와의 차이로서 미래기대 단기금리 $E(r_n)$가 선도이자율 f_n보다 낮을수록 더 크다.

선도이자율 f_n은 위험 고려없이 계산된 결과지만 미래기대 단기금리 $E(r_n)$는 투자자의 투자위험에 대한 기대가 반영된 것이다. $E(r_n)$가 f_n보다 작을수록 유동성 프레미엄이 크므로 장기채권 보유에 따른 기대수익률은 더 커진다.

이를 요약하면 다음과 같다.

[그림 7-6] 유동성 선호설과 기대이론과의 관계

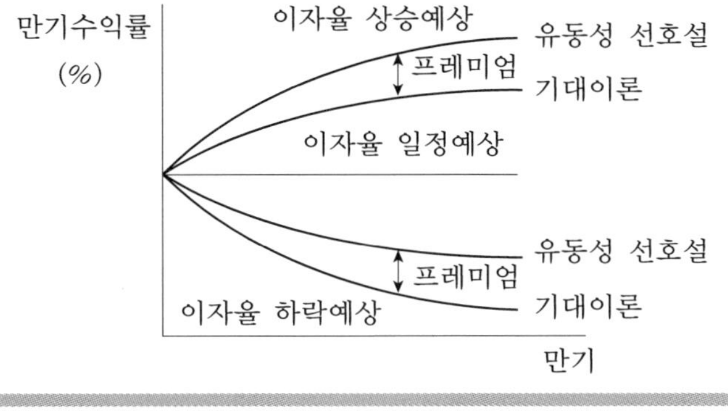

유동성 프레미엄$=f_n-E(r_n)$

또는 $f_n=E(r_n)+$유동성 프레미엄

여기서 f_n: 선도이자율

$E(r_n)$: 미래기대 단기금리

$f_n>E(r_n)$: 양의 유동성 프레미엄

$f_n<E(r_n)$: 음의 유동성 프레미엄

유동성 선호설과 기대이론과의 관계를 그림으로 나타내면 [그림 7-6]과 같다.

유동성 선호설에 의하면 수익률 곡선은 우하향보다는 우상향(upward) 형태가 더 많다고 한다. 왜냐하면 이자율이 하락하는 경우라도 유동성 프레미엄이 이자율 하락폭보다 더 크면 수익률 곡선은 우상향할 수 있기 때문이다.

7.3.3 시장분할가설(market segmentation hypothesis)

시장분할가설은 단기채권과 장기채권의 수익률이 각각 분할된 시장에서 독립적인 수요와 공급에 의해 결정된다는 내용이다. 즉, 이 가설은 단기채권수익률과 장기채권 사이의 체계적인 관계(systematic relationship)를 부정하고, 장 · 단기 채권수익률이 단기, 중기 그리고 장기 채권시장 내의 분할된 수요 · 공급에 의해서 결정된다는 것이다. 따라서 단기채권의 수익률과 장기채권의 수

[그림 7-7] 시장 분할 가설

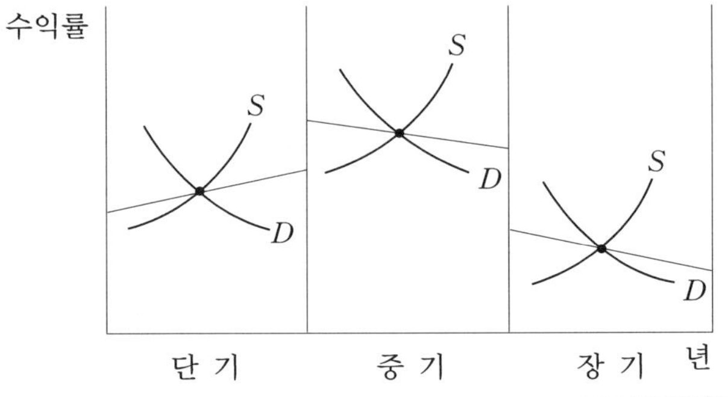

익률은 [그림 7-7]과 같이 독립적으로 결정된다.

이 가설의 옹호자들은 각기 다른 채권 투자가들이 투자자금의 성격상 각기 다른 투자만기를 선호할 수밖에 없고, 채권 발행자들 또한 그들의 사업목적에 따라 각기 다른 투자만기를 선호할 수밖에 없기 때문에 채권시장은 단기, 중기 그리고 장기 시장으로 분할될 수밖에 없다고 주장한다.

예컨대, 은행은 투자자금의 성격상 단기채권에 투자할 수밖에 없는 데 반하여 보험회사나 연금기금 등은 장기채권에 투자하는 것을 선호한다. 주요한 자금 수요자인 기업도 장기 · 단기 채권 중 어느 것을 발행할 것이냐는 그들의 사업목적에 따라 결정되어진다. 단기 운전자본을 조달하기 위해서는 단기채권이 보다 효율적이고, 장기적인 시설투자를 위해서는 장기채권 발행이 보다 유리할 것이다.

단기시장에서 자금공급자는 주로 은행이고 장기시장에서 자금공급자는 생명보험회사와 연금기금이다. 자금수요자는 정부와 제조기업인데, 제조기업은 장기투자의 자금조달을 위해 장기자본을 필요로 하고 단기운전자본을 확보하기 위해 단기금융시장에 접근한다.

시장분할가설에 의하면 이자율기간구조는 예상이자율에 대한 기대나 유동성 프레미엄에 의해 결정되는 것이 아니라, 금융기관 간의 자금흐름 방향이나 제조기업의 투자의 성격 및 내용에 의해 결정된다.

또한 이자율 변화에 따른 위험을 면역화 · 최소화하려는 개인이나 기관투자가들이 자산의 유효만기(듀레이션)를 부채의 유효만기와 같게 하려는 시도는 다른 만기를 가진 증권이 가진 유리한 수익률에도 불구하고 시장의 분할을 더욱 촉진시킨다. 그러나 이 가설은 오늘날 별로 설득력이 없어 잘 쓰이지 않는다.[4)]

7.3.4 기간구조이론의 요약

이자율기간구조이론은 채권의 만기수익률과 만기와의 관계를 설명하는 이론으로서 지금까지 기대이론, 유동성 선호이론 그리고 시장분할설을 설명하였다. 기대이론(또는 시장기대이론)에 의하면 이자율기간구조는 1년만기의 미래단기이자율에 대한 시장참여자들의 기대에 의하여 결정된다.

이 이론은 확실성의 세계 또는 위험중립적인 투자자들의 논리와 일치된다. 유동성 선호이론에 의하면 서로 다른 만기를 가진 채권에 따라 유동성 프레미엄이 발생하며, 투자자들이 위험회피형이므로 만기가 긴 채권일수록 유동성 프레미엄 또한 크므로 기대수익률이 더 높아진다.

시장분할가설은 금융시장이 만기에 따라 단기 또는 장기시장으로 분할된다고 가정한다. 각 분할된 시장에 참여하는 투자자들은 아무리 유리한 수익률이라 하더라도 분할된 독립시장에서 자금의 수요와 공급에 의해 결정된다.

결론적으로 기간구조는 위에서 설명한 세 가지 요인에 의하여 복합적으로 결정되겠지만, 그 중에서 시장참여자들의 기대가 가장 영향력 있는 변수임에는 틀림없다.

7.4 채권수익률의 위험구조

7.4.1 약속수익률과 기대수익률

똑같이 액면 100,000원으로 발행되고 이표와 만기가 같은 회사채라도 유통

4) 이 가설과 비슷한 것으로 선호관습이론(Prefered habitat hypothesis)이 있다. 이 이론에 의하면 투자자들은 자신들이 선호하는 만기가 있는데, 만약 다른 만기의 채권이 충분한 위험 프리미엄을 보상한다면 그 채권에도 투자한다는 내용이다.

시장(secondary market)에서 거래되는 가격은 천차만별이다. 투자자 입장에서는 재무적으로 건전하지 못한 회사의 채권은 매입하지 않을 것이고, 만약 산다고 해도 가능한 값을 낮추려 할 것이다. 반대로 재무적으로 안정된 회사의 채권은 비싸도 제값을 다 주고 사려 할 것이다.

반드시 파산할 것 같지는 않지만 재무적으로 위태로운 회사의 채권을 낮은 값에 산다는 것은—우리가 이미 채권가격결정원리에서 보았듯이—투자수익률을 높게 요구하는 것과 같다. 따라서 높은 투자수익률은 투자자의 투자 위험에 대한 위험 프레미엄이 높다는 의미이다.

모든 투자의 기본수익률인 무위험채권 수익률(risk free interest rate)과 위험채권투자 수익률의 관계를 채권수익률의 위험구조(risk structure)라 한다. 여기서 채권수익률과 무위험채권 수익률과의 차이가 채무불이행 프레미엄(default premium)이다. 이를 식으로 표시하면 다음과 같다.

$$\text{회사채만기수익률} = \text{무위험채권수익률}(r_f) + \text{채무불이행 프레미엄}(a)$$

예를 들어 한양기업(주)의 2년 만기 채권수익률이 10.83%이고, 그 당시 무위험자산 수익률(=정기예금금리)이 10%이면 채무불이행 프레미엄은 0.83%이다. 그런데 한양기업(주)의 만기수익률 10.83%는 이 회사가 만기 전에 채무를 불이행하지 않고 심지어 도산하지 않을 때에만 가능하다.

이와 같이 채권발행기업이 회사채의 원리금지급의무를 이행하거나 가정한 상태에서 계산된 만기수익률을 약속수익률(promised yield) 또는 약정수익률(stated yield)이라 한다.

여기에 비해 기대수익률(expected yield)은 회사채의 채무불이행 가능성을 고려하여 계산한 수익률이다.[5)]

실현수익률(realized yield)이란 채권투자자가 궁극적으로 실현한 수익률로서, 예를 들면 회사채 발행기업이 만기 전에 결국 도산하여 일부 변제를 받았을 때의 수익률이다.

회사채는 국채(=무위험채권)보다 더 높은 만기수익률을 가질 것으로 예상

---

5) 만기수익률, 기대수익률, 그리고 무위험 채권수익률과의 관계를 수익률의 위험구조로 보는 견해가 있으나, 저자는 오직 만기수익률과 무위험 채권수익률과의 관계만을 위험구조로 본다.

[표 7-3] 기업부실상태

위 험		
↑	大	도산(bankruptcy): 순자산이 음인 가장 심각한 상태
		지급불능(insolvency): 기술적인 현금유출입 부조화
	小	채무불이행(default): 일시적 유동성 부족

[표 7-4] 채권등급과 안전성 및 수익성

S&P's	Moody's	투자등급	안 전 성	수 익 성
AAA	*Aaa*	투자등급채권	↑ 大	小
AA	*Aa*			
A	*A*			
BBB	*Baa*			
BB	*Ba*	정크본드 =하이빌드채권 =고위험채권		
B	*B*			
CCC	*Caa*			
CC	*Ca*			
C	*C*			
D	*D*		小	↓ 大

되기 때문에 위험 프레미엄이 양이지만, 오히려 국채만 못한 실현수익률을 보일 수 있다.

회사가 재무적으로 건전치 못한 상태는 채무불이행에서부터 도산에 이르기까지 상당히 여러 단계를 거쳐 나타난다. 일반적으로 어떤 기업이 재무적으로 건전치 못한 상태를 기업부실(business failure)이라 한다. [표 7-3]은 단계별 기업부실상태를 나타낸 것이다.

7.4.2 회사채 등급평가(bond rating)

회사채 등급평가란 회사채의 원리금 지급능력을 문자로 등급화한 것이다.

이는 회사채의 안전성을 평가한 것이지 수익성을 평가한 것이 아니다. 회사채 등급은 평가기관마다 기호의 차이가 있지만, 최상위등급 AAA, 최하위등급 D는 대개 공통이다.

회사채 등급평가의 목적은 채권 투자자에게 채권발행기업에 대한 종합적 재무정보를 하나의 문자로 제공함으로써 회사채 투자에 도움을 주는 데 있다. 회사채 등급은 채권발행회사의 원리금 지급능력을 판단한 것이지 기업 전체의 경영능력을 판단한 것이 아니라는 점을 주의해야 한다.

대표적 회사채 등급판정기관으로는 미국에서는 Moody's사, Standard & Poor's사, 그리고 Fitch사가 있고, 우리나라에서는 단자회사들이 1985년 최초로 설립한 한국신용평가주식회사(「한신평」이라고 칭함), 은행들이 설립한 한국

[표 7-5] 회사채등급과 그 내용(「한신평」, 1996)

등 급	내 용
AAA	원리금 지급능력이 최상급.
AA	원리금 지급확실성이 높지만 AAA 채권보다는 그 정도가 다소 낮음.
A	원리금 지급확실성은 높지만 상위등급보다 경제적 조건 및 환경 악화에 따른 영향을 받기 쉬움.
BBB	원리금의 지급확실성은 인정되지만 상위등급에 비해서 경제적 조건 및 환경악화에 따라 장래 원리금 지급 확실성이 저하될 가능성을 내포하고 있음.
BB	원리금지급 확실성이 당장은 문제가 되지 않으나 장래 안전에 대해서는 단언할 수 없는 투기적 요소를 내포하고 있음.
B	원리금 지급 확실성이 결핍되어 투기적이며 불황시에 이자지급이 확실하지 않음.
CCC	원리금 지급에 관하여 현재에도 불안요소가 있으며 채무불이행 위험이 매우 커 투기적임.
CC	상위등급에 비하여 더욱 불안요소가 큼.
C	채무불이행의 위험성이 높고 전혀 원리금 상환능력이 없음.
D	채무불이행 상태에 있으며 원리금의 일방 또는 양방이 연체·부도 상태에 있음.

신용정보주식회사, 그리고 산업은행 자회사인 한국기업평가주식회사가 있다.

미국 신용평가회사들은 순수민간기업이고 오랜 역사를 가지고 있는 데 반해, 우리나라 신용평가회사들은 완전한 형태의 민간기업이 아니고 아직 역사가 짧다.

채권시장에서는 *BBB* 등급 이상의 회사채를 투자등급채권(investment grade bonds)으로, *BB* 등급 이하의 회사채를 고위험채권(junk bond) 혹은 고수익률채권으로(high yield bond)[6]분류한다. 일부 기관투자가들은 정크본드에 투자하는 것이 금지되어 있다. 채권등급과 수익성, 그리고 안전성과의 관계는 [표 7-4]와 같이 요약될 수 있다. [표 7-5]는 우리나라 한국신용평가(주)의 채권등급과 그 내용이다.

7.5 기간구조의 측정

지금까지 우리는 리스크가 없는 무이표채권에 초점을 맞추었다. 이런 채권은 단 한 번의 현금지급으로 만기가 되기 때문에 분석하기가 가장 쉽다. 그러나 현실세계에서는 다수 채권들이 이표이자를 지급하기 때문에, 이표채권의 가격에서 현물이자율과 선도이자율을 산출해 내는 일반적인 방법을 개발해야 한다.

이용 가능한 수익률에서 선도이자율을 결정해 내는 데 이용되는 〈식 7.5〉는 오직 무이표채권에만 적용된다.

이 공식들은 모두 무이표채권을 이용하여 경쟁관계에 있는 투자전략들의 수익률들을 등식으로 놓고 정리한 것이다. 이표채권이 이러한 전략에 적용된다면, 지급되는 이표이자와 투자기간 동안의 재투자 문제를 다루어야 하기 때문에 분석이 복잡해진다.

이표이자가 다른 채권은 만기가 같은 경우에도 수익률이 달라진다는 사실은 문제를 더욱 복잡하게 만든다. 예를 들어 만기까지 2년이 남아 있고 매년 이표이자를 지급하는 두 채권에 대해서 생각해 보자. 채권 *A*는 이표이자가 3%이고, 채권 *B*는 12%이다. [표 7-1]의 이자율을 적용하면, 채권 *A*의 거래

---

6) Junk의 원뜻은 쓰레기라는 뜻으로, WS증권브로커들이 고위험채권을 지칭할 때 Junk라고 한 데서 유래한다. 다른 말로는 Chinese paper라고도 한다.

가격은 다음과 같다.

$$\frac{30원}{1.08}+\frac{1,030원}{(1.08)(1.10)}=894.78원$$

이 가격에서 만기수익률은 8.98%이다. 채권 B의 가격은 다음과 같다.

$$\frac{120원}{1.08}+\frac{1,120원}{(1.08)(1.10)}=1,053.87원$$

이 가격에서 만기수익률은 8.94%이다. 채권 B는 이자율이 낮은 첫 해에 이자의 많은 부분을 지급하기 때문에, 채권 B의 만기수익률이 약간 낮다. 만기가 같은 채권도 수익률이 다를 수 있기 때문에, 수익률과 만기까지의 시간을 연관시킨 단일한 수익률곡선을 모든 채권에 대하여 적용시킬 수는 없다.

이러한 모호성을 해결할 수 있는 방법은 무이표채권의 수익률곡선을 이용하여 모든 분석을 실시하는 것이다. 그래서 이 곡선을 순수수익률곡선(pure yield curve)이라고 부르기도 한다. 그러므로 우리의 목표는 보다 일반적인 이표채권에 관한 자료를 사용해야 하는 경우라도 순수수익률곡선을 산출해 내는 것이다.

이표채권에 관한 자료에서 순수수익률곡선을 추정해 내는 방법은 각각의 이표이자 지급액을 여러 개의 순수할인채의 합으로 보는 것이다. 그러면 이표채권은 이제 많은 무이표채권으로 구성된 하나의 포트폴리오가 된다. 실제로 앞장에서 대부분의 이표채권은, 이표채권에서 이자 지급금을 떼 내고, 여러 채권에서 받은 각각의 지급금을 재구성하여 공통 만기일을 가진 포트폴리오들을 만들어 복제할 수 있다.

이들 무이표채권 각각의 가격을 구하면, 지급이 단 한 번 있는 증권에 대한 만기수익률을 계산할 수 있고, 그래서 순수수익률곡선이 만들어질 수 있다.

이 기법에 관한 단순한 예로 반 년마다 이자를 지급하는 8% 이표채권의 만기는 1년이고 거래 가격은 986.10원이며, 10% 이표채권의 만기 역시 1년이고 거래 가격은 1,004.78원라고 하자. 향후 두 번의 반기에 대한 기간이자율을 추정하기 위해서 먼저 각 이표이자 지급금을 개별적으로 취급하여, 즉 소형—

무이표채권으로 취급하여 현재가치를 계산해 내야 한다.

반 년 후 받는 1원의 현재가치는 d_1, 1년 후 받는 1원의 현재가치는 d_2라고 하자(d는 할인가치를 나타낸다. 따라서 $d_1=1/(1+r_1)$이고, r_1은 처음 6개월 기간의 기간이자율이다). 그렇다면 두 채권은 다음의 연립방정식을 만족시켜야만 한다.

$$986.10=d_1\times 40+d_2\times 1{,}040$$
$$1{,}004.78=d_1\times 50+d_2\times 1{,}050$$

각각의 방정식에서 채권의 가격은 각각의 남아 있는 현금흐름 전체를 할인한 값과 같도록 정해져 있다. 방정식을 풀면 $d_1=0.95694$, $d_2=0.91137$이다. 따라서 r_1이 처음 6개월 기간의 기간이자율이라면,

$d_1=1/(1+r_1)=0.95694$가 되어,
$r_1=0.045$, $d_2=1/[(1+r_1)(1+f_2)]=1/[(1.045)(1+f_2)]=0.91137$이고,
$f_2=0.05$이다.

따라서 두 기간이자율은 설명한 대로, 첫 번째 반기에 4.5%, 두 번째 반기에 5%이다.

많은 채권을 분석하는 경우 이러한 추정절차는 더욱 복잡해지는데, 그 이유는 더 많은 수의 채권과 기간 때문이기도 하지만, 모든 채권의 미래 지급금 1원의 할인된 가치가 동일한 것이 아니라는 점 때문이기도 하다. 바꿔 말하면, 가격결정 관계에 분명히 오차항이 있는 것으로 보인다는 것이다. 그러나 오차들을 무작위 편차로 취급하여 수익률곡선에 내포된 선도이자율의 패턴을 추정하기 위해 통계적 분석을 사용할 수 있다.

통계적 절차에 따라 어떻게 계산되어지는 것을 보기 위해서, i로 표시되는 수많은 채권이 가격 P_i에 거래되고 있음을 관측했다고 하자. 시점 t에 채권 i에 지급된 이자나 원금은 CF_{it}로 표기하고, 시점 t의 지급금 1원의 현재가치, 즉 우리가 구하고자 하는 이표채권의 내재가격은 d_t로 표기한다. 이 때 각 채권의 가격은 다음과 같이 쓸 수 있다.

$$\begin{aligned} P_1 &= d_1CF_{11}+d_2CF_{12}+d_3CF_{13}+\cdots+e_1 \\ P_2 &= d_1CF_{21}+d_2CF_{22}+d_3CF_{23}+\cdots+e_2 \\ P_3 &= d_1CF_{31}+d_2CF_{32}+d_3CF_{33}+\cdots+e_3 \\ &\vdots \qquad\qquad\qquad\qquad\qquad \vdots \\ P_n &= d_1CF_{n1}+d_2CF_{n2}+d_3CF_{n3}+\cdots+e_n \end{aligned} \qquad \langle \text{식 } 7.8\rangle$$

방정식 체계 〈식 7.8〉의 각 식은 채권가격이 지급시점까지의 기간별로 할인된 현금흐름의 합계와 같도록 구성되어 있다. 각 방정식의 마지막 항 e_i는, 채권가격이 이 방정식의 예측치에서 벗어난 편차를 설명하는 오차항이다.

통계학을 배운 학생은 방정식 〈식 7.8〉이 회귀분석으로 추정할 수 있는 간단한 방정식 체계임을 알 수 있다. 종속변수는 채권가격이고 독립변수는 현금흐름이며, 계수 d_t는 관측된 자료로부터 회기분석을 통해 추정된다.[7)]

d_t의 추정치는 시점 t에 지급된 1원의 현재가치를 추정한 값이다. 다양한 지급 시기에 적용되는 d_t의 패턴을 할인함수(discount function)라고 부르는데, 그 이유는 1원의 할인된 가치를 지급일까지의 시간의 함수로 나타내 주기 때문이다.

할인함수는 다양한 만기일별로 무이표채권의 가격을 표시한 목록과 동일하기 때문에, 순수 무이표채권에 대한 수익률을 산출하는 데 이용된다.

이 절차에는 국채를 주로 이용하는데, 그 이유는 채무불이행 또는 디폴트 위험(default risk)에서 오는 복잡성을 피하기 위한 것이다.

수익률곡선 측정에 관한 논의를 마치기 전에, 잠시 오차항에 관해 간략하게 논의하는 것도 의미가 있다. 즉, 왜 모든 채권의 가격이, 가격과 현재가치를 동일하게 만들어 주는 공통된 할인함수와 정확히 일치하지 않을까? 그 이유는 방정식 〈식 7.8〉의 회귀분석에서 설명되지 않은 두 가지 요인, 즉 세금과 채권에 연계된 옵션 때문이다.

투자자들은 세후 투자수익률에 관심을 가지기 때문에 세금은 채권가격에 영향을 준다. 따라서 이표이자 지급액은 세후 금액으로 처리해야 한다. 마찬가

7) 실무에서는 "splining techniques"라고 부르는 회귀분석의 변형을 이용하여 계수를 추정한다. 이 방법은 다음 논문에서 McCulloch에 의하여 처음 제시되었다. J. Huston Mcculloch, "Measuring the Term Structure of Interest Rates," Journal of Business 44(January 1971); 그리고 "The Tax Adjusted Yield Curve," Journal of Finance 30(June 1975).

지로, 액면가에 거래되지 않는 채권에 대해서, 국세청은 채권 가격과 액면가 사이의 차이를 구하여 이자지급액에 '내장된(built-in)' 금액으로 처리하게 한다. 사람마다 적용 세율이 달라서, 즉 같은 채권에서 나온 현금흐름의 세후 금액은 채권 소유자가 누구냐에 따라 달라지기 때문에, 이러한 고려사항을 수학적으로 공식화하기는 어렵다.

더욱이 〈식 7.8〉의 구성 내용은 채권을 만기까지 보유한다고 암묵적으로 가정하고 채권의 원리금을 모두 할인하는 것이다. 이 가정은 투자자가 만기 전에 채권을 매각할 수 있는 권리, 즉 다른 소득의 흐름을 실현할 수 있는 선택권을 무시하고 있다.

더욱이 투자자가 납세시점 선택권(tax-timing option)을 이용할 수 있는 능력을 무시하고 있다. 예를 들어 시점에 따라 적용 세율이 달라질 것으로 예상하는 투자자는, 적용 세율이 가장 낮은 기간에 자본차익을 실현하여 이득을 볼 수 있다.

채권가격 결정에 영향을 미치는 또 다른 요인은 수의상환 조항(call provision)이다. 이러한 수의상환 조항은 상환 옵션권을 '매각한' 채권소유자로부터 채권 발행자에게로 가치를 이전시킨 것이다. 따라서 수의상환은 채권가격에 영향을 미치며, 〈식 7.8〉의 단순한 구성에 더 많은 오차항을 포함시키게 만든다.

마지막으로, 수익률곡선은 종종 상당히 부정확한 호가를 기반으로 만들어진다는 사실을 인식하여야 한다. 경제신문에 게재된 채권가격은 다만 몇 시간이 지났더라도 이미 진부한(즉, 과거 자료) 것일 수 있다. 더구나 이들 가격은 채권 딜러들이 실제로 거래하려는 가격을 나타내지 않을 수 있다.

■용어정리

이자율 기간구조(term structure): 채권은 만기가 상이함에 따라 시장수익률 격차가 발생하게 되는데, 이러한 시장수익률 격차를 발생시키는 이자율의 기간별 구조를 말한다.

이자율 위험구조(risk structure): 같은 만기의 회사채라 하더라도 왜 수익률 차이를 보이는지를 규명하는 것이다.

수익률곡선(yield curve): 만기에 따른 이자율의 움직임을 그린 그래프를 말한다.

일물일가의 법칙: 완전경쟁이 행하여지는 시장에서는 동일한 시기, 동일한 시장에서 품질이 동등한 물품에는 동일한 가격이 형성된다는 법칙이다.

현물이자율(spot rate): 현재시점에서부터 장래의 일정시점까지의 매 기간별 이자율을 의미한다.

보유기간수익률: 주로 채권의 매입일로부터 매각일까지의 보유기간 동안의 수익률을 의미한다.

선도이자율: 현재시점에서 요구되는 미래기간에 대한 이자율, 즉 일정기간 후의 자금이전을 전제로 현재시점에서 요구되어지는 미래의 이자율을 의미한다.

만기수익률: 최종수익률이라고도 하며 채권을 만기까지 보유할 경우 받게 되는 모든 수익이 투자원금에 대하여 1년 대비 어느 정도의 수익을 가져오는가를 나타내는 예상수익률을 의미한다.

기대이론(expectation hypothesis): 채권수익률의 기간구조를 설명하는 이론 중 하나로서 수익률곡선은 미래의 이자율에 대한 투자자들의 예상을 나타낸다는 이론이다. 즉 어떤 만기를 갖는 채권의 수익률은 만기까지의 각 기간의 기대되는 이자율의 평균이라는 것으로 모든 투자자들이 앞으로 이자율이 내릴 것으로 예상되면 수익률곡선은 만기가 길수록 낮은 수익률을 보인다는 이론이다.

유동성 선호설(liquidity preference hypothesis): 대부분의 투자자들은 위험회피형이므로 단기채권을 선호하고 만약 장기채권 보유에 따른 위험 보상은 유동성 프레미엄(liquidity premium)으로서, 위험회피형 투자자는 위험 부담에 대한 보상으로서 장기채권을 보유할 때 더 높은 수익률을 요구하게 되는데 이를 유동성 선호설이라 한다.

시장분할가설(market segmentation hypothesis): 채권수익률 기간구조이론에서 채권 시장은 만기에 따라 다른 고객으로 구성되어, 서로 다른 특성의 하부시장을 형성하기 때문에 수익률의 기간구조는 만기에 따라 여러 개의 독립적인 시장에서 결정된다는 이론이다. 즉, 채권투자자들은 채권만기에 따라 선호대상이 다르기 때문에, 채권의 만기수익률은 어느 일정 만기의 범위에서는 그 만기를 선호하는 투자자 사이에서 이루어진다는 것이다.

약속수익률: 채권발행기업이 회사채의 원리금지급의무를 이행한다고 가정한 상태에서 계산된 만기수익률이다.

회사채 등급평가: 회사채의 원리금 지급능력을 문자로 등급화한 것을 말한다.

할인함수(discount function): 1원의 할인된 가치를 지급일까지의 시간의 함수로 나타내 주는 함수를 말한다.

수의상환 조항(call provision): 채권을 발행하고 일정한 기간이 경과한 후에 채권발행자가 채권소유자의 의사에 관계없이 일정한 상환가격으로 상환할 수 있는 권리를 계약한 조항을 의미한다.

■연습문제■

1. 만기가 상이한 채권의 수익률이 다른 이유를 (1) 기대가설 (2) 유동성선호설 (3) 시장분할가설로 설명하시오.

2. 한양기업(주)의 경우, 만기가 1년이 남은 회사채는 103,000원에, 그리고 만기가 2년 남은 회사채는 102,000원에 매매되고 있다. 이 회사채의 액면금액은 100,000원, 액면금리는 12%이고, 이자를 연 1회 지급할 때, 만기수익률을 구하고 수익률 곡선을 그리시오.

3. 한양기업(주) 회사채 만기와 수익률이 다음과 같을 때 기간 1의 현물이자율(S_1), 기간 2의 현물이자율(S_2) 그리고 기간 2에 기대되는 선도이자율($f_{1,2}$)를 구하시오. 액면 금액 100,000원, 액면금리 12%, 그리고 연 1회 이자지급을 가정하라.

만 기(년)	가 격(원)	만기수익률(%)
1	103,000	8.74%
2	102,000	10.83%

4. 2003년 현재 금리는 12%라고 가정하자. 향후 2년간 매년 예상되는 단기이자율($E(r_n)$)이 다음과 같을 때, 1년, 2년 그리고 3년 만기수익률을 구하고, 수익률곡선을 그리시오.

연 도	예상수익률[$E(r_n)=f_n$]
2003년(현재)	12%
2004년	10%
2005년	9%

5. 2003년 현재 시장금리가 12%라고 가정하자. 향후 2년간 매년 예상되는 단기이자율($E(r_n)$)은 12%로 동일하나 선도금리(f_n)가 각각 13%, 15%일 때 만기수익률을 각각 구하고 수익률 곡선을 그리시오.

연 도	예상이자율($E(r_n)$)	선도금리(f_n)
2003년(현재)	12%	12%
2004년	12%	13%
2005년	12%	15%

■알기 쉬운 경제 상식

Common sense case 7. 금리 인하 이야기

중세 유럽에서는 돈을 빌려주고 이자를 받는 행위를 금지했습니다. 스스로 땀 흘려 벌지 않은 돈은 나쁜 것이라는 종교의 가르침 때문이었지요. 금리라는 단어도 죄악시해 감히 입에 올리지 못하게 했답니다. 그러나 요즘은 아닙니다. 금리는 우리의 경제 활동을 좌우하는 중요한 지렛대 가운데 하나가 됐습니다. 혹시 신문지상에서 은행에 돈을 맡기면서 "금리가 자꾸 떨어져 이자가 쥐꼬리만 해졌다"고 말씀하는 것을 들은 적이 있습니까?

요즘(2003년)은 100만 원을 1년 내내 은행에 맡겨도 이자는 고작 4만~5만원에 불과합니다. 금리가 연 4%대로 낮아졌기 때문이죠.

그런데 기업들은 금리가 내리면 오히려 좋아합니다. 그 이유는 빌린 돈에 대한 이자가 줄어 들고, 더 싼 금리로 돈을 빌려 기계를 새로 설치하거나 여러 가지 원료 및 물건을 살 수 있기 때문입니다. 이처럼 금리가 오르거나 내리면 가계와 기업이 직접 영향을 받습니다. 금리가 오를 경우 금융기관에 돈을 맡기면 많은 이자를 받기 때문에 저축이 늘어납니다. 반대로 금리가 내리면 사람들은 저축하기를 꺼려하게 됩니다.

금리는 기업들의 투자 활동에도 영향을 마칩니다. 금리가 오르면 돈을 빌려 투자할 경우 금융비용(이자)이 늘어나기 때문에 기업들은 투자를 줄이고, 금리가 낮아지면 거꾸로 투자를 늘립니다.

금리에 따라 물가도 움직입니다. 금리가 높아지면 기업은 금융 비용이 늘어나기 때문에 당장 제품 가격을 올리려고 합니다(원가 상승 효과). 그러나 다른 한편으로 기업의 투자가 줄어들고, 사람들도 소비를 줄이는 대신 저축을 늘립니다(수요 감소 효과). 경제 전체적으로 보면 원가 상승효과보다 수요 감소 효과가 크기 때문에 금리가 오르면 일반적으로 물가는 떨어집니다. 물론 금리가 떨어지면 물가는 오르게 되지요.

이와 같이 금리는 투자와 저축, 물가는 환율－실업률－국제수지에 이르기까지 경제 전반에 광범위한 영향을 미칩니다. 이런 효과 때문에 시중에 풀리는 돈을 관리하는 중앙은행과 정부는 항상 금리의 움직임을 살피고, 금리를 올렸다 내렸다 하면서 경제의 흐름을 바람직한 방향으로 이끌려고 하죠. 바로 이것을 금리정책이라 합니다. 그러면 금리와 경기는 어떤 관계가 있을까요?

경기란 '경제의 상태'를 말합니다. 경제 상태가 좋다는 것은 생산과 소비, 투자가 모두 활발하게 움직인다는 뜻이죠. 시장에 내 놓은 상품이 잘 팔려 이익이 많이 나면 기업은 상품을 더 많이 만들기 위해 투자를 늘리게 되고, 따라서 일자리도 많아 집니다.

이처럼 소비와 투자가 서로 부추기며 활발해진 상태를 가리켜 '경기가 좋다(호황)'고 말하죠. '경기가 나쁘다(불황)'는 말은 소비자들이 물건을 사지 않아 생산이 감소하고 일자리가 줄어드는 것을 말합니다.

경기가 좋으면 기업은 장사가 잘 되니까 투자를 늘려 더 많은 이익을 내고 싶어합니다. 그러자면 더 많은 자금(돈)을 빌려야 하고, 돈의 수요가 늘어난 만큼 금리가 올라갑니다. 반대로 경기가 좋지 않으면 빌렸던 자금도 갚으려고 해 금리가 떨어지게 됩니다.

경기는 좋았다가 나빠지고, 나쁘다가 다시 좋아 지지요. 각국 정부와 중앙은행은 불황에서 탈출하거나 지나친 호황을 진정시키기 위해 여러 가지 정책을 폅니다. 이처럼 경기조절 기능을 맡는 수단 가운데 하나가 금리정책입니다. 경기가 나쁘면 중앙은행이 금리를 낮춥니다. 그러면 사람들은 소비를 늘리고 기업은 투자를 확대해 경기가 회복되죠. 이를 경기 부양이라고 합니다. 반대로 호황이 지나쳐 거품이 우려되면 중앙은행은 금리를 올립니다. 그 결과 소비와 투자가 줄어들어 경기는 진정됩니다.

우리나라 중앙은행인 한국은행은 2001년 2월 8일 금융기관끼리 단기 자금을 주고받을 때 적용하는 콜금리를 0.25%포인트 낮췄습니다. 미국의 중앙은행인 연방준비제도이사회(FRB)도 2001년 1월 연방기금 금리를 두 차례에 걸쳐 각각 0,5% 포인트 내렸습니다. 두 나라 모두 당시 경기가 빠른 속도로 나빠지자 금리인하를 통해 경기를 부양해야 한다고 판단한 것이죠.

그러나 경제학자들은, 금리는 되도록이면 돈의 수요와 공급에 따라 시장에서 자연스럽게 경정되는 것이 바람직하다고 봅니다. 금리를 너무 자주 급격하게 변동시키면 경제의 앞날을 쉽게 예측하기 어려워 기업의 투자 의욕을 꺾는 부작용이 나타나기 때문입니다.

또 금리가 지나치게 낮으면 경쟁력을 잃어 사라져야 할 기업까지 버젓이 살아남아 기업 구조조정이 물거품이 되고, 금리가 너무 높으면 우량기업마저 금융 비용이 부담돼 투자를 하지 못하는 결과를 가져옵니다.

〔경기 변동과 금리 정책의 관계〕

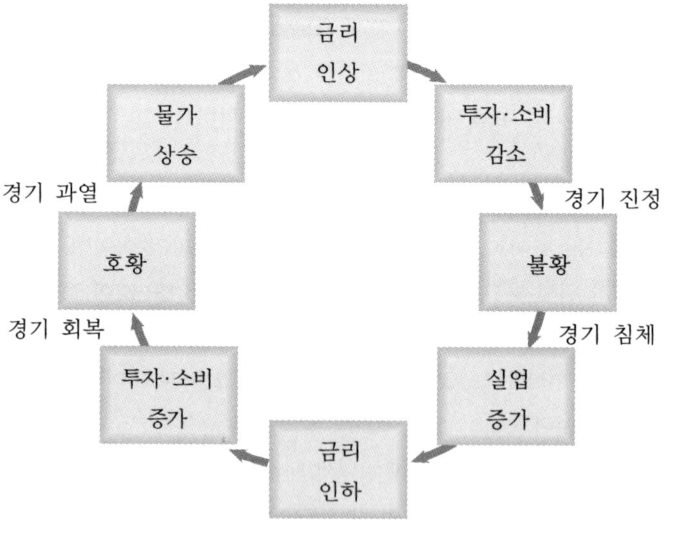

제 8 장 채권투자전략

채권투자전략을 다루는 부문으로 채권 투자의 기본 지표인 듀레이션과 볼록성에 대해 살펴 보고, 채권가격이 적정하게 결정되어 있다는 믿음하에서, 미래의 예측 불가능한 이자율변동위험에만 대응하려는 전략인 소극적 채권투자전략과 채권시장이 완전하게 효율적이지 않다고 보고 저평가된 채권을 매입하는 적극적 채권투자전략에 대해 기술하고 있다.

8.1 채권의 이자율 리스크

8.1.1 이자율위험(Interest Rate Risk)

주식의 가격이 변하듯이 채권가격도 변한다. 특히, 이자율이 변하면 채권가격이 변하는데, 이자율과 채권가격은 반비례의 관계에 있다. 이와 같이 이자율이 변함에 따라 채권투자에 따르는 수익이 변동하는 위험을 이자율위험(interest rate risk)이라고 한다.

이자율위험은 가격위험(price risk)과 재투자위험(reinvestment risk)으로 나눌 수 있다. 가격위험은 이자율이 상승함에 따라 채권가격은 하락하고 이자율이 하락하면 채권가격은 상승하게 된다.

재투자위험은 이표채의 경우 각 기간 지급받는 이자를 재투자할 때 이자율이 변동함에 따라 재투자수익이 달라지는 위험을 말한다. 즉, 이자율이 상승하면 재투자수익은 상승하고 이자율이 하락하면 재투자수익은 하락하게 된다.

이와 같이 이자율이 변함에 따라 채권투자수익률은 가격위험과 재투자위험에 의하여 투자시점에서 예상했던 것과는 달라진다.

8.1.2 듀레이션

(1) 듀레이션의 정의

듀레이션(duration)이란 채권에 있어서 각 기간의 현금흐름의 현재가치가 채권가격에서 차지하는 비중으로 가중평균한 만기(weighted average maturity)라 할 수 있다. 즉, 각 기간 값에 매 기간 현금흐름의 현재가치를 곱한 값의 합을 채권가격으로 나눈 값이다.

1938년에 Macaulay가 설명한 듀레이션을 계산하는 식은 다음과 같다.

$$D=\frac{1\times\frac{C_1}{(1+y)}+2\times\frac{C_2}{(1+y)^2}+\cdots n\times\frac{C_n+F}{(1+y)^n}}{\frac{C_1}{(1+y)}+\frac{C_2}{(1+y)^2}+\cdots\frac{C_n+F}{(1+y)^n}} \qquad \text{〈식 8.1〉}$$

$$=\frac{1\times\frac{C_1}{(1+y)}+2\times\frac{C_2}{(1+y)^2}+\cdots n\times\frac{C_n+F}{(1+y)^n}}{P_0}$$

여기서 D: 듀레이션

C_t: t 시점의 액면이자

y: 만기수익률

F: 액면금액

n: 만 기

P_0: 채권가격

(2) 듀레이션의 특성

듀레이션은 다음과 같은 특성을 갖고 있다.

❶ 이표채의 듀레이션은 만기보다 작으며, 순수할인채의 듀레이션은 만기와 같다. 순수할인채는 만기에 일시에 현금유입이 발생하기 때문에 순수할인채의 듀레이션과 만기는 같다.

❷ 액면이자율이 낮을수록 듀레이션이 길어진다. 이는 액면이자율이 낮을수록 원금이 회수되는 데 걸리는 평균기간이 더 길어지기 때문이다.

❸ 만기가 길수록 듀레이션은 커진다.

❹ 이표채의 경우 만기수익률이 낮을수록 듀레이션은 길어진다. 즉, 이표채의 경우 만기수익률이 낮을수록 후에 발생하는 현금흐름의 현재가치가 커지므로 이에 대한 가중치가 증가하게 되어 결국 듀레이션은 길어지게 된다.

❺ 이자율이 r인 영구채권(level perpetuity)의 듀레이션은 $(1+r)/r$이다.

❻ 만기수익률이 동일한 채권의 경우 가산법칙(additivity rule)이 성립한다. 즉, 채권포트폴리오의 듀레이션은 포트폴리오를 구성하는 개별채권의 듀레이션을 구성비율로 가중평균한 값이다. 만약 n개의 개별채권으로 구성된 채권포트폴리오의 듀레이션(D_p)은 개별채권 듀레이션(D_i)을 투자비중(w_i)으로 가중평균한 값으로 다음과 같이 나타낼 수 있다.

$$D_p=\sum_{t=1}^{n}\mathrm{w}_i\cdot D_i \qquad \langle 식\ 8.2\rangle$$

[그림 8-1] 듀레이션과 만기의 관계

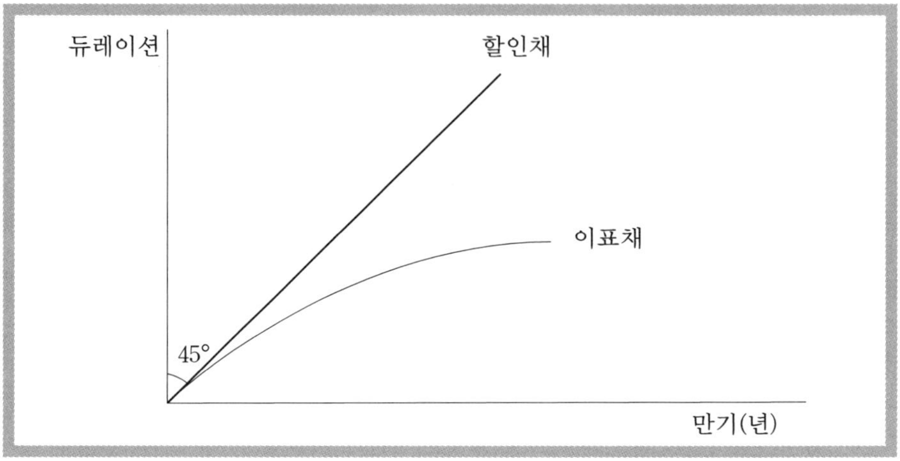

[그림 8-1]은 액면이자율이 서로 다른 채권들의 듀레이션과 만기의 관계를 나타낸 것으로 할인채의 듀레이션은 45°의 대각선에 표시되어 할인채의 듀레이션이 만기와 같다는 것을 의미한다. 이표채의 경우에는 만기가 길어짐에 따라 듀레이션이 커지나 증가율은 체감하는 것을 보여 준다.

(3) 이자율변동에 따른 채권가격의 변화

이자율이 변화하면 채권가격이 변하는데 이를 측정하는 지표로 이자율탄력성(interest rate elasticity)이 있다. 이자율탄력성이란 이자율변화율에 대한 채권가격의 변화율을 말한다.

Macaulay는 듀레이션 개념을 이용하여 채권가격의 이자율탄력성을 측정하였는데, 그 과정을 살펴보자. 채권의 현재가격은 다음과 같이 나타낼 수 있다.

$$P_0 = \frac{C}{(1+y)} + \frac{C}{(1+y)^2} + \cdots \frac{C+F}{(1+y)^n} \qquad \langle 식\ 8.3 \rangle$$

이자율탄력성을 구하기 위하여 P_0를 R로 1차미분해서 정리하면 다음과 같은 식을 구할 수 있다.

$$\frac{\triangle P_0}{P_0} = -D \times \frac{\triangle y}{(1+y)} \qquad \langle 식\ 8.4\rangle$$

$$또는\ \triangle P_0 = -D \times \frac{\triangle y}{(1+y)} \times P_0 \qquad \langle 식\ 8.5\rangle$$

앞의 관계식에서 볼 때 이자율이 변할 경우 듀레이션이 큰 채권일수록 가격변화율이 높다는 것을 알 수 있다.

이와 같이 듀레이션의 개념은 채권투자전략에서 매우 중요한데 이는 다음과 같은 기능을 갖고 있기 때문이다.

❶ 듀레이션은 채권의 유효만기(effective maturity)를 나타낸다. 즉, 듀레이션은 채권의 이자와 원금이 지급되는 기간의 가중평균을 의미한다.
❷ 듀레이션은 이자율 위험으로부터 포트폴리오를 면역시키는 도구이다.
❸ 듀레이션을 이용하여 이자율변화에 따라 채권가격이 변하는 정도를 나타내는 이자율탄력성을 쉽게 측정할 수 있다.

8.1.3 채권의 볼록성(Convexity)

이자율 민감도의 척도로서 듀레이션은 확정소득 포트폴리오(fixed income portfolio) 관리에서 분명히 핵심적 도구이다. 그러나 이자율이 채권가격에 미치는 영향에 관한 듀레이션은 단지 근사치일 뿐이다. 〈식 8.5〉를 〈식 8.6〉과 같이 다시 써 보면 채권가치의 변화율은 수정 듀레이션(D^*)에 채권수익률의 변화분을 곱한 값과 근사적으로 일치함을 알 수 있다.

$$\frac{\triangle P}{P} = -D^* \triangle y \qquad \langle 식\ 8.6\rangle$$

$$여기서\ D^* = \frac{D}{1+y}$$

위 식은 가격변화율은 채권수익률의 변화와 직접적으로 비례한다는 것을 나타내고 있다. 즉, 수익률 변화의 함수로서의 채권가격의 변화율을 나타내는 그래프는 기울기가 $-D^*$와 같은 직선으로 그려질 것이다. 즉, 듀레이션은 채권수익률의 작은 변화에 대해서는 훌륭한 근사치를 제공하지만, 큰 변화에 대해서는 정확도가 떨어진다는 것을 의미한다.

[그림 8-2]는 이러한 점을 보여준다. [그림 8-2]는 채권의 만기 수익률 변화에 반응한 채권가격의 변화비율을 표시하고 있다. 곡선은 최초 만기수익률 8%에 거래되는 30년 만기, 8% 이표채권에 대한 가격변화비율을 나타낸다. 직선은 듀레이션에 의해 예측된 가격변화율을 나타낸다.

즉, 최초수익률에서 채권은 수정 듀레이션은 11.26년이므로, 직선은 $-D^*\triangle y=-11.26\times\triangle y$의 궤적을 그린다. 두 궤적이 최초수익률에서 접선을 이루는 것을 볼 수 있다. 따라서 채권 만기수익률의 작은 변화에 대해서 듀레이션은 매우 정확하다. 그러나 더 큰 수익률의 변화에 대해서는 두 궤적 사이에 간격이 점점 커져서 듀레이션이 점점 부정확하게 됨을 알 수 있다.

[그림 8-2]에서 보면, 듀레이션 근사치(직선)는 항상 채권가치를 과소평가한다. 듀레이션은 수익률이 떨어질 때 채권가격 상승분을 과소평가하고, 수익률이 올라갈 때 가격 하락분을 과대평가한다. 이는 실제 가격-수익률 관계가

[그림 8-2] 채권가격의 볼록성. 30년 만기, 8% 이표채권, 최초 만기수익률 = 8%

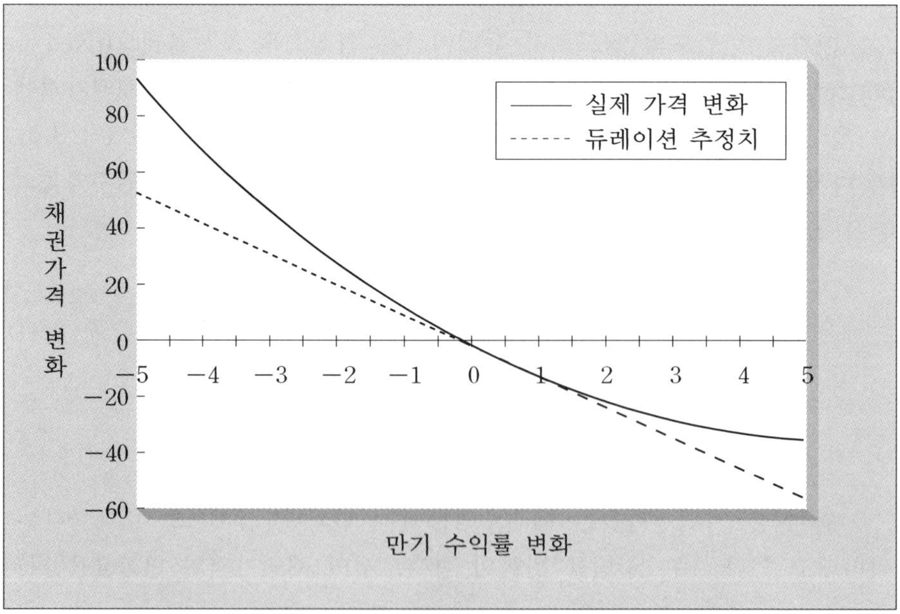

곡선형태이기 때문에 나타나는 현상이다. 이러한 가격-수익률 관계와 같은 모양의 곡선을 볼록(convex)하다고 말하며, 가격 수익률곡선의 휘어진 형태를 채권의 볼록성(convexity)이라고 부른다.

볼록성은 가격-수익률곡선 기울기의 변화율로 정량화하고, 채권가격에 대한 비율로 정확하게 나타낼 수 있다. 볼록성이 높은 채권은 가격-수익률 관계에서 더 높은 곡률을 나타내는 것으로 볼 수 있다.[1)]

[그림 8-2]와 같은 비수의상환 채권(noncallable bond)의 볼록성은 양(+)의 값이다. 기울기는 더 높은 수익률에서 증가(음수의 크기가 작아짐)한다. 볼록성을 이용하여 채권가격변화에 대한 듀레이션 근사치 계산을 개선할 수 있다. 볼록성을 감안하여 〈식 8.6〉을 다음과 같이 수정할 수 있다.[2)]

$$\frac{\triangle P}{P} = -D^* \triangle \mathrm{y} + \frac{1}{2} \times \text{볼록성계수} \times (\triangle \mathrm{y})^2 \qquad \text{〈식 8.7〉}$$

우변의 첫 번째 항은 〈식 8.6〉의 듀레이션과 동일하다. 두 번째 항은 볼록성을 감안한 부분이 된다. 즉, 양의 볼록성을 갖는 채권에 대해 두 번째 항은 수익률이 상승하거나 하락하는 것과 상관없이 양의 값이 된다. 이것은 듀레이션이 수익률 변화에 따른 채권가치를 언제나 과소평가한다는 앞에서 언급한 사실과 일치한다.

그러므로 〈식 8.7〉은 〈식 8.6〉에 비해 볼록성을 반영하므로 채권가격을 항상 더 높게 예측한다. 물론, 수익률 변화분이 작다면 〈식 8.7〉에서 $(\triangle \mathrm{y})^2$이 곱해진 볼록성 항은 극히 작아져서 근사값은 듀레이션 값과 거의 같아지게 된다. 따라서 볼록성은 이자율 변화 가능성이 큰 경우에 보다 효과적인 지표가 될 수 있다.

---

1) 〈식 8.6〉의 수정 듀레이션은 $dP/P = -D^* d\mathrm{y}$로 쓸 수 있다. 따라서 $\mathrm{D}^* = -1/P \times dP/d\mathrm{y}$는 채권가격 대비 비율로 표현된 가격-수익률곡선의 기울기이다. 마찬가지로 채권의 볼록성은 가격-수익률곡선의 2차 도함수(기울기의 변화율)를 채권가격으로 나눈 것과 같다. $1/P \times d^2P/d\mathrm{y}^2$. 매년 이표이자를 지급하는 T년 만기 채권의 볼록성 계수(convexity)는

$$\text{볼록성계수} = \frac{1}{P \times (1+\mathrm{y})^2} \sum_{i=1}^{T} \left[\frac{CF_t}{(1+\mathrm{y})^t} (t^2+t) \right]$$

단, CF_t는 t일에 채권소지자에게 지급된 현금흐름, CF_t는 만기 이전의 이표이자 지급 또는 만기일의 마지막 이표이자와 액면가격을 합한 금액이다.

2) 볼록성법칙을 사용하기 위해 이자율은 백분율보다는 소수점으로 표시해야 한다.

볼록성의 영향을 살펴보기 위해 간단한 예를 들어 보자. [그림 8-2]의 30년 만기 8% 이표채권은 최초 만기수익률 8%에 거래되고 있다. 이표이자와 만기수익률이 같기 때문에, 이 채권은 액면가인 1,000원에 거래된다.

최초 수익률에서 이 채권의 수정 듀레이션은 11.26년이고, 볼록성 계수(convexity)는 212.4(각주 1에 있는 공식을 사용하여 증명할 수 있음)이다.

채권수익률이 8%에서 10%로 상승하면 채권가격은 811.46달러로 하락하여 18.85% 떨어진다. 〈식 8.6〉의 듀레이션을 이용하면, 가격 하락분은 다음과 같이 추정된다.

$$\frac{\triangle P}{P}=-D^{*}\triangle y=-11.26\times 0.02=-0.2252 \text{ 또는 } -22.52\%$$

하지만, 이는 실제 가격 하락분보다 상당히 크다. 〈식 8.7〉의 볼록성을 이용하면 보다 더 정확하게 추정이 가능하다.[3)]

$$\begin{aligned}\frac{\triangle P}{P}&=-D^{*}\triangle y+\frac{1}{2}\times \text{볼록성계수}\times(\triangle y)^{2}\\&=-11.26\times 0.02+\frac{1}{2}\times 212.4\times(0.02)^{2}=-0.1827 \text{ 또는 } -18.27\%\end{aligned}$$

따라서 위 결과가 채권가격 변화분에 보다 정확한 값을 산출할 수 있다.

예를 들어 만약 수익률 변화분이 0.1%로 매우 작다면 볼록성은 그다지 크게 문제가 되지 않는다. 실제로 채권가격이 988.85달러로 떨어져 수익률이 1.115% 하락한다. 볼록성을 고려하지 않을 경우, 가격 하락분은 다음과 같이 예측될 것이다.

$$\frac{\triangle P}{P}=-D^{*}\triangle y=-11.26\times 0.001=-0.01126 \text{ 또는 } -1.126\%$$

볼록성을 고려하면 다음과 같이 실제 채권 가격 변화분과 같은 결과를

3) 〈식 8.7〉을 이용할 때 백분율이 아닌 소수점으로 표현하였음을 기억하자. 8%에서 10%로의 이자율 변화는 $\triangle y=0.02$로 표현되었다.

[그림 8-3] 두 채권의 볼록성

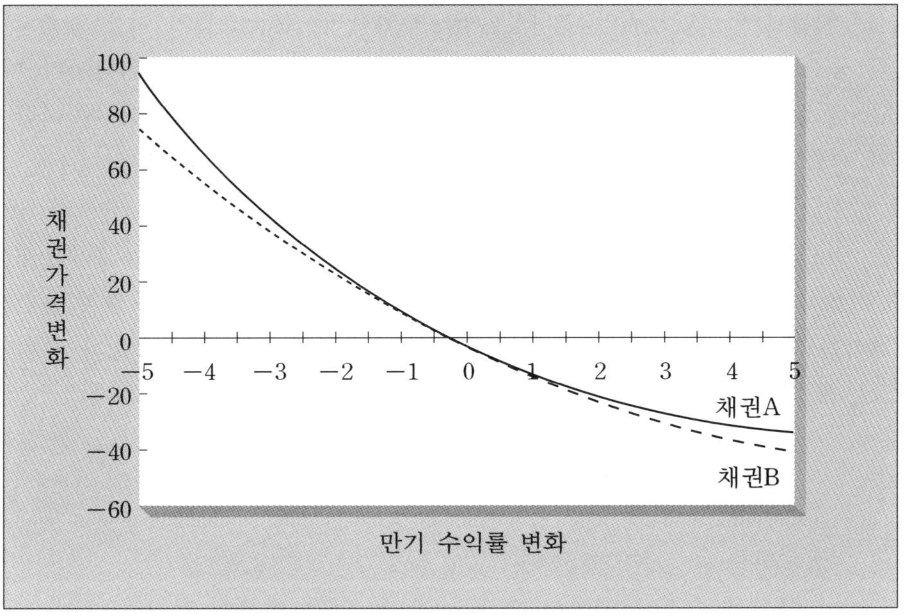

얻는다.

$$\frac{\triangle P}{P} = -11.26 \times 0.001 + \frac{1}{2} \times 212.4 \times (0.001)^2 = -0.01115 \text{ 또는 } -1.115\%$$

하지만 수익률의 변화분이 상대적으로 적을 경우, 볼록성을 고려하지 않고 듀레이션만을 이용하더라도 가격 변화분의 비교적 정확한 값을 추정할 수 있는 것이다.

8.1.4 유효 듀레이션(Effective duration)

채권들 중 채무자가 일정기간 이후 임의로 상환이 가능한 조항이 붙어 있는 채권을 수의상환채권(callable bond)라고 한다. 수의상환채권과 같이 채권에 옵션이 내재된(embedded options) 채권들의 경우, 일반적인 Macaulay 듀레이션 개념으로 분석하기 어렵다. 그 이유는 그러한 조건이 존재하면 채권에서 발생하는 미래의 현금흐름을 정확하게 알 수 없기 때문이다.

예를 들어 그 채권이 수의상환될 수 있다면, 현금흐름이 처음 예측보다 일찍 중단되고 원금이 상환될 수도 있다. 즉, 현금흐름이 무작위적이기 때문에 Macaulay 듀레이션을 계산하는 데 필요한 각각의 미래 현금흐름에 대한 시간의 가중평균을 찾아내기 어렵다.

이 경우 옵션이 내재되어 있는 경우는 **유효 듀레이션**(effective duration)을 이용하는 것이 일반적이다. 유효 듀레이션은 Macaulay 듀레이션을 위한 〈식 8.1〉과 같이 단순한 공식으로는 계산될 수 없다. 대신에 채권의 옵션을 설명하는 더욱 복잡한 채권 가치평가 방법이 사용되고, 시장이자율의 단위당 변화분에 대한 채권가격의 변화율로 정의된다.

$$\text{유효 듀레이션} = \frac{\triangle P/P}{\triangle r} \qquad \text{〈식 8.8〉}$$

이 공식은 수정 듀레이션 〈공식 8.5〉을 약간 변형한 것처럼 보인다. 그러나 여기에는 중요한 차이가 있다.

첫째, 채권의 만기수익률 변화 대비 유효 듀레이션 계산이 없음에 주목하자(분모는 △y가 아닌 $\triangle r$이다). 그 이유는 옵션이 들어 있는 채권은 조기에 상환될 수 있고, 따라서 만기수익률을 알 수 없기 때문이다.

둘째, 유효 듀레이션 공식은 채권에 들어 있는 옵션을 설명하는 가격결정 방법론에 기초를 두고 있다. 반대로, 수정 듀레이션이나 Macaulay 듀레이션은 채권의 약속된 현금흐름과 만기수익률을 이용하여 바로 산출할 수 있다.

이해를 쉽게 하기 위하여 예를 들어, 상환가격이 1,050달러인 수의상환채권이 오늘 980달러에 거래되고 있다고 하자. 만약 수익률곡선이 0.5% 만큼 위로 이동한다면, 채권가격은 930달러로 떨어질 것이다.

곡선이 0.5% 만큼 아래로 이동한다면, 채권가격은 1,010달러로 올라갈 것이다. 유효 듀레이션을 다음과 같이 계산한다.

$$\begin{aligned}\triangle r &= \text{가정상의 이자율 상승분} - \text{가정상의 이자율 하락분} \\ &= 0.5\% - (-0.5\%) = 1\% = 0.01\end{aligned}$$

$\triangle P$=이자율의 0.5% 상승시의 가격 − 이자율의 0.5% 하락시의 가격

$\triangle P$=930달러 − 1,010달러=−80달러

따라서 채권의 유효 듀레이션은

$$\text{유효 듀레이션} = -\frac{\triangle P/P}{\triangle r} = \frac{-80\text{달러}/980\text{달러}}{0.01} = 8.16\text{년}$$

다시 말해, 이자율이 현재 값에서 0.5% 만큼 이동하면 채권가격은 8.16% 만큼 변한다.

8.2 소극적 채권투자전략

소극적 채권투자전략이란 채권가격이 적정하게 결정되어 있다는 믿음 하에서, 미래의 예측 불가능한 이자율변동위험에만 대응하려는 전략이다. 소극적 채권투자전략에는 채권지수펀드를 구성하는 전략과 면역전략이 있다.

채권지수펀드전략이란 여러 종류의 채권을 가지고 포트폴리오를 구성함으로써 위험을 줄이려는 전략이다. 면역전략(immunization strategy)이란 순자산가치(net worth)를 이자율변동으로부터 전혀 영향받지 않도록 하는 전략이다. 이러한 기법을 이용한 이자율위험관리를 살펴보자.

8.2.1 채권지수펀드전략

채권지수펀드(bond index fund)전략이란 채권투자에 있어서 여러 종목의 채권들, 특히 채권지수 종목을 대상으로 채권포트폴리오를 구성하여 투자함으로써 위험을 줄이고자 하는 전략이다.

채권지수의 종류에는 미국에서 널리 사용되는 채권지수로는 레먼 브라더스 채권지수(Lehman Brothers Aggregate Index), 살로먼 브라더스 투자채권지수(Salomon Brothers Investment Grade Bond Index), 메릴린치 시장지수(Merril

Lynch Market Index) 등이 있다. 우리나라에서는 한국증권거래소의 채권지수와 삼성채권지수가 있다.

그런데 개인투자자들은 투자자금에도 제약이 있고 채권지수를 구성하는 종목 수도 너무 많기 때문에 관리비용도 많이 소요되므로 동일한 채권포트폴리오를 구성하는 것은 현실적으로 어렵다. 대신에 특정 채권지수의 수익률과 같게 되거나 같이 움직이는 채권포트폴리오를 구성한다. 이를 위하여 채권지수를 구성하는 종목들을 몇 가지 기준에 의하여 구분한 다음 각 부분을 대표하는 종목으로 채권지수펀드와 유사한 모방포트폴리오를 구성할 수 있다.

연구에 의하면 채권포트폴리오를 구성하는 종목수가 많아질수록 포트폴리오의 총위험은 줄어든다고 한다.[4] 이는 주식으로 구성된 포트폴리오의 종목수가 증가할수록 포트폴리오의 총위험은 줄어드는 것과 마찬가지이다.

8.2.2 면역전략

(1) 순자산가치 면역전략

순자산가치 면역전략(net worth immunization strategy)이란 이자율위험을 없애기 위하여 순자산가치를 일정하게 유지할 목적으로 자산과 부채의 듀레이션을 일치시키는 것을 말한다. 예를 들어, 은행의 경우 예금과 같은 부채는 대개 만기가 짧고 변동금리를 지급하며, 대출과 같은 은행의 자산은 만기가 길고 고정금리를 받게 된다. 이 경우 이자율이 상승하면 자산가치가 부채가치보다 큰 폭으로 하락하여 순자산가치가 하락하게 된다.

이 경우 부채의 듀레이션을 늘이고 자산의 듀레이션을 줄여서 양자의 듀레이션을 일치시키면 위험회피가 가능하게 된다. 흔히 금융기관의 자산부채종합관리(asset liability management: ALM)에서 다루는 기법. 중에 갭관리(gap management)가 있는데 이는 자산과 부채의 평균만기의 차이를 조절한다.

은행의 부채와 자산의 규모는 거의 비슷하므로 평균만기 기간을 같게 하면, 이자율의 변화는 자산과 부채가치 변화에 비슷한 영향을 주게 되어 순자산가치는 영향을 받지 않게 된다는 설명이다. 이를 위하여 갭관리기법에서는 자

4) C. Goardman and R. Mcenally, "Aspects of Corporate Bond Protfolio Diversification," Journal of Financial Research, 1979.

산과 부채의 듀레이션 갭(duration gap)을 0이 되게 하는 포트폴리오를 구성함으로써 순자산가치 면역을 가능하게 한다.

(2) 목표기간 면역전략

목표기간 면역전략(target date immunization strategy)이란 목표기간, 즉 부채의 듀레이션과 같은 듀레이션을 가진 채권에 투자함으로써 이자율 위험을 줄이려는 전략이다. 즉, 듀레이션을 이용하여 채권포트폴리오의 미래가치가 이자율변동의 영향을 받지 않고 목표로 하는 금액에 도달하도록 하는 투자전략으로서 재투자수익위험과 가격위험(채권매매손익)을 정확하게 상쇄하는 전략이다.

예를 들어 국민연금의 경우 미래의 특정시점에 지급해야 할 채무를 확보할 필요가 있다. 즉, 미래 특정시점의 기금(accumulated fund) 가치가 시장이자율의 변동으로부터 영향을 받지 않도록 하기 위하여 목표시기, 즉 연금지급시기와 일치하는 듀레이션을 갖는 자산과 부채를 구성함으로써 이자율 위험을 제거할 수 있다. 즉, 투자기간이 듀레이션과 일치할 경우 이자율변동에 따른 채권매매손익(price risk)과 재투자수익(rinvestment risk)은 서로 상쇄되기 때문이다. 예를 들어 이자율이 상승할 경우 발생하는 채권매매손실은 재투자수익의 증가로 상쇄된다는 것이다.

앞에서 볼 수 있듯이 시장이자율이 7%로 하락하거나 9%로 상승할 경우에도 5년 후 채권가치는 거의 불변으로 보험회사가 지급해야 할 금액과 거의 일치한다. 즉, 투자한 채권의 듀레이션을 목표투자기간과 같게 할 경우, 이자율 위험으로부터 면역화가 됨을 알 수 있다.

한편, 듀레이션 개념을 이용하여 이자율 위험을 제거하는 채권면역전략은 실제 적용할 경우 다음과 같은 한계점이 있다.

첫째, 채권면역전략에서 일단 채권포트폴리오의 투자기간과 듀레이션을 일치시킨다 하더라도 이자율이 변동하여 개별채권의 듀레이션이 변화하면 포트폴리오의 동적 재구성(dynamic rebalancing)이 필요하다.

또한 이자율변동이 없다 해도 시간이 지남에 따라 듀레이션도 변화하는데 자산과 부채의 듀레이션 변화속도가 다른 경우에도 계속해서 포트폴리오를 동적 재구성해야 한다.

포트폴리오의 재구성이 이루어지지 않으면 자산과 부채의 듀레이션이 일치하지 않아 완전 면역이 되지 않는다.

둘째, 채권면역전략에서는 채권의 채무불이행위험이 없으며 중도에 상환하는 수의상환위험도 없다고 가정하는데, 이는 실제 투자에서 채권 투자자가 부담한 위험들이다.

셋째, 채권면역전략에서는 수익률곡선이 수평이고 단기채권과 장기채권 수익률이 같은 크기로 변화한다고 가정하는데 이는 비현실적인 가정이다.

(3) 현금흐름 대응전략

현금흐름 대응전략(cash flow matching & dedication strategy)이란 미래 현금지출과 같은 크기의 현금흐름이 동일한 시기에 얻어지도록 채권포트폴리오를 구성하는 것을 말한다. 예를 들어 1년 후에 1,100만원이 필요하다면 일 년 후에 만기가 되면서 원금과 이자를 포함하여 1,100만원이 되는 복리채권에 투자하는 것이다

그러나 현금흐름 대응전략은 채무불이행위험이나 수의상환위험은 제거할 수 없으며, 인플레이션의 영향을 받게 된다.

8.3 적극적 채권투자전략

적극적 채권투자전략은 채권시장이 완전하게 효율적이지 않다고 보고 저평가된 채권을 매입하는 것으로서 다음과 같은 전략을 들 수 있다.

8.3.1 채권스왑전략

채권스왑(bond swaps)은 상황의 변화에 따라 보유하고 있는 채권을 다른 채권으로 교환하여 더 높은 수익률을 올리려는 것이다. 즉, 과대평가된 채권을 과소평가된 채권으로 교환하는 것이다.

(1) 대체스왑

대체스왑(substitution swap)은 발행금리, 만기 등에서 거의 동일한 조건을

갖고 있는 두 채권이 서로 다른 가격으로 거래되고 있는 경우에 비싼 채권을 매각하고 싼 채권을 매입하는 것을 말한다. 일반적으로 대체스왑 또는 동종채권 간의 스왑이라고도 한다.

(2) 시장 간 스프레드스왑

시장 간 스프레드스왑(intermarket spread swap)은 채권시장에서 비정상적 스프레드가 일시적으로 형성되어 있을 때 유리한 채권으로 교체하는 것으로 일명 이종채권 간의 스왑이라고도 한다. 예를 들어 무보증사채와 보증사채의 스프레드가 비정상적으로 커서 앞으로 줄어들 것으로 예상되면, 보증사채를 팔고 무보증사채를 매입하는 경우이다.

(3) 이자율예상스왑

이자율예상스왑(rate anticipation swap)은 서로 다른 만기를 갖는 채권 간 스왑으로서 미래 이자율이 상승 또는 하락할 것으로 예측될 때 유리한 다른 채권으로 교체매매하는 것이다. 만약 이자율이 하락할 것으로 예상되면 이자율 하락에 따른 자본이득을 얻기 위하여 단기채권은 매각하고 장기채권으로 포트폴리오를 구성한다. 반대로 이자율이 상승할 것이라고 예상된다면 이자율 상승에 따른 자본손실을 줄이기 위하여 장기채권을 팔고 단기채권을 매입하는 전략이다.

(4) 수익률제고스왑

수익률제고스왑(pure yield pickup swap)이란 수익률을 극대화하기 위하여 만기수익률이 낮은 채권을 매도하고 만기수익률이 높은 채권을 매입하는 것이다.

(5) 질적 스왑

질적 스왑(quality swap)은 경기변동에 따른 스프레드 변동을 예상하고 행하는 스왑거래이다. 예를 들어 만약 경기가 불황으로 바뀔 것으로 예상되고 이자율도 하락할 것으로 예상될 경우 듀레이션이 긴 장기채권을 매입할 수 있다.

또한 경기가 불황에서 호황으로 바뀔 것으로 예상될 경우 기업의 도산위험이 상대적으로 낮아지기 때문에 수익률이 낮은 고등급채권(high grade bond)을 팔고 수익률이 높은 저등급채권(low grade bond)을 매입함으로써 수익률을 올릴 수 있다.

(6) 세금스왑

채권투자자들에게는 납세 후 수익률이 실질적으로 중요한데, 투자자 개인의 소득수준에 따라 결정되는 소득세율에 따라 과세채권(taxable bond)과 비과세채권(tax-exempt bond)을 교체하는 전략을 세금스왑(tax swap)이라고 한다. 예를 들어 소득세율이 높은 고소득 투자자는 과세채권을 비과세채권으로 교체함으로써 세후수익률을 높일 수 있다.

8.3.2 목표투자기간 분석

목표투자기간 분석(horizon analysis)은 수익률곡선을 이용하여 투자기간말의 미래이자율을 예측하여 높은 수익률을 올리려는 방법이다. 즉, 채권의 특정 보유기간을 정하고 수익률곡선을 이용하여 그 목표투자기간말의 수익률을 예측한다. 이를 이용하여 그 시점에서의 채권가격을 계산한 다음 매매차익과 이자의 재투자수익을 가지고 채권 보유기간 수익률을 계산한다.

이러한 분석을 여러 채권에 적용하여 가장 높은 보유기간 수익률이 예상되는 채권을 선택하는 방법이다.

8.3.3 수익률곡선타기전략

수익률곡선타기전략(riding yield curve strategy)은 우상향하는 수익률곡선을 이용하여 채권의 잔존기간이 짧아지면서 수익률 하락으로 인한 채권매매이익을 얻으려는 전략으로서 목표투자기간 분석의 한 종류라 할 수 있다.

만일 현재의 우상향 수익률곡선이 투자기간 내에도 그대로 유지될 것으로 예상된다고 하자. 시간이 경과하여 채권 잔존기간이 짧아짐에 따라 채권수익률은 낮아지게 되어 채권가격은 올라가게 된다. 채권을 매도하면 채권매매이익을 얻게 된다.

[그림 8-4] 수익률곡선타기전략

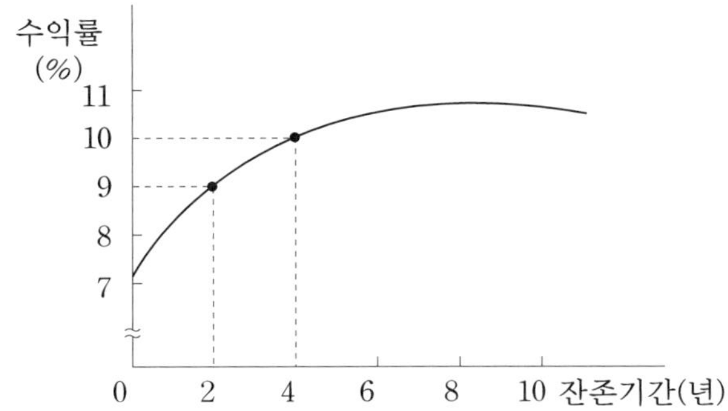

다음 [그림 8-4]는 우상향하는 채권수익률곡선을 나타낸 것인데 2년 후에도 우상향하는 동일한 수익률곡선이 예상된다고 하자. 우상향하는 수익률곡선에서는 채권의 잔존기간이 짧아질수록 수익률은 낮아지고 채권가격은 올라가게 된다.

만약 투자자가 만기가 4년인 채권을 수익률이 10%일 때 매입할 경우 2년 후에는 수익률이 9%로 낮아진다. 이 때 투자자는 2년간의 이자소득과 아울러 잔존기간이 짧아지면서 수익률의 하락으로 인한 채권매매이익을 얻게 된다.

이러한 채권매매이익은 우상향하는 수익률곡선의 기울기가 가파를수록 커지게 되는데, 이러한 수익률곡선에서는 잔존기간이 짧아질 때 수익률이 낮아지는 정도가 커지기 때문이다.

만약 수익률곡선이 예측과는 달리 우상향하는 형태가 아닐 경우 채권매매손실을 입게 된다.

8.3.4 상황적응 면역전략

상황적응 면역전략(contingent immunization)은 적극적 투자전략과 소극적 투자전략을 동시에 수행하는 방법으로서 최소허용 포트폴리오 수익률(minimum acceptable portfolio return)[5] 이상에서는 적극적인 투자전략을 운용

5) 이를 달성하기 위한 포트폴리오의 최소한의 목표가치를 trigger point라고 한다.

하다가 이 수준에 이르면 소극적인 투자전략인 면역화 전략으로 수정하는 전략이다.

상황적응 면역전략을 예를 들어 살펴보자.[6] K펀드매니저는 현재 10억원 규모의 채권포트폴리오를 목표투자기간 2년으로 운용하고 있다. 그는 투자기간 2년 말에 최소허용 포트폴리오 수익률이 10%, 즉 2년 말 11억원의 채권포트폴리오 가치를 목표로 한다.

만약 시장이자율이 10%라고 할 경우 현재 9.09억원을 소극적으로 투자하면 2년 후에 9.09억원$\times(1.10)^2=$11억원이 된다. 따라서 현재의 채권포트폴리오 가치 10억원은 최소한 목표가치(trigger point)를 상회하고 있기 때문에 일부를 보다 적극적인 채권투자로 운용할 수 있다. 이를 좀더 일반화시켜 보자.

시장이자율을 r, 투자잔여기간을 T라고 하면, 최소한의 목표가치에 이르기 위해 현재 필요한 채권투자금액은 11억원$/(1+r)^T$이 된다. 예를 들어 만약 다른 조건은 일정하고 이자율이 12%로 상승할 경우, 최소한의 목표가치에 이르기 위해 현재 필요한 채권투자금액은 11억원$/(1+0.12)^2=$약 8.77억원이 된다.

상황적응 면역전략에 의하면 만약 채권포트폴리오의 가치가 최소한의 목표가치에 이르게 되면 적극적 투자를 소극적 투자로 바꾸어야 한다. 다음 [그림 8-5]의 (a)에서 포트폴리오가치가 t^*시점에서 최소한의 목표가치에 이르게 되

[그림 8-5] 상황적응 면역 전략

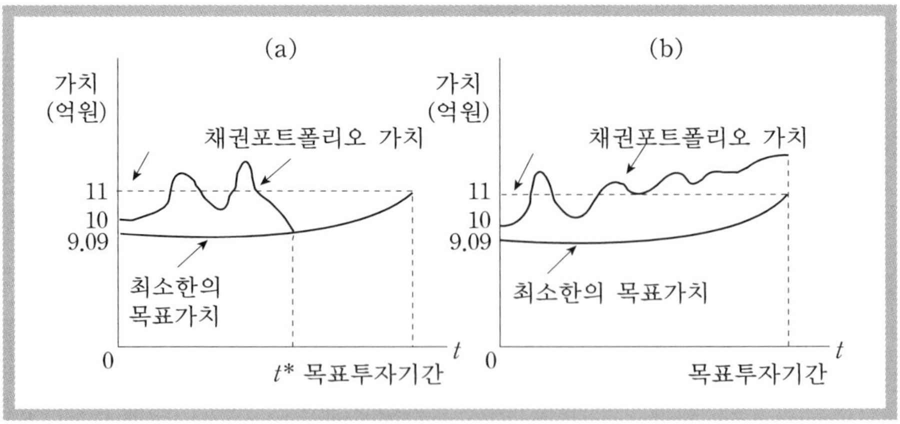

6) Z. Bodie, A. Kane and A. Marcus, Essentials of Investments, 3rd edition, Irwin.

면 적극적 채권투자로부터 소극적 채권투자로 전환하여 목표가치 11억원을 유지하게 된다. [그림 8-5]의 (b)에서는 채권포트폴리오 가치가 투자기간 동안 계속하여 최소한의 목표가치 이상에서 유지되는 경우를 볼 수 있다.

■용어정리

이자율위험(interest rate risk): 이자율이 변하면 채권가격이 변하며, 이자율과 채권가격은 반비례의 관계에 있게 되는 것과 같이 이자율이 변함에 따라 채권투자에 따르는 수익이 변동하는 위험을 말한다.

가격위험(price risk): 이자율이 상승함에 따라 채권가격은 하락하고, 이자율이 하락하면 채권가격은 상승하게 되는 위험을 말한다.

재투자위험(reinvestment risk): 이표채의 경우와 같이 각 기간 지급받는 이자를 재투자할 때 이자율이 변동함에 따라 재투자수익이 달라지는 위험을 말한다.

듀레이션(duration): 채권에서 각 기간 현금흐름의 현재가치가 채권가격에서 차지하는 비중으로 가중평균한 만기(weighted average maturity)를 의미한다.

이자율탄력성(interest rate elasticity): 이자율변화율에 대한 채권가격의 변화율을 말한다.

소극적 채권투자전략: 미래의 예측 불가능한 이자율변동위험에만 대응하려는 전략을 말한다.

적극적 채권투자전략: 채권시장이 완전하게 효율적이지 않다고 보고 저평가된 채권을 매입하는 전략을 말한다.

채권지수펀드(bond index fund)전략: 채권지수 종목을 대상으로 채권포트폴리오를 구성하여 투자함으로써 위험을 줄이고자 하는 전략을 말한다.

면역전략(immunization strategy): 순자산가치(net worth)를 이자율변동으로부터 전혀 영향받지 않도록 하는 전략을 말한다.

채권스왑(bond swaps): 상황의 변화에 따라 보유하고 있는 채권을 다른 채권으로 교환하여 더 높은 수익률을 올리려는 전략을 말한다.

목표투자기간분석(horizon analysis): 수익률곡선을 이용하여 투자기간말의 미래이자율을 예측하여 높은 수익률을 올리려는 방법을 말한다.

수익률곡선타기전략(riding yield curve strategy): 우상향하는 수익률곡선을 이용하여 채권의 잔존기간이 짧아지면서 수익률 하락으로 인한 채권매매이익을 얻으려는 전략을 말한다.

상황적응 면역전략(contingent immunization): 적극적 투자전략과 소극적 투자전략을 동시에 수행하는 방법으로서 최소허용 포트폴리오수익률(minimum acceptable portfolio return) 이상에서는 적극적인 투자전략을 운용하다가 이 수준에 이르면 소극적인 투자 전략인 면역화전략으로 수정하는 전략을 말한다.

■연습문제■

1. 한양기업(주)과 학사기업(주) 회사채 만기는 모두 3년으로 같다. 그러나 한양기업(주) 회사채는 액면금리가 20%이고, 학사기업(주) 회사채 액면금리는 10%이다. 현재 이자율은 12%이고, 이자율이 14%로 상승한다면 이 중 어느 기업 회사채가 더 큰 가격 변화를 보이는가? 단, 액면금액 100,000원, 이자는 연 4회 지급한다.

2. 액면금액 100,000원, 12%의 액면금리를 가진 회사채 만기는 2년이고, 만기수익률은 12%이다. (1) 1년에 한번 이자를 지급할 경우와 (2) 1년에 4회 이자를 지급할 경우 이 회사채의 듀레이션은?

3. 한양기업(주)의 회사채는 발행된 지 1년이 지난 후 현재 유통시장에서 만기수익률 14%로 매매되고 있다. 액면 100,000원, 액면금리 12%, 반년마다 이자지급, 그리고 2년 후에 상환한다.
   (1) 한양기업(주) 회사채의 가격을 구하고, 듀레이션을 계산하시오.
   (2) 이자율이 연 14%에서 16%로 상승하면 가격은 얼마나 낮아지는지 계산하시오.
   (3) 또한 여기서 구한 가격 변화율($\frac{\triangle P}{P}$)이 〈식 8.4〉에 의해 확인됨을 보이시오.

4. 아파트 중도금과 잔금을 매년 말 1억 원씩 2년간 갚아야 할 회사원 이 과장은 거기에 대비하여 가장 안전하고 확실하게 투자할 대상을 찾고 있다. 현재의 이자율은 10%이다.
   (1) 채무의 현가와 듀레이션은 각각 얼마인가?
   (2) 무액면금리 국채를 매입한다면 어느 만기의 채권을 매입해야 하는가?
   (3) 2년 후 2억원을 갚기에 충분한 금액과 듀레이션을 가진 국채를 매입했다고 하자. 1년 후에 이자율이 14%로 올라가면 이 국채의 가치와 채무액과의 차이는 얼마인가? 반대로 이자율이 6%로 떨어지면 그의 포지션은 어떻게 바뀌는가?

5. 현재 자산이 1,000,000원인 대한공제회는 5년 후 1,496,328원을 지급해야 할 의무를 지고 있다. 현재 이자율은 연 8%이다. 목표기간 5년과 같은 듀레이션을 가진 회사채에 현재 자산 1,000,000원을 투자했을 때, 이자율이 현재 8%에서 9%로 오른다고 해도 의무 지급액 1,496,328에 변함이 없음을 보여라. 단 회사채의 액면은 1,000,000원, 액면금리 8%, 만기 6년, 그리고 이자는 연 1회 지급한다.

알기 쉬운 경제 상식

Common sense case 8. 은행 합병 이야기

얼마 전 A은행과 B은행이 합병한다는 소문이 파다했습니다. 두 은행은 여의도 증권거래소에 상장되어 있어요. 증권거래소는 주주들을 위해 합병 소문에 대한 은행의 입장을 밝히라고 요구했지요. 두 은행은 결국 "합병에 대해 결정된 것은 없으며, 앞으로 진행 사항이 있으면 재공시하겠다"고 밝혔답니다.

두 은행의 합병설에 대해 증시에선 대체로 긍정적으로 받아들였고, 주가도 올랐습니다.

실제로 합병할지는 두고 볼 일이지만, 소매 금융에 강점을 갖고 있는 두 은행이 합치면 좋은 결과를 낳을 것이라는 분석이 많았기 때문이죠. 두 은행이 합쳐질 때 1+1=2를 넘어 1+1=3이 되는, 이른바 시너지 효과를 거둘 수 있을 것이란 얘기입니다.

외환 위기 이후 은행 합병이란 단어가 자주 등장했었죠. 실제 합병한 은행도 적지 않습니다. 일반적으로 은행들이 합병하는 이유는 몸집을 키워 각종 비용을 줄이기 위해서입니다. 경제학에서는 이를 '규모의 경제(economy of scale)'이라고 합니다.

덩치를 키우면 제품 하나를 만들거나 서비스를 제공하는 데 들어가는 비용(평균비용)이 줄어드는 현상을 규모의 경제라고 합니다. 그만큼 효율적으로 제품이나 서비스를 생산할 수 있게 되는 겁니다.

2001년 11월 1일에 새롭게 출범한 국민은행은 옛 국민은행과 주택은행이 합쳐진 곳입니다. 소매 금융 중에서도 가계 금융에 강한 옛 국민은행과 주택 담보 대출 등 주택 금융에 특화된 주택은행이 합친 것입니다.

한빛은행도 상업은행과 한일은행이 합병해서 생긴 은행입니다. 두 은행은 모두 예금으로 조달한 자금을 주로 기업에 대출해 주는 도매 금융의 비중이 높았던 곳입니다. 2001년에 한빛은행도 우리금융 지주회사에 편입됐습니다.

국민은행은 규모의 경제를 통해 비용을 절감해 보자는 취지에서 탄생한 합병은행이죠. 규모의 경제는 또한 시장에서 막강한 힘을 발휘할 수 있게 합니다. 덩치가 클 뿐더러 이익도

은행 합병 일지

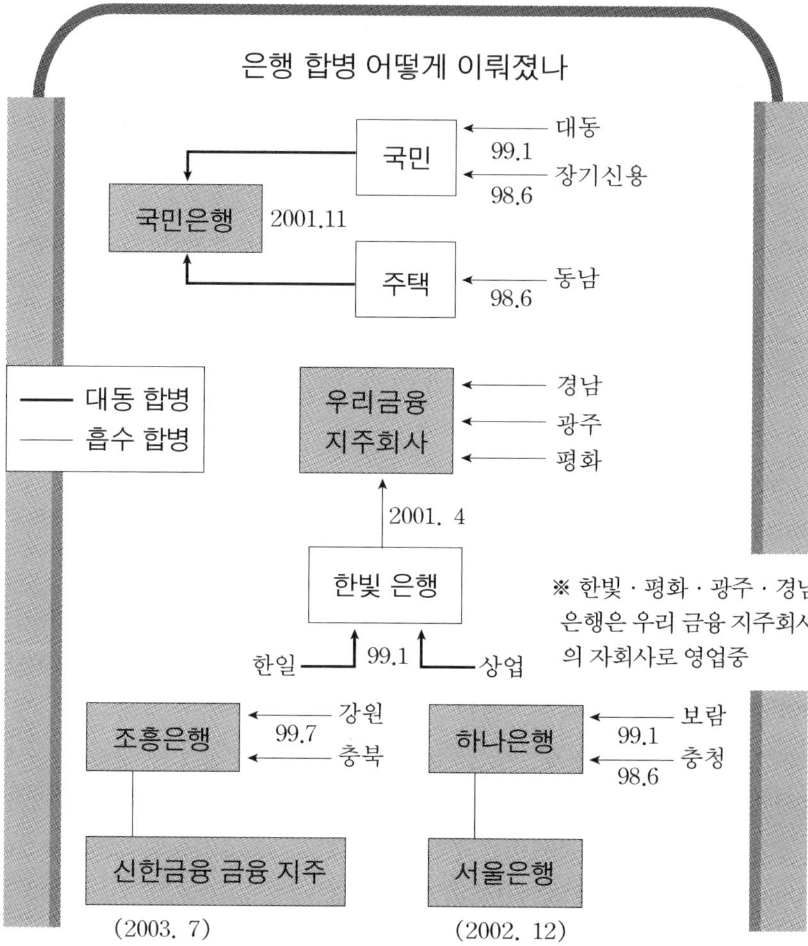

국내 은행 얼마나 줄었나

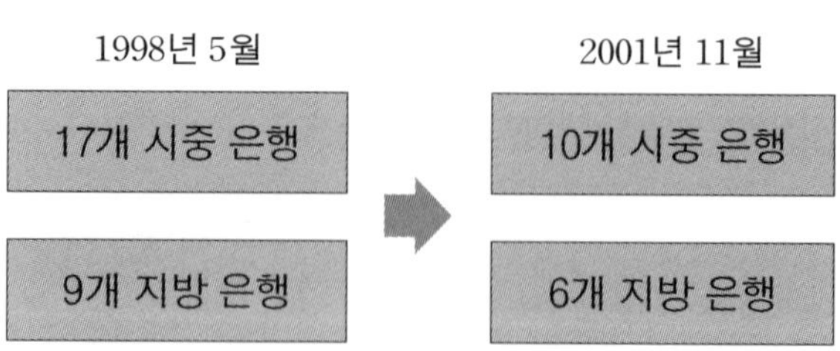

많이 내는 국민은행이 예금이나 대출 금리를 내리기로 하면 다른 은행들은 어쩔 수 없이 따라가게 되는 것입니다.

국민은행의 덩치가 워낙 커져 다른 은행들은 정면으로 맞붙지 못하고 국민은행의 눈치를 살펴야 할 처지입니다. 은행들이 합병하는 또 하나의 이유는 다양한 분야에서 강해지기 위해서입니다. 예를 들어 한 은행은 소매 금융에 강하고, 다른 은행은 도매금융에서 1등이라고 할 때 두 은행이 합치면 도매 · 소매 금융에 모두에서 강자가 될 수 있다는 논리입니다.

소매 금융에 강한 은행이 도매 금융을 키우려면 많은 시간과 돈이 들어가므로 아예 도매 금융에 강한 은행과 합병한다는 것이죠. 경제학에서 말하는 '범위의 경제(economy of scope)'를 위한 것이라고 할 수 있습니다.

범위의 경제란, 한 기업이 여러 제품을 생산할 때 들어가는 비용이 이 제품들을 여러 기업에 나눠서 각각 생산할 때의 비용보다 싸지는 효과를 말합니다. 이 같은 효과를 높이기 위해서 합병하는 은행들끼리 겹치는 부분이 적어야 하겠지요.

옛 국민은행과 장기신용은행의 합병은 일반적인 은행 합병과는 달리 규모와 업무성격이 다른 은행 간의 합병이었습니다. 합병 전 국민은행은 예적금 등 상대적으로 낮은 이자의 자금을 조달해 가계와 소기업에 대출하는 소매 금융 위주의 은행이었죠. 반면 장기신용은행은 금융채를 발행해 조달한 자금을 주로 기업에 대출해 주는 도매 금융을 하고 있었습니다.

소매 금융의 강자인 국민은행과 기업 금융의 노하우를 자랑하는 장기신용은행이 효율적으로 결합하면 업무 다각화 등에 힘입어 범위의 경제를 기대할 수 있다는 것이죠. 은행 합병은 또 부실 은행을 처리하기 위한 수단으로도 활용됩니다. 특히 우리나라와 일본에서는 경쟁력을 높이기 위해 은행들이 자율적으로 합병한 경우보다는 부실 은행을 처리하기 위해 이뤄진 합병이 많습니다.

부실은행을 청산하거나 공적 자금을 집어 넣어 살리는 것보다 다른 은행 합병시키는 게 금융 시스템의 안정을 유지할 수 있고, 돈도 비교적 적게 들어가기 때문이죠.

우리나라의 첫 합병 은행은 1976년 서울은행과 신탁은행이 합쳐 탄생한 서울신탁은행(2002년 하나은행과 합병)입니다. 서울신탁은행이나 그 후 22년 만인 1998년에 이뤄진 상업+한일=한빛, 조흥+강원+충북=조흥은행 등의 합병사례는 부실을 처리하기 위한 목적이 더 컸답니다.

정리하면 은행 합병의 목적은 규모의 경제, 범위의 경제, 부실 은행의 처리 등이라고 할 수 있습니다. 우리나라나 일본 같은 곳에선 부실은행의 처리를 위해 은행 합병이란 방법을 쓰기도 하지만 미국에서는 이런 일을 생각하기 어렵답니다.

미국의 경우 종전엔 대형화에 따른 비용 절감과 효율성 향상을 위해 합병이 이뤄졌고, 요즘 들어선 영업활동의 보완을 통해 고객에게 다양한 서비스를 제공하거나 영업 지역을 확

대해 수익 기반을 넓히는 것을 목적으로 하는 합병이 늘고 있습니다.

은행 합병이 항상 성공하는 것은 아닙니다. 합병이란 게 서로 다른 두 회사가 합쳐지는 것이어서 합치기도 쉽지 않지만 합병 후 조직 융합을 잘못하면 합병하지 않은 것만 못한 경우도 있습니다.

제 4 편

증권시장 효율성과 증권 분석론

The Investment Theory

제 9 장 증권시장의 효율성

증권시장의 효율성은 정보가 얼마나 신속히 전파되어 주가에 반영되는 것을 말하는 것이다. 그리고 이러한 증권시장의 효율성의 정도가 어느 정도인지를 파악하는 방법과 주식 투자 기법인 기술적 분석과 기본적 분석 방법에 대해 다루고 있다. 증권 시장의 효율성과 배치되는 시장 이례 현상에 대해 기술하고 있다.

9.1 랜덤 워크와 효율적 시장가설

만약 과거 Kendall[1)]이 주가의 예측 가능성을 발견하였다고 가정하자. 이는 투자자가 금광을 발견한 것과 같다. 과거 Kendall 방식을 사용하여 주가를 예측할 수 있으면, 투자자는 컴퓨터 모형에 의해 가격이 상승할 것으로 예상되는 주식을 매입하고, 하락이 예상되는 주식을 매각함으로써 무한정의 이익을 얻을 수 있을 것이다.

하지만, 좀더 생각해 보면 이 상황이 오래 계속되지 않는다는 것을 쉽게 알 수 있다. 예를 들어 이 예측모형이 현재 주당 100원인 XYZ 주식의 주가가 3일 동안 급등하여 110원이 될 것이라고 전망하였다고 하자. 모형의 예측을 이용할 수 있는 모든 투자자는 어떻게 할까? 즉시 주가상승으로 이익을 얻고자 하는 매입주문이 물밀듯 할 것이다. 그러나 XYZ를 보유하고 있는 투자자는 아무도 팔려고 하지 않는다. 그 결과 즉시 주가는 110원까지 급등할 것이다. 바꾸어 말하면, 모형의 예측에 내포된 '호재(good news)'는 즉시 주가에 반영된다.

이 간단한 예는 주가변동의 일정한 유형(pattern)을 찾아내고자 하는 Kendall의 시도가 왜 실패할 수밖에 없었는가 설명하고 있다. 모든 시장참가자들이 주가가 급등하기 전에 행동에 참여하고자 함에 따라 바람직한 장래의 주가변동에 관한 예측은 곧 바로 실현된다.

보다 일반적으로, 주가변동의 예측에 이용될 수 있는 정보는 이미 주가에 반영되었다고 할 수 있다. 주식이 시장에서 저평가되어 이익을 얻을 기회가 있음을 의미하는 정보가 조금이라도 있으면 투자자는 그 주식을 매입하려고 모여들기 때문에 주가는 단순히 정상수익률만 기대할 수 있는 적정한(fair) 수준까지 밀어 올려진다. 이 **'정상수익률**(ordinary rate)'이란 그 주식의 리스크에 상응하는 수익률을 말한다.

1) 1953년에 그는 주가 움직임에서 예측 가능한 패턴을 찾아 낼 수 없다는 사실을 발견하였으며, 주가는 무작위적으로 변동하므로 데이터에서 주가 움직임을 예측하는 것은 불가능하다고 밝혔다. Mauris Kendall, "The Analysis of Economic Time Series, Part I: Prices," *Journal of Royal Statistical Society* 96(1953).

그러나 만약 모든 이용 가능한 정보를 바탕으로 주가가 즉시 적정한 수준에서 형성된다면 주가는 새로운 정보에만 반응하여 하락하거나 상승한다는 것을 의미한다. 정의상 새로운 정보라는 것은 예측이 불가능하다. 만약 예측 가능한 정보라면 그 예측이 지금 입수 가능한 정보의 일부이다. 따라서 새로운 (예측 불가능한) 정보에 반응하는 주가는 예측할 수 없는 변동을 할 것이다.

이것이 주가는 술 취한 사람처럼 갈지자 걸음을 걷는다는, 즉 주가 변동은 **랜덤워크**(random walk)로 예측할 수 없다는 주장의 핵심이다.[2] 랜덤워크로 움직이는 주가의 변동은 시장의 비합리성에 대한 증거가 아니라, 현명한 투자자들이 주식가치에 관련된 정보를 시장의 다른 사람보다 먼저 발견하려고 경쟁하는 필연적인 결과이다.

가격변동의 랜덤 특성과 가격수준의 비합리성을 혼동하지 말아야 한다. 가격이 합리적으로 결정되었으면 새로운 정보만이 가격을 변동시킬 것이다. 따라서 랜덤워크는 주가가 현재의 모든 정보와 지식을 항상 반영하는 자연스런 결과이다. 반면에 실제 주가의 변동이 예측 가능하면 이것은 모든 이용 가능한 정보가 주가에는 아직 반영되지 않았다는 것으로 그것은 주식시장의 비효율성을 나타내는 분명한 증거이다. 따라서 주가가 모든 이용 가능한 정보를 이미 반영하고 있다고 하는 개념은 **효율적 시장가설**(efficient market hypothesis: EMH)로 정의된다.[3]

9.1.1 효율성의 원천인 경쟁

왜 주가는 '모든 이용 가능한 정보'를 반영해야 하는가? 정보를 모으기 위해 돈과 시간을 투입한다면 다른 투자자들이 찾아내지 못한 정보를 발굴할 수 있어야 할 것이다. 정보를 입수하거나 분석하는 데 비용이 들면 이러한 비용이

---

2) 이 용어를 엄격히 말하면, 주가 움직임은 서브마팅게일(submartingale) 형태를 가진다. 즉 화폐의 시간가치와 체계적 위험을 반영하여 시간에 따른 주가의 기대변화(expected change)는 정(+)의 값을 가진다. 랜덤워크 가설은 주가의 연속적 변화는 각각 독립적이며 동시에 동일한 분포를 가진다는 보다 더 엄격한 제약을 가지고 있다. 그럼에도 불구하고, '랜덤워크'라는 용어는 주가 변화가 예측 불가능하다는 의미로 폭넓게 사용되고 있다.

3) 시장효율성을 제 4 장에서 소개된 효율적 포트폴리오의 개념과 혼동해서는 안 된다. 정보에 있어서 효율적인 시장이란 정보가 신속히 전파되어 주가에 반영되는 것을 말한다. 반면 효율적 포트폴리오는 주어진 리스크 수준에 대해 가장 높은 수익률을 제공하는 포트폴리오를 말한다.

수반되는 투자분석에 따라 그에 상응하는 만큼 수익률이 높아지기를 기대할 것이다.

이 점은 Grossman & Stiglitz[4]에 의해 강조된 바 있다. 이들은 투자자는 새로운 정보를 발굴하거나 분석함으로써 보다 높은 투자수익률을 얻을 가능성이 있다면 이를 위해 시간과 자원을 투입할 동기를 가진다고 주장하였다. 그러므로 시장균형(market equilibrium) 상태에서는 효율적인 정보수집 활동에 결실이 있어야 한다. 또한 여러 증권시장에 따라서 효율성의 정도가 다르다. 예를 들어 미국 증권시장에 비해 집중적인 분석이 적고 회계공시요건이 덜 엄격한 신흥증권시장(emerging market)은 미국증시보다 효율성이 낮을 것이다. Wall Street의 증권 애널리스트들의 주목을 덜 받는 소형주식들은 대형주에 비해 상대적으로 가격형성이 비효율적일 수 있다.

9.1.2 효율적 시장가설의 유형

효율적 시장가설(EMH)은 세 개의 유형, 즉 **약형** EMH(weak-form EMH), **준강형** EMH(semistrong-form EMH), **강형** EMH(strong-form EMH)로 구분하는 것이 보통이다. 이들 세 가지 가설은 '모든 이용 가능한 정보(all available information)'라는 말이 뜻하는 개념에 따라 다르게 정의된다.

약형 EMH는 주가가 과거의 가격, 거래량 또는 대주 잔고(short interest) 등 시장거래 데이터로부터 얻을 수 있는 모든 이용 가능한 정보를 이미 반영하고 있다고 주장한다. 이 약형 가설은 주가의 추세분석(trend analysis)이 주가의 미래 움직임을 예측하는 데 효과가 없다는 것을 뜻한다. 과거의 주가자료는 이미 공개적으로 입수가능하고 입수비용이 발생하지 않는다. 약형 가설은 과거의 주가 자료가 장래의 주가 움직임에 관해 신뢰성이 있는 신호(signal)를 조금이라도 내포한다면, 모든 투자자가 이미 그 신호를 이용할 줄 알고 있을 것이다. 예를 들어 매수 신호(buy signal)는 즉각적인 가격상승을 가져오기 때문에, 이러한 신호는 널리 알려지는 즉시 가치가 없어지게 된다.

준강형 EMH는 기업의 장래에 관한 공개된 이용 가능한 모든 정보는 이미

4) Sanford Grossman and Joseph E. Stiglitz, 'On the Impossibility of Informationally Efficient Markets,' American Economic Review 70(June 1980).

주가에 반영되어 있다는 것을 말한다. 그러한 정보는 과거의 주가와 기업의 생산에 관한 기본정보, 경영진의 능력, 재무제표 상황, 특허보유 상황, 예상수익, 회계처리방식 등 기업에 대한 기본적인 정보도 포함하고 있다. 공개되어 이용할 수 있는 정보를 투자자 누구나 입수할 수 있다면 이러한 정보는 주가에 이미 반영되어 있다고 생각할 수 있다.

마지막으로 효율적 시장가설의 가장 강력한 형태인 **강형** EMH는 주가는 기업의 내부자(insider)밖에 알지 못하는 정보도 포함한 모든 정보를 반영하고 있다고 주장한다. 이 강형 EMH 가설은 매우 극단적이다. 하지만 기업경영자가 기업내부정보가 공개되기 전에 이를 이용하여 주식거래에서 이익을 얻을 수 있다는 것을 부정하는 사람은 없을 것이다. 이에 국내 증권거래법은 '회사 내부자가 직무와 관련해 알게 된 미공개 중요 정보(내부정보)를 이용해 유가증권을 매매하거나 다른 사람에게 정보를 제공하는 하는 행위'를 내부자거래로 규정하고 있으며, 여기서 회사내부자란 임원, 직원 대리인(법정대리인 또는 임의대리인), 주요 주주, 이러한 회사내부자에 해당되지 아니한 날로부터 1년이 경과되지 않은 자까지 포함된다. 또한 회사 내부자는 아니지만 직무나 지위에 의해 내부정보에 접근할 수 있는 공무원, 감독기관 임직원, 기자, 공인회계사, 주거래은행 임직원, 유가증권 인수회사 직원 등도 준내부자로 분류하여 그 특권적 위치를 이용하여 이익을 얻는 것을 방지하고 있다. 그러나 내부자거래(insider trading)를 정의하는 것이 쉬운 것은 아니다.

9.2 투자전략에 있어서 EMH의 의미

9.2.1 기술적 분석

기술적 분석(technical analysis)이란 기본적으로는 주가의 반복성이 있는 유형과 예측 가능한 유형을 찾는 것이다. 기술적 분석을 전문으로 하는 사람은 기업의 경제적인 장래 전망에 관한 정보의 가치는 인정하지만, 성공적 거래 전략을 위해서 그러한 정보는 필요없다고 믿는다. 그 이유는 주가가 변동하는 근본적인 이유가 무엇이든, 주가의 반응이 매우 서서히 일어나면, 애널리스트는 이 조정기간 중에 활용할 수 있는 추세를 찾아낼 수 있기 때문이다. 성공적인 기술적 분석의 핵심은 주가가 근본적인 수급요인에 천천히 반응하는 것이다. 물론 이 전제조건은 효율적 시장의 개념에 정면으로 대립한다.

기술적 분석을 하는 사람(technician)을 차트 애널리스트(chartist)라고도 하는데, 그 이유는 이익을 획득할 수 있는 주가 움직임의 유형을 찾아내기 위해

[그림 9-1] 기술적 분석. A. 모멘텀, B. 브레이크어웨이, C. 머리 & 어깨들

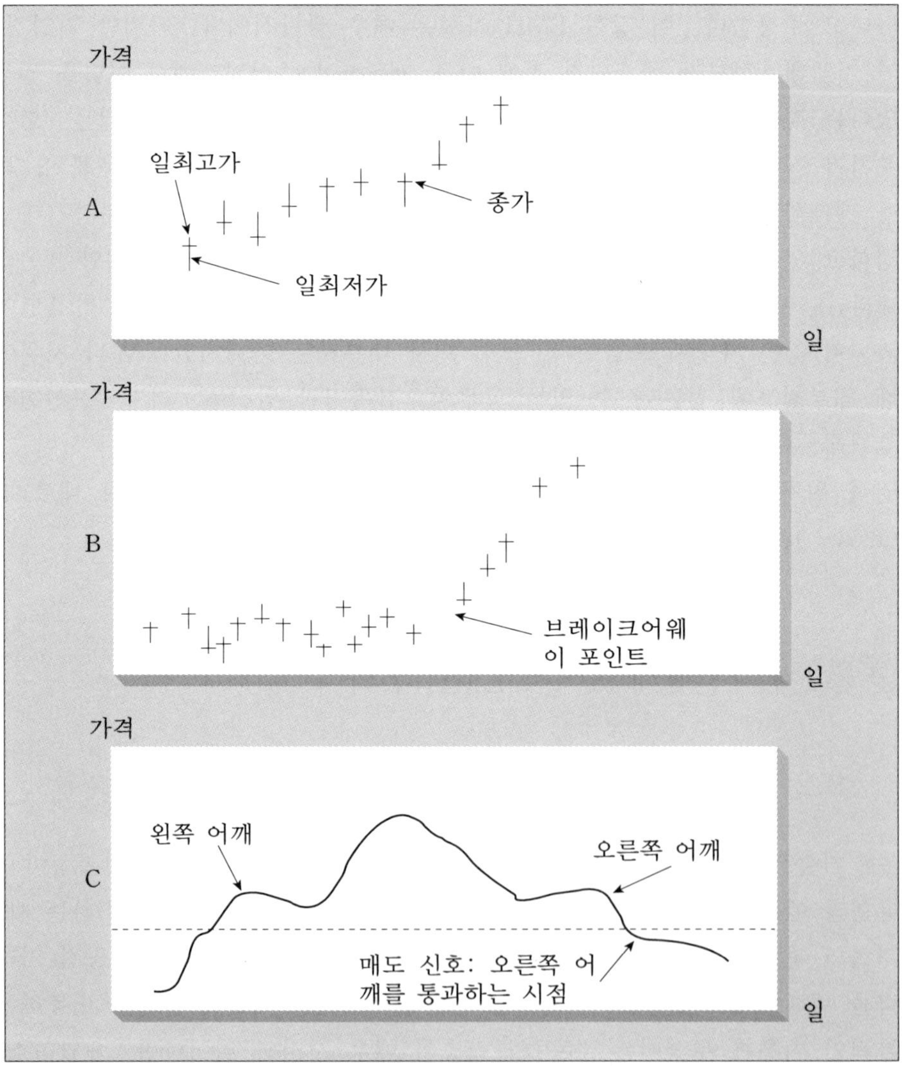

과거 주가의 도표 혹은 기록을 연구하기 때문이다. [그림 9-1]은 차트 애널리스트가 찾아내려고 하는 몇 개 유형의 예이다. 차트 애널리스트는 주가동향 추세가 어떤지 조사하기 위해 매일의 주가 고저를 연결하는 선을 그린다([그림 9-1] A). 횡선은 장 마감 때의 시세를 나타낸다. 이것은 '모멘텀(momentum)'을 모색하는 것이라고 불린다. '브레이크어웨이(break-away)'([그림 9-1] B)나 '머리와 어깨(head and shoulder)'([그림 9-1] C) 등도 매수나 매도의 시점을 찾아내는 신호로 보고 있다. '머리와 어깨(head and shoulder)'는 사람의 머리와 어깨에 유사하여 붙여진 이름이다. 차트 애널리스트들은 일단 오른쪽 어깨가 관통되면(neckline이 뚫렸다고 한다) 주가는 대폭 하락할 것으로 믿고 있다.

고안자 Charles Dow(Wall Street Journal의 창립자)를 기념하여 명명된 **다우 이론**(Dow theory)은 거의 모든 기술적 분석의 효시이다. 다우 이론의 목적은 주식가격의 장기추세를 찾는 것이다. 여기에 사용되는 두 개의 지수는 Dow Jones Industrial Average(DJIA)와 Dow Jones Transportation Average(DJTA)이다. DJTA는 기본적인 주가추세를 나타내는 핵심지표이며, 반면 DJTA는 DJIA가 주는 신호를 점검하는 목적으로 사용된다.

Dow이론은 주가에 동시에 영향을 주는 세 가지 요인을 가정한다.

❶ **기본추세**(primary trend)는 수개월, 혹은 수년에 걸친 주가의 장기적인 움직임을 나타내고,

❷ 제 2차 또는 **중기추세**(intermediate trend)는 기본적인 장기추세선에서 단기적인 주가의 이탈에 의해 발생한다. 이 괴리는 주가가 추세치에 복귀함으로써 해소된다.

❸ 제 3차 또는 **소추세**(minor trend)는 중요성이 적은 매일의 주가변동이다.

[그림 9-2]는 주가변동의 세 부분을 나타내고 있다. 이 그림에서는 기본추세선은 위쪽을 향하고 있지만, 중기추세는 2, 3주간의 짧은 시장하락을 보여준다. 하지만 매일의 소추세는 주가에 장기적인 영향은 미치지 않는다.

[그림 9-3]은 주가 움직임이 다우 이론과 잘 부합하는 1998년의 DJIA의 움직임을 나타낸다. 증시의 각 정점이 그 전의 정점보다도 높다고 하는 사실(F점과 D점과 B점의 비교)은 기본추세가 상향임을 잘 보여 준다. 마찬가지로 각

[그림 9-2] 다우 이론 추세

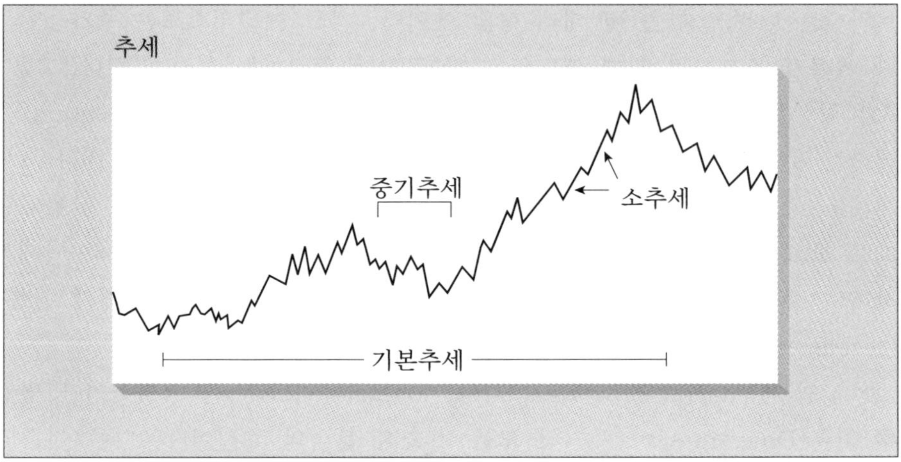

자료: Melanie F. Bowman and Thom Hartle, "Dow Theory", *Technical Analysis of Stocks and Commodities*, September 1990, p.690.

[그림 9-3] Dow Jones Industrial Average(DJIA), 1998

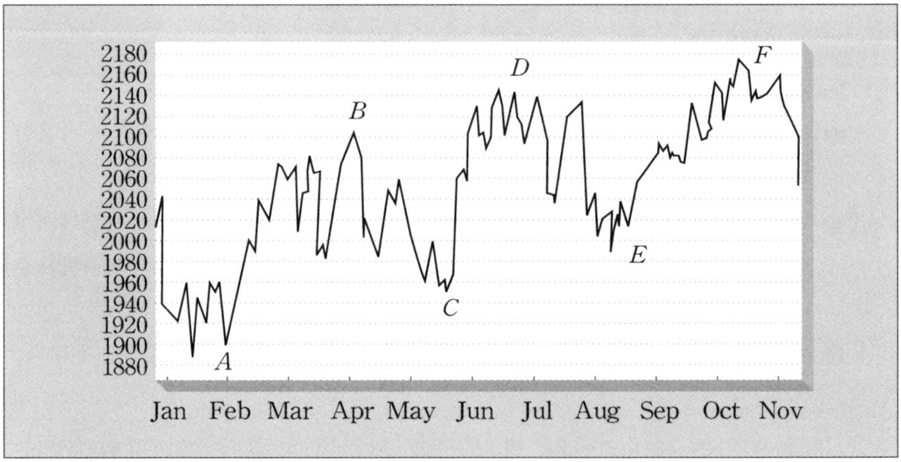

자료: Melanie F. Bowman and Thom Hartle, "Dow Theory", *Technical Analysis of Stocks and Commodities*, September 1990, p.690.

저점도 그 전의 저점보다 높다(E점과 C점과 A점의 비교). 저점과 정점의 이러한 상향추세를 파악하는 것이 기본추세를 찾아내는 가장 기본적인 방법의 하나이다.

그리고 [그림 9-3]에서 기본 추세가 상향임에도 불구하고 중기추세는 단기적인 주가하락이 있을 수 있는 것에 유의하자(*B*점에서 *C*점, 또는 *D*점에서 *E*점으로).

하지만, 중요한 사실은 다우 이론을 평가함에 있어 효율적 시장가설의 교훈을 잊지 말아야 한다. 다우 이론은 예측 가능하게 반복되는 주가의 변동패턴이 있다는 개념을 바탕으로 한다. 그러나 EMH는 이용 가능한 패턴이 있으면 많은 투자자자가 그러한 예측 가능성에서 이익을 얻고자 하는 전략을 택하기 때문에 궁극적으로는 그것이 주가를 움직여 이러한 전략은 스스로 쓸모 없게 된다고 주장한다. [그림 9-3]은 확실히 전형적인 상향 기본추세를 나타내는 것으로 보이지만, 그 추세는 오직 사후적으로만 알 수 있다는 것에 유의해야 한다. 즉, 주가변동의 행태가 나타나기 전에 그것을 알아낸다는 것은 매우 어려운 일이다.

다우 이론의 최근 변화는 Eliot의 파동이론(Wave Theory)과 Kondratieff 파동이론(theory of Kondratieff waves)이다. 다우 이론과 같이 Eliot 파동이론의 배경이 되는 개념은 주가는 여러 파동의 조합으로 나타낼 수 있다는 것이다. 장기와 단기파동의 주기(cycle)를 겹치면 복잡한 주가의 변동패턴이 만들어지는데, 이론에 의해 파동을 분해함으로써 보다 주가의 포괄적인 움직임을 예측할 수 있다는 것이다. 마찬가지로 Kondratieff 파동이란 거시경제(주식시장 포함)는 48~60년 간의 큰 주기를 가지고 변동한다는 이론을 주창한 러시아 경제학자의 이름을 따서 만들어진 것이다. 따라서 Kondratieff 파동은 Dow의 기본추세 혹은 장기추세에 해당되는 것이나 그 주기는 훨씬 길다. 약 50년의 주기는 100년 동안 단지 두 개의 독립변수 데이터를 제공하고, 이 두 개의 관측자료만으로는 이론의 예측능력을 검증하기 곤란하기 때문에 Kondratieff의 주장을 실증적으로 평가하기는 매우 어렵다.

다른 차트기법(chartist technique)의 하나는 이동평균(moving average)을 이용하는 방식이다. 이 방법의 하나는 과거 수개월 간의 평균가격이 주식의 '참된 가치(true value)'를 나타내는 것이라고 생각하는 것이다. 따라서 주가가 이 기본가치를 넘으면 향후 하락할 것으로 예상하는 것이다. 또다른 의미로 이동평균은 장기추세를 가리키는 것으로 생각하는 것이다. 추세선이 하향이고 이동평균 주가보다 현재 주가가 밑에 있으면 향후 주가가 상승하여 이동평균선

위로 올라 오면(break-through) 하향추세의 반전이 일어날 것으로 예측할 수 있다.

또 다른 기법의 하나는 상대강도(relative strength)방식이라고 불리는 것이다. 차트 애널리스트는 특정주식가격의 성과(performance)를 시장평균이나 혹은 동일업종의 다른 주식의 성과와 비교한다. 상대강도방식의 가장 간단한 것은 S&P 500지수와 같은 시장평균에 비교한 주가의 비율이다. 시간에 따라 이 비율이 상승하면 그 주식의 성과는 시장 전체보다 좋으므로, 그 주식은 상대강도를 보인다고 한다. 그렇게 상대강도가 오래 지속되면 이익을 얻을 수 있는 기회가 생길 수 있다는 주장이다.

기술적 분석에서 가장 공통적인 요소는 **저항선**(resistance level) 또는 **지지선**(support level)의 개념이다. 이것은 주가가 그 이상 상승하는 것이 어렵다든가 혹은 그 이하로 하락할 것 같지 않다는 주가수준을 나타내는 것으로, 시장심리에 의해서 결정되는 수준으로 생각하면 된다.

예를 들면 XYZ 주식이 지난 수개월 동안 7,200원에 거래되다가 6,500원으로 하락하였다고 가정하자. 이 이론에 의하면, 주가가 다시 상승을 시작하면 원래 7,200원에 산 투자자는 투자의 손익분기점이 되자마자 주식을 매각하고자 하기 때문에 7,200원은 저항선이라고 생각하게 된다. 따라서 7,200원 근처에는 팔자 압력이 있을 수 있다. 이러한 행동은 과거의 가격에 대한 '기억'이 현재 주가 전망에 영향을 미치는 것으로 보는 것이다.

기술적 분석 역시, 거래량을 중요시한다. 즉 대규모 거래를 동반하는 주가하락은 거래량이 적은 경우에 비해 약세장(bearish market)이 될 것이라는 전망이 보다 일반적인 것으로, 이는 가격하락이 팔자 압력을 더욱 부채질하기 때문이다. 이러한 거래량을 나타내는 지표인 Trin 통계치('trin'은 trading index를 나타내는 약어임)는,

$$\text{Trin} = \frac{\text{하락종목 거래량/하락종목수}}{\text{상승종목 거래량/상승종목수}}$$

을 나타낸다. 따라서 Trin은 주가하락 종목의 평균거래량과 주가상승 종목의 평균거래량의 비율이다. 이 비율이 1.0 이상이면 하락 종목의 평균거래량이 상승 종목의 평균거래량보다 많기 때문에 순매도압력(net selling pressure)을 나

타내는 것으로 약세시장을 의미한다.

그러나 이 Trin 비율이 주식을 살 모든 사람에 대해 반드시 파는 사람과 사는 사람 간의 큰 불균형을 의미하는 것은 아니다. 예를 들면 Trin이 1.0을 넘는 것은 약세장(bearish market)을 의미하는데, 그러나 주가 하락 종목에 대한 매입활동이 활발하다는 것을 나타내는 것을 의미할 수도 있다.

따라서 효율적 시장가설(EMH)은 기술적 분석이 쓸모 없다는 것을 의미한다. 가격과 거래량에 대한 과거의 실적은 비용이 없이 입수할 수 있다. 따라서 과거의 가격을 분석하여 얻을 수 있는 모든 정보는 어떤 것이라도 이미 주가에 반영되어 있다고 보는 것이다. 투자자들이 주가의 과거 실적에 관한 공통의 지식을 활용하려고 경쟁함에 따라 기대수익률이 리스크에 정확히 상응하는 수준까지 주가를 움직인다. 이 수준에서는 비정상수익률(abnormal return)을 기대할 수 없다.

이 과정을 보여주는 하나의 예로, 시장에서 7,200원이 XYZ 주식의 저항선(resistance level)이라고 인식되고 있는 경우 어떻게 되는가를 생각해 보자. 주가가 7,150원이면 주가의 추가상승 여지는 거의 없고, 하락할 여지는 많이 있으므로 아무도 사지 않을 것이다. 그러나 아무도 7,150원에 사지 않으면 그 때는 7,150원이 저항선이 될 것이다. 그러나 마찬가지로 7,100원이나 7,000원이라도 사지 않을 것이다. 저항선의 개념은 논리적인 난제이다. 그에 대한 간단한 해결 방안은 주식이 7,150원에 매매되기 위해서는, 투자자는 가격이 하락하는 것 만큼 쉽게 상승할 것이라고 믿는 것이다. 투자자가 주식을 7,150원에 구입할 의사가 있다는 사실은 그들이 그 가격으로 적정한 기대수익률을 얻을 수 있을 것으로 믿고 있다는 증거이다.

기술적 분석방법의 유용성이 널리 알려지게 된 후에도 여전히 효과가 있을 것인가 하는 것은 흥미로운 질문이다. 현명한 애널리스트는 가끔 수익률을 높일 수 있는 거래기법(trading rule)을 발견할 수 있겠지만, 이러한 거래기법의 유용성이 알려지면 이것이 즉시 주가에 반영되는가 하는 것을 검증하는 것이 효율적 시장에 대한 참된 테스트가 될 것이다.

예를 들어 다우 이론에 의하여 장기상승추세가 예측된다고 하자. 이론이 널리 알려지면 많은 투자자들이 주가 상승을 기대하여 즉시 주식을 구입하려고 할 것이다. 그 효과는 처음 예상된 것 같이 가격상승이 서서히 오래 지속되는 것이 아니라 즉각적이고 급속히 일어나는 것이다. 다우 이론이 예상하는 가격 추세는 가격의 빠른 점프현상으로 대체될 것이다. 가격패턴(price pattern)이 자기 파괴적(self-destructing)일 것이라고 말하는 것은 이러한 의미이다. 어떤 유용한 거래기법(혹은 가격패턴)이 발견되어도 일단 다수의 주식거래자가 그것을 이용할 때는 이미 그 기법은 더 이상 유용한 것이 되지 못한다는 의미이다.

따라서 계속적으로 새로운 분석기법을 모색하고, 그 결과 발견된 성공적인 새로운 거래 룰을 다수 투자자들이 이용하게 될 때 그 효용성이 상실되며, 또 다시 새로운 기법을 모색하는 노력이 계속되는 것이 시장 원동력(market dynamics)이다.

9.2.2 기본적 분석

기본적 분석(fundamental analysis) 또는 근본요인 분석은 적정주가를 결정하기 위해 기업의 수익과 배당의 전망, 미래의 금리 예상치 및 기업의 리스크에 대한 평가를 이용한다. 궁극적으로 기본적 분석이란 주주가 주식보유에서 얻을 수 있는 미래의 모든 현금지급(cash payment)의 할인된 현재가치를 산정하는 노력을 말한다. 그 가치가 현재주가를 상회하면 기본적 분석 애널리스트(fundamental analyst)들은 주식매입을 추천한다.

기본적 분석은 통상 과거의 수익실적을 조사하고 기업의 재무제표를 분석하는 것으로 시작된다. 이러한 분석을 바탕으로 기본적 분석 애널리스트들은 기업경영의 질적 평가, 업계 내의 당해 기업의 위치, 업계 전체의 향후 전망 등을 포함한 자세한 경제분석을 추가한다.

다시 말하면, 효율적 시장가설에 따르면 기본적 분석은 대부분 실패하여야 한다. 즉, 기업 수익성과 산업에 관해 공개된 정보에 의존한 분석에 따른 기업 전망에 관한 평가가 다른 경쟁상대 애널리스트의 전망보다 정확하다고 하기 어렵다. 훨씬 우월한 정보와 자금력을 가지고 시장조사를 하는 분석전문 회사들이 많으며, 이들의 치열한 경쟁으로 인해 다른 애널리스트가 얻지 못하는 특수한 정보나 자료를 찾아내기 어려울 것이다. 오직 특유의 통찰력이나 내부정보를 가진 애널리스트만이 그 보상을 받을 것이다.

기본적 분석은 단순히 좋은 사업전망을 가지고 잘 경영되는 기업을 찾아내는 것보다 훨씬 어렵다. 좋은 기업을 찾아내더라도, 시장의 다른 사람들이 그 기업이 좋다는 것을 알고 있으면 투자자에게 별로 도움이 되지 않는다. 그 정보나 지식이 이미 모든 사람에게 알려져 있으면, 투자자는 이 기업 주식에 높은 가격을 지불할 것이며, 따라서 높은 수익률을 실현할 수 없을 것이다.

결국 중요한 것은 우량한 기업을 찾아내는 것이 아니라, 다른 투자자들이 예상하는 것보다 좋은 기업을 찾아내는 것이 비결이 되는 것이다. 마찬가지로 실적이 불량한 기업이라도, 주가가 실제보다 더 낮게 평가되어 있다면 이 주식에서 높은 수익률을 얻을 수 있다.

이것이 기본적 분석이 어려운 이유이다. 따라서 기업분석을 잘 하는 것만으로는 불충분하다. 즉, 주식의 시장가격은 이미 일반적으로 이용할 수 있는 정보를 모두 반영하고 있기 때문에 경쟁상대의 분석보다 좋은 것이 아니면 높은 수익을 얻을 수 없는 것이다.

9.2.3 적극적 또는 소극적 포트폴리오 관리

지금까지 통상의 주식선택방식을 사용해서는 높은 수익률을 얻을 수 없음을 보았다. 투자자 간의 경쟁으로 인해 단순한 주식평가방식은 여러 투자자들에게 널리 이용되어 여기서 얻는 주식가치에 대한 직관은 곧 주식가격에 반영된다. 다만 특별한 분석방법이나 기법만이 남들과 다른 투자수익을 가져 올 수 있다.

더구나 이와 같은 분석기법은 대규모 포트폴리오 매니저만이 경제성 있게 실현 가능하다. 만약 투자금액이 10만 원에 불과하고, 특별한 분석기법으로 연간 투자수익률을 1% 높인다면 이는 단지 1,000 원의 수익밖에 가져오지 않으며, 이것은 그만한 노력에 대한 대가로는 부족하다. 그러나 10억 원을 운용하는 매니저라면 동일한 1%의 연수익률 증가에 따라 매년 1,000만 원의 추가수입을 얻는다.

만약 소액투자자가 **적극적 포트폴리오 관리**(active portfolio management)를 할 수 없는 경우는 어떤 대안이 있을까? 아마 소액투자자는 뮤추얼 펀드(mutual fund)에 투자하는 것이 더 나을 것이다. 즉, 자원을 풀(pool)화함으로써 소액투자자는 규모의 경제성(economy of size)을 얻을 수 있다.

그러나 보다 어려운 결정이 남아 있다. 대규모 뮤추얼 펀드라도 적정가격에서 벗어난(miss priced) 주식을 발견하는 능력에 대해 투자자가 어떻게 확신할 수 있을까? 더구나 적정가격과 시장가격 간의 폭이 적극적 포트폴리오 관리에 따르는 수수료 등 비용을 상회할 만큼 충분히 큰 것일까?

효율적 시장가설(EMH) 지지자는, 적극적 관리는 유용성이 없고, 발생비용을 정당화할 수 없다고 믿는다. 따라서 그들은 시장보다 우월한 성과를 내려고 시도하지 않는 **소극적 포트폴리오 관리**(passive portfolio management)를 지지한다. 소극적 투자전략은 과소평가 또는 과대평가된 종목을 찾아내려고 하는 것이 아니라, 단지 잘 분산된 포트폴리오를 구축하는 것을 목표로 할 뿐이다. 통상 소극적 투자관리는 매입-보유 전략(buy and hold strategy)이라고 특징지어진다. 효율적 시장이론에 따르면 모든 이용 가능한 정보가 반영되어 주식가격이 적정수준에 형성되어 있기 때문에 주식을 빈번히 사고 파는 것은 수수료만 발생시킬 뿐으로 수익률을 높이는 데는 기여하지 못한다는 것이기 때문이다. 소극적 관리의 중 가장 일반적인 전략이 모든 주식을 포괄하는 광범위한 주가지수(stock index)의 움직임을 그대로 따라가도록 설계된 **지수 펀드**(index fund)를 구성하는 것이다.

이들 두 가지 전략의 혼합전략(hybrid strategy)도 있다. 즉, 한 펀드는 지수에 연동한 소극적 관리형 포트폴리오이며, 다른 하나는 보다 적극적으로 관리하여 이들 두 펀드를 연결하여 소극적 펀드를 보완하는 것이다.

9.2.4 효율적 시장에서 포트폴리오 매니저의 역할

시장이 효율적이라면 주식을 선택하기 위해 열심히 분석하는 대신 왜 신문의 증권면을 벽에 붙여 놓고 작은 화살(dart)을 던져 찍히는 대로 주식을 고르지 않을까? 증권가격이 공정하게 형성되어 있다는 것을 근거로 그러한 결론을 내리기 쉬우나 전적으로 타당한 것은 아니다. 완전히 효율적인 시장이라도 합리적인 포트폴리오 관리의 역할은 존재한다.

즉, 이제 포트폴리오 선택의 기본원칙이 분산(diversification)인 것은 알게 되었다. 모든 주식의 적정가격이 형성되어 있다고 해도, 각각의 주식에는 분산에 의해 제거할 수 있는 기업고유의 위험(risk)이 있다. 따라서 효율적인 시장이더라도 합리적인 종목선택을 위해서는 투자자가 바라는 체계적 위험(systematic risk) 수준에 합당한 잘 분산된 포트폴리오의 선택이 요구된다.

합리적 투자정책은 또한 증권선택에 있어서 세금에 대한 고려가 적정하게 반영되어야 한다. 적용세율이 높은 소득계층의 투자자는 세율이 낮은 소득계층이 선호하는 증권은 좋아하지 않을 것이다. 어떤 수준 이상의 고세율 투자자는 비록 비과세지방채(tax-exempt municipal bond)가 세전 수익률이 상대적으로 낮더라도 이를 선호하고, 반면 저세율 계층에게는 이러한 증권은 매력이 없다.

합리적인 포트폴리오 관리에 대한 세 번째 주장은 투자자의 위험 특성(risk profile)에 관한 것이다. 예를 들면 회사의 이익에 따라 보너스가 변하는 GM 자동차 회사의 고참 임원은 자동차주식을 더 이상 구입하면 안 된다. 그 보수가 이미 GM의 실적에 의존하는 정도가 클수록, 임원은 GM에 과대투자를 하는 것이 되어 포트폴리오 분산을 악화시키는 결과를 초래하기 때문이다.

또한 투자자의 연령에 따른 위험 인내도(risk bearing)에 따라 다양한 포트폴리오 정책이 필요하게 될 것이다. 예를 들면 저축에 의존해서 생계를 유지하는 고령의 투자자들은 이자율 변동에 따라 시장가격이 크게 변동하는 장기채권을 피하고자 할 것이다. 즉, 이들 투자자는 저축에 의해 생활하고 있기 때문에 저축원본의 유지가 필요한 것이다. 반대로 젊은 투자자는 장기채권을 선호할 수 있다. 예상 수명이 긴 사람은 장기채권으로부터 장기간 안정적인 수입이 원본의 보전보다 더 중요할 수 있기 때문이다.

결론적으로 효율적 시장에서도 포트폴리오 매니저의 역할은 중요하다. 투자자의 최적 포트폴리오는 연령, 세율 계층(tax bracket), 위험 회피도(risk aversion), 고용과 같은 다양한 요인의 영향을 받는다. 효율적 시장에서의 포트폴리오 매니저의 역할은, 시장을 이기는 것(beat the market), 즉 시장보다 높은 수익률을 얻기 위한 것이 아니라, 투자자 수요에 맞추어 포트폴리오를 구성하는 것이다.

9.3 시장이례현상과 시장심리

9.3.1 시장이례현상의 종류와 해석

1970년대 후반 이후 미국을 비롯하여 세계 여러 나라에서 진행된 많은 실증연구에서는 자본시장의 효율성을 기각하는 여러 종류의 시장이례현상(market anomalies)이 발견되었다.[5] 시장이례현상이란 자산의 가격에 이론가격으로 설명되지 못하는 부분이 체계적이고 지속적으로 나타나는 현상을 말하는데, 시장이례현상이 자산가격결정에 체계적이고 지속적인 영향을 미친다면 투자자들은 그 정보를 이용하여 보다 나은 투자전략을 수립할 수 있다는 말이 된다. 지금까지 문헌에 나타난 국내외의 대표적인 시장이례현상을 분류하면 [표 9-1]과 같다.

(1) PER 효과

PER 효과(price earnings ratio effect)란 Basu(1977, 1983)에 의해 발견된 것으로서 PER 값이 낮은 주식의 수익률이 위험을 조정한 후에도 PER 값이 높

[표 9-1] 시장이례현상의 종류

- PER 효과
- 규모효과(1월 효과)
- 소외기업효과
- 유동성효과
- 재무구조효과
- 시장가 대 장부가 효과
- 주말효과
- 반전효과

5) 이러한 시장이례현상은 최초로 Journal of Financial Economics, 1978년 6월/9월호에 특집으로 정리되어 보고되었다.

은 주식보다 체계적으로 수익률이 높게 나타나는 현상을 말하며 P/E효과라고도 한다. 그렇다면 이러한 사실은 시장이 P/E비율에 따라 체계적으로 주식의 가격을 잘못 평가한다는 말을 입증하는 것인가? 만약 PER 비율과 같이 간단한 지표를 이용하여 비정상수익률을 계속 찾아낼 수 있다면 이것은 정말 놀라운 일이 아닐 수 없다. 우리 나라의 경우에도 오세경(1994)[6]과 선우석호 외 5인(1994)[7]의 연구결과를 보면 PER 효과가 지속적으로 발생하고 있음이 보고되었다. 이러한 현상을 어떻게 설명할 수 있을까?

이에 대한 한 가지 설명은 위험을 조정하기 위해 사용한 CAPM이 모든 위험을 조정하지 못하기 때문이라 할 수 있는데, 오세경(1994)의 연구는 CAPM 대신에 다요인 모형을 사용하였으나 그 경우에도 PER 효과가 나타나는 것으로 보아 이는 CAPM의 문제라기보다는 PER 자체가 하나의 위험설명요인(risk proxy)인 것으로 해석할 수 있다. 즉, PER가 또 다른 위험지표이기 때문에(앞의 연구모형에서 설명하지 못하는) 수익률이 높다는 것이다. 기대수익은 같고 하나가 위험이 크다면 수익률이 높을 것이고 따라서 PER는 낮을 것이라는 것이다.

(2) 규모효과와 1월 효과

규모효과(size effect)는 소기업효과(small-firm effect)라고도 하며 Baz(1981)에 의하여 최초로 발견되었다. 이것은 위험을 조정한 후에도 소기업주식이 대기업주식보다 수익률이 지속적으로 높은 현상을 의미하는데, 나중 연구에서 밝혀졌듯이(Keim, 1983 참조) 실제로 이 현상은 1월초 2주 동안 발생하기 때문에 이를 small firm in January effect라고도 한다. 우리 나라의 경우에는 규모효과가 미미하게 나타나는 것으로 보고되고 있는데, 오세경(1994)의 연구결과를 보면 규모효과가 유의성 없이 1월에만 존재한다고 보고하고 있고, 선우석호 외 5인(1994)의 결과도 규모효과가 존재하기는 하나 유의적이지 못하다고 보고하고 있다.

[그림 9-4]는 미국의 경우 1월 효과(January effect)를 보여주고 있는데, 1

6) 오세경, "주가수익비율, 기업규모 및 주가의 주가수익률에 대한 영향분석," 금융연구, 8권 1호, 한국금융연구원, 1994.

7) 선우석호, 윤영섭, 강효석, 김선웅, 이원흠, 오세경, "한국주식시장에서의 과잉반응과 기업특성적 이례현상에 관한 연구," 증권학회지 17집, 1994.

[그림 9-4] 최소규모 기업군과 최대규모 기업군의 월별 초과수익률 차이(1월 효과)

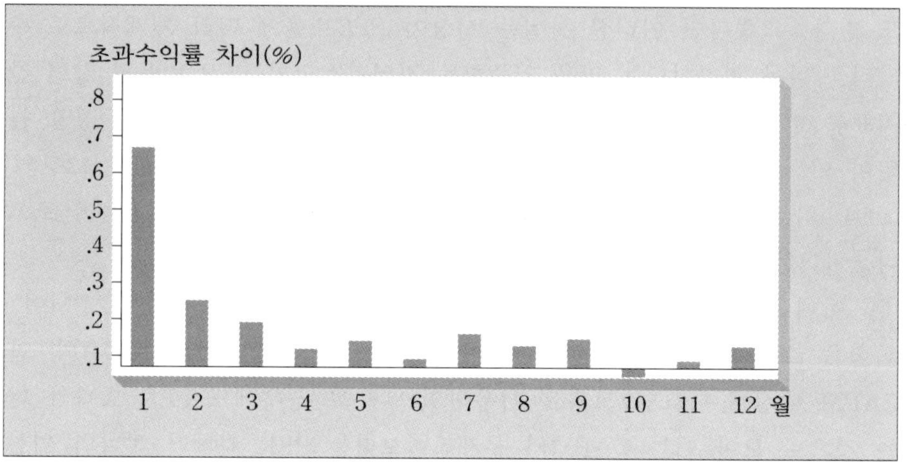

자료: Keim(1983).

월달의 수익률이 제일 클 뿐만 아니라 소형주의 수익률이 대형주의 수익률보다 0.714%(연율로 환산하면 8.9%) 높은 것으로 나타났다. 우리 나라의 경우에도 1월 효과가 소형주를 중심으로 1월초 10일 동안에만 나타나 외국의 결과와 거의 같음을 보였다.

"자본금의 크기가 적은 기업에 투자하라"처럼 간단한 투자규칙에 의해 높은 초과수익률을 얻을 수 있다면 모든 투자자들이 이러한 투자전략을 취할 것이고 이러한 현상은 사라져야 할텐데 계속 이러한 현상이 존재하는 이유는 무엇일까? 위의 그림에서도 볼 수 있는 것처럼 규모효과는 1월 효과와 깊은 연관관계가 있는 것으로 보이는데, 1월 효과는 개인투자자들의 연말 세금절약매도(tax loss selling) 때문이라고 보고 있다. 이 가설에 의하면 투자자들은 연말에 자본손실에 따른 세금절약을 위하여 주가가 많이 하락한 주식들을 처분하고 이듬해 초에 다시 사들이기 때문에 1월 효과가 발생한다고 설명하고 이에 해당하는 주식들이 주로 소규모 주식들이기 때문에 규모효과가 발생한다고 한다.

만약 앞의 가설이 맞는다면 투자자들은 왜 이런 정보를 이용하지 않을까? 즉, 1월 효과를 보기 위해서 12월에 미리 사두려고 할 것이고 그러면 1월 효과가 없어지지 않을까? 이에 대한 한 가지 답변은 대형주를 선호하는 기관투자가 시장과 상대적으로 소형주를 선호하는 개인투자자 시장으로 시장을 나눠 볼 때,

시장을 주도하는 그룹은 기관투자가들이고 기관투자가들은 소형주에 별로 관심이 없기 때문에 소형주시장에 이런 현상이 지속될 수 있다고 보는 견해이다.

(3) 주말 효과

주말 효과(weekend effect)는 금요일부터 월요일까지 수익률(즉, 월요일 수익률)이 다른 요일 수익률보다 지속적으로 낮은 현상을 말하는데, 이를 월요일 효과(monday effect)라고도 한다. French(1980), Gibbons와 Hess(1981)에 의하면 월요일 수익률이 다른 요일 수익률보다 낮을 뿐만 아니라, 실제로 음(−)의 수익률로 나타난다고 한다. 1962년 7월부터 1978년 12월까지 S&P 500 포트폴리오의 요일별 수익률[8]을 보면 음의 월요일 효과가 매우 큼을 알 수 있다. 이를 연율로 환산하면(거래일을 250일로 보고), −33.5%(−0.134%×250)가 되기 때문에 단순히 통계적인 오차로 돌리기에는 너무 크다고 볼 수 있다.

요 일	월	화	수	목	금
평균수익률	−0.314%	0.002%	0.096%	0.028%	0.084%

우리 나라의 경우에도 선우석호 외 7인 공저(1994)를 보면 월요일만이 음의 수익률을 보이고 나머지 요일들은 모두 양의 수익률을 보이는 것으로 나타났으며, 특히 이 중에서 토요일이 가장 높은 수익률을 보였다.[9] 또한 월요일에는 대형주와 소형주의 수익률에 큰 차이를 보여 월요일 효과는 규모효과와 밀접히 연관되고 있음을 보인다.

주말 효과는 효율적 시장가설의 입장에서 볼 때 문제가 된다. 만약 주말 효과가 있다면 왜 투자자들은 주가가 빠지기 전인 금요일에 높은 가격에 공매(short-selling)하고 월요일에 주가가 빠지면 싼 가격에 매입하지 않을까? 만약 투자자들이 이런 투자행동을 보인다면 금요일 수익률은 떨어지고 월요일 수익률을 오르게 되어 월요일 효과는 없어질 것이다.

Connolly(1989)는 최근 들어 주말 효과가 사라졌다고 하는 연구결과를 발

8) Bodie, Kane and Marcus, Essentials of Investments, Irwin 참조.

9) 지금은 우리 나라도 토요일에 주식시장이 휴장되고 있지만 연구 당시에는 토요일에도 장이 열렸다.

표하여 이러한 논리를 뒷받침하고 있다.

9.3.2 시장심리와 주가변화[10)]

지금까지 우리는 효율적 시장가설과 이에 반하는 시장이례현상들을 살펴보았는데, 본절에서는 시장심리(market psychology) 또는 유행(fads)에 의해서 주가가 어떻게 움직일 수 있는지를 살펴보고자 한다. 1987년 10월 미국의 검은 월요일(Black Monday) 주가 대폭락 사건 이후 효율적 시장가설에 대한 반론과 함께 시장심리이론에 대한 관심이 커졌다. 뿐만 아니라 과거 인터넷주식과 벤처주식의 경우 기존의 잣대로는 평가하기가 어려워지고 기존 주식들의 주가에 비해 매우 높은 가격수준을 보이면서, 디지털 경제시대에 따른 적정주가라는 견해와 일시적 유행에 의한 버블주가라는 견해가 팽팽히 맞섰었다. 최근 우리나라의 경우 주식 '묻지마 투자'라는 말이 유행할 정도로 시장심리 또는 군중심리에 의한 투자가 행해지고 있는데, 이러한 현상을 우리는 어떻게 설명할 수 있을까?

과거 수차례의 주가 대폭락 사건을 보면 주가가 군중심리에 의해 사상누각처럼 올랐다가 꺼지는 현상을 보이는데, 이를 설명하는 이론으로서 사상누각이론(castle-in the-air theory)이 있다. 사상누각이론은 사람들의 심리에 근거한 이론이다. 1936년에 유명한 경제학자 Keynes에 의해 제창된 이론으로서 투자자들은 내재가치에 근거하여 투자를 하기보다는 사람들이 미래에 어떤 행동을 보일지를 예측함으로써 투자에 임한다고 보는 것이다.[11)]

케인즈는 주식시장을 미인선발대회(beauty contest)에 비유하여 설명하였다. 100명의 얼굴 중 가장 아름다운 6명을 맞추는 대회가 있는데, 6명 중 가장 많이 맞춘 사람에게 상을 준다고 하자, 똑똑한 사람이라면 미의 개인적인 기준보다는 대중의 입장에서 평균적으로 아름답다고 생각되는 미인들을 고를 것이

---

10) 이 부분은 D. Dreman의 Psychology and Markets 부분(Fabozzi & Zarb, Handbook of Financial Markets: Securities, Options and Futures, Dow Jones-Irwin, 1981의 4장)과 B. Malkiel의 A. Random Walk Down Wall Street 2장과 3장 내용을 많이 참조하였다.

11) 주식이든 부동산이든 투자자산의 경우 그것의 가격은 현 상황과 미래의 전망에 의해 결정되는 내재가치(intrinsic value)에 근거하여 결정된다는 이론을 고유가치이론(firm-foundation theory)이라 한다. 이 이론을 적용하여 성공한 대표적인 인물은 'The Sage of Omaha'라 불리는 Warren Buffet이다.

라는 것이고, 주식의 선택도 마찬가지라는 것이다.

이 이론에 의하면 현재 주가는 현재에 그 가격에 사서 더 높은 가격으로 팔 수 있다고 생각하는 사자 세력과, 더 이상 오르기 힘들다고 생각하는 팔자 세력에 의해, 즉 대중심리에 의해 결정된다고 보는 것이다. 따라서 이 이론에 의하면 내재가치가 얼마인지는 모르지만 남들보다 미리 들어감으로써 수익을 볼 수 있다는 것이다. 예를 들어 어떤 주식의 가치에 비해 세 배를 주고 사더라도 나중에 다섯 배를 주고 살 사람만 있다면 상관 없다는 것이다.[12] 학계에서는 이를 주식시장의 행동이론(behavioral theory) 또는 유행이론(fad theory)이라고도 한다.

(1) 집단의견의 수렴현상(Convergence of Crowd Opinion)

합리적인 투자이론으로 설명이 잘 되지 않는 사건들을 살펴보기 위해서는 먼저 그룹이나 군중들이 우리의 독립적인 판단능력에 어떤 영향을 미치는지를 볼 필요가 있다. 1895년 프랑스인인 LeBon은 "The Crowd"라는 책에서 "군중 상태에서의 모든 사람들의 감정과 사상은 한 가지 동일한 방향으로 모이고 그들의 의식 있는 개별성은 사라진다. 이 때 집단의식이 형성되는데 이는 의심할 여지 없이 일시적인 것이기는 하지만 매우 명확히 정의된 특성을 나타낸다. 그러한 군중은 심리적 군중이 된다."[13] 이러한 상황에서 개인의 행동은 같은 개인이 혼자일 때 고려하는 행동과 매우 다르다는 것이다.

그러면 이와 같은 군중의 의견이 형성되는 과정은 개인들로 하여금 왜 황당한 가격에 투자의사결정을 내리도록 하는가? 이에 대한 해답은 불확실성 하에서 사람들의 의견들이 얼마나 쉽게 서로 근접하는지를 보면 찾을 수 있다.

이것은 심리학자인 Sherif(1969)의 실험연구를 보면 잘 나타난다.[14] Sherif는 그 당시 잘 알려지지 않은 자동 불빛 현상을 이용했다. 깜깜한 방에 움직이는 듯이 보이지만 실제로는 움직이지 않는 조그만 불빛을 몇 초 동안 비추고, 실험 대상에게 불빛이 얼마나 움직였는지를 될 수 있으면 정확히 측정하라고 요청했다. 깜깜한 방에서 기준을 삼을 만한 아무런 기준점이 없는 상황에서 각

12) 그래서 이 이론을 greater fool theory라고도 한다.
13) G. LeBon, The Crowd, New York: The Viking Press, Inc., 1960.
14) M. Shrif와 C. Sherif, Social Psychology, New York: Harper & Row, 1969.

[그림 9-5] 불빛 움직임 실험에 있어서 의견수렴 현상

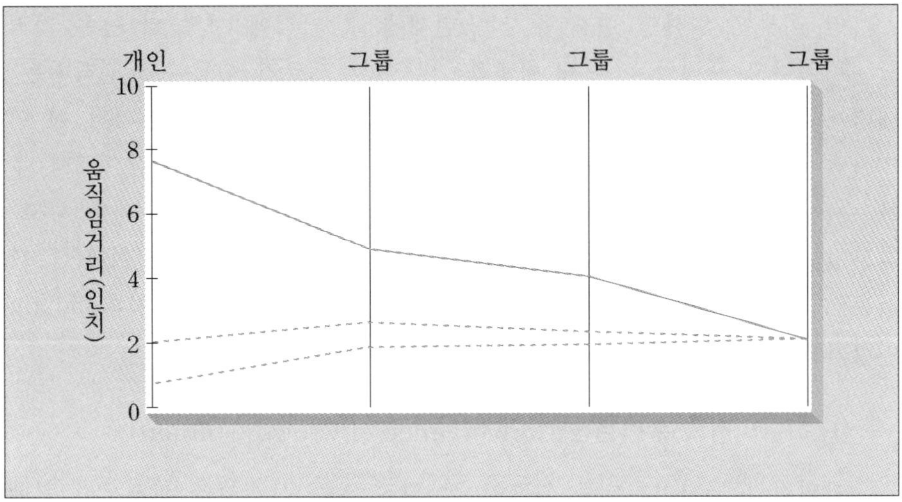

자료: M. Sherif와 C. Sherif, Social Psychology(New York: Harper & Row, 1969)

개인의 대답은 몇 인치로부터 80피트까지 다양했다. 100번의 동일한 시험을 한 후 각 실험대상의 평균 추측치를 기록하였는데, [그림 9-5]의 맨 왼쪽 선에서 보듯이 대략 1인치부터 8인치로 개인 간에는 상당한 차이를 보임을 알 수 있다.

그러나 3명의 실험 대상들을 한 곳으로 집합시켰을 때에는 판단이 수렴하는 현상이 발생하였다. [그림 9-5]의 맨 오른쪽 선은 3명을 한 그룹에 있게 한 후 100번의 시험을 한 경우를 나타내는데 약 2인치로 수렴한 것을 보여준다. 마지막으로 Sherif는 공모자 한 사람을 포함시켰는데, 실험 대상들의 답변에 관계없이 공모자는 한결같이 2인치를 주장했다고 하자. 시험의 끝 무렵에 가면 그의 영향력은 대단해서 대부분 실험 대상들의 추정치는 2인치에 근접하였다.

주식시장과 같이 불확실성이 큰 시장에서는 가장 권위가 있는 의견이나 가장 수익률이 좋은 사람들의 의견쪽으로 의견들이 모이고 일치감을 형성하는 것도 같은 이치라는 것이다. 더군다나 두려움이라는 요소는 사람들로 하여금 더욱 의견의 일치를 보게 만든다. 많은 사람들의 의견의 일치는 서로 서로에게 함정이 아닌 피난처로 보이게 된다.

(2) 군중심리에 의한 가격 버블 사건들[15)]

역사적으로 보면 모든 버블 사건의 중심에는 일확천금(instant wealth)을 노리는 탐욕이라는 것이 위치하고 있다. 전국민이 탐욕에 휩싸일 때 전국민적 버블도 발생함을 보여준다. 사상누각이론은 과거의 투기적 버블 사건들을 잘 설명하지만, 이론에서 얘기하듯이 우둔한 군중의 반응을 예측한다는 것은 너무나 위험한 게임이 아닐 수 없다.

왜냐 하면 역사적으로 볼 때 심리적 요인에 의해 치솟던 시장은 반드시 재무적 중력의 법칙에 의해 고꾸라질 뿐만 아니라, 오르기 전 수준으로 정확히 되돌아간다는 것이다. 물론 오른 상태에서 몇 년간 머무를 수도 있고, 오르자마자 바로 하강곡선을 그릴 수도 있다. 문제는 지진이나 천재지변이 언제 닥칠지 모르듯이 그 전환시점을 아무도 모른다는 것이다. 또한 증시의 격언처럼 산이 높으면(버블이 크면) 골이 더욱더 깊게 된다.

1) 튤립 버블 광란(the Tulip-Bubble Craze)

튤립 버블 광란은 가장 빨리 부자가 되려는 욕심들이 빚어낸 역사상 초유의 사건이었다. 이 사건은 비엔나에서 새로 임명된 식물학 교수가 터키가 발원지인 특수 식물군을 네덜란드의 레이든으로 가져온 1593년에 시작되었다. 네덜란드인들은 이 식물(튤립)에 매료되었고 튤립은 네덜란드인들에게 인기 있는 비싼 식물이 되었다. 많은 튤립은 모자익이라는 비루스에 감염되었는데 감염된 튤립의 입사귀는 여러 가지 색깔의 줄무늬가 만들어진 변종이 되었다.

이러한 변종으로 말미암아 튤립에 대한 거센 투기바람이 불게 된 것이다. 처음에는 튤립 상인들이 내년도에 가장 유행할 변종을 예측하고 가격상승을 예상하여 해당변종을 많이 확보하려는 시도를 한 것인데, 이러한 행위가 가격의 상승을 부추겼다. 사람들은 튤립의 가격이 비싸면 비쌀수록 더 좋은 투자대상으로 생각하였다. 귀족이나, 시민이나, 농부나 할 것 없이 모든 사람들은 튤립에 대한 투기로 인해 일상 산업활동을 그만둘 정도가 되었고, 이러한 튤립에 대한 열정은 끝 없이 계속될 것으로 상상하였다.

1634년부터 1637년까지 지속된 튤립 열풍의 마지막 해에 사람들은 그들을 더욱 부자로 만들어 줄 튤립을 사기 위해 땅이나, 보석, 가구 등까지도 물물교

15) B. Malkiel, A Random Walk Down Wall Street, Norton & Company, 1999.

환하기에 이르렀다. 튤립의 가격은 24배가 뜨게 되는데, 그 다음달인 2월에는 그보다 훨씬 더 많이 떨어지게 되었다. 모든 투기적인 광란에서 나타나듯이 가격이 너무 올라 빠른 사람들이 먼저 팔기 시작하면 다른 사람들이 따라서 팔기 시작하고, 이러한 상황은 눈덩이처럼 빠르게 가격을 하락하게 만드는 것이다. 정부가 이를 저지하기 위해 노력했지만 소용이 없었고, 결국 튤립의 가격은 양파값 수준으로 떨어졌다. 이 사건으로 인해 네덜란드는 깊은 공황의 늪으로 빠져들었다.

2) 남해 버블 사건(the South Sea Bubble)

이 이야기는 사기로 인해 탐욕스러운 사람들이 어떻게 돈을 날릴 수 있는지를 생생하게 보여주는 사건이다. 이 사건이 발발할 무렵 영국은 오랜 기간 동안의 번영으로 인해 저축은 많은 반면에 투자할 곳이 적당치 않은 그런 상황이었다. 이 시절 주식을 보유하는 것은 특권으로 여겨질 만큼 희소가치가 있었다.

남해기업(the South Sea Company)은 이러한 투자수단에 대한 시장요구를 만족시키기 위해 1711년에 설립되었다. 이 기업은 약 1천만 파운드에 이르는 정부의 채무를 위탁관리해 주는 대가로 남해로 가는 모든 무역에 대한 독점권을 부여받았다. 대중들은 이와 같은 무역으로 인해 큰 수익이 날 것으로 보고 이 회사가 발행한 주식에 대해 큰 관심을 보였다. 스페인과의 전쟁으로 인해 잠시 주춤했던 이 회사의 주가는 1719년 전쟁의 종식으로 인해 다시 남미 지역과의 무역이 개통되면서 뜨기 시작했다.

특히 1720년 3,100만 파운드에 이르는 정부부채에 대한 자금조달을 이 회사에 맡긴다는 법안이 영국 국회에 상정되자 주가는 130파운드에서 300파운드로 즉각 상승하였다. 이 법안이 통과되는 데 관심을 보인 많은 친구들과 지지자들은 그 보상으로 주가가 오른 만큼 이익을 보는 옵션을 부여받았다.

1720년 4월 12일 법안이 통과된 지 닷새 후 남해기업은 300파운드에 신주를 발행하였는데, 60파운드는 살 때 지불하고 나머지는 여덟 번에 나눠 분납하는 조건으로 살 수 있었다. 이제 왕조차도 더 이상 사지 않을 수 없었으며 그도 10만파운드 어치의 주식을 신청하였다. 투자자들 사이에서는 이 주식을 사기 위해 싸움이 일어났다. 가격은 오르기 시작하여 며칠만에 340파운드로 올랐고 남해기업은 400파운드에 신주를 또 발행했다.

그러나 사람들은 이 주식을 사지 못해 안달이었고 주가는 550파운드로 치솟았다. 6월 15일에 또 다른 신주가 발행되었는데, 이 번에는 처음에 10%만 내고 나머지는 1년 이후에 내면 된다는 더욱 좋은 지급조건이었다. 주가는 800파운드로 올랐으며, 상원위원과 하원위원 절반 이상이 신청하게 되었다. 결국 주가는 1,000파운드 이상으로 오르게 되었다.

이제 남해기업만이 아니었다. 투자자들은 처음부터 동승할 수 있는 또 다른 벤처들을 찾기 시작했다. 요즘 투기자들이 또 다른 마이크로 소프트나 인텔을 찾듯이 그 당시 영국에서도 또 다른 남해기업을 찾은 것이다. 채워질 줄 모르는 투자자들의 투자욕망을 채우기 위해 시장에는 새로운 주식이 계속 만들어지고 발행되었다. 투자자들은 투자하는 회사가 어떤 회사인지도 모르고 주식을 사 모았다. 요즘 우리 나라에서 벌어지고 있는 '묻지마 투자'식이다. 오전 9시에 청약이 시작되기가 무섭게 모든 계층의 사람들이 몰려오고 다섯 시간만에 모든 주금의 납입이 끝나면 모집한 회사는 문을 닫고 유럽 대륙으로 사라지는 일들도 발생했다.

물론 모든 사람들이 이러한 일을 당할 만큼 어리숙하지는 않았다. 오히려 그들은 너무 분별력이 있었다고 볼 수 있다. 그러나 사람들은 자신들이 산 주식을 누군가가 더 비싼 가격으로 사 줄 것이라고 믿었다는 데 문제점이 있는 것이다.

많은 개별적인 버블이 꺼지는 사건들이 발생했지만 이러한 것들은 투기적인 열풍을 잠재우기에는 역부족이었다. 그러나 같은 해 8월에 남해기업에서 발생한 구멍은 대홍수를 야기시켰다. 시장에서 형성된 주가가 이 기업의 미래 전망과 전혀 관련이 없다는 것을 눈치 챈 이 기업의 임원들은 여름에 자신들의 주식을 팔아치웠다. 이러한 소식은 새어 나갔고 주식은 떨어지기 시작했다. 주식값이 떨어지기 시작하자 난리가 벌어졌다. 정부는 신뢰감을 회복시키려 노력했지만 허사였다.

남해 버블에서 큰 손해를 본 사람 중의 한 사람이 Isaac Newton이었는데, 그는 다음과 같이 말했다고 한다. "나는 천체의 움직임을 계산할 수는 있지만 사람들의 투기광란을 계산할 수는 없었다." 영국 국회는 주식발행으로 인한 대중들의 더 큰 손해를 방지하기 위해 기업의 주권발행을 금지하는 the Bubble Act를 통과시켰다.

3) 1960년대의 광란(성장주와 신주 열풍)

1960년대 초반 미국은 '성장'이라는 말이 마법의 말처럼 들릴 정도로 인기를 모았다.

IBM, Texas Instrument와 같은 성장주는 80 이상의 PE 승수로 팔리고 있을 정도였다(1년 후 그들은 20배수나 30배수로 하락하였다). 그 당시 내재가치로는 도저히 설명이 안 되는 가격이었지만, 그 가격에 대해 시비를 거는 사람들은 이단으로 몰릴 정도였다. 투자자들은 60년대 후반에 가서 더 높은 가격에 기꺼이 사 줄 사람들이 있을 것으로 확신하였다.

또 한편 이 무렵 신주(new issue)에 대한 열풍은 대단했다. 이 당시 모든 주식들은 전자산업(electronics industry)과 전혀 관련이 없는 기업들도 "tronics"라는 말을 붙일 정도로 tronics boom이 불고 있었다. 사람들은 이름에만 관심이 있었지 그 회사가 무엇을 만드는지 어떤 회사인지 관심이 없었다. Astron, Dutron, Vulcatron과 같이 "tronics"라는 말이 붙든지, Circuitronics, Supronics, Videotronics와 같이 "onics"라는 말이 붙은 기업들은 기업내용에 관계없이 주가가 뛰었고, 심지어 Powertron Ultrasonics라는 이름의 기업이 나올 지경이었다.

신주현상에 대한 증권거래위원회(SEC)의 나중 조사에서 드러났듯이 상당한 사기와 시장조작이 있었음이 밝혀졌다. 신주 인수업무를 담당한 증권회사들은 많은 물량을 장외나 내부거래자들에게 빼돌려 실제로 일반인들이 청약할 수 있는 물량이 턱없이 부족하게 되고 가격이 치솟는 현상이 발생하게 된 것이다.

증권거래위원회는 도대체 무엇을 하고 있었기에 이런 일들이 일어났느냐고 반문할 수도 있지만, 규제기관의 역할에는 한계가 있기 마련이다. 만약 어떤 기업이 적절한 사업계획서를 만들어 투자자들에게 배부했다면 증권거래위원회로서는 마땅히 제재할 수단이 없다. 그 당시 사업계획서의 겉표지에는 다음과 같은 문구가 진하게 쓰여져 있었다고 한다.

> **경고** 이 회사는 자산이나 이익이 없으면 가까운 장래에 배당을 지급할 능력이 없습니다. 본 주식은 매우 위험합니다.

그러나 담배가 몸에 해롭다는 경고문구가 담배 피우는 사람들로 하여금 담배를 못 피우게 할 수 없듯이, 투자자들이 자신들의 돈을 날리겠다는 것도 막을 수 없는 것이다. 결국 투자자들이 탐욕에 눈이 어두워 낚시 밥을 무는 한 사기와 시세조작은 판을 치게 되는 것이다. 1962년초 드디어 tronics boom에 종지부를 찍게 된다. 연초에 하락의 기미가 보이던 성장주와 신주들은 5개월 후에 대폭락으로 이어지고 시장 전체보다 훨씬 많이 빠지게 되었다. 어제의 인기주는 오늘의 비인기주가 되는 것이다.

4) 1970년대의 버블(Nifty Fifty: 핵심우량주)

1960년대에 성장주, 개념주(concept stock)[16] 등을 이용한 투자로 큰 어려움을 겪은 기관투자가들은 70년대에 다시 '건전한 투자원칙'으로 돌아서기로 하고 핵심우량주를 중심으로 포트폴리오를 재편하였다. 핵심 우량주라면 60년대와 같이 일시적인 투기주들처럼 폭락하는 일은 없을 것이라는 견해였다.

이에 해당하는 주식들은 IBM, Xerox, Kodak, Polaroid 등 매우 유명한 회사들로서 약 40여 개가 되기 때문에 'Nifty Fifty'라고 불리운다. 이들은 시가총액이 크기 때문에 기관투자가들로서는 거래하기가 좋고, 설사 조금 비싼 가격에 매입하더라도 기업내용이 좋기 때문에 곧 회복될 뿐만 아니라, 손실을

[표 9-2] 핵심우량주 *PE* 승수의 변화

증 권	1972년 승수	1980년 승수
소니(Sony)	92	17
폴라로이드(Polaroid)	90	16
맥도날드(McDonald)	83	9
플레이브(Intl. Flavors)	81	12
월트디즈니(Walt Disney)	76	11
휴렛팻커드(Hewlett-Packard)	65	18

자료: B. Malkiel, A Random Walk Down Wall Street, Norton & Company, 1999.

16) 개념주라는 것은 특정 시기에 특정 유행에 편승한 하나의 새로운 개념에 해당하는 주식들을 말한다. 예를 들어, 요즘 들어 dot.com주도 인터넷사업이라는 하나의 새로운 개념에 해당하는 개념주라 할 수 있다.

보더라도 크게 문제가 되지 않는 주식들이다.

그런데 믿기 어려운 일처럼 보이겠지만, 기관투자가들은 핵심우량주를 이용하여 투기를 하기 시작했다. 이 주식들의 주가는 천장을 모르게 치솟았다. 다음 [표 9-2]에서 보는 바와 같이 1972년의 *PE* 승수를 보면 도저히 이해가 안 갈 것이다. 이와 같이 시가총액이 큰 기업들의 *PE* 승수가 80이나 90에 이를 정도로 과연 빨리 성장할 수 있는 것인가? 다시 한번 잘 포장된 우둔함이 지혜처럼 들릴 수 있다는 격언이 입증되는 순간이었다. 1980년 이 기업들의 *PE* 승수가 보여주듯이 이 기업들의 주가는 여지없이 폭락하였고 블루칩 버블은 또 터지고 말았다.

5) 1990년대의 버블사건

① 일본의 주식시장과 부동산시장

1955년부터 1990년까지 일본 부동산 가치는 75배 이상 상승했다. 1990년 일본 부동산은 20조 엔에 이르는 것으로 추산되었는데, 이는 땅 크기에 있어서 25배나 되는 미국 부동산 가치의 5배에 이르는 수치였다. 이론적으로는 동경을 팔아 미국 전체를 살 수 있다는 말이 되었다. 1955년부터 1990년까지 일본 주식시장은 100배가 올랐다. 꼭대기를 형성했던 1989년 12월 일본 주식시장의 시가총액은 4조 엔에 이르렀는데, 미국 주식시장 모두를 합한 시가총액의 1.5배, 세계 주식시장 시가총액의 45%에 이를 정도였다. 일본 주식들의 *PE* 승수는 60배로 미국의 15배나 영국의 12배에 비해 매우 높은 편이었다.

일본 시장에는 두 가지의 신화가 있었다. 하나는 일본의 부동산은 결코 떨어지지 않는다는 것이고, 또 다른 하나는 주가는 항상 오르기만 한다는 것이었다. 이러한 신화는 일본인들의 높은 저축률과 1% 이하의 낮은 이자율로 인한 풍부한 유동성에 의하여 견인되었다. 그리고 일본 기업들도 이에 일조를 하였는데, 일본 기업들은 세금감면 혜택이 있는 투기거래계좌를 설정할 수 있었기 때문에 이를 이용하여 소위 말하는 재테크에 열을 올리고 있었다.

*PE*승수가 너무 높은 것이 아닌가? 1%의 절반밖에 안 되는 채권수익률이 너무 낮은 것이 아닌가 등 여러 가지 우려의 목소리가 있었지만, 그 당시 주가와 부동산 가격을 정당화하는 그럴듯한 논리들이 속속 개발되었다. 그리고 가장 영리하고 강력한 논리는 "일본은 다르다"라는 것이었다. 우리는 역사적인 교훈과 경제기초(economic fundamental)를 무시하고 지금은 과거와 다르다 라고

결론내리는 우를 얼마나 자주 저질러 왔는가? 그래서 일본에서는 버블이 자라났고 낙관주의는 또 다른 낙관주의를 불러왔다. 투기자들은 주식을 담보로 하여 돈을 빌리고 빌린 돈으로 부동산을 구입하고 또 구입한 부동산을 담보로 돈을 빌리고 빌린 돈으로 주식을 매입하는 악순환의 고리를 만들었다.

인플레이션을 감지한 일본은행은 금리를 인상함으로써 부동산 가격을 진정시키고 주식시장을 약간 하향 안정시키려고 하였다. 1989년부터 상승하기 시작한 금리는 1990년 급격히 상승하였는데, 그로 인해 주식시장과 부동산시장은 폭락하고 말았다. 1980년대 마지막 거래일에 거의 40,000에 다다랐던 니케이지수는 1992년 8월 중순까지 63%가 하락한 14,309로 주저앉았다. 금리가 하락했음에도 불구하고 1990년대 내내 일본 주가는 낮은 수준에서 머무르고 있다.

[그림 9-5]는 1980년대 중반과 후반 무렵 주가상승은 가치평가의 잘못 때문임을 분명히 보여주고 있다. 1990년에 주가하락은 원래의 적정시가 대비 장부가 관계로 회귀한 것으로 볼 수 있다. 1990년대 부동산시장의 경우에도 주식시장의 경우와 마찬가지로 버블이 터지면서 상당한 하락을 경험하였다. 버블의 터짐은 일본은 다르고 일본의 자산가격은 항상 오른다는 신화를 깨드리게 되었다.

② 1990년대 후반 무렵의 인터넷 열풍

지금 우리 나라를 비롯하여 전 세계에 인터넷 열풍이 불고 있다. 디지털시대를 맞이하여 분명 인터넷 산업은 앞으로 엄청난 잠재력을 보유하고 있는 것은 사실이다. 인터넷 사용자 숫자는 기하급수적으로 늘어나고 있고, 인터넷의 효과는 과히 상상을 초월한다. 그러나 산업 자체의 치열한 경쟁과, 젊고 역동적이고 변동성이 큰 산업에서 작은 기업들이 직면하고 있는 큰 위험들을 간과해서는 곤란하다.

미국의 Netcom이라는 회사의 예를 들어보자. 이 회사는 1990년대 중반 무렵 공모를 통해 자금조달을 한 첫 번째 인터넷 회사였다. 광분한 투자자들은 일 년만에 이 회사의 최초 공모가 $16 수준을 $92로 끌어 올렸다. 비록 이익이 아직 없는 회사이지만 업계 리더로서 큰 주식수익률을 낼 수 있을 것으로 투자자들은 생각했다. 그런데 Netcom을 비롯한 인터넷 서비스 제공업체의 문제는 과연 이 기업들이 약속처럼 이익을 낼 수 있느냐 하는 것이다. 불행하게도 Netcom은 계속 적자를 벗어나지 못했고 주가는 $8 수준으로 곤두박질쳤다.

또 다른 예로서 K-tel이라는 회사를 보면, 이 기업은 늦은 밤 텔레비전을 통해 무료전화로 흘러간 팝송 CD 패키지를 파는 그런 회사였고, 주가는 $\$2\frac{1}{2}$에 지나지 않았다. 그런데 이 회사가 똑같은 CD를 인터넷을 통해 팔겠다고 발표하자마자 이 기업의 주가는 \$40로 뛰었다. 단지 인터넷 기업이라고 불리자 하루아침에 \$2억 5천만의 시장가치가 증가하게 된 것이다.

이와 같은 열풍은 신주 공모시장에서 더욱 뜨겁게 불고 있다. Audionet이라는 회사는 다양한 라디오와 TV 스테이션의 방송을 인터넷을 통해 송출하는 기업인데, 1990년대 중반 무렵에 설립된 이후 계속 적자를 보고 있었다. 1998년 여름 Broadcast.com으로 이름을 바꾼 이 회사는 Morgan Stanley의 도움을 받아 \$18에 IPO를 하게 되는데, 이날 이 기업의 주가는 \$74까지 치솟았고 1999년 1월에는 \$300까지 오르는 기염을 토했다. 1998년 11월 IPO를 한 웹페이지 제공자인 theglobe.com은 IPO 역사상 최대의 일일 상승률을 기록하였는데, \$9에 공개된 주식은 \$63.5의 종가를 기록하였다. 종가를 기준으로 볼 때 이 기업의 주식은 전년도 한 주당 매출액의 357배에 팔린 것이다. 인터넷 주식에 대한 열풍은 과연 폭발적이라고 하지 않을 수 없다.

③ 시사점 및 교훈

지금까지 여러 시대에 걸쳐 또한 여러 나라에 걸쳐 열광적 투기현상이 벌어졌음을 살펴 보았는데 놀랍게도 모든 투기열풍에는 비슷한 특징이 발견되고 있다. 이러한 열풍은 사람들이 새로운 투자기회를 찾고 또 새로운 기회가 있다고 믿고 싶어하는 그런 경기호황 국면에서 시작된다는 것이다. 각 열풍은 나름대로 건전하게 시작되었고 단순하지만 호기심을 자극하는 신개념에 근거하고 있었다.

모든 경우에 가격상승은 자기완성 예언(self-fulfilling prophecy)[17]이 되어서 보다 많은 사람들을 투기적인 정점으로 유혹하게 된다. 이러한 과정에서 행운을 잡은 사람들의 소문과 앞으로도 계속 기회가 있을 것이라는 핑크 빛 전망이 난무하게 된다. 전문가들도 이러한 투기열풍에 잡히게 되고 주가상승을 용인하게 되며, 훨씬 더 오를 수 있다고 전망하게 된다. 그리고 시장에는 과거의 평가방식으로는 평가할 수 없다는 소리가 나오고, 이번은 과거와 정말 다르다

---

17) 사람들이 주가가 계속 오르리라고 보니까 사게 되고, 또 이와 같이 많은 사람들이 사니까 오르는 현상을 자기완성 예언이라고 한다. 즉, 자기가 예언해 놓고 자기가 그렇게 행동함으로써 그 예언을 스스로 완성하는 현상이다.

라는 말이 나오게 되는데, 이러한 말이 나온 직후 폭락이 왔다.

모든 투기적 광란에 있어서 또 하나의 공통점은 '더 위대한 바보 이론(greater fool theory)'이다. 남들과 독립적이고 냉소적인 생각의 소유자 수준이 도저히 믿기 어렵다고 생각하고 대부분의 사람들이 미쳤다고 생각한다. 그러나 그들의 경우에도 군중들이 더욱더 미칠 것이라고 생각하고(만약 포트폴리오가 6배 올랐다면 왜 8배나 10배가 되지 말란 법이 있는가?), 더욱 무모한 자들로부터 이익을 얻을 기회를 볼 수 있을 것이라고 생각하는 것이다. 1720년 남해버블 사건으로 파산한 영국 의원인 Milner씨는 "나는 곧 패망의 시간이 다가올 것이라고 말했었지만 그것이 내가 생각했던 시간보다 두 달 먼저 왔다는 것이 문제이다"라고 말했다. 즉, 모든 사람들이 투기적 호황이 언제까지 지속될 것인가라는 조바심하에서도 지금 당장은 아니겠지라는 막연한 생각과 그런 것을 알고도 멈출 수 없는 것이 문제라고 할 수 있다.

종합컨대 투기열풍의 과정은 다음과 같이 진행된다. 투기가 점점 번지면서 그것은 그날그날의 주요 관심사가 되었다. 거의 대부분의 경우 신용은 풍부했고 매우 저렴했다. 투기의 끝 무렵 가격은 급격히 상승했고 거래량도 기록적으로 증가했다. 마지막으로는 사회적 현실(social reality)[18]에 있어서 급작스런 변화가 일어나고 그 결과 사람들은 패닉상태로 모두 팔자로 변하면서 투기 전의 가격 이하로 폭락하는 현상이 발생했다.

재무적 투기에 대한 연구결과 네 가지 정도의 일반원칙을 발견할 수 있다.

❶ 즉각적인 부의 축적을 원하는 사람들이 존재하고 이들로부터 저항할 수 없는 이미지가 형성됐다.

❷ 대부분의 사람들의 눈을 가려 광란의 위험으로 이끄는 사회적 현실이 만들어졌다. 의견들은 수렴되고 사실로 되어졌다. 전문가들은 이러한 과정에서 선봉의 역할을 수행했다. 과신이 넘쳐나고 과거의 경험과 가치의 기준 등은 쉽사리 잊혀졌다.

❸ 사회적 현실이 갑자기 바뀌면서 과신은 두려움으로 바뀌었다. 그 동안 지연됐던 버블의 폭발은 갑자기 이루어지고 사람들은 거의 패닉상태로 변한다.

❹ 투자자들은 과거의 실수를 되풀이한다는 것이다. 비록 각각의 상황이 지난 번

---

18) 사회적 현실이란 사람들 무리가 현실을 어떻게 인식하느냐를 의미한다.

과 매우 비슷함에도 불구하고 사람들은 매번 이번만은 다르다고 생각하는 착각에 빠진다는 것이다.

이 장의 내용을 보면 주식시장이 합리적이고 효율적이라는 견해와 매우 상치되는 것을 볼 수 있다. 그러나 우리가 여기서 얻을 수 있는 교훈은 시장이 때때로 비합리적이기 때문에 회사의 고유가치에 근거한 평가이론을 포기하라는 것이 아니다. 오히려 중요한 것은 모든 경우 시장이 스스로 옳은 방향으로 수정한다는 것이다.

시장은 비록 느리고 냉혹한 것처럼 보일 수도 있지만 결국 자신의 방식대로 시장의 비합리성을 수정한다는 것이다. 시장의 이례현상이 발생할 수 있고, 시장이 비합리적으로 낙관적일 수도 있으며, 종종 부주의한 투자자들을 현혹시킬 수도 있다. 그러나 종국에 가서는 시장에 의해 진정한 가치가 인지되고 수정된다는 것을 투자자들은 명심해야 할 것이다.

■용어정리

정상 수익률(ordinary rate): 주식의 리스크에 상응하는 수익률을 말한다.

효율적 시장가설(efficient market hypothesis: EMH): 모든 정보가 가격형성에 즉각적으로 반영되어 누구라도 계속적으로 타인보다 우수한 투자성과를 올릴 수 없는 시장을 효율적 시장(efficient market)이라고 하며, 현실의 증권시장이 효율적 시장이라는 가설을 효율적 시장가설이라고 한다.

기술적 분석(technical analysis): 기술적 분석이란 당해 종목의 과거의 가격, 거래량, 신용거래상황 등 시장내부요인에 관한 기록을 분석함으로써 매매시점을 포착하기 위한 것으로 그래프 분석이 그 전형적인 예이다.

Dow이론(Dow theory): 미국 다우존스사의 창시자인 챨스 다우(Charles H. Dow)가 개발한 주식시세동향의 판단방법으로 다우가 죽은 후에 해밀턴이나 비숍에 의해서 발전되었다. 다우이론은 과거 일정기간 동안의 주가변동을 소추세, 중기추세, 주추세로 구분하고 이 중 중기추세를 중점적으로 분석함으로써 장기추세를 예측하려는 방법을 말한다.

저항선(resistance level): 주가가 어느 수준까지 오르면 대량거래가 형성되면서 가격을 더 이상 오르지 못하고 멈추게 하는 매도세력이 나타나는데 이를 저항이라 하며 이 때의 수준을 저항선이라 한다.

지지선(support level): 주가가 일정기간 보합권에 있을 때 그 사이의 단기파동의 저가를 연결한 선으로서 그 부분에는 잠재적인 매수세가 대기해 있는 것으로 보는 선을 말한다.

기본적 분석(fundamental analysis): 경제요인이나 산업요인 및 기업요인 등을 광범위하게 검토하고 기업의 재무제표를 분석하여 기업의 수익이나 배당능력을 계량화함으로써 그 주식이 갖는 본질적 가치를 산출하고 이를 시장에서 형성되는 실제주가와 비교하여 증권의 매수 또는 매도의 판단자료로 이용하고자 하는 분석을 말한다.

PER(price earnings ratio): 주가를 1주당 순이익으로 나눈 것으로 기업이 획득한 이익 한 단위에 대해 투자자들이 지불하고 있는 대가를 나타내는 것으로 이익승수라고도 한다.

규모효과(size effect): 위험을 조정한 후에도 소기업주식이 대기업주식보다 수익률이 지속적으로 높은 현상을 말한다.

1월효과(January effect): 자본시장의 효율적 시장가설이론과는 상반되는 이례적 현상의 하나로 1월의 주식수익률이 평균적으로 다른 달에 비해 높게 나타나는 현상을 말한다.

주말효과(weekend effect): 금요일부터 월요일까지 수익률이 다른 요일 수익률보다 지속적으로 낮은 현상을 말한다.

■연습문제■

1. 약형, 준 강형 그리고 강형 EMH의 개념을 설명하고, 약형 EMH와 기술적 분석과의 관계를 설명하시오.

2. 한양기업(주) 창업한 지 15년이 되는 회사로서 매년 꾸준히 배당을 증가시켜 온 기록을 가진 것으로 유명하다. 이 기록은 이 회사 주식을 매입할 만한 좋은 정보(good news)가 되는가?

3. 증권시장은 호재(good news)에 상승한다. 침체기가 끝나리라는 예측은 분명 호재이다. 그런데 경제가 호황기에 접어드는 데도 불구하고 왜 주식시장이 상승하리라고 예측하지 못하는 것일까?

4. 한양기업(주)은 금년도 당기순이익이 크게 증가할 것 같다고 발표(=공시) 했다. 그러나 주가는 오히려 떨어졌다. 왜 이와 같은 현상이 발생하는가?

5. 모든 투자자들이 소극적(passive) 투자전략을 따르면 시장 효율성은 어떻게 되는가?

6. 추세분석에서 지지선(support line)과 저항선(resistance level)의 의의를 설명하시오.

7. 기본적 분석과 기술적 분석을 비교 설명하시오.

■알기 쉬운 경제 상식

Common sense case 9. 보증 이야기

우량 대기업들과 달리 평범한 중소업체들은 예나 지금이나 돈 구하기 어렵습니다. 그래서 정부가 운영하는 신용보증기금이나 기술신용보증기금 같은 보증 전문기관에서는 한 해에 총 수십조 원씩 작은 업체에게 보증을 서기도 합니다.

이처럼 우리 경제 생활에 여러 가지로 도움을 주는 보증은 돈을 빌려 준 은행에서 행여 나중에 돈을 받지 못할 것에 염려해 요구하게 됐습니다. 신용보증기금에 따르면 우리나라에서의 한 해 보증 규모는 무려 400조 원에 이른답니다. 보증이라고 하면 당장 어두운 기억을 떠 올리는 사람들도 있을 것입니다.

1997년 말 외환 위기가 터진 뒤 망하는 기업이 속출하고 실직자가 200만 명에 육박하면서 봉급 생활자든 기업체든 돈줄이 막혀 야단이었지요. 더구나 친지 · 친구 · 직장 동료가 돈을 꾸는 데 연대 보증을 섰다가 그들의 돈을 대신 갚게 돼 집을 잃고 거리로 나앉은 사람도 있었습니다. 파산은 기업에나 쓰는 말인 줄 알았는데 '개인 파산'이라는 말도 유행했습니다.

농촌에선 한 마을에서 몇 집이 연대 보증을 피해 밤에 도망하는 일까지 있었습니다. 보증 제도에 대한 원성도 높아졌지요. 어떤 학자는 조선시대 반역자의 가족 · 후손까지 못 살게 굴었던 연좌제에 비유해 '경제적 연좌제'라면서 보증제도를 없애라고 목소리를 높였지요.

하지만 보증은 우리 경제 생활의 여러 제도와 관행이 그렇듯 나름대로 탄생 · 존속할 만한 이유가 있습니다. 보증을 서는 관행은 이미 기원 전 17세기 바빌로니아에서 시작됐고, 우리나라도 조선시대의 보증 관행이 역사책에 기록돼 있어요. 다만 건국 이래 최대 국난이라는 외환 위기를 맞아 보증 제도의 부정적이 면이 한꺼번에 드러났던 것이지요.

은행 입장에선 꾼 돈을 제때 갚을 만한 사람에게 신용이 있다고 합니다. 재산이 넉넉하고 직장이 확실하다고 판단하면 다른 거 더 따지지 않고 '신용 대출'을 해 줍니다. 신용이 좋지 않으면 집 · 땅 같은 부동산이나 귀중품 또는 주식 · 채권 같은 유가증권을 맡기고 '담보대출'을 받아야 합니다.

그러나 신용도, 담보도 없는 사람이 급한 돈 쓸 때 기대는 게 바로 '보증 대출'입니다. 다른 사람을 담보로 돈을 꾼다는 점에서 보증은 '인적 담보'라고도 할 수 있습니다. 보증 대출은 봉급 생활자 같은 개인 뿐만 아니라 기업들도 받습니다. 기업체가 친분 있는 기업이나 사람을 보증 세우고 돈을 꾸는 것입니다.

보증은 돈을 꾸는 데만 필요한 게 아니에요. 가령 자동차를 할부(금융)로 사거나 휴대전화에 가입할 때도 회사측은 혹시 할부금이나 요금을 내지 못할까봐 보증을 세우라고 요구합니다. 이 경우 보증전문회사가 일정 금액을 받고 대신 보증을 서 주기도 합니다.

회사에 취직할 때도 그전에는 재산이 많거나 신분이 확실한 친구와 친지가 보증을 섰지만 이제는 전문회사가 대신 재정 보증을 섭니다.

건설회사가 공사할 때 계약을 지키지 못하거나 하자가 생길 때 피해 금액을 대신 물어주는 것도 보증의 기능입니다.

이처럼 보증은 우리가 경제 생활을 원활히 하는 데 중요한 역할을 합니다. 이처럼 신용을 갖추려면 시간이 걸리고 또 부득이 신용을 지키지 못 할 경우가 생기기 때문이지요.

보증이 급한 돈을 구하는 데 필요한 수단이긴 하지만 여기에 너무 의존하면 곤란합니다. "잘 쓰면 약, 못 쓰면 독"이라는 금언이 딱 들어맞는 경우입니다. 안면 때문에 어쩔 수 없이 해 준 연대보증 때문에 집과 월급을 압류당하는 경우가 있습니다. 기업도 마찬가지예요. 과거 재벌의 계열사들이 서로 상대방이 지는 빚에 보증을 서는 상호 지급 보증이 문제가 됐답니다. 그룹 안에서 그래도 여유 있는 회사가 형편이 어려운 회사의 은행 대출이나 회사채 발행을 도우려고 보증을 서는 일이 많았는데, 외환 위기 이후 그룹 전체가 함께 부실화하는 원인이 되기도 했습니다.

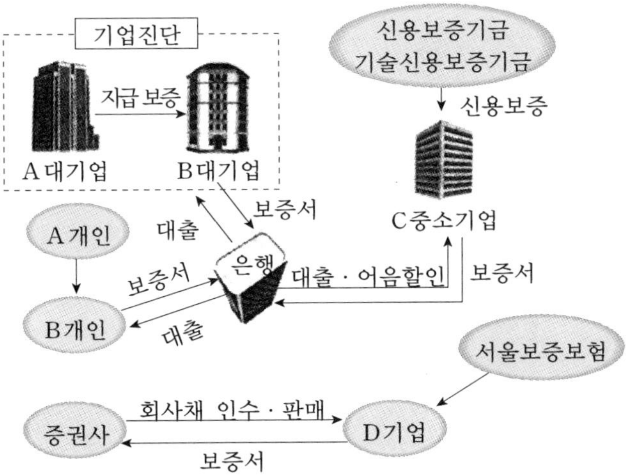

정부는 그래서 보증의 남발을 막기 위한 장치를 만들고 있습니다. 30대 재벌(대규모 기업집단)의 상호 지급보증을 규제하고 있고, 개인의 무분별한 보증을 막기 위해 보증총액한도제라는 것을 만들어 한 사람이 보증을 설 수 있는 한도를 정하기로 했습니다.

또 은행들이 돈을 꾸려는 기업의 살림구조나 장사 전망 등을 꼼꼼히 따지지 않고 신용보증기관의 보증서만 믿고 돈을 꿔 주는 것을 막기 위해 기업이 돈을 갚지 못할 때 은행과 보증기관이 나눠서 책임을 지는 부분 보증제도를 1999년부터 시행하고 있습니다.

제10장 증권분석

주식 매수 · 매도를 위해 필요한 거시경제 분석과 산업분석의 방법에 대해 기술하고 있으며, 전통적 주식 평가 모형에 대해 논의한다. 아울러 개별 기업들을 분석하기 위해 사용되어지는 재무제표의 지표들을 분석하고 이를 이용하여 실제 투자에 이용하는 방법에 대해 기술하고 있다.

10.1 거시경제분석과 산업분석

10.1.1 거시경제분석

거시경제분석에서는 거시적 관점에서 경기동향, 이자율, 통화 그리고 환율과 국제수지 등의 경제요인을 분석하여 주가흐름을 파악한다. 주가는 거시경제의 전체적인 움직임과 밀접한 관계가 있으므로 투자자는 주가변동의 대세를 파악하고 주식매매의 시기를 포착하기 위해서는 현재의 경제상황을 면밀히 분석하고 장래의 경제상황 변화를 예측할 수 있어야 한다.

여기서는 주요 거시경제변수와 주가와의 관계를 살펴보려 한다. 이들 변수와 주가의 상관관계에 대해서는 면밀한 연구가 계속 필요하고 어떤 부분은 일치된 결론이 아직 있는 것이 아니기도 하지만 지금까지 제시된 일반적인 내용을 중심으로 살펴보고자 한다.

(1) 경기와 주가

경기는 어떤 경제단위의 경제상황을 나타내는 것으로 주가는 경기변동에 앞서서 움직이는 선행지표(leading indicator)로 알려져 있다. 주가의 선행 정도는 나라에 따라 그리고 분석시점에 따라 다르지만 선진국에서는 대개 약 4~6개월 정도로 주가가 경기를 앞서서 움직인다는 연구가 있다.

기본적으로 주식시장이 관련된 모든 정보를 신속하고 완전하게 반영하는 효율적 시장이라면, 주가는 경기에 대한 투자자들의 예상을 반영하여 경기흐름에 앞서서 움직일 것이다. 주가에 영향을 미치는 대부분의 정보들은 경기동향의 영향을 직접 또는 간접으로 받는다고 할 수 있다. 만약 투자자들이 앞으로의 경기후퇴를 예상한다면, 이로 인하여 기업들의 매출과 수익이 감소할 것이기 때문에 기업들의 미래가치는 하락하고 이러한 예상은 현재의 주가에 부정적인 영향을 미칠 것이다.

그런데 경기동향의 파악은 어렵다. 주가의 움직임을 예측하기 위해서는 경기변동에 앞서는 경기선행지수들을 이용할 수 있다. 선행지수에는 [표 10-1]과 같은 지표가 있다. 또한 이미 검증되어진 계량경제모형(econometric model)이

[표 10-1] 경기선행종합지수

경기선행종합지수
1. 건축허가면적
2. 건설용 중간재생산지수
3. 기계수주액(선박 제외)
4. 수출신용장(L/C) 내도액
5. 수입허가서(I/L) 발급액
6. 총유동성(M3)
7. 예금은행 대출금
8. 제조업 재고율지수
9. 중간재 출하지수
10. 입직자 수/이직자 수(제조업)

있다면 이를 이용하여 미래 경기를 예측할 수도 있다. 다음으로 기업경기실사지수를 이용할 수 있는 데 유용한 지표들로는 경제주체들의 경기에 대하여 설문조사한 결과를 지수화하여 발표하는 기업경기실사지수(business survey index: BSI)와 소비자태도 조사(consumer sentiment index: CSI) 또는 소비자신뢰지수(consumer confidence index: CCI) 등이 있다.

(2) 이자율과 주가

이자율과 주가는 반대로 움직이는 것으로 알려져 있다. 예를 들어 시장이자율이 낮아지면 기업들의 자금차입이 쉽게 되고 이자부담이 낮아져서 기업의 수익성이 높아지므로 미래 수익의 현재가치의 합이라고 할 수 있는 주가는 상승하게 된다. 아울러 투자자 입장에서는 정기예금 등 금융자산에 투자하던 자금을 주식투자로 옮기게 됨으로써 주가를 상승시키게 된다. 이처럼 이자율은 기업수익이라는 주식시장 외적인 요소와 주식시장의 수요와 공급이라는 시장내적인 요소에 영향을 주어 주가를 오르내리게 한다.

우리 나라에서는 이자율이 주가에 일정한 시차를 두고 영향을 미쳤으나 금리자유화의 진전과 주식시장의 효율성 제고로 이자율과 주가는 시차가 거의 없

[그림 10-1] 이자율과 주가(KOSPI)

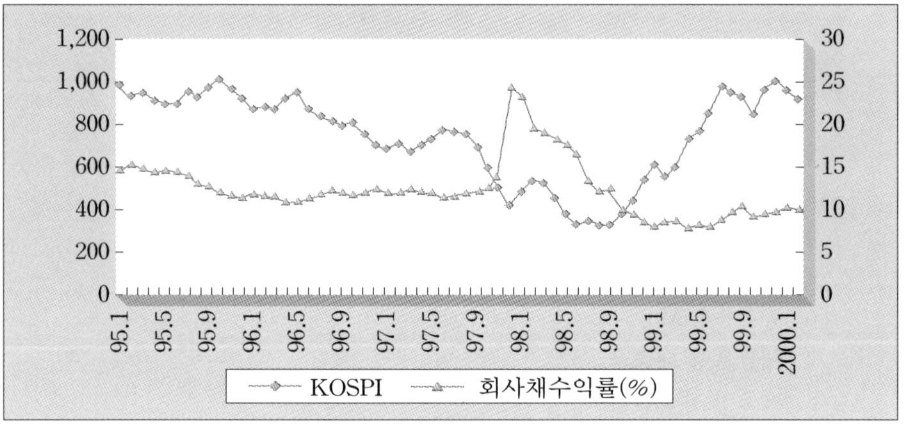

주: 이자율은 3년 만기 회사채수익률을 사용하였음.

는 역의 상관관계를 가지는 것으로 분석되고 있다. [그림 10-1]에서 1995년 이후의 국내 이자율과 주가의 변화추이를 볼 수 있는데, 이자율과 주가는 역의 상관관계를 보이고 있음을 알 수 있다. 일부 실증분석에 따르면 금리가 자유화된 1992년 이후 국내 이자율과 주가의 상관계수는 −0.5 내지 −0.6 정도이며 최근 들어서는 더 높아지고 있다는 것이다.

(3) 환율 및 국제수지와 주가

환율은 기본적으로 외환시장에서의 수급에 따라 결정되지만 국제수지, 물가 및 이자율 등의 복합적인 요인에 의하여 결정된다. 따라서 환율과 주가의 관계를 분석하는 것은 용이하지 않다. 만약 환율이 떨어지는 경우, 즉 원화가치가 높아지면 수출가격이 상대적으로 비싸져 수출이 줄어들게 됨으로써 수출주도 기업의 수익성이 악화되어 주가는 하락하게 된다. 반대로 환율이 올라가는 경우, 즉 원화가치가 낮아지면 수출가격이 상대적으로 싸지게 되어 수출이 증가함으로써 수출기업의 수익성과 국제수지가 개선되어 주가가 상승하게 된다.

그런데 환율인상이 수출비중이 높은 기업에 대해서는 유리하게 작용하지만, 물가상승이 우려되고 경제성장이 둔화될 수 있는 등의 이유로 장기적으로는 주가상승을 동반하기는 어렵다. 일반적으로 국제수지는 주가에 선행하는 것으로 알려져 있는데, 우리나라에서도 [그림 10-2]에서 이러한 관계를 발견할

[그림 10-2] 국제수지와 주가(KOSPI)

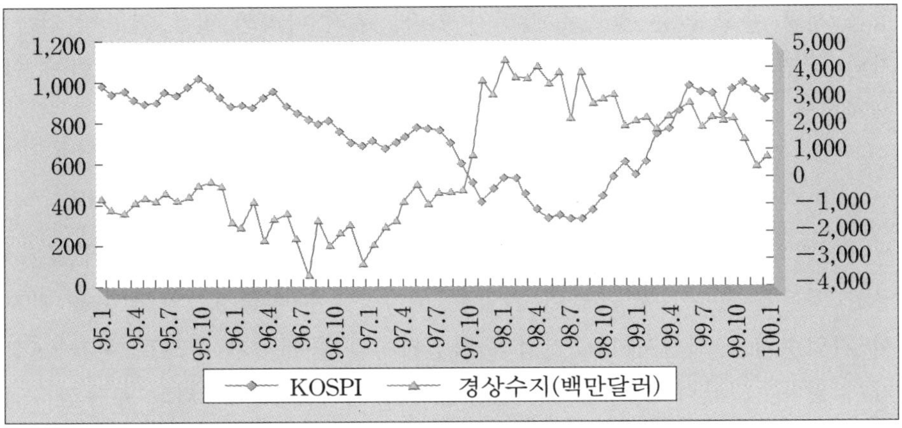

주: 국제수지는 경상수지를 나타냄.

수 있다.

(4) 통화량과 주가

통화량의 변동은 주가에 큰 영향을 미치게 된다. 일반적으로 통화량의 증가는 다른 조건이 일정하다면 이자율을 하락시키고 이자율이 하락하면 주가는 상승한다. 즉, 이자율이 하락하면 기업의 금융비용과 제품원가가 낮아지게 되어 기업의 수익성을 향상시킴으로써 주가의 상승으로 이어진다. 또한 통화량의 증가에 따라 통화량 증가의 일부가 증권시장에 주식투자자금으로 유입되어 주식에 대한 매입수요가 늘어난다면 주가를 상승시키게 된다. 그러나 과도한 통화량의 증가는 물가를 상승시켜 인플레이션을 유발할 수 있고, 시간이 경과하면서 이자율을 다시 상승시키기 때문에 실물자산인 부동산의 상승과 주가의 하락을 동시에 가져올 수 있다는 것이다.

(5) 국민소득과 주가

다른 조건이 일정하다면 국민소득이 증가할 경우 소비와 투자가 증가함으로써 기업의 이윤을 높인다. 이러한 기업이윤의 증가는 생산과 고용의 증대로 연결되어 결국 기업수익과 주가의 상승을 가져온다.

주가가 상승하면 주식투자자의 금융자산 가치가 증대하고 이는 곧 소비를 증가시켜 국민소득의 상승을 가져오게 된다. 이와 같이 국민소득과 주가는 영향을 서로 주고 받는 것으로 알려져 있다. 우리 나라의 일부 연구에 의하면 주가와 국민소득의 관계에서 주가가 실물경기의 추세를 5~10개월 먼저 앞서서 움직이는 것으로 알려져 있다.

⑹ 물가와 주가

물가의 변화는 기업수익과 시장에서의 투자심리에 영향을 주어 주가에 상당한 영향을 준다. 예를 들어 완만한 물가상승은 실물경기의 상승을 가져오면서 기업수익을 개선시키고 기업의 자산가치를 증대시켜 주므로 주가를 상승시키게 된다. 그러나 급격한 물가상승은 금융저축을 위축시키고 부동산, 귀금속 등의 실물자산을 선호케 하여 주가를 하락시키는 요인으로 작용한다.

실제로 우리 나라에서는 인플레이션이 높을수록 주식수익률이 낮아지는 경향이 발견되기도 하는데, 이 같은 현상은 물가상승률이 높은 경우 은행예금 및 주식 등의 금융자산보다는 부동산과 같은 실물자산에 대한 선호도가 높아지기 때문이다.

⑺ 외국인 주식투자와 주가

1992년 국내 주식시장이 개방된 이후 외국투자자들이 국내 주식시장에서 차지하는 비중이 크게 높아지고 외국인의 매매패턴이 중요한 투자정보로 등장하게 되었다. 특히 외국인 투자자들의 선진투자기법은 국내 투자자들의 투자패턴의 변화를 가져와 내재가치 중심의 주가차별화현상이 진행되는 등의 질적인 변화가 있어 왔다.

일반적으로 외국인의 주식투자자금이 국내 주식시장으로 유입되면, 주식의 매입수요가 추가적으로 증가하여 주가의 상승요인으로 작용한다. 반대로 외국인 투자자가 국내 주식시장에서 주식을 매도하여 투자자금을 해외로 유출할 경우에는 주식매도가 증가하는 반면에 주식 매입수요는 감소하여 주가를 하락시키는 요인이 될 수 있다. 외국인 주식투자와 주가의 이러한 관계는 외국인 주식 순매수량과 주가의 변화추이를 나타내는 [그림 10-3]에서 발견할 수 있다.

한편, 최근 들어 외국인이 국내주식을 대량 매입했을 때는 주가가 오르는 대신 환율은 하락하고 또 주식을 대량 매도했을 때는 주가는 하락하는 반면,

[그림 10-3] 외국인 주식순매수량과 주가(KOSPI)

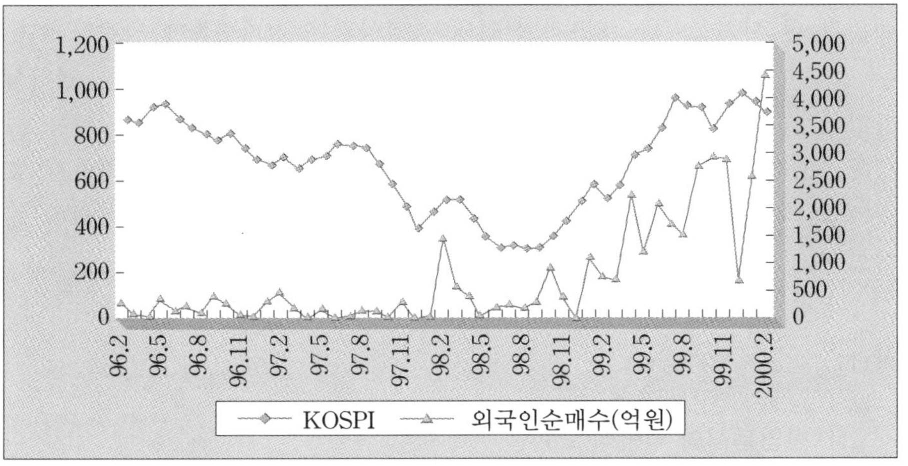

환율이 오르는 이른바 환율과 주가 사이의 '역동조화현상'도 발생하고 있다.

또한 외국인 투자자금은 국내 거시변수에도 영향을 끼칠 수 있다. 예를 들어 외국인 투자자금이 급격히 들어와 증시에 투자되면 환율은 하락한다. 환율이 낮아지면 원화가치는 높아지며 원자재 등 수입품들의 가격이 낮아질 수도 있다. 그러나 환투기나 증권시장투기를 목적으로 하는 이른바 핫머니들이 동시에 유출되면 환율이 오르고 인플레이션 압력이 발생할 수 있다.

10.1.2 산업분석

증권분석에서 산업분석(industry analysis)은 산업동향을 파악하여 유망 투자업종을 선정하기 위한 것이다. 아울러 산업분석에서는 경제상황의 변화에 따른 산업의 변화와 이것이 개별기업에 미치는 영향을 파악하는 것이다. 증권분석에서 산업분석이 가지는 중요성은 다음과 같다.

첫째, 개별기업들의 위험과 수익성은 그 기업이 속한 산업에 따라 많이 좌우된다. 또한 개별주식의 주가는 그 기업이 속한 산업의 영향을 많이 받게 되는데 일반적으로 당해 산업의 주가평균에 가깝게 움직이는 경향이 발견된다. 성장산업에 속하는 기업의 주가는 일반적으로 오를 가능성이 많은 반면, 사양산업에 속한 기업의 주가는 하락할 가능성이 높다 하겠다.

둘째, 개별산업의 경영성과가 반드시 경기변동과 일치하지 않기 때문이다. 예를 들면 사치품이나 내구재 산업의 경영성과는 경기변동에 민감하게 움직이는 경향이 있지만, 음식료업이나 제약업 등의 생활필수품 산업의 경영성과는 경기에 별로 영향을 받지 않거나 오히려 경기변동과 반대로 움직이는 경향이 있다. 또한 거대한 설비투자가 필요한 중화학 산업들은 영업레버리지 효과가 크기 때문에 경기변동의 영향을 더욱 많이 받게 된다.[1] 따라서 이러한 개별산업의 특성분석 및 성과분석은 기업분석에 유용한 정보를 제공한다.

셋째, 개별기업의 경영성과에 대한 장기전망에 있어서 산업분석이 필요하다.

(1) 산업분석의 일반적 요인들

산업분석에서는 일반적으로 다음 요인들에 대하여 과거의 실적 및 현재동향을 분석하고 미래의 전망을 제시한다.

❶ 산업별 실사지표 및 주가관련 분석
❷ 수요와 공급구조
❸ 경영성과와 재무구조: 관련산업과의 상호비교분석 및 추세분석
❹ 정부의 산업정책: 세제 및 금융상의 지원 여부, 지원산업 혹은 구조조정 산업
❺ 시장구조와 해외동향
❻ 경기에 대한 산업의 매출민감도

(2) 산업의 수명주기 분석

산업의 주제품의 수명주기(life cycle)가 해당 산업의 미래를 좌우할 수 있다. 제품수명주기(product life cycle)와 마찬가지로 산업도 도입기 → 성장기 → 성숙기 → 쇠퇴기라는 수명주기의 과정을 순환하게 된다.

따라서 각 산업이 산업의 수명주기(industry life cycle)에서 현재 어느 단계에 속해 있는가, 그리고 특히 미래에 어느 단계에 있을 것인가를 분석하고, 그 산업의 제품에 대한 수요 및 조업도를 분석함으로써 기업 경영성과의 장기

---

1) 영업레버리지효과(operating leverage effect)는 고정자산의 사용에 따르는 고정영업비용이 높을수록 매출액의 변화에 따르는 영업이익의 변화율이 증폭되는 효과를 말한다.

전망을 할 수 있다.

또한 경제환경의 변화에 따라 새로운 산업이 유망산업으로 등장하고 종전의 유망산업이 쇠퇴하기도 한다. 현재 각 산업의 위치가 산업의 수명주기의 어느 단계에 있는가에 따라 산업의 성장성과 수익성이 달라지기 때문에 이를 통해 성장산업과 사양산업을 구분하여 투자결정에 활용할 수 있다.

(3) 산업의 내부구조 분석

기업이 속한 산업의 내부구조에 따라 기업의 수익성 및 성장성이 달라진다. 즉, 산업별로 경쟁구조, 수급구조, 시장구조, 타산업과의 연관성, 경기변동과의 연관성, 산업의 대체관계, 진입장벽 등 내부구조를 분석함으로써 산업자체와 기업의 수익성과 성장성을 파악할 수 있다.

Porter 교수는 특정 산업의 경쟁강도를 결정하는 구조적인 경쟁요인으로 시장의 진입장벽, 제품의 대체가능성, 기존업체 사이의 경쟁강도, 구매자의 교섭력, 공급자의 교섭력 등 5가지의 요인들을 제시하고 이들 요인들에 의해 해당산업의 이윤과 산업위험이 결정된다고 설명하였다.[2)]

10.2 주식 평가 모형

10.2.1 배당할인 모형

배당할인 모형은 어느 기업 주식의 내재가치가 미래배당(즉 현금흐름)을 적정한 요구수익률로 할인한 현가의 합이라고 정의한다. 여기서 기업은 계속기업으로서 영원히 존재하며, 기업의 매기간의 이익은 일정부분 배당으로 지급된다고 가정한다.

주식배당평가 모형은 다음과 같다.

$$P_0=V_0=\frac{D_1}{1+k}+\frac{D_2}{(1+k)^2}+\frac{D_3}{(1+k)^3}+\cdots+\frac{D_H}{(1+k)^H}+\cdots+\frac{D_\infty}{(1+k)^\infty}$$

---

2) M. E. Porter, Competative Strategy: Techniques for Analyzing Industries and Competitors, the Free press, 1980.

이 모형을 배당할인 모형(DDM: Dividend Discount Model)이라 하는데, 이 식에 의하면 현재의 주가는 미래에 영원히 받게 될 배당의 현가 합계이다. 여기서 우리는 두 가지 의문을 제기할 수 있다. 첫째, 주식투자자들은 주식투자시 배당뿐만 아니라 오히려 매매차익을 기대하는데, 위의 모형에서는 매매차액을 전혀 고려하지 않고 있지 않은가? 둘째, 주식분석에서 예측시 기본이 되는 것은 배당보다는 이익(즉 주당순이익)인데, 위의 모형은 오직 배당만을 고려하고 있지 않은가?

여기에 대한 대답은 이렇다.

첫째, 배당할인 모형은 그 생성과정에서 이미 매매차액을 미래가격에 포함시키고 있으므로 매매차액을 충분히 고려했다는 점이다. 즉 현재 주가 (P_0)는 1년 후 배당 (D_1)과 1년 후 주가 (P_1)의 현가이다.

$$P_0=\frac{D_1+P_1}{1+k}$$

또한 1년 후 주가 (P_1)는 2년 후 배당 (D_2)과 2년 후 주가 (P_2)의 현가이다.

$$P_1=\frac{D_2+P_2}{1+k}$$

위의 식에서 P_1과 P_2는 미래 예상가격이므로 매매차액을 이미 포함하고 있다. 두 식을 합성하면 현재가격 (P_0)는 다음과 같이 1년 후 배당 (D_1), 2년 후 배당 (D_2), 그리고 2년 후 가격 (P_2)의 현가 합이다. 여기서 1년 후 가격 (P_1)이 포함되지 않고 있음을 주목해야 한다.

$$P_0=\frac{D_1}{1+k}+\frac{D_2+P_2}{(1+k)^2}$$

둘째, 이미 배당할인 모형 도출과정에서 가정했듯이 기업은 많든 적든 이익의 일정부분을 배당의 형태로 지급하고, 바로 이 배당이 주주가 받는 소득이므로 이익보다는 배당을 현가로 할인하는 것이 주식의 내재가치결정에 더 합리적이다. 극단적으로 기업이 5년 내지 10년간, 아니면 상당히 오랜 기간 동안 배당을 지급하지 않는다 하더라도 이 모형이 성립하는가? 주주의 입장에서 볼 때 기업이 언젠가 배당을 하게 될 것이고, 아니면 그 기업이 청산할 때 청산배당(liquidation dividend)이라도 하게 될 것이므로 배당할인 모형은 성립한다고 본다.

10.2.2 일정배당 성장 모형(Constant Growth Model)

위의 식은 이론적으로 명쾌하지만 실제로 주식을 평가할 때 유용하지 않다. 이런 문제점을 처음 지적한 학자인 고든(Gordon)은 만약 매 기간의 배당이 불규칙하지 않고 매 기간 일정하게 성장한다면, 앞의 식은 다음과 같이 간단한 식으로 만들 수 있음을 보였다.

$$P_0=V_0=\frac{D_0(1+g)}{k-g}=\frac{D_1}{k-g}$$

여기서 $P_0=V_0$: 현재의 주가
D_0: 현재의 주당배당금
D_1: 1년 후 주당배당금$=D_0(1+g)$
g: 일정배당성장률
k: 주식의 요구수익률(또는 자기자본비용)

이 식이 바로 유명한 Gordon의 방정식으로서, 어느 기업의 주가(즉 내재가치)는 미래배당금(D_1)을 「주식의 요구수익률-배당성장률」의 차이로 나눈 값으로 계산된다는 것이다.

Gordon의 배당성장모형은 주식분석에서 널리 쓰이고 있으며 다음과 같은 의미를 갖는다.

첫째, 배당성장률(g)이 클수록 주가(P_0)는 높아진다.

둘째, 요구수익률(k)이 작을수록 주가(P_0)는 높아진다.

셋째, 배당성장률(g)은 요구수익률(k)보다 클 수 없다. 왜냐하면 이 경우 분모($=k-g$)는 음수가 되기 때문이다.

넷째, 주가(P_0)는 배당성장률(g) 만큼 성장한다(즉 높아진다). 따라서 이 경우 배당성장률(g)은 매매이득률(capital gain rate)이 된다.

만약 위의 식을 이용하여 계산한 기업의 내재가치가 시가와 정확히 일치하면($V_0=P_0$), 이 주식투자로 인한 보유기간수익률(HPR: Holding Period Return)은 다음과 같이 「배당수익률」과 「매매차액률(또는 자본이득률이라고도 함)」의 합이다.

$$E(r)=\frac{D_0(1+g)}{P_0}+\frac{P_1-P_0}{P_0}=\frac{D_1}{P_0}+\frac{P_1-P_0}{P_0}$$
$$=\text{배당수익률}+\text{매매차익률}$$
$$=\frac{D_1}{P_0}+g$$

위의 식은 자기자본비용(k)을 구할 때 흔히 이용되며, 할인현금흐름(DCF: Discounted Cash Flow) 공식이라고도 한다.

10.2.3 배당성장률(g) 계산

배당성장률(g)은 일반적으로 자기자본순이익률(ROE)에 이익보유율(b)을 곱하여 구한다. 이익유보율(b)은 당기순이익 중 유보된 비중을 나타낸 것인데, 「1－배당성향」과 같다.

$$g=\text{ROE}\times b$$
$$=\text{ROE}\times(1-d)$$

여기서 g: 배당성장률
ROE: 자기자본순이익률
b: 이익유보율
d: 배당성향(=배당지급률)

10.2.4 내재가치와 시가와의 관계

Gordon의 배당평가 모형에 의하면 어느 주식의 내재가치는 일정 배당성장률을 가정할 때 $\frac{\text{미래배당금}}{\text{자기자본비용}-\text{일정배당성장률}}$로 계산된다. 그러나 이것은 어디까지나 이론적 가치이지 시가가 반드시 이것과 일치하는 것은 아니다. 장기적으로 볼 때 주가가 균형상태에 있게 되면 그 주식의 내재가치는 시가와 접근하게 될 것이다. 왜냐하면 투자자가 요구하는 필수수익률(k)은 그 주식투자에 대한 가장 합리적인 보상이므로 어느 투자자들도 이보다 높은 수익률을 향유하지 못할 것이고, 반대로 어느 투자자들도 이보다 낮은 수익률이라면 그 주식을 선택하지 않을 것이다.

10.3 재무제표 분석

10.3.1 주요 재무제표

(1) 손익계산서

손익계산서(income statement)는 1년 등, 일정기간 동안에 발생한 손익의 요약표이다. 영업기간중에 발생한 수입, 비용 및 수입과 비용의 차이인 순이익을 나타내고 있다.

[표 10-2]는 국내의 대표적 회사의 하나인 삼성전자의 2002년의 연결 손익계산서이다. 먼저 통상의 영업에서 발생하는 영업 매출액과 매출원가를 토대로 매출 총이익을 산출한다. 다음에 감가상각을 포함하여 영업수입 창출을 위해 발생하는 영업비용이 있다. 영업수입과 영업비용의 차이가 영업이익(operating income)이다. 여기에 반복적으로 발생하지 않는 기타의 수익이나 비용을 가감하면 이자 및 세전이익(earnings before interest and tax: EBIT)이 산출된다. EBIT는 채권자나 세무당국에 대한 채무가 없는 경우 기업이 얻을 수 있는 이익이다. EBIT는 차입채무에 대한 이자부담을 무시하고 기업 수익력을 평가하는 지표이다. 손익계산서의 EBIT에서 이자비용을 차감하면 세전이익이 계산된다. 마지막으로 법인세 등 세부담을 공제하면 손익계산서의 제일 마지막 줄에 당기순이익(net income)이 얻어진다.

[표 10-2] (주) 삼성전자의 연결손익계산서, 2002년 12월 31일 (단위: 십억원)

	과 목	2002
매 출		
	매 출	59,569
	매출원가	36,952
매출총이익		
	매출총이익	22,616
	(이익률)	38.00%
	판매관리비	13,371
영업이익		
	영업이익	9,246
	(이익률)	15.50%
	영업 외 손익	323
	- 순지급이자	(39)
	- 지분법평가손익	339
	특별손익	—
세전이익		
	세전이익	9,569
	(이익률)	16.1%
	법인세비용	2,244
	외부주주지분	(272)
순 이 익		
	순 이 익	7,053
	(이익률)	11.8%

(2) 대차대조표

손익계산서가 어떤 영업기간 동안의 손익상황을 나타내는 데 비해 대차대조표(balance sheet)는 어떤 시점의 자산 및 부채 등 기업의 재무상태를 '스냅사진'처럼 나타내고 있다. 대차대조표는 어떤 시점의 기업자산과 부채의 목록이다.

자산과 부채의 차이가 순자산(net worth)으로 이것을 주주의 자기자본(stockholder's equity)이라고 부른다. 손익계산서와 같이 대차대조표도 그 양식이 표준화되어 있다. [표 10-3]은 (주) 삼성전자 2002년 12월 31일의 연결 대차대조표이다.

대차대조표의 첫 부분에 그 기업의 보유자산이 기재되어 있다. 다음으로 부채와 자기자본 계정이 나타나 있다.

[표 10-3] **삼성전자의 연결 대차대조표** (2002년 12월 31일, 단위: 십억원)

	과 목	2002
자 산		
	자 산	64,955
	현금 및 현금등가물*	6,872
	유가증권	1,771
	매출채권	5,427
	재 고	4,297
부 채		
	부 채	39,462
	차 입 금	25,123
자 본		
	자 본	25,493

* 현금 및 현금 등가물은 단기금융상품을 포함함.

⑶ 현금흐름표

현금흐름표(statement of cash flow)는 기업의 영업, 투자 및 재무활동의 결과 일어나는 현금흐름을 나타낸다. 이 현금흐름표는 최근 1987년부터 Financial Accounting Standards Board(FASB)에 의해 작성이 요구되었기 때문에 FASB Statement No.95, 또는 FAS 95라고 불린다.

손익계산서나 대차대조표는 회계원칙상 발생주의(accrual basis)에 기초를 두고 실제 자금의 수취가 일어나지 않아도 수입이나 비용이 계상되는 데 비해, 현금흐름표는 현금의 이동을 동반하는 거래만 기록한다. 예를 들면 상품판매에 대한 대금지급은 60일 뒤에 일어난다고 하자. 손익계산서상에서는 매각시점에서 매상이 계상되고 대차대조표에 외상매출금으로 기재되지만 현금흐름표에서는 현금을 입수할 때까지 이 거래는 기록되지 않는다.

[표 10-4]는 (주) 삼성전자의 2002년 현금흐름표이다. 처음 항목은 영업활동으로부터의 현금흐름에서 먼저 순이익이 표시되어 있다. 손익계산서와 현금흐름표의 또 하나의 큰 차이는 감가상각비의 취급문제이다. [표 10-4]에서 보는 것과 같이 감가상각비는 현금흐름에 더하는 큰 가산항목이다. 손익계산서상에서는 설비투자와 같은 거액의 일시적인 자본지출이 기업의 수익규모를 왜곡시키는 것을 막기 위해 설비투자 비용을 장기간에 걸쳐 분할 계상하도록 하고 있다. 즉 감가상각은 설비투자를 특정기간의 비용으로 일시에 처리하지 않고 장기간에 걸쳐 발생하는 비용으로 취급하기 위한 수법이다.

그러나 현금흐름표에서는 설비투자지출이 자금에 주는 영향에 주목하여 투자규모 전액을 당해 기간에 현금지출로 집계한다. 따라서 손익계산서에서 비용처리된 감가상각비는 실제로 현금지출을 동반하지 않기 때문에 현금흐름표에서는 더해지고, 반면 손익계산서에서는 반영되지 않는 투자지출은 현금 흐름표에서는 당해연도에 전액 계상된다.

현금흐름표의 두 번째 부분에 나타나는 투자활동에 의한 현금흐름은 기업이 그 생산능력을 유지, 확대하는 데 필요한 자본투하의 상황을 나타내고 있다.

마지막으로 현금흐름표의 끝 부분에는 재무활동에 의한 현금흐름이 표시된다. 여기서는 차입금 부분과 주식의 증자나 감자 등의 부분을 처리하게 된다.

현금 흐름표는 기업 건전성의 지표가 된다. 예를 들어 만약 어떤 기업이

[표 10-4] 삼성전자의 현금흐름표 (2002년 12월 31일, 단위: 십억원)

	과 목	2002
영업활동으로 인한 현금흐름		
	영업활동으로 인한 현금흐름	9,586
	순 이 익	7,053
	감가상각 및 이연자산상각	3,676
투자활동으로 인한 현금흐름		
	투자활동으로 인한 현금흐름	(11,505)
	유형자산의 취득	(5,174)
재무활동으로 인한 현금흐름		
	재무활동으로 인한 현금흐름	2,306
	차입금 증(감)	7,411
	증자(자사주 매입)	(1,500)
연결조정		
	연결조정	4
현금 및 현금등가물의 증가*		
	현금 및 등가물의 증가	392

* 현금 및 현금 등가물은 단기금융상품을 포함함.

영업활동으로부터의 현금흐름에서 배당을 지급할 수 없거나 자본의 생산성을 유지하기 위한 투자를 할 수 없어 이러한 자금수요를 외부 차입에 의존해야 한다면 이것은 현재의 배당을 장기적으로 유지할 수 없다는 심각한 신호로 받아들여져야 할 것이다. 영업으로부터의 현금유입이 불충분하고 배당유지를 위해 차입에 의존한다면 현금흐름표를 통해 이러한 문제가 노출될 것이다.

10.4 자기자본이익률

10.4.1 실적 및 예상 자기자본이익률

자기자본이익률(return on equity: ROE)은 기업의 자기자본에 대한 기간이익의 비율을 말한다. 통상적으로 ROE는 과거의 ROE 실적과 유사하다고 가정하는 것이 합리적일 수 있지만, 과거에 높았기 때문에 반드시 장래에도 높을 것이라고 할 수는 없다.

반면 ROE의 하락은 기업이 과거보다 ROE가 낮은 분야에 투자한다는 증거이다. 이 경우 가장 높은 미래 ROE의 예상치도 최근의 실적치보다 낮을 것이다. 여기서의 핵심은 증권 애널리스트가 과거의 실적이 미래에도 유지될 것이라고 생각해서는 안 된다는 것이다. 최근의 실적 데이터는 장래의 경영성과에 대한 유용한 정보를 제공하는 것은 틀림없다. 그러나 중요한 것은 미래에 대해 항상 유의해야 한다. 주식의 기본가치를 결정하는 것은 미래의 예상되는 배당이나 수익이다.

10.4.2 재무구조와 ROE

ROE의 과거 추이를 분석하고 미래의 ROE를 전망하고자 할 때 가장 유의해야 할 점은 그 기업의 부채와 자기자본의 구성, 즉 재무 레버리지(financial leverage)와 부채에 대한 이자율이다. 예를 통해 그 이유를 보자. (주) 한양사는 100% 자기자본으로 운영되며 총자산은 1억 원, 법인세율은 과세소득의 40%라 하자.

[표 10-5]는 경기순환의 세 가지 국면에 있어서 이 기업의 매출액, 이자 및 세전이익(EBIT), 그리고 순이익을 나타내고 있다. 동시에 대표적인 수익력의 지표인 총자산 영업이익률(operating return on assets: EBIT/총자산)과 ROE(세후순이익/자기자본)을 동시에 보여 주고 있다.

(주) 신도사는 (주) 한양사와 동일하나 유일한 차이는 총자산 1억 원 중 4,000만 원은 금리 8%의 부채로 구성되어 있는 것이다. 따라서 연간 이자지급

[표 10-5] 경기순환에 따른 (주) 한양사의 수익성

시나리오	매출액 (억원)	EBIT (억원)	ROA (%)	순이익 (억원)	ROE (%)
불 황	80	5	5	3	3
정 상	100	10	10	6	6
호 황	120	15	15	9	9

은 320만 원이 된다. [표 10-6]은 두 회사의 ROE 차이를 보여 준다.

경기순환의 각 국면에서 두 회사의 매출액이나 EBIT 및 ROA(return on assets)는 동일하다. 즉 두 회사의 사업 리스크(business risk)는 동일하다. 그러나 이들의 재무 리스크(financial risk)는 다르다.

각 시나리오에서 (주) 한양사와 (주) 신도사의 ROA는 같지만, (주) 신도사의 ROE는 평상시와 호황기에는 (주) 한양사보다 높지만 불황기에는 하회한다.

ROE, ROA 및 레버리지 간의 관계는 다음 식으로 요약할 수 있다.[3]

$$\text{ROE}=(1-\text{법인세율})\left(\text{ROA}+(\text{ROA}-\text{이자율})\frac{\text{부채}}{\text{자기자본}}\right) \qquad \langle \text{식 } 10.1\rangle$$

이 식의 의미는 다음과 같다. 만약 부채가 없거나 ROA가 이자율과 동일한 경우 그 기업의 ROE는 ROA에 (1－법인세율)을 곱한 것과 같다. ROA가 이자율보다 높으면 ROE는 ROA×(1－법인세율)보다 높게 되고 그 폭은 부채/자기자본 비율(debt-to-equity ratio)과 정비례한다.

이 결과는 직관적으로 이해할 수 있다. 만약 ROA가 차입이자율보다 높으

---

3) 〈식 10.1〉은 다음과 같이 유도된다.

$$\text{ROE}=\frac{\text{순이익}}{\text{자기자본}}=\frac{(\text{EBIT}-\text{이자비용}-\text{법인세})}{\text{자기자본}}$$
$$=\frac{(1-\text{법인세율})(\text{EBIT}-\text{이자비용})}{\text{자기자본}}$$
$$=(1-\text{법인세율})\left[\frac{(\text{ROA}\times\text{총자산})-(\text{이자비용}\times\text{부채})}{\text{자기자본}}\right]$$
$$=(1-\text{법인세율})\left[(\text{ROA}\times\frac{\text{자기자본}+\text{부채}}{\text{자기자본}}-\text{이자율}\times\frac{\text{부채}}{\text{자기자본}}\right]$$
$$=(1-\text{법인세율})\left[(\text{ROA}+(\text{ROA}-\text{이자율})\frac{\text{부채}}{\text{자기자본}}\right]$$

면 기업은 차입에 의해 가능해진 투자수익이 이자지급을 상회하고 이 차액이 주주의 몫이 되므로 ROE가 증가한다. 반대로 ROA가 차입금리보다 낮으면 부채/자기자본 비율이 높을수록 ROE가 낮아진다.

[표 10-6]의 예를 이용해 〈식 10.1〉을 응용해 보자. 평상의 경기상황에서 (주) 한양사의 ROE는 6%로, 이것은 ROA(10%)에서 (1－법인세율), 즉 0.6을 곱한 것이다. (주) 신도사는 이자율 8%로 부채/자기자본 비율이 2/3이므로 다음 식에 의해 ROE는 6.8%가 된다. 〈식 10.1〉을 이용하여 계산하면,

$$\begin{aligned} ROE &= 0.6[10\% + (10\% - 8\%)2/3] \\ &= 0.6[10\% + 4/3\%] = 6.8\% \end{aligned}$$

중요한 것은 차입을 늘림으로써 ROE가 증가하는 것은 ROA가 이자율을 상회하는 경우뿐이라는 것이다.

또 재무 레버리지가 자기자본의 리스크를 증가시킨다는 것도 유의해야 한다. [표 10-6]은 (주) 신도사의 ROE는 불황기에는 (주) 한양사보다 낮다. 호황기에는 그 반대로 (주) 신도사가 (주) 한양사보다 우월한데, ROA가 ROE보다 높아 주주에게 추가적인 이익을 주기 때문이다. 재무 레버리지에 의해 (주) 신도사는 경기순환 사이클에 더 민감해진다. [표 10-6]에서 보는 것과 같이 두 회사의 사업 리스크가 동일함에도 불구하고 재무 리스크는 부채의존도가 높은 (주) 신도사가 높다. 비록 재무 레버리지로 인해 (주) 신도사의 예상 ROE가 (주) 한양보다 높아지지만 (주) 신도 주식의 시장가치가 더 높다는 것을 의미하

[표 10-6] 재무구조가 ROE에 미치는 영향

시나리오	한 양			신 도	
	EBIT (억원)	순이익 (억원)	ROE (%)	순이익 ($ 억원)	ROE (%)
불 황	5	3	3	1.08	1.8
정 상	10	6	6	4.08	6.8
호 황	15	9	9	7.08	11.8

는 것은 아니다. 재무 레버리지가 예상 ROE만이 아니라 자기자본의 리스크도 높이기 때문이다.

10.5 재무비율 분석

10.5.1 ROE의 분해

기업의 ROE에 영향을 미치는 요인과 ROE의 변동추세를 이해하거나 타기업과 ROE 성과를 비교하고자 하는 경우 증권 애널리스트는 흔히 ROE를 그 구성요소별로 분해한다. 각 구성요소는 그 하나 하나가 중요한 의미를 가지는 재무비율로 이러한 분석기법을 Du Pont System이라고도 부른다.

한 가지 유효한 ROE 분해기법은,

$$\text{ROE}=\frac{\text{세후순이익}}{\text{세전이익}}\times\frac{\text{세전이익}}{EBIT}\times\frac{EBIT}{\text{매출액}}\times\frac{\text{매출액}}{\text{총자산}}\times\frac{\text{총자산}}{\text{자기자본}}$$
$$\text{①}\ (1)\quad\times\quad(2)\quad\times\quad(3)\quad\times\quad(4)\quad\times\quad(5)$$

[표 10-7]은 이들 재무비율이 세 개의 경기순환 국면에서 어떻게 변화하는지를 (주) 한양사와 (주) 신도사에 대해서 비교하여 보여 주고 있다.

위 식 중에서 먼저 제 3 항과 제 4 항에 주목하자. 제 3 항과 제 4 항을 곱한 EBIT/Assets가 ROA가 된다.

제 3 항은 영업이익률(operating profit margin) 또는 매출액이익률(retrun on.sales: ROS)로 불린다. ROS는 매출액 단위당 영업이익이다. 평상기의 ROS는 0.10, 즉 10%이며, 불황기에는 0.0625(6.25%), 호황기에는 0.125(12.5%)가 된다.

제 4 항은 총자산회전율(asset turn over: ATO)로 기업이 자산을 어느 정도 효율적으로 이용하고 있는지를 나타내는데, 자산 단위당 연간 매출액으로 나타난다. 평상시에는 (주) 한양사의 ATO는 연 1.0회, 즉 총자산 1원으로 1원의 매출액을 얻는다. 불황기에는 이것이 0.8로 저하하고 호황기에는 1.2로 상

[표 10-7] (주) 한양사와 (주) 신도사의 재무비율 분해

	ROE	(1) 순이익 세전이익	(2) 세전이익 /EBIT	(3) EBIT/매출액 (ROS)	(4) 매출액/총자산 (ATO)	(5) 총자산/ 자기자본	(6) 복합 레버리지요인 (2) (5)
불 황							
한 양	0.030	0.6	1.000	0.0625	0.800	1.000	1.000
신 도	0.018	0.6	0.360	0.0625	0.800	1.667	0.600
정 상							
한 양	0.060	0.6	1.000	0.1000	1.000	1.000	1.000
신 도	0.068	0.6	0.680	0.1000	1.000	1.667	1.134
호 황							
한 양	0.090	0.6	1.000	0.1250	1.200	1.000	1.000
신 도	0.118	0.6	0.787	0.1250	1.200	1.667	1.31

승한다.

(주) 한양사와 (주) 신도사를 비교하면 재무 레버리지가 제3항이나 제4항에는 영향을 주지 않는 것을 알 수 있다. 어느 경기국면에서도 두 회사의 수치는 일치한다.

마찬가지로 제1항(세후순이익/세전이익)도 두 회사가 같다. 이것을 세부담률(tax burden ratio)이라고 부른다. 이 비율은 정부의 세법과 기업의 절세태도에 의해 좌우된다. 예에서는 어떤 상황에서도 두 회사의 세부담률은 0.6으로 불변이다.

제1항, 제3항, 제4항이 기업의 자본구성에 좌우되지 않는 데 비해 제2항과 제5항은 영향을 받는다. 제2항은 세전이익의 EBIT에 대한 비율이다. 세전이익은 차입이자지급이 없을 때 가장 높다. 이 비율은 다음과 같이 변형할 수 있다.

$$\frac{\text{세전이익}}{\text{EBIT}}=\frac{\text{EBIT}-\text{지급이자}}{\text{EBIT}}$$

이 비율을 이자부담비율(interest burden ratio: IB)이라고 부른다. (주) 한양사는 재무 레버리지가 없기 때문에 이 값은 최대치인 1이 된다. 재무 레버리지가 클수록 IB비율은 저하한다. (주) 한양사의 IB비율은 1로서 경기의 어떤 국면에서도 불변이다. (주) 신도사의 지급이자는 변하지 않으나 EBIT는 경기순환에 따라 변동하기 때문에 IB비율이 불황기에는 0.36, 호황기에는 0.787로 변한다.

제5항(총자산/자기자본 비율)은 재무 레버리지의 크기를 나타낸다. 이것을 레버리지율(leverage ratio)이라고 부르고 이것은 부채/자기자본 비율에 1을 더한 것과 같다.[4] [표 10-7]에서 (주) 한양사는 레버리지 비율이 1이며 B사는 1.667이다.

일반적으로 ROA가 기업의 차입금리를 상회할 때만 재무 레버리지가 ROE를 증가시킨다. 이것이 [표 10-7]에서는 어떻게 나타나는가?

대답은 이러한 틀에서 재무 레버리지의 모든 영향을 측정하기 위해서는 IB비율과 레버리지 비율을 곱해야 한다([표 10-7]의 제2 및 5항을 곱한 제6열). 부채가 없는 (주) 한양사의 경우 세 가지 시나리오에 대해 복합 레버리지 요인(compound leverage factor)의 값은 1.0으로 불변이다. 그러나 부채가 있는 (주) 신도사는 복합레버리지가 평상기(1.134)와 호황기(1.311)에는 1을 상회하여, 재무 레버리지가 ROE에 긍정적인 영향을 주는 것이 된다. 한편, 불황기에는 ROA가 금리를 하회하기 때문에 재무 레버리지가 ROE에 마이너스의 영향을 준다.

이러한 관계를 요약하여 다음과 같이 나타낼 수 있다.

ROE＝세부담률×이자부담률×이익률×총자산 회전율×재무 레버리지

그 이유는,

ROA＝이익률×총자산 회전율

이며,

복합 레버리지 요인＝금리부담률×재무 레버리지

---

4) $\frac{\text{총자산}}{\text{주주자본}}=\frac{\text{주주자본+부채}}{\text{주주자본}}=1+\frac{\text{부채}}{\text{주주자본}}$

[표 10-8] 산업간 ROS와 ATO의 차이

	ROS	×	ATO	=	ROA
슈퍼마켓산업	2%		5.0		10%
전력산업	20%		0.5		10%

이다.

따라서 ROE를 분해하여 다음과 같이 나타낼 수 있다.

$$ROE = 세부담률 \times ROA \times 복합\ 레버리지$$

ROS와 ATO를 비교하는 것은 동일업계에 속하는 기업을 평가하는 경우에만 유용하다. 다른 업종 간에 이 비율을 비교하는 것은 무의미하거나 그 의미를 잘못 오도할 수 있다. 예를 들면 ROA가 연 10%인 두 개 기업을 비교하자. 하나는 수퍼마켓이며 다른 하나는 가스전력회사이다.

[표 10-8]과 같이 수퍼마켓의 ROS는 2%로 낮지만 그 자산을 연 5회 회전시킴으로써 10%의 ROA를 달성하였다. 자본집약형 산업은 ATO가 낮은 0.5회에 지나지 않는다. 그러나 ROS가 20%로 높기 때문에 ROA는 10%에 달하고 있다. 요약하면 ROS나 ATO가 낮다고 문제기업이 아니다. 그 업계의 평균치를 감안하여 평가되어야 한다.

10.5.2 회전율과 기타 자산가동률

기업의 각 자산항목별로 가동률 효율성 또는 회전율을 계산하기 위해 자산대비 매출액 비율을 이해하는 것이 중요하다. 예를 들어 고정자산회전율(fixed asset turnover)은,

$$고정자산회전율 = \frac{매출액}{고정자산}$$

으로 구한다. 이 비율은 고정자산에 투하된 자본의 단위당 매출액을 산출하는 것이다.

기업의 재무제표에서 이러한 비율을 어떻게 계산하는지 보기 위해 *G*사의 예를 들어보자. [표 10-9]는 2001, 2002 및 2003년의 *G*사의 손익계산서와 대차대조표를 보여 준다.

*G*사의 2003년의 총자산 회전율은 0.303으로서 업계평균 0.4를 하회한다. *G*가 업계평균성과에 비해 낮은 이유를 분석하기 위해 고정자산, 재고자산 및 매출채권에 대해 *G*사의 회전율을 계산한다.

*G*사의 2003년의 매출액은 1억4,400만 원이다. 고정자산은 기계 및 설비로 기초와 기말의 잔고는 각각 2억1,600만 원과 2억5,920만 원이었다. 평균고정자산은 (2억1,600만 원+2억5,920만 원)/2=2억3,760만 원이 된다. *G*사의 2003년 고정자산회전율은 1억4,400만 원/2억3,760만 원=0.606회이다. 바꾸어 말하면, 고정자산 1원당 0.606원의 매출을 얻은 것이 된다.

마찬가지로 2001년, 2002년 및 2003년의 고정자산회전율의 업계평균치를 계산하면 다음과 같이 된다.

즉, *G*사의 고정자산회전율은 안정적인 추이를 보이며 업계평균을 하회하고 있다.

어떤 일정기간 동안의 성과를 나타내는 손익계산서 항목과 특정 시점의 스냅사진과 같은 대차대조표 항목을 같이 사용하여 재무비율을 산출하는 경우는 대차대조표상의 수치는 기초와 기말의 평균치를 이용하는 것이 관례이다. 예를 들어, 고정자산회전율은 손익계산서상의 항목인 매출액과 대차대조표상의 고정자산을 기초와 기말값을 평균한 평균고정자산을 이용해 산출한다.

또 하나 흔히 이용되는 회전율지표는 재고자산회전율로 이것은 재고자산 1원에 대한 매출원가의 비율로 나타나는데, 매출액 대신 매출원가(cost of goods sold)를 평균재고로 나눈 것이다. 이 지표는 재고가 얼마나 빨리 회전하는가를 보여 준다.

2001년에는 *G*사의 매출원가(감가상각 후)는 4,000만 원, 평균재고는 (7,500만 원+9,000만 원)/2=8,250만 원이었다. 따라서 재고회전율은 4,000만 원/8,250만 원=연 0.485회가 된다. 2002년도와 2003년도의 재고회전율도 불변으로 업계평균인 연 0.5회를 하회하였다.

2001	2002	2003	2003 산업(업계)평균
0.606	0.606	0.606	0.700

[표 10-9] *G*사의 재무제표 (2001~2003년 단위: 천 원)

	2000	2001	2002	2003
손익계산서				
매 출 액		100,000	120,000	144,000
매출원가(감가상각비 포함)		55,000	66,000	79,200
감가상각비		15,000	18,000	21,600
판매 및 관리비		15,000	18,000	21,600
영업이익		30,000	36,000	43,200
이자비용		10,500	19,095	34,391
세전이익		19,500	16,905	8,809
법안세(40%)		7,800	6,762	3,524
순 이 익		11,700	10,143	5,285
대차대조표(기간말)				
현금 및 현금등가물	50,000	60,000	72,000	86,400
매출채권(=외상매출금)	25,000	30,000	36,000	43,200
투자자산	75,000	90,000	108,000	129,600
고정자산	150,000	180,000	216,000	259,200
총 자 산	300,000	360,000	432,000	518,400
외상 매입 자산	30,000	36,000	43,200	51,840
단기차입금	45,000	87,300	141,957	214,432
장기차입금	75,000	75,000	75,000	75,000
총 부 채	150,000	198,300	260,157	341,272
자기자본	150,000	161,700	171,843	177,128
기타자료				
기간말 PER		93.60	61.00	21.00

또 하나의 효율성지표는 매출액에 대한 외상매출금의 비율로 통상(평균 외상매출액/매출액×365)로 계산된다. 이 수치는 평균회수기간(average collection period 또는 days receivable)으로 불리고 일일 매상 1원당 외상신용의 크기를 나타낸다. 즉 외상매출금으로 묶인 것이 며칠 분의 매출액에 상당하는가를 보여준다. 동시에 매출일로부터 대금수취까지의 평균기간을 나타낸다고 볼 수 있다.

G사의 2003년의 평균회수기간은 100.4일인데,

$$\frac{(3{,}600\text{만 원}+4{,}320\text{만 원})/2}{1\text{억}4{,}400\text{만 원}}\times 365=100.12\text{일}$$

이에 비해 업계평균은 60일이었다.

요약하면 G사의 총자산회전율이 업계평균치보다도 낮은 것은, 고정자산의 회전율이 낮고 재고자산의 회전도 뒤떨어지며, 또 외상매출금의 회수기간도 길기 때문이다. 설비능력의 과잉과 재고자산과 외상매출금의 부적절한 관리방법 등이 그 요인이다.

10.5.3 유동성과 이자보상비율

기업 유가증권의 리스크 평가에 있어서 유동성(liquidity)이나 이자보상비율(interest coverage ratio) 개념은 매우 중요한 것으로 그 기업의 재무건전성을 나타낸다. 유동성 비율로는 유동비율(current ratio), 당좌비율(quick ratio), 이자보상비율 등이 있다.

(1) 유동비율

유동자산/유동부채. 이 지표는 기업이 유동자산을 환금하여 유동부채를 상환할 수 있는 정도를 나타낸다. 이것은 기업이 단기적으로 지급불능사태를 피할 수 있는 능력을 보여 준다. 예를 들면 2001년의 G사의 유동비율은 (60+30+90)/(36+87.3)=1.46이다. 이하 다른 연도도 같은 방법으로,

2001	2002	2003	2003 업계평균
1.46	1.17	0.97	2.0

이 기업의 유동성은 계속 저하하고 업계평균보다 뒤떨어지고 있다.

(2) 당좌비율

(현금+외상매출금)/유동부채. 이 비율은 또 산성비율(acid test ratio)이라고도 불린다. 분모는 유동비율과 같지만 분자는 현금이나 현금등가물 및 외상매출금만을 포함한다. 재고자산의 현금화가 쉽지 않으므로 기업지급능력을 분석할 때는 유동비율보다는 당좌비율이 적절한 지표이다. *G*사의 당좌비율은 유동비율과 마찬가지로 악화되는 추세에 있다.

2001	2002	2003	2003 업계평균
0.73	0.58	0.49	1.0

(3) 이자보상비율

EBIT/지급이자. 이 비율은 time interest earned라고도 하는데, 앞 절에서 언급한 이자부담비율(interest burden ratio)과 밀접한 관계를 가진다. 이 비율이 높으면 파산 가능성이 낮은 것을 의미하는데, 그 이유는 연간 영업이익이 이자지급 부담보다도 현저하게 크기 때문이다. 이 지표는 기업의 차입능력을 판단하는 데 있어서 채권자나 채무자 쌍방이 폭넓게 이용하고 있고, 또 기업의 채권신용등급의 주요 결정요소이다. *G*사의 이자보상비율 추이는 다음과 같다.

이 회사의 이자보상비율은 최근 3년간 현저하게 악화되고 있고, 2003년에는 업계평균을 크게 하회하고 있다. 이에 따라 이 기업의 신용등급도 악화되는 것이 틀림없고, 2003년에는 상당히 나쁜 평가를 받게 될 것이다.

2001	2002	2003	2003 업계평균
2.86	1.89	1.26	5

10.5.4 주가 관련 비율

두 개의 대표적인 주가비율(market price ratios)은, 시장가 대 장부가 비율(market-to-book value ratio: P/B)과 주가수익비율(price-earnings ratio: PER)이다.

시장가/장부가 비율(P/B)은 기업의 보통주의 시장가격을 장부가치(book value), 즉 주당 주주의 자기자본으로 나눈 것이다. 증권 애널리스트들은 종종 P/B가 낮은 주식을 더 '안전한' 투자이고 장부가치가 시장가격을 지탱하는 밑바탕이라고 생각하는 경향이 있다.

애널리스트는 아마도 기업이 언제나 자산을 장부가로 청산(liquidate), 즉 매각할 수 있는 선택권을 가지기 때문에 시장가격이 장부가 이하로 하락하지 않을 것으로 생각한다. 그러나 이 견해에 대해서는 의문이 제기된다. 실제로 장부가 보다 낮은 가격에 매각되는 기업도 있다. 그럼에도 불구하고 P/B가 낮은 주식은 안전성(margin of safety)이 높은 것으로 인식되고, 포트폴리오 구성에 있어 높은 P/B 주식을 제외하는 펀드 매니저도 있다.

P/B 주창자는 만약 다른 요소가 같다면 P/B가 낮은 주식이 안전하다고 주장한다. 기업에 따라서는 이 견해가 적용될 수도 있으나, 장부가치가 그 기업의 진정한 청산가치를 나타내지 않으며 따라서 안전성 관련 주장은 그 근거를 잃는다.

주식평가 이론은 P/B 비율의 의미에 대한 직관(insight)을 제공한다. P/B 비율이 높다는 것은 투자자가 그 기업은 시장자본화율(market capitalization rate) k보다 높은 투자수익률을 올리는 기회를 가지고 있다고 판단하고 있다는 것을 의미한다.

[표 10-10]은 미래 예상 ROE와 내부유보율에 대한 여러 가지 가정에 대해 P/B 비율을 구한 것이다. 이 표에서 ROE의 크기에 따라 P/B 비율이 어떻게

[표 10-10] ROE와 내부유보율이 P/B에 미치는 영향

ROE	내부유보율, b			
	0	25%	50%	75%
10%	1.00	0.95	0.86	0.67
12%	1.00	1.00	1.00	1.00
14%	1.00	1.06	1.20	2.00

바뀌는지 볼 수 있다. 주어진 내부유보율에서 예상 ROE가 높을수록 P/B 비율은 높아진다. 당연한 결과인데 이는 기업의 장래투자에 대한 예상수익이 높을수록 그 기업의 청산가치(liquidation value)에 비해 계속기업(going concern)으로서의 가치가 더 큰 의미를 가지기 때문이다.

주가수익비율(price-earings ratio: PER)은 손익계산서를 근거로 계산되며 흔히 신문에 인용되는 PER과 배당할인 모형(dividend discount model)에서 계산되는 것과는 다르다. 양쪽의 분자(주식의 시장가격)는 같지만 분모는 차이가 있다. PER은 직전 연도의 회계적 이익을 사용하고 후자는 장래의 예상되는 경제적 이익(economic earning)을 사용하고 있다.

많은 증권 애널리스트들은 높은 PER 주식보다 낮은 PER 주식 중에서 저렴한 것을 더 쉽게 찾아 낼 수 있다고 믿고 회계상의 PER에 주목한다. PER이 낮으면 수익 1원에 대한 청구권(claim)을 더 저렴하게, 즉 낮은 주가로 얻을 수 있다는 생각을 가지고 있다. 예를 들어 PER이 8이라고 하면 이익 1원을 위해 8원를 투자하는 것이 되지만, PER이 12라고 하면 동일한 1원에 대한 청구권에 대해 12원를 투자해야 한다.

그러나 유의해야 할 것은 지금의 이익은 장래의 이익과 크게 차이가 날지도 모른다는 것이다. 높은 PER 주식이라 해도 이익이나 배당의 성장률이 더 높으면 낮은 PER 주식보다 저렴한 것이 될 수 있다. 주식소유는 현재의 이익뿐만이 아니라 미래의 이익에 대해서도 권리를 부여한다. 일반적으로 이용되는 현재의 이익에 기초를 둔 PER을 맹신하면 장래의 이익성장을 무시하는 것이 되기 쉽다.

효율적 시장이론을 신봉한다면 낮은 PER 주식에 대한 투자자 같은 리스크

의 중간 혹은 높은 PER 주식투자보다 예상 투자수익률이 높다는 사고방식에 회의적일 것이다. 이 문제에 관한 실증연구 결과는 다양한 결론을 보이나, 만약 이 전략이 과거에 유효했다면 많은 투자자가 같은 전략을 취할 것이기 때문에 장래의 투자전략으로는 그 효과가 없을 것이다. 이것이 효율적 시장이론에서 얻을 수 있는 교훈이다.

P/B 비율과 P/E 비율에 대한 논의를 마치기 전에 이들 비율과 ROE와의 관계에 대해 설명할 필요가 있다.

$$
\begin{aligned}
\text{ROE} &= \frac{\text{이익}}{\text{장부가}} \\
&= \frac{\text{주가}}{\text{장부가}} \div \frac{\text{주가}}{\text{이익}} \\
&= (\text{P/B비율})/(\text{P/E비율})
\end{aligned}
$$

이 식을 조정하면 기업의 주가수익률(세후이익을 주가로 나눈 것: earnings yield)은 ROE를 시장가/장부가 비율(market-to-book value ratio)로 나눈 것과 동일하게 된다.

$$
\frac{\text{E}}{\text{P}} = \frac{\text{ROE}}{\text{P/B}}
$$

따라서 ROE가 높은 기업은 P/B가 높기 때문에 주가수익률은 상대적으로 낮게 될 수 있다. 이것은 ROE가 높은 것만으로 그 주식이 좋은 투자대상이라고 볼 수 없다는 것을 의미한다. ROE가 높다는 호재가 이미 주가에 반영되어 있을지도 모르기 때문이다. 만약 그렇다면 위의 식이 보여 주는 것처럼 P/B 비율이 1보다 높고 주가수익률은 ROE보다 낮을 것이다. 이러한 관계는 곧 ROE 주식에 대한 투자전략이 ROE 주식 투자전략보다 낮은 투자수익률을 가져올지도 모른다는 것을 보여 준다.

10.5.5 벤치마크의 선정

우리는 주요 재무비율을 어떻게 계산하는지를 보았다. 그러나 어떤 기업의 성과를 평가하기 위해서는 그 비율을 비교할 수 있는 벤치마크를 가져야 한다. 하나의 기준으로 삼을 수 있는 것이 그 기업의 전년도 실적이다.

또한 재무비율을 동일 산업의 다른 기업과 비교하는 것도 유용하다. 산업별 재무비율은 증권거래소 등에서 발표한다.

■용어정리

기업경기실사지수(business survey index : BSI): 경기예측방법의 하나로서 경기에 대한 기업가의 판단과 전망, 그리고 이에 대비한 계획서 등을 설문서를 통해 조사, 수치화하여 전반적인 경기동향을 파악하고자 하는 지표를 말한다. 이 지수는 다른 경기관련 지표와는 달리 기업가의 주관적이고 심리적인 요소까지 조사가 가능하며 정부정책의 파급효과를 분석하는 데 활용되기도 한다. 지수는 전체 응답업체 중 전기에 비해 호전되었다고 답한 업체수의 비율과 악화되었다고 답한 업체수의 비율을 차감한 값에 100을 더하여 산출된다. 따라서 기업경기실사지수는 0에서 200 사이의 수치를 갖게 되며 100 이상이면 경기확장국면을, 100 미만이면 수축국면을 나타내는 것으로 판단한다.

산업분석(industry analysis): 산업의 특성과 전망에 대한 분석으로 개별산업 또는 관련 산업에 중요한 영향을 미치는 요인들을 광범위하게 연구 · 분석하는 것을 말한다. 즉 경제사회여건변화에 따른 산업의 변화와 이것이 개별기업에 미치는 영향을 파악하는 것이라고 할 수 있다.

배당할인모형: 특정 기업 주식의 내재가치가 미래배당을 적정한 요구수익률로 할인한 현가의 합을 말한다.

배당성장률(g): 자기자본순이익률(ROE)에 이익보유율(b)을 곱하여 구한 비율을 말한다.

손익계산서(income statement): 기업의 경영성과를 명확히 하기 위하여 영업년도중에 발생한 모든 수익과 이에 대응하는 모든 비용을 기재하고 그 기간의 순이익을 표시하는 계산서를 말한다.

대차대조표(balance sheet): 일정 시점에 기업이 가지고 있는 자산과 기업에 대한 채권자 및 소유자의 청구권을 표시한 보고서를 말한다.

현금흐름표(statement of cash flow): 기업의 영업, 투자 및 재무활동의 결과 일어나는 현금흐름을 나타낸 표를 말한다.

자기자본이익률(return on equity: ROE): 자기자본에 대한 기간이익의 비율을 말하는 것으로 주주지분에 대한 운용효율을 나타내는 지표를 말한다.

경제적 부가가치(EVA): 기업이 영업을 통해 벌어들인 이익 중 세금을 뺀 금액에서 자본코스트를 공제한 금액으로써 투자된 자본을 빼고 실제 얼마나 이익을 냈느냐를 따지는 경영지표를 말한다.

▩연 습 문 제▩

1. 한양기업(주)의 현재 배당금(D_0)=600원, 배당성장률(g)=10%, 이 기업이 요구하는 요구수익률(κ)=13%일 때 한양기업(주)의 예상주가(P_0)를 구하시오.

2. 1년 후 예상배당금(D_1)=660원, 배당성장률(g)=10%, 그리고 현재 주식가격(P_0)=22,000원인 한양기업(주)의 자기자본비용을 구하시오.

3. 한양기업(주)의 자기자본순이익률(ROE)=25%, 그리고 배당성향(d)=60%일 때 이 기업의 성장률(g)을 구하시오.

4. 한양기업(주)은 성장의 기회를 맞이하여 ROE가 20%로서 자기자본비용$(k=13\%)$보다 훨씬 큰 상태이다. 이 기업의 경영진은 과거의 배당성향(d)을 60%에서 40%로 크게 낮추어 가능한 내부유보에 의한 자기금융 확보에 애쓰고 있다. 다음 물음에 답하시오.
   (1) 배당성장률(g)을 구하시오.
   (2) 현재 주당 배당금(D_0)이 600원일 때 예상 주가(P_0)를 계산하시오.

5. 한양기업(주)은 자기자본 순이익률(ROE)이 15%이고, 유보율이 평균 60%이다. 다음해 주당 순이익이 3,000원으로 예상되고, 이 회사 주식에 대한 시장의 요구수익률은 19%이다.
   (1) 예상주가는 얼마인가?
   (2) 이런 가정이 계속 유지된다면 2년 후 예상주가는 얼마인가?
   (3) PER를 계산하시오.

■알기 쉬운 경제 상식

Common sense case 10. 저금리 이야기

요즘 "전셋집 구하기가 어렵다"며 고민하시는 사람들을 많이 볼 수 있죠? 또 "주인이 월세로 바꾸자는데…"라는 얘기도 많이 들었을 겁니다.

언제부터인가 동네 부동산 중개업소에는 '월세 물건' 이라는 문구가 많이 나 붙기 시작했지요. 아파트에 세든다면 모두 전세인 줄 알았는데 요즘 왜 이렇게 월세가 늘어났을까요?

월세가 한창 기승을 부리던 2000년 상반기 건설교통부(http://www.moct.go.kr)가 조사한 자료를 보면 서울에서 집을 세 놓고 있는 사람 열 명 중 3.8명이 전세를 월세로 바꾸고 싶어하는 것으로 나타났어요. 경기도 지역은 4.4명으로 서울보다 많습니다.

전세는 집을 빌리는 사람이 집을 빌리는 비용(임대료)을 목돈으로 한꺼번에 주는 것이지요. 이 전세금은 나중에 집을 비워줄 때 주인에게서 돌려받는 것입니다. 말하자면 집을 빌리는 대가로 보증금을 맡기는 셈이라고 보면 됩니다. 빌리는 기간은 통산 2년 입니다.

월세는 말 그대로 집을 사용하는 대가를 매달 주인에게 주는 방식입니다. 한꺼번에 목돈을 마련해야 하는 부담은 없지만 다달이 셋돈을 줘야 하기 때문에 봉급 생활자처럼 소득이 많지 않은 사람들은 싫어하는 편입니다. 상가나 사무실은 대부분 월세 중심입니다. 장사나 사업을 하는 사람이 매달 돈을 벌어 임대료를 내는 게 편하기 때문입니다.

이와는 반대로 주택의 경우에 월세도 있지만 전세가 많습니다. 목돈 부담은 있으나 한꺼번에 주고 나면 계약 기간 별다른 걱정 없이 살 수 있고 나중에 그 돈을 돌려받을 수 있어, 세드는 사람들이 이 형태를 좋아하는 것이죠. 집주인 입장에서도 전셋돈을 받아 다른 곳에 투자하거나 은행에 넣어 이자를 챙길 수 있어 좋았습니다.

그러나 요즘 들어 정확히는 2000년 초부터 상황이 많이 달라졌습니다. 이자율이 뚝 떨어졌기 때문입니다. 주인이 전셋돈을 받아 은행에 넣어봤자 이자 수입이 적다 보니 차라리 월세로 돌리는 게 낫다고 생각하는 것이지요.

예를 들어 은행 예금 금리가 12%일 때엔 1억 원을 은행에 넣어 두면 매달 100만 원의 이자 수입이 생겼습니다. 그러나 은행 이자율이 슬금슬금 떨어져 연 6%로 주저앉자 상황은 달라졌습니다. 은행에서 1억 원에 대한 이자를 받더라도 세금(이자소득세)를 빼면 월 50만원도 챙기지 못하게 된다는 것입니다.

때문에 전세를 월세로 바꾼다는 얘기가 나오는 것입니다. 보증금 1000만 원에 매달 90만원(1부 이자)을 챙길 수 있게 됩니다. 월세는 전셋값에서 보증금을 뺀 금액의 월1%로 계산합니다. 이를 월 1부 금리라고 합니다.

요즘은 월세 금리가 떨어져 월 1부, 혹은 1부를 밑돌기도 하지만 2000년 상반기(1~6월)만 해도 월 1부 5리였고, 한 때는 2부인 적도 있었어요. 2부라면 보증금이 1000만원이면, 한달 월세가 180만 원가량 되는 셈이 됩니다.

어쨌든 월 1부 조건이라도 월세로 하면 수입이 전세의 두 배가 된답니다. 이러니 누가 전세를 놓으려고 하겠습니까?. 사정이 이쯤 되자 아파트를 사서 월세를 놓으려는 투자자들이 부쩍 늘어났습니다. 은행 예금 금리가 시원찮다 보니 아파트 월세로 돈을 받아 굴릴 방법을 찾게 된 거죠. 이렇게 해서 월세시장이 커진 겁니다. 세를 놓기 위해 아파트를 산 사람이든, 전세를 주고 있던 주인이든 모두 월세를 좋아하게 된 거죠.

그러나 세들 사람은 입장이 반대랍니다. 될 수 있으면 전셋집을 찾으려고 하는 것이지요. 이러다 보니까 수요와 공급(집을 얻으려고 하는 사람과 세를 주려는 사람의 비율)이 맞지 않아 전세난을 부추기게 됐어요. 작은 아파트가 많이 있는 동네를 가보면 월세는 많은데 전셋집은 하늘의 별 따기처럼 귀하답니다.

결국 전세는 모자라고 월세는 남아도는 현상이 빚어지게 된 것입니다. 아파트가 모자라서 생기는 부작용이지요. 정부에서도 이 같은 사실을 알고 소형 아파트 등을 많이 짓겠다고 합니다만, 땅이 별로 없는 데다 지으려면 시일이 오래 걸리기 때문에 쉽게 해결될 것 같지 않습니다.

많은 전문가들이 당분간 소형 아파트 월세가 많아질 것으로 전망하고 있답니다. 예금 금리가 지금처럼 계속 바닥을 기면 여윳돈을 은행에 넣어둘 필요가 없기 때문이죠. 너도나도 월세로만 내 놓으면 소형 아파트는 전세 물건이 모자라 큰 일입니다. 게다가 서울에서는 작은 아파트 건설량이 많지 않아 더욱 걱정입니다. 아파트 지을 땅이 모자라는 데다 건설회사들도 작은 아파트 건설을 싫어해 더욱 그렇습니다.

The Investment Theory

제 5 편

파생금융상품

제11장 옵션시장

파생상품 시장 중 첫 번째인 옵션시장에 대해 살펴 본다. 옵션(option)이란 특정 대상물을 사전에 정한 시점(또는 기간 내)에 사전에 정한 가격으로 살 수 있는 권리 또는 팔 수 있는 권리를 말하는데, 옵션의 종류와 옵션의 가격결정 방법, 그리고 옵션을 이용한 투자 전략 등에 대해 기술하고 있다.

11.1 옵션거래

11.1.1 옵션의 정의

옵션(option)이란 특정 대상물을 미리 정해진 시점(또는 기간 내)에 미리 정한 가격으로 살 수 있는 권리 또는 팔 수 있는 권리를 말한다. 이러한 옵션 중에서 특정 자산을 살 수 있는 권리를 콜(call) 옵션이라 하고, 특정 자산을 팔 수 있는 권리를 풋(put) 옵션이라고 한다. 여기서 옵션의 대상이 되는 목적물을 기초자산(underlying asset)이라고 한다. 예를 들면 기초자산이 주식인 경우에는 주식옵션, 주가지수인 경우에는 주가지수 옵션이 된다. 이러한 옵션의 기초자산은 무한하고 빠른 속도로 개발되고 있어 현재 전 세계적으로 다양한 종류의 옵션이 거래되고 있다.

옵션계약에 따라 특정일에 옵션의 매도자와 매수자가 사전에 정한 가격으로 대상자산을 거래하는 것을 '권리 행사(excercise)'라고 한다. 이때 대상자산을 사거나 팔 수 있는 가격을 '행사 가격(excercise price)'이라고 한다.

그리고 옵션의 권리를 행사할 수 있는 기간을 '권리 행사 기간'이라고 하며, 권리행사가 가능한 마지막 날을 '만료일(expiration date)' 또는 '권리 행사 최종일'이라고 한다.

옵션 중에는 만료일까지의 기간 내에 언제라도 권리를 행사할 수 있는 미국형 옵션(American style option)과 만료일에만 권리를 행사할 수 있는 유럽형

[표 11-1] 옵션의 종류

대상 자산	옵션의 종류	
주 식	주식옵션	주식을 사거나 팔 권리
주가지수	주가지수 옵션	주가지수를 사거나 팔 권리
채 권	채권 옵션	채권을 사거나 팔 권리
통 화	통화 옵션	통화를 사거나 팔 권리
선 물	선물옵션	선물을 사거나 팔 권리

옵션(European style option)이 있다. 미국형과 유럽형이라는 용어는 옵션 거래 시 채택하였던 권리 행사일에 관한 거래 조건의 관습에서 유래하였으나, 현재는 권리 행사의 유형에 대한 용어로 사용되고 있다.

11.1.2 옵션거래

옵션거래란 기초자산이 되는 특정대상물을 사거나 팔 권리 즉, 옵션을 매매 대상으로 하는 거래로서 매도자가 매수자에게 옵션(권리)을 제공하고, 매수자는 매도자에게 그 대가를 지급하는 것을 말한다. 이러한 옵션 거래에서 매수자와 매도자가 주고 받는 옵션의 가격을 옵션 프리미엄이라고 한다.

또한 옵션거래의 매수자는 옵션을 취득함으로써 권리를 보유하게 되는 자로서, 옵션 보유자(holder)라고도 한다. 반면에 옵션거래의 매도자는 옵션을 발행하여 매도함으로써 의무를 지는 자를 의미하며, 옵션 발행자(writer)라고도 한다.

옵션 매수자는 옵션프리미엄을 지불하는 대신에 기초자산을 권리행사가격으로 살(팔) 수 있는 권리를 보유한다. 옵션은 그 보유자에게 행사에 대한 권리가 주어지지만, 의무는 아니기 때문에 권리의 행사 여부는 매수자의 자유 선택이다. 따라서 매수자는 자신에게 유리한 경우에 한하여 권리를 행사하면 된다.

옵션 매도자는 옵션프리미엄을 받는 대신에 기초자산을 권리행사가격에 팔(살) 의무를 가진다. 매도자는 매수자의 요구가 있으면 즉시 권리행사에 따른 의무를 이행해야 한다.

이러한 옵션거래는 권리의 유형에 따라 콜옵션과 풋옵션으로 구분한다. 콜옵션거래란 기초자산을 권리행사가격에 살 수 있는 권리를 매매대상으로 하는 거래이며, 풋옵션 거래란 기초자산을 권리행사가격에 팔 수 있는 권리를 매매대상으로 하는 거래이다.

(1) 옵션거래의 구분

옵션 시장은 권리내용에 따라 다양한 옵션 종목들로 구성되어 있다. 즉, 옵션은 콜옵션과 풋옵션으로 분류할 수 있고, 동일한 콜옵션이라도 거래 최종일이 속하는 달에 따라 결제월로 분류한다. 또한 동일한 결제월은 다시 권리행사가격으로 분류하고 이렇게 분류된 권리행사가격을 종목으로 취급하여 거래한다.

(2) 권리행사가격과 기초자산가격과의 관계

옵션의 종목으로 권리행사가격과 기초자산가격과의 관계에 따라 다음과 같이 정의한다. 기초자산가격과 권리행사가격이 같은 종목을 등가격옵션(at-the-money: ATM)이라고 하며, 권리행사를 하면 매수자에게 이익이 발생하는 종목을 내가격옵션(in-the-money: ITM)[1)]이라고 한다.

마지막으로 권리행사를 하면 매수자에게 손실이 발생하는 종목을 외가격옵션(out-of-the-money : OTM)[2)]이라고 한다.

예를 들면 기초자산가격이 현재 10,000원이라면 아래 [표 11-2]에서 ◇의 종목들이 내가격 옵션들이며, ○는 등가격옵션들이며, △는 외가격 옵션에 해당한다.

이들의 관계는 기초자산가격의 변동과 함께 변화한다. 예를 들면 기초자산가격이 10,000에서 10,250원으로 오르면, 권리행사가격이 10,250원인 옵션은 콜과 풋 양쪽 모두 등가격(ATM) 종목이 된다. 또한 권리 행사가격이 10,000원인

[표 11-2] 권리행사가격과 대상자산가격과의 관계

Call Option						권리행사가격 (원)	Put Option					
12월	9월	6월	3월	2월	1월		1월	2월	3월	6월	9월	12월
△	△	△	△	△	△	10,500	◇	◇	◇	◇	◇	◇
△	△	△	△	△	△	10,250	◇	◇	◇	◇	◇	◇
○	○	○	○	○	○	10,000	○	○	○	○	○	○
◇	◇	◇	◇	◇	◇	9,750	△	△	△	△	△	△
◇	◇	◇	◇	◇	◇	9,500	△	△	△	△	△	△

1) 콜옵션에서는 대상자산가격보다 낮은 권리행사가격의 종목을 말하고, 풋옵션에서는 대상자산가격보다 높은 권리행사가격의 종목을 말한다.

2) 콜옵션에서는 대상자산가격보다 높은 권리행사가격의 종목을 말하고, 풋옵션에서는 대상자산가격보다 낮은 권리행사가격의 종목을 말한다.

콜은 내가격(ITM) 종목이 되며, 권리행사가격이 10,000원인 풋은 외가격(OTM) 종목이 된다.

⑶ 옵션거래의 결제

옵션거래는 권리행사를 통해 결제를 할 수 있는 특징이 있다. 권리행사가 이루어지면 옵션의 매수자와 매도자 사이에 기초자산의 거래가 이루어지며, 옵션거래에 따른 권리의무관계가 종료된다. 만료일까지 반대매매(전 · 환매)나 권리행사가 이루어지지 않은 옵션은 만료일의 도래와 함께 권리의무관계는 자동적으로 소멸된다.

옵션의 매수자가 만료일이 되더라도 권리행사를 하지 않는 것을 '권리포기'라고 한다. 이러한 옵션거래의 또 다른 결제방법으로서 반대매매가 있는데 매수자는 '전매'를 함으로써 권리를 해소하고, 매도자는 '환매'를 통해 의무를 해소할 수 있다.

⑷ 옵션거래의 특징과 기능

옵션거래는 주식거래나 선물거래 등 다른 금융상품거래와는 다른 다양한 특징들이 있다.

첫째, 옵션은 파생상품이다. 옵션의 가격은 기초자산의 가격움직임과 연동한다. 옵션은 그 자체로도 하나의 금융상품이지만, 기초자산의 가격변동을 기초로 가격이 형성되는 상품이기 때문에 파생상품이라고 한다. 또한, 선물거래도 기초자산의 가격과 연동하여 가격이 형성되기 때문에 파생상품이라고 한다.

둘째, 옵션은 기한부 상품이다. 옵션거래는 권리에 대한 거래이며 그 권리는 채권과 같이 일정기간으로 제한되어 있다. 따라서 그 기간 내에 권리를 행사할 수 있지만, 그 기간이 지나면 권리를 행사할 수 없다.

셋째, 옵션은 소모성 상품이다. 옵션의 프리미엄 중 시간가치는 만료일이 가까워질수록 감소하여 만료일에는 0이 된다. 따라서 옵션을 소모성상품(wasting assets)이라고 하며, 만료일에는 행사가치만 남는다.

옵션거래의 특징은 위와 같으며, 옵션거래의 경제적 기능은 일반적으로 아래의 3가지로 요약할 수 있다.

첫째, 헤지효과이다. 즉, 대상자산을 보유하고 있는 투자자는 풋옵션을 매수함으로써 대상자산의 가격하락에 따른 위험을 회피할 수 있다. 또한 장래에 대상자산을 매수하려는 투자자는 콜옵션을 매수함으로써 그 동안의 대상자산의 가격 상승에 따른 위험을 회피할 수 있다.

둘째, 레버리지 효과이다. 옵션거래의 매수자는 기초자산의 가격보다 훨씬 적은 금액의 프리미엄으로 그 기초자산을 거래하는 것과 유사한 효과를 얻을 수 있다. 즉, 적은 투자금액으로 큰 규모의 거래를 할 수 있기 때문에 투자금액에 비하여 큰 이익을 얻을 수 있다. 따라서 투자자 입장에서는 매력적인 상품이라고 말 할 수 있다.

셋째, 위험 한정효과이다. 콜옵션거래의 매수자는 기초자산의 가격이 상승하면 권리를 행사하여 대상자산의 가격상승에 따른 이익을 실현하든지, 또는 옵션을 반대매매(전매)하여 프리미엄의 상승에 따른 이익을 실현할지의 여부를 자유롭게 선택할 수 있다.

반면에, 예상과는 반대로 대상자산의 가격이 하락하여 권리행사가격 이하로 하락하였을 경우에는 대상자산을 살 권리를 포기함으로써 대상자산의 가격하락에 의한 손실을 프리미엄으로 한정할 수 있다.

풋옵션거래의 매수자 역시 대상자산의 가격이 하락하였을 때에는 하락하는 만큼의 이익을 얻을 수 있으며, 반대로 가격이 상승하면 그에 따른 손실은 프리미엄으로 한정할 수 있다.

11.1.3 콜옵션 거래

콜옵션이란 앞에서도 언급하였듯이 기초자산을 살 수 있는 권리를 말한다. 다시 말해 특정가격에 살 수 있는 '권리'이며, '의무'는 아니다.

(1) 콜옵션의 매수자

옵션거래에서 매수자란 옵션을 매입한 사람을 말한다. 따라서 콜옵션의 매수자는 기초자산을 권리행사가격에 살 수 있는 권리를 보유하지만, 그 대가로 매수시에 프리미엄을 지불해야 한다. 콜옵션의 매수자는 권리행사기간 동안에 [표 11-3]과 같은 선택권을 갖는다.

따라서 콜옵션의 이익 또는 손실은 옵션 프리미엄과 기초자산가격 및 권리

[표 11-3] 콜옵션 매수자의 선택권

권리행사	매수자의 예상대로 대상자산가격이 상승하여 권리를 행사하면, 대상자산을 매도자로부터 권리행사가격에 살 수 있다. 따라서 '대상자산의 현재가격>권리행사가격'일 때에만 이익을 얻을 수 있으며, 그 이익이 매수시 지급한 대가(프리미엄)보다 초과한 금액이 옵션거래에서의 이익이 된다.
권리포기	매수자의 예상과 달리 대상자산가격이 권리행사가격보다 낮게 형성된 경우에는 권리를 행사하면 손해를 보기 때문에 권리를 행사할 필요가 없다. 따라서 '대상자산의 현재가격≦권리행사가격' 일 때에는 권리를 행사하지 않고, 만료일이 되어 권리를 포기하게 되면 최초에 지불한 프리미엄이 매수자의 손실이 된다.
전 매	보유옵션을 만료일 이전에 전매한 경우 '전매시 프리미엄>매수시 프리미엄'인 때에는 매수자의 이익이 되며, '전매시 프리미엄<매수시 프리미엄'이면 매수자의 손실이 된다.

[그림 11-1] 콜옵션 매수자의 손익 구조도

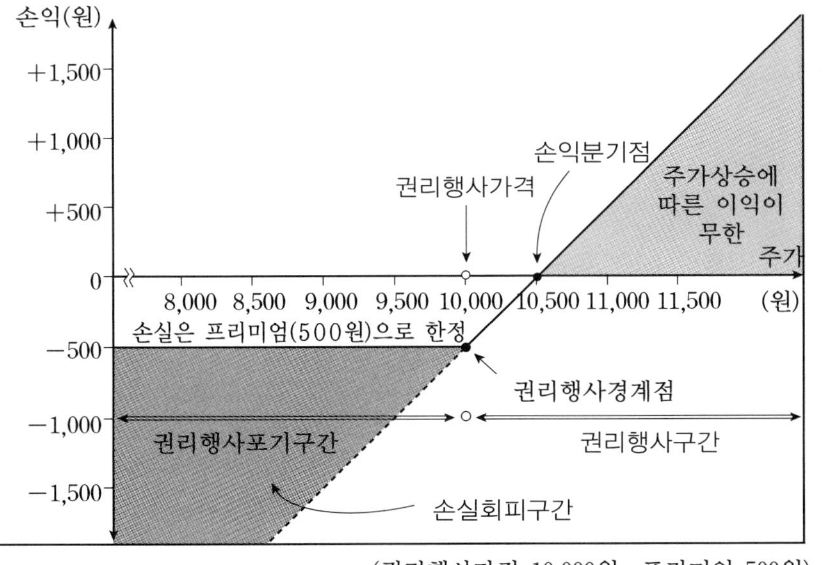

(권리행사가격 10,000원, 프리미엄 500원)

행사가격과의 관계에 의해서 결정된다. 이에 대해 주식을 대상자산으로 하는 콜옵션(주식콜옵션)을 예로 들어 만료일의 주가수준에 따른 콜옵션 매수자의 손익 구조도를 나타내면 [그림 11-1]과 같다.[3)]

(2) 콜옵션 매도자

옵션거래에서 매도자란 옵션을 판 사람을 말한다. 따라서 콜옵션 매도자는 매수자의 권리행사시 권리행사가격에 기초자산을 팔아야 하는 의무가 있지만 그 대가로 프리미엄을 받는다. 옵션 매도자는 만료일 이전에 스스로 환매를 할 수 있으며, 매수자에게 권리행사를 하도록 청구할 수는 없다. 따라서 매도자는 권리행사 기간 동안 환매를 통해서만 스스로 권리행사에 대한 의무에서 벗어날 수 있다.

[그림 11-2]는 만료일의 주가수준에 따른 콜옵션 매도자의 손익 구조를 나

[표 11-4] 콜옵션 매도자의 의무 및 권리

의무이행	매수자가 권리를 행사하면 매도자는 이를 이행해야 한다.
	'대상자산의 현재가격>권리행사가격'인 경우 콜옵션매수자가 권리를 행사하면, 매도자는 대상자산의 '현재가격－권리행사가격' 만큼의 손실이 발생한다. 권리행사로 인한 손실이 매도시 받은 프리미엄보다 적으면 그 차액이 옵션거래에서의 이익이 되며, 프리미엄보다 많으면 그 차액이 손실이 된다.
기한만료	매수자가 만료일까지 권리를 행사하지 않으면 의무가 해소된다.
	만료일까지 매수자의 권리행사나 매도자 스스로의 환매가 없다면 매도시 받은 프리미엄이 매도자의 이익이 된다.
환 매	만료일 이전에 자유롭게 환매를 함으로써 권리행사이행에 대한 의무를 벗을 수도 있다.
	만료일 이전에 매도자가 발행한 옵션을 환매한다면 '매도시 프리미엄－환매시프리미엄' 만큼 매도자의 이익 또는 손실이 된다.

3) 이해를 쉽게 하기 위하여 수수료 등 거래비용은 고려대상에서 제외함.

[그림 11-2] 콜옵션 매도자의 손익 구조도

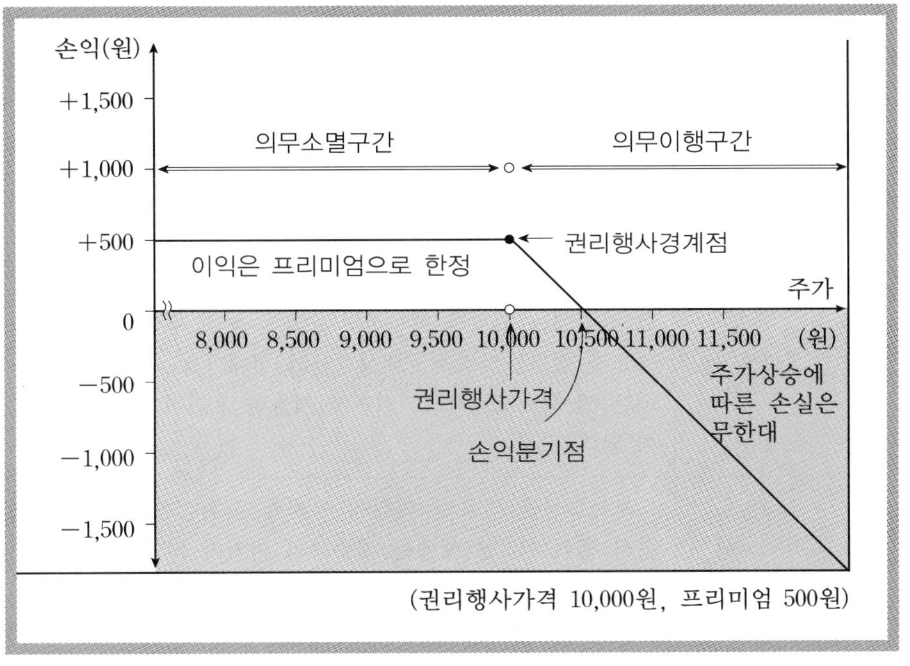

타내고 있다. 이 그림은 매수자의 손익도와 정반대이다. 즉, 콜옵션 매도자의 손익은 매수자와는 서로 대칭관계이기 때문에 매수자의 이익은 매도자의 손실이며, 매수자의 손실은 매도자의 이익이 된다.

11.1.4 풋옵션 거래

풋옵션이란 앞에서도 언급하였듯이 기초자산을 팔 수 있는 권리를 말한다. 즉, 풋옵션은 특정가격에 팔 수 있는 '권리'이며, '의무'는 아니다.

(1) 풋옵션의 매수자

풋옵션 매수자는 풋옵션을 매수하는 동시에 대상자산을 권리행사가격에 팔 수 있는 권리를 보유하고 그 대가로 프리미엄을 지불한다. 따라서 풋옵션 매수자는 권리행사기간 동안에 [표 11-5]와 같은 선택권을 갖는다.

풋옵션거래의 이익 또는 손실은 옵션 프리미엄과 대상자산가격 및 권리행

[표 11-5] 풋옵션 매수자의 선택권

권리행사	매수자의 예상대로 대상자산가격이 하락하는 경우 권리를 행사하면, 대상자산을 매도자로부터 권리행사가격에 팔 수 있다. 따라서 '대상자산의 현재가격<권리행사가격'일 때에만 이익을 얻을 수 있으며, 그 이익이 매수시 지급한 대가(프리미엄)보다 초과한 금액이 옵션거래에서의 이익이 된다.
권리포기	매수자의 예상과 달리 대상자산가격이 권리행사가격보다 상승한 경우에는 권리를 행사하면 손해를 보기 때문에 권리를 행사할 필요가 없다. 따라서 '대상자산의 현재가격≧권리행사가격'일 때에는 권리를 포기하고, 최초에 지불한 프리미엄이 매수자의 손실이 된다.
전 매	보유옵션을 만료일 이전에 전매한 경우 '전매시 프리미엄>매수시 프리미엄'인 때에는 매수자의 이익이 되며, '전매시 프리미엄<매수시 프리미엄'이면 매수자의 손실이 된다.

[그림 11-3] 풋옵션 매수자의 손익 구조도

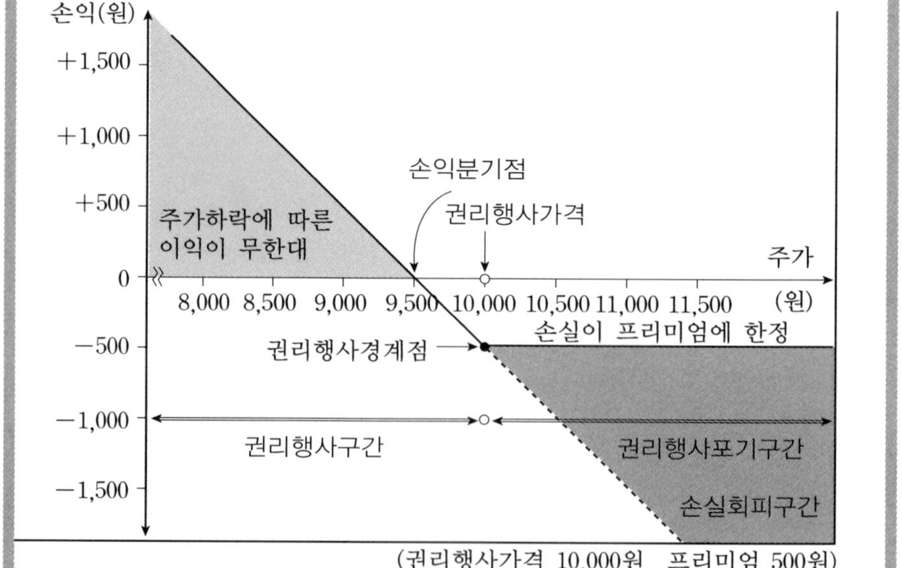

(권리행사가격 10,000원, 프리미엄 500원)

사가격과의 관계에 의해서 결정된다. 이에 대해 주식을 대상자산으로 하는 풋옵션(주식풋=풋옵션)을 예로 들어 만료일의 주가수준에 따른 풋옵션 매수자의 손익 구조도를 나타내면 [그림 11-3]과 같다.

(2) 풋옵션 매도자

풋옵션거래에서 매도자는 매수자의 권리행사시 권리행사가격에 대상자산을 팔아야 하는 의무가 있지만 그 대가로 프리미엄을 받는다. 옵션 매도자는 만료일 이전에 스스로 환매를 할 수 있으나, 매수자에게 권리행사를 하도록 청구할 수는 없으며, 매도자는 권리행사 기간 동안 환매를 통해서만 스스로 권리행사에 대한 의무에서 벗어날 수 있다.

[그림 11-4]는 만료일의 주가수준에 따른 풋옵션 매도자의 손익 구조를 나타내고 있다. 풋옵션 매도자의 손익은 매수자와는 서로 대칭관계이기 때문에 매수자의 이익은 매도자의 손실이며, 매수자의 손실은 매도자의 이익이 된다.

[표 11-6] 풋옵션 매도자의 의무 및 권리

구분	내용
의무이행	매수자가 권리를 행사하면 매도자는 이를 이행해야 한다.
	'대상자산의 현재가격<권리행사가격'인 경우 콜옵션매수자가 권리를 행사하면, 매도자는 '대상자산의 권리행사가격 - 대상자산의 현재가격' 만큼의 손실이 발생한다. 권리행사로 인한 손실이 매도시 받은 프리미엄보다 적으면 그 차액이 옵션거래에서의 이익이 되며, 프리미엄보다 높으면 그 차액이 손실이 된다.
기한만료	매수자가 만료일까지 권리를 행사하지 않으면 의무가 해소된다.
	만료일까지 매수자의 권리행사나 매도자 스스로의 환매가 없다면 매도시 받은 프리미엄이 매도자의 이익이 된다.
환 매	만료일 이전에 자유롭게 환매를 함으로써 권리행사이행에 대한 의무를 벗을 수도 있다.
	만료일 이전에 매도자가 발행한 옵션을 환매한다면 '매도시 프리미엄 - 환매시프리미엄' 만큼 매도자의 이익 또는 손실이 된다.

[그림 11-4] 풋옵션 매도자의 손익 구조도

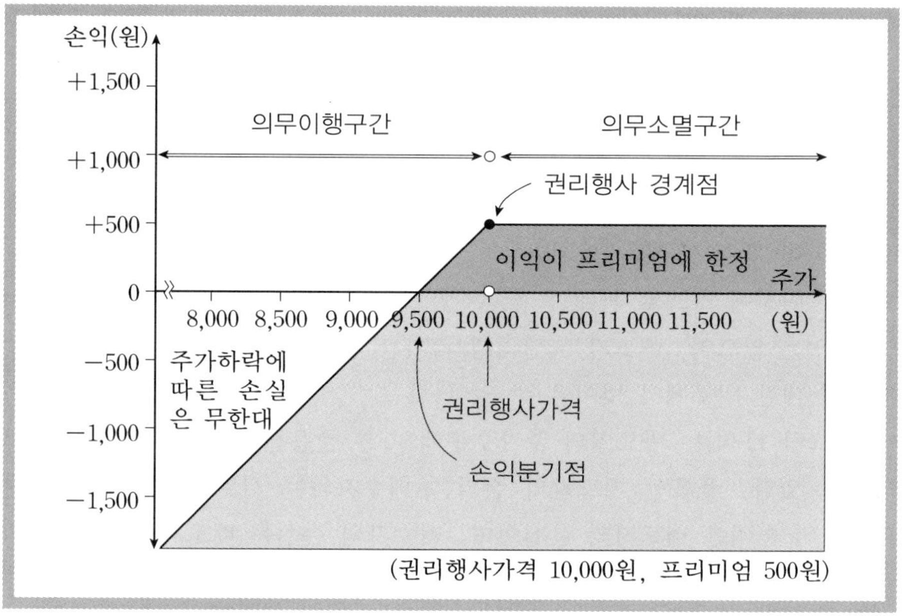

11.2 옵션의 가격 결정

11.2.1 옵션 가격

옵션거래에서는 거래의 성립에 따라 매도자가 매수자에게 권리를 부여하는 대신에 매수자가 매도자에게 대가를 지불하는데, 이 대가를 '옵션프리미엄'이라고 한다. 따라서 옵션 프리미엄은 기초자산을 매매할 수 있는 권리를 얻기 위해서 매수자가 매도자에게 지불하는 대가로서 옵션이라는 상품의 가격을 말한다. 옵션거래의 매도자 입장에서는 대상자산을 만료일까지 행사가격에 사거나 팔 수 있는 권리를 매수자에게 넘기는 대가로서 받는 것이 프리미엄이다.

한편, 옵션거래의 매수자 입장에서는 대상자산을 사거나 팔 수 있는 권리를 획득하기 위해서 매도자에게 지불하는 것이 프리미엄이다. 따라서 프리미엄은 옵션의 가치(가격)를 나타내는 것으로서 옵션의 가치가 올라가면 프리미엄은

[그림 11-5] 콜옵션의 프리미엄

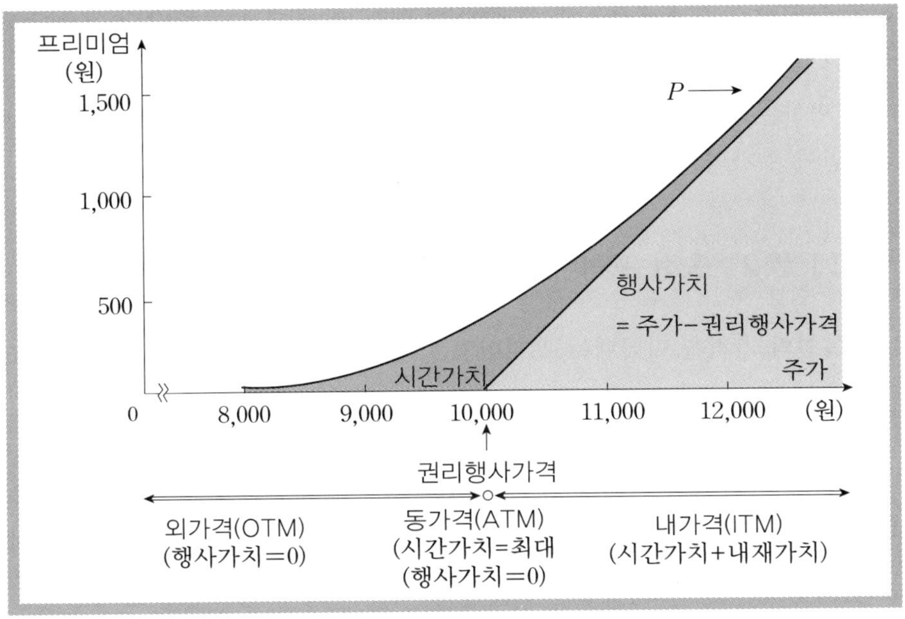

[그림 11-6] 풋옵션의 프리미엄

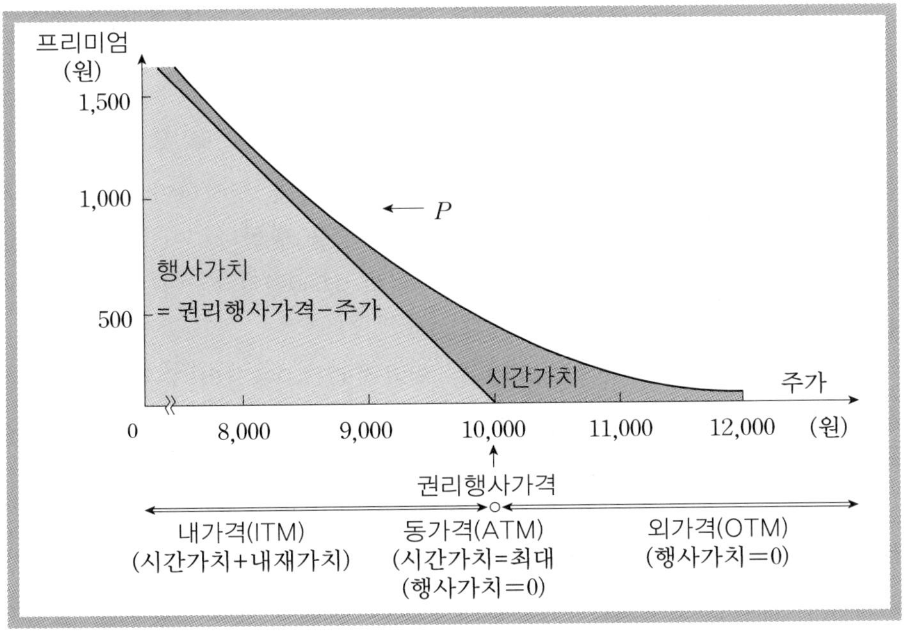

비싸지고, 옵션의 가치가 떨어지면 옵션 프리미엄이 싸지게 된다. 이러한 옵션의 프리미엄은 기초자산가격과 매우 밀접한 관계가 있는데, 위의 그림은 대상자산가격이 변함에 따라 프리미엄이 어떻게 변화하는가를 주식옵션의 예를 들어 설명하는 것이다. 위의 그림들 [그림 11-5]와 [그림 11-6]에서 곡선 P는 프리미엄이 주가의 변화에 어떻게 반응하는지를 나타내고 있다.

11.2.2 옵션 프리미엄의 구성요소

옵션의 가격을 나타내는 프리미엄은 행사가치와 시간가치로 구성되어 있다.

(1) 행사가치(exercise value)

행사가치란 옵션의 권리를 행사하는 경우에 확실하게 얻어지는 이익으로서 내재가치(intrinsic value) 또는 본질가치라고도 한다. 행사가치는 권리행사가격과 기초자산 가격만으로 결정되기 때문에 이해하기가 매우 쉽다.

콜옵션에서는 기초자산의 가격에서 권리행사가격을 뺀 부분이 행사가치가 된다. 즉, 옵션을 행사하면 기초자산을 낮은 가격에 매수하여 곧바로 현물시장에 매도함으로써 얻을 수 있는 차액을 말한다. 예를 들면 콜옵션의 권리행사가격이 10,000원이고, 기초자산가격이 11,000원이라면 이 옵션의 행사가치는 1,000(=11,000−10,000)이 된다.

풋옵션에서는 반대로 권리행사가격에서 대상자산을 뺀 부분이 행사가치가 된다. 즉, 현물시장에서 매수한 대상자산을 옵션을 행사하여 옵션매도자에게 높은 가격에 매도하는 경우 얻을 수 있는 차액을 말한다. 예를 들면 풋옵션의 권리행사가격이 10,000원이고 대상자산가격이 9,000원일 때 이 옵션의 행사가치는 1,000원(=10,000원−9,000원)이 된다.

권리를 행사하면 손실이 발생하는 외가격(OTM)옵션의 보유자는 권리를 행사할 필요가 없다. 따라서 이러한 경우의 행사가치는 음수가 아닌 '0'이 된다. 또한 권리를 행사하더라도 손실이나 이익이 발생하지 않는 등가격(ATM)옵션의 매수자는 권리를 행사할 필요는 없다. 따라서 등가격옵션의 행사가치 역시 외가격옵션과 같이 '0'이 된다. 예를 들면 콜옵션의 경우 기초자산가격이 권리행사가격 이하인 경우에는 기초자산을 현재가격보다 높게 매수하는 결과가 되기 때문에 권리행사는 이루어지지 않는다. 따라서 이러한 옵션에는 행사가치가 없다.

(2) 시간가치(time value)

시간가치(time value)란 옵션프리미엄 중 행사가치를 초과하는 부분을 말하며 외재가치(extrinsic value)라고도 한다. 따라서 콜옵션의 시간가치는 프리미엄－(기초자산가격－권리행사가격)이며, 풋옵션의 시간가치는 프리미엄－(권리행사가격－대당자산가격)이 된다.

예를 들어 기초자산가격이 11,000인 경우 권리행사가격이 10,000인 콜옵션의 가격을 1,300원이라면, 그 옵션의 시간가치는 300원[＝1,300－(11,000－10,000)]이 된다.

이러한 시간가치는 만료일까지는 잔존기간 동안에 매수자에게 옵션에서 얻어지는 이익과 위험 회피에 대한 기대치이며, 매도자에게는 얻는 것보다 잃는 것이 많을 수 있는 위험에 대한 대가이다. 따라서 시간가치는 잔존기간 중의 기대치이므로 옵션의 만료일에 근접할수록 감소하며, 프리미엄은 행사가치 또는 0에 접근해 간다. 이러한 의미에서 옵션을 소모성 상품(wasting assets)이라고 한다.

시간가치는 옵션이 만료일 이전에 행사가치를 가질(이익을 얻을) 확률에

[그림 11-7] 옵션의 시간가치

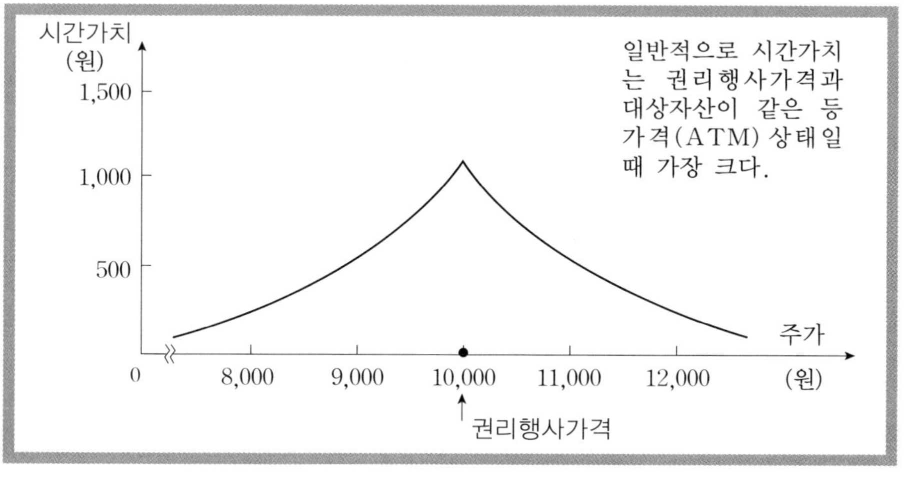

대한 기대치이므로 장래에 행사가치를 가질 가능성이 클수록 그 가치는 높아진다.

또한 현재에는 행사가치가 없는 외가격 옵션도 만료일까지의 잔존기간 중 얻어지는 이익에 대한 가능성 때문에 시간가치를 갖는다.

11.2.3 옵션 가격의 결정

(1) 옵션 가격의 결정요인

옵션거래의 가장 큰 특징은 옵션가격의 결정과정이다. 다른 상품과 마찬가지로 옵션의 가격도 시장참가자의 수요와 공급에 의해 결정된다. 물론, 옵션의 가격은 기초자산의 가격과 직접적으로 연관되어 있으므로 기초자산의 가격이 가장 큰 영향을 주는 것은 당연하다고 볼 수 있으며, 그 이외에도 행사가격, 기초자산의 가격 변동성, 만료일까지의 잔존 기간 등 여러 변수들에 의해서 가격이 결정된다.

이들 변수의 변화가 옵션 가격에 미치는 영향을 정리하면 다음과 같다.

[그림 11-8] 옵션가격의 결정 요인

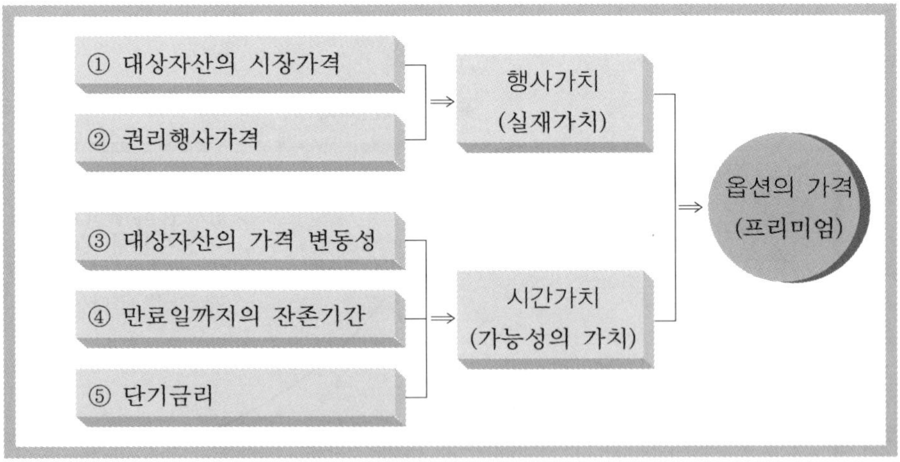

[표 11-7] 변수의 변화에 따른 옵션가격의 영향

<table>
<tr><th colspan="3" rowspan="2">변 수</th><th colspan="2">프리미엄의 변화</th></tr>
<tr><th>콜</th><th>풋</th></tr>
<tr><td rowspan="4">행사가치</td><td rowspan="2">기초자산의 가격</td><td>상 승</td><td>상 승</td><td>하 락</td></tr>
<tr><td>하 락</td><td>하 락</td><td>상 승</td></tr>
<tr><td rowspan="2">행사가격</td><td>높 다</td><td>싸 다</td><td>비싸다</td></tr>
<tr><td>낮 다</td><td>비싸다</td><td>싸 다</td></tr>
<tr><td rowspan="6">시간가치</td><td rowspan="2">잔존기간</td><td>길 다</td><td colspan="2">비싸다</td></tr>
<tr><td>짧 다</td><td colspan="2">싸 다</td></tr>
<tr><td rowspan="2">가격변동성</td><td>증 가</td><td colspan="2">상 승</td></tr>
<tr><td>감 소</td><td colspan="2">하 락</td></tr>
<tr><td rowspan="2">단기금리</td><td>상 승</td><td>상 승</td><td>하 락</td></tr>
<tr><td>하 락</td><td>하 락</td><td>상 승</td></tr>
</table>

(2) 콜옵션의 가격 결정

콜옵션은 '기초자산을 살 권리'이기 때문에 기초자산가격은 옵션의 가격결정에 가장 큰 영향을 준다.

[그림 11-9]에서 보면 주가가 상승하면 콜옵션의 가격도 상승하며, 반대로 주가가 하락하면 콜옵션 가격도 하락한다. 또한 콜옵션의 가격은 기초자산의 가격변동성의 증감에 따라 변화한다.

[그림 11-10]에서 보면 일반적으로 기초자산의 가격변동성이 증가하면 콜옵션 가격도 상승하고, 반대로 기초자산의 가격변동성이 감소하면 콜옵션 가격도 하락한다. 왜냐하면 가격변동성이 증가한다는 것은 예상되는 기초자산가격의 변동폭이 커진다는 것을 의미하는데, 이는 콜옵션매수자측에서 보면 투자매력이 커지게 된다. 따라서 콜옵션 매수자의 경우 주가가 급락하더라도 손실액

[그림 11-9] 대상자산의 가격과 콜옵션 가격과의 관계

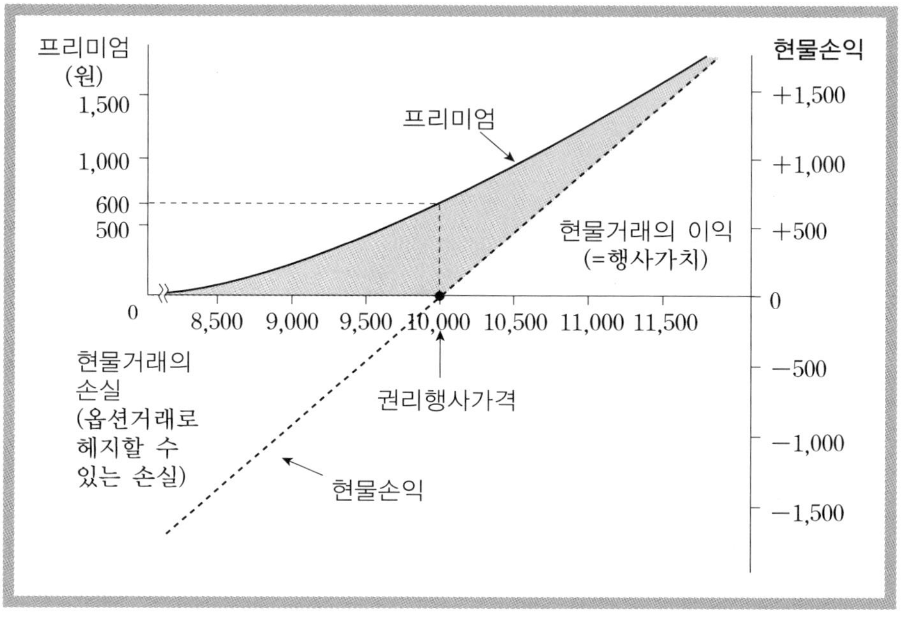

[그림 11-10] 가격 변동성과 콜옵션 가격과의 관계

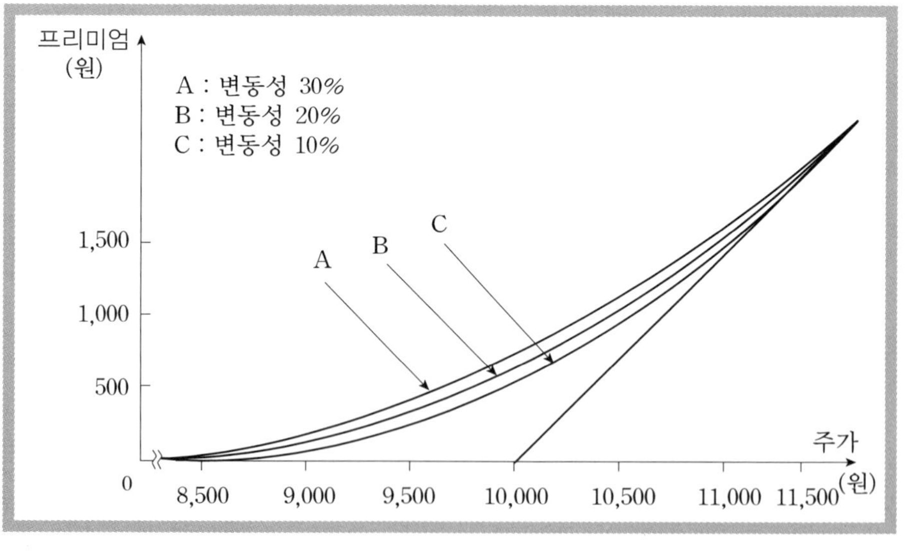

은 당초 지불한 가격(프리미엄)에 한정되는 데 반해, 주가가 급등하였을 때에는

[그림 11-11] 잔존기간과 콜옵션 가격과의 관계

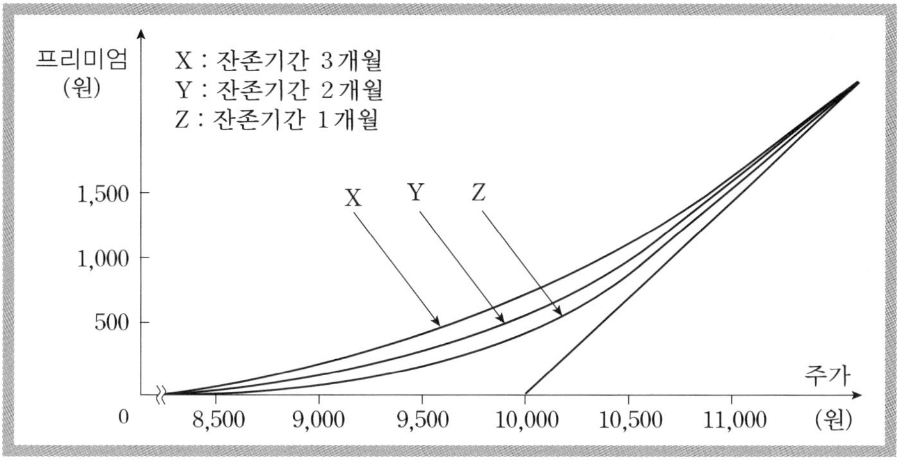

많은 이익을 얻을 수 있으므로 종합적으로 보면 이익을 얻을 가능성이 높기 때문이다.

콜옵션의 가격은 잔존 기간의 증감에 따라서도 변화한다. 일반적으로 옵션은 만료일까지의 잔존기간이 짧은 종목일수록 가격(프리미엄)이 싸진다. 그 이유는 위의 [그림 11-11]을 보면 알 수 있다.

일반적으로 만료일까지의 잔존기간이 길수록 대상자산의 가격변동성이 변하지 않더라도 만료일까지 예상되는 기초자산가격의 변동가능성이 크다고 할 수 있다. 이는 옵션의 매수자 입장에서는 잔존기간이 긴 종목일수록 투자 매력이 커진다는 것을 의미하는데, 행사가격이 같은 콜옵션이라도 잔존기간이 3개월인 종목이 1개월인 종목보다 콜옵션 가격이 더 높다.

(3) 풋옵션의 가격 결정

풋옵션은 '기초자산을 팔 권리'이므로 기초자산가격은 가격(프리미엄) 형성에 가장 큰 영향을 준다.

[그림 11-12]에서 보면, 일반적으로 풋옵션에서는 주가가 상승하면 풋옵션 가격은 하락하고, 반대로 주가가 하락하면 프리미엄은 상승한다. 그러나 주가의 변화에 대한 풋옵션 가격의 변화율은 주가 수준에 따라 달라진다.

또한 풋옵션의 가격 역시 콜옵션과 마찬가지로 기초자산의 가격변동성의

[그림 11-12] 대상자산의 가격과 풋옵션 가격과의 관계

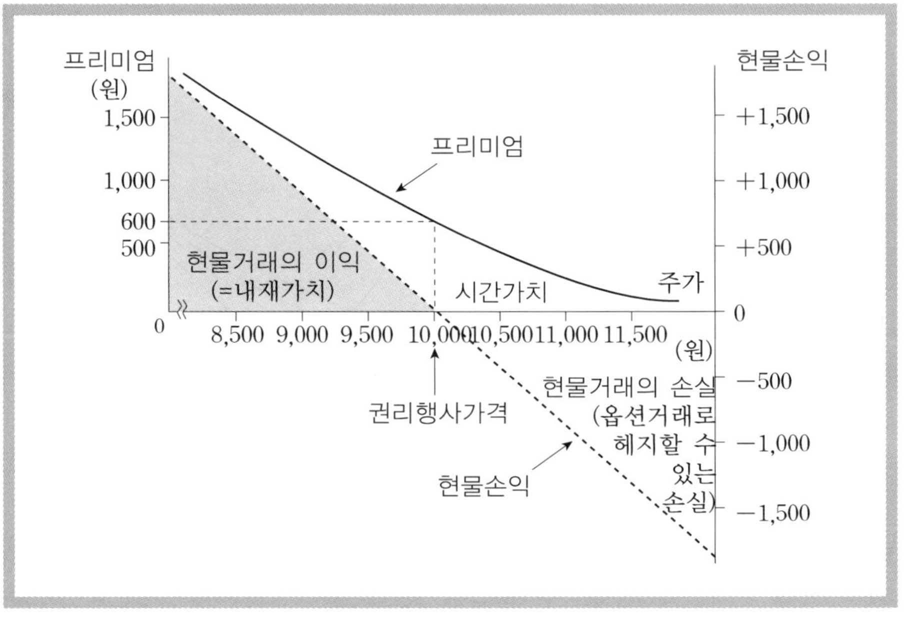

[그림 11-13] 가격 변동성과 풋옵션 가격과의 관계

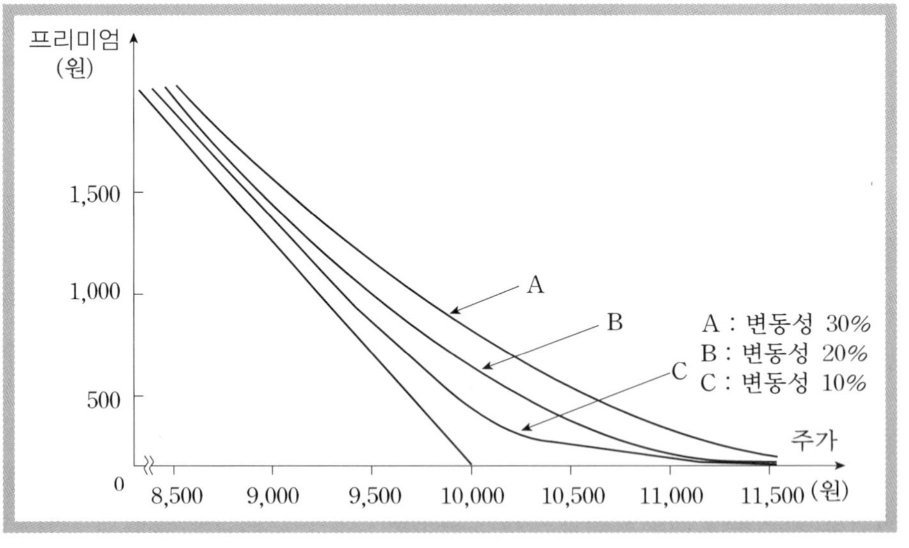

증감에 따라 변화한다. 위의 [그림 11-13]은 주식 풋옵션에 대하여 그 가격이

[그림 11-14] 잔존기간과 풋옵션 가격과의 관계

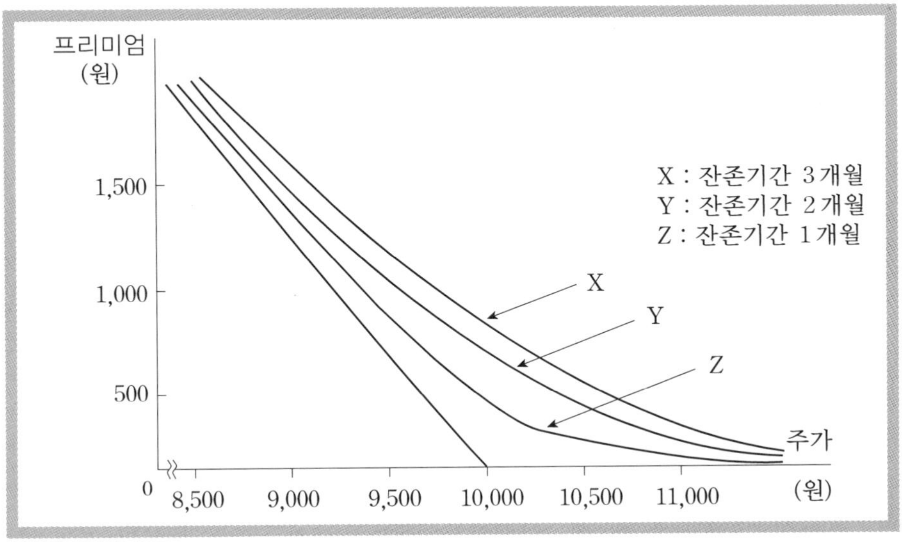

주식의 변동성의 증감에 따라 변화하는 상황을 나타낸 것이다.

풋옵션도 콜옵션과 마찬가지로 기초자산의 가격변동성이 증가하면 가격도 상승하고, 반대로 기초자산의 가격변동성이 감소하면 가격도 하락한다.

풋옵션의 경우도 콜옵션의 경우와 마찬가지로 만료일까지의 기간이 길수록 그 가격이 커진다. 즉, 시간이 경과할수록 풋옵션의 가격도 하락하게 된다. 위의 [그림 11-14]는 주가가 변동하지 않았을 때 시간의 경과에 따른 풋옵션 가격과의 관계를 나타낸 것이다.

(4) 이항트리(binomial tree)모형을 이용한 옵션 가격 결정 모형

일반적으로 옵션의 적정가격을 구하기 위해서는 상당한 수학적 지식이 필요하다. 옵션이나 기타 파생증권의 가격결정에 유용하고 가장 널리 알려진 기법으로는 소위 '이항트리(binomial tree)'모형이 있다. 이 이항트리모형은 1979년에 콕스(Cox), 로스(Ross), 루빈스타인(Ruvinstein)에 의하여 발표된 모형이다.

이항트리모형을 다음의 예를 통하여 간단히 설명하여 보자. 먼저 아주 단순한 예로 현재 주가가 $20이고 3개월 후의 주가가 $22이거나 $18이 될 것으

[그림 11-15] 수치적 예를 통해 본 주가움직임

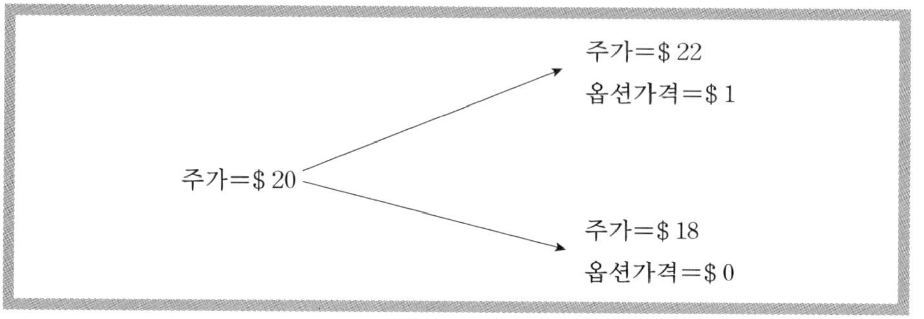

로 알려져 있는 경우를 보자. 주식은 배당을 지급하지 않는다고 가정하고, 3개월 후에 주식을 $21에 살 수 있는 유럽형 콜 옵션의 가치를 평가해 보자. 이 옵션은 3개월 후에 둘 중 하나의 가치를 가질 것이다. 만약 주가가 $22가 되면, 옵션의 가치는 $1이 될 것이고, 주가가 $18가 되면, 옵션의 가치는 '0'이 될 것이다. 이 상황은 [그림 11-15]에 나타나 있다.

이항트리모형에서 유일한 가정은 투자가에게 차익거래의 기회가 없다는 것이다. 우리는 3개월 후에 포트폴리오 가치에 대한 불확실성을 제거하는 방향으로 주식과 옵션의 포트폴리오를 구성한다. 그러면 포트폴리오가 위험을 갖지 않기 때문에 이 포트폴리오의 수익률은 무위험이자율과 같아야 한다고 할 수 있다. 이로부터 포트폴리오의 구성에 따른 비용과 옵션의 가격을 구할 수 있다. 어떤 주식에 대해 Δ주만큼 매입포지션을 갖고 콜 옵션한 계약에 대해 매도 포지션을 취한 포트폴리오를 생각해 보자. 이 때 포트폴리오를 무위험 상태로 만드는 Δ값을 계산해 보자. 만일 주가가 20에서 22로 상승하면 주식부문의 가치는 22Δ가 되고 옵션의 가치는 1이 되어, 전체 포트폴리오의 가치는 $22\Delta-1$이 된다. 반대로 주가가 20에서 18로 하락하면 주식의 가치는 18Δ이 되고 옵션의 가치는 0이 되어 포트폴리오의 가치는 18Δ가 된다. 주가의 두 가지 움직임에 대해 포트폴리오의 최종가치가 같도록 하는 Δ의 값을 구하게 되면, 이 포트폴리오는 위험이 없게 된다.

그 의미는

$$22\Delta-1=18\Delta$$

또는

$\Delta = 0.25$

이다.

따라서 무위험 포트폴리오는 다음과 같다.

매입: 0.25 주식

매도: 1 옵션

만약 주가가 22로 상승하면 포트폴리오의 가치는 4.5가 된다.

$22 \times 0.25 - 1 = 4.5$

주가가 18까지 하락하더라도 이 포트폴리오의 가치는 4.5가 된다.

$18 \times 0.25 = 4.5$

따라서 주가가 상승하든 또는 하락하든 상관없이 옵션의 잔존기간의 마지막에는 포트폴리오의 가치가 항상 4.5가 된다.

차익거래 기회가 없는 무위험 포트폴리오는 무위험 이자율을 얻어야 한다. 무위험 이자율이 연 12%라고 하자. 그러면 오늘의 포트폴리오의 가치는 다음과 같이 4.5의 현재가치가 되어야 한다.

$4.5e^{-0.12 \times 0.25} = 4.367$

현재의 주가가 20으로 알려져 있고, 옵션의 가치를 C라고 하면, 오늘의 포트폴리오의 가치는 다음과 같다.

$$20 \times 0.25 - C = 5 - C$$
$$5 - C = 4.367$$
$$C = 0.633$$

이는 차익거래 기회가 없는 상태에서 옵션의 현재가치는 $0.633이어야 한다는 것을 보여 주고 있다. 만약 옵션의 가치가 0.633보다 크다면, 포트폴리오의 구성하는 데 드는 비용은 4.367보다 적을 것이고, 무위험 이자율 이상으로 수익을 내는 것이 가능해진다. 반대로 옵션의 가격이 0.633보다 낮다면, 포트폴리오를 매도하는 방법으로 무위험 이자율 이하로 자금을 차입하는 수단을 제공할 수 있게 된다.

(5) 블랙-숄즈 옵션 가격 결정 모형

Fischer Black과 Myron Scholes[4] 및 Merton[5]이 콜옵션의 가치를 결정하

4) Fischer Black and Myron Scholes, "The Princing of Options and Corporate Liabilities."

는 완벽한 공식을 도출하기 이전까지 수많은 재무경제학자가 옵션가격모형을 위해 오랫동안 노력해 왔다. Sholes와 Merton은 이 업적으로 인해 1997년에 노벨경제학상을 수상하였다.[6] 오늘날 옵션시장 참가자에 의해 폭넓게 사용되고 있는 콜옵션에 대한 Black-Scholes 옵션가격결정공식(Black-Scholes option pricing formula)은 다음과 같다.

$$C_0 = S_0 N(d_1) - X_e^{-rT} N(d_2)$$

여기서

$$d_1 = \frac{1n(S_0/X) + (r + \sigma^2/2)T}{\sigma\sqrt{T}}$$

$$d_2 = d_1 - \sigma\sqrt{T}$$

이며,

C_0=현재의 콜옵션의 가격

S_0=현재의 주가

X=행사가격

r=무위험 금리

T=옵션의 만기까지의 기간(단위: 년)

ln=자연로그함수

σ=주식의 연속복리 연수익률의 표준편차

여기서 $N(x)$는 평균이 0이고, 표준편차가 1인 정규분포 변수에 대한 누적확률(즉, 변수가 x보다 작을 확률) 분포함수이다.

11.3 주가지수 옵션거래

주가지수 옵션거래란 주가지수를 대상자산으로 거래되는 옵션거래를 말한

Journal of Political Economy 81(May-June 1973).

5) Robert C., Merton, "Theory of Rational Option Pricing," Bell Journal of Economics and Management Science 4(Spring 1973).

6) Fischer Black은 1995년에 사망하였다.

[표 11-8] KOSPI 200의 옵션 매수자의 콜옵션거래와 풋옵션 거래의 예

KOSPI 200 콜옵션을 권리행사한 경우	KOSPI 200 풋옵션을 권리행사한 경우
(권리행사일 KOSPI 200－권리행사가격) ×10만원을	(권리행사가격－권리행사일 KOSPI 200) ×10만원을
옵션의 매도자로부터 받는다.	
[예] 권리행사가격이 100인 KOSPI 200 콜옵션 1계약을 보유한 甲이 행사일에 KOSPI 200이 110으로 상승하여 권리행사를 하였다면, 甲은 100만원[(110－100)×10만원]을 옵션의 매도자로부터 받는다.	[예] 권리행사가격이 100인 KOSPI 200 풋옵션 1계약을 보유한 乙이 행사일에 KOSPI 200이 90으로 하락하여 권리행사를 하였다면, 乙은 100만원[(100－90)×10만원]을 옵션의 매도자로부터 받는다.

다. 주가지수는 주식시장의 지표이므로 그 시장 전체의 동향을 나타낸다. 따라서 주가지수옵션거래를 이용하면 개별종목의 가격변동보다는 시장의 전체 동향이나 변동성을 전망하여 주식시장 전체에 대한 투자를 할 수 있다.

주가지수옵션거래에서의 권리행사는 주가지수 선물거래에서 최종결제와 마찬가지로 주가지수와 권리행사 가격 간의 차금결제로 이루어진다. 이와 같이 주가지수 옵션거래는 현금으로 결제함으로써 거래를 단순화시키고 유동성도 높일 수 있어서 전 세계적으로도 거래가 활발히 이루어지고 있다. 따라서 주가지수 옵션거래에서 권리행사가 이루어지면 옵션의 매수자는 옵션의 매도자로부터 권리행사일의 주가지수와 권리행사가격과의 차이에 상당하는 금액을 받는다. 이를 KOSPI 200의 콜옵션과 풋옵션의 예를 들어 설명하면 [표 11-8]과 같다.

11 .3.1 주가지수 옵션거래의 대상지수

주가지수란 현물시장의 개별주식의 가격을 기초로 만들어진 지수로서 특정 시점의 주식시장의 주가추이를 나타내는 수치를 말한다. 주가지수는 주식시장의 지표이므로 그 시장 전체의 동향을 나타낸다.

[그림 11-16] KOSPI와 KOSPI 200 주가지수 추이

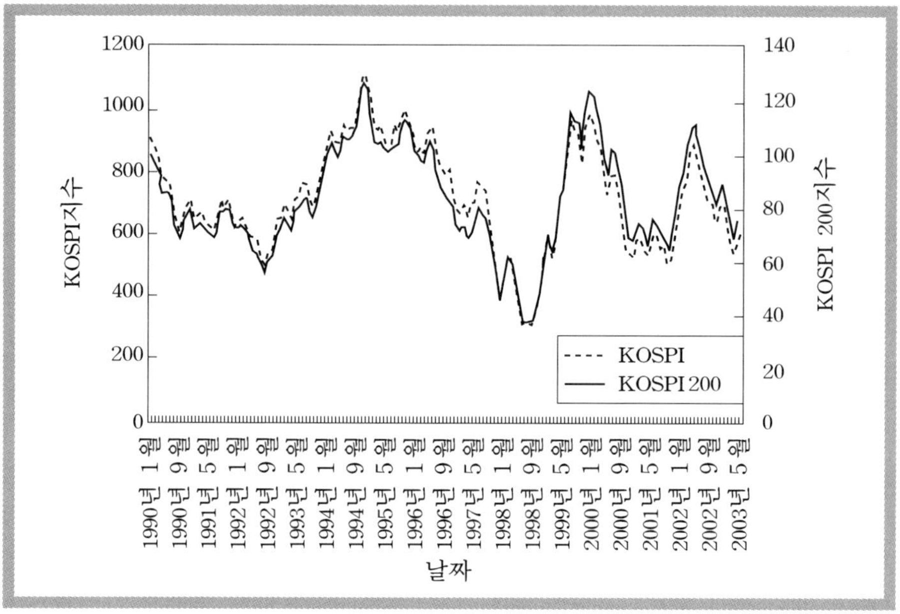

우리나라에서 대표적인 주가지수는 한국종합주가지수(KOSPI)와 주가지수 선물거래와 주가지수 옵션거래에서 사용되는 한국주가지수 200(KOSPI 200)이 있는데, 한국 종합주가지수는 한국증권거래소 상장종목 전부를, 한국 주가지수 200은 주요 200개의 상장종목으로 구성된 지수이다.

11.3.2 주가지수 옵션거래의 결제

주가지수 옵션거래는 매매대상과 결제방법에 따라서 다른 옵션거래와 구별되는 다음과 같은 특징이 있다.

(1) 추상물 거래

실물이 아닌 주식집단의 가격 수준을 나타내는 주가지수라는 추상물을 매매대상으로 하는 거래.

(2) 현금 결제

권리행사가격과 주가지수의 차이에 일정금액을 곱하여 산출한 금액으로 현금결제.

[표 11-9]는 주가지수 옵션의 권리행사방법을 KOSPI 200옵션을 예를 들어 앞에서 설명한 주식옵션과 비교하여 설명한 것이다.

[표 11-9] 주식 옵션과 주가지수 옵션의 권리 행사 사례

A주식 콜옵션의 권리행사 (권리행사가격=10,000원)	KOSPI 200 콜옵션의 권리행사 (권리행사가격=100)
A주식 콜옵션을 10계약 매수	KOSPI 200 콜옵션을 1계약 매수
▼	▼
만료일에 A주식이 11,000원으로 상승하여 매수자는 권리를 행사	만료일에 KOSPI 200이 110으로 상승하여 매수자는 권리를 행사
권리행사에 따른 손익	권리행사에 따른 손익
권리행사가격인 1,000만원(10,000원×100주×10계약)을 매도자에게 지불하고, A주식을 받는다. 동시에 매도자로부터 받은 A주식을 현물시장에서 시장가격 11,000원에 매도하여 1,100만원(11,000원×100주×10계약)을 받음	권리행사가격인 1,000만원(100×10만원)을 매도자에게 지불하고, 매도자로부터는 만료일의 KOSPI 200에 의한 평가액 1,100만원(110×10만원)을 받는다. 그러나 실제로는 권리행사가격과 만료일의 KOSPI 200의 차이의 금액을 받는다.
▼	▼
따라서 100만원의 이익이 발생한다.	따라서 100만원의 차금을 주고 받는다.
※ A주식 콜옵션의 거래 단위는 A주식의 권리행사가격×100주로 함.	※ KOSPI 200 콜옵션의 거래 단위는 KOSPI 200의 권리행사가격×10만원으로 함.

11.3.3 주가지수 옵션거래의 기능

옵션거래는 크게 2가지 목적으로 이용된다고 말할 수 있다. 하나는 효과적인 위험헤지수단으로서의 보험 목적이며, 다른 하나는 투기수단으로서의 이익획득 목적으로 이용된다. 실제로 이들 2가지 목적을 균형 있게 이용하는 경우가 많으며, 어느 쪽을 중요시할지는 투자자에 따라 다르다. 연기금과 같이 안정성을 중시하는 기관투자자는 우수한 위험헤지수단으로서의 옵션거래를 높게 평가할지도 모른다. 따라서 옵션거래 중 주가지수옵션거래가 가지는 기능은 다음과 같다.

(1) 시장 위험의 헤지(hedge) 수단 제공

주가지수와 연동하는 주식 포트폴리오를 보유한 투자자는 가능한한 위험을 적게 하면서 높은 투자수익을 얻으려고 한다. 개별 종목의 고유위험은 포트폴리오에 많은 종목을 포함시킴으로써 회피할 수 있다. 그러나 주식시장 전체의 가격변동위험, 즉 시장위험을 회피한다는 것은 어렵다. 만일 보유주식의 가격하락을 예상하여 보유주식을 대량으로 매각한다면 시장에 충격을 주어 오히려 그 주가를 크게 하락시키는 결과를 초래할 수 있지만, 주가지수 옵션 거래를 이용하면 주식의 분산투자로도 제거될 수 없는 시장위험을 회피할 수 있다.

또한, 향후 주가지수와 연동하는 주식포트폴리오를 구성하고자 하는 경우에 그동안의 주식가격 상승에 따른 위험을 회피하기 위해서는 먼저 콜옵션을 매수하고 예상대로 주식가격이 상승한 경우에 보유하고 있는 콜 옵션을 전매 또는 권리를 행사하여 이익을 얻고, 옵션거래의 이익으로 포트폴리오 구성시까지의 기회손실액을 상쇄할 수 있다. 한편 예상과는 반대로 가격이 하락한 경우에도 옵션매입에 따른 손실액은 구입시에 지불한 프리미엄에 한정되는 대신에, 보다 낮은 가격에 주식포트폴리오를 구성할 수 있다. 따라서 주가지수 옵션거래는 분산포트폴리오에서는 제거될 수 없었던 시장위험을 회피할 수 있는 수단을 제공할 수 있다.

(2) 새로운 투자 수단의 제공

주가지수 옵션거래는 투자자에게 새로운 투자수단을 제공한다. 단기적인 이익을 노리는 투자자에게 있어서도 개별종목의 선택이 필요없고, 단지 시장전체의 장세전망으로 투자할 수 있으므로 개별기업의 정보수집이 빈약한 개인은 물론 다양한 투자전략이 필요한 기관 투자자에게도 새로운 투자수단이 된다.

특히, 주가지수와 연동하는 포트폴리오를 가진 기관투자자는 옵션의 매도자가 됨으로써 옵션 프리미엄을 받아서 운용상의 이익을 높일 수 있다.

(3) 자산운용의 유연성 제공

기관투자자가 보유주식의 구성비율 변경이나 종목변경을 위해 포트폴리오를 매매하려고 할 경우에 현물시장에서 짧은 시간에 대량의 주식을 매매한다면 시장에 충격을 줄 가능성이 있으며, 결과적으로 거래비용이 늘어나게 된다. 이러한 경우에 주가지수옵션을 이용한다면 낮은 비용으로 포트폴리오의 위험을 효과적으로 관리할 수 있으며, 포트폴리오 운용의 효율성을 높일 수 있다.

예를 들면 거액의 주식 포트폴리오를 매도하려고 할 때, 우선 주가지수풋옵션을 매수하고 일정기간을 두고 서서히 주식을 매도하면서 그와 동시에 매도주식에 상당하는 만큼의 풋옵션을 전매해 간다면 일시에 주식을 매각하는 경우보다 현물시장에 미치는 영향을 줄일 수 있다. 또한 향후에 주식시장이 상승할 것으로 예상되어 주식의 구성비율을 높이고자 할 때에 종목 선택에 따른 시간이 소요될 경우에는 먼저 주가지수 콜 옵션을 매수하고, 그 후 매수할 주식 종목을 선택하여 주식시장에서 서서히 매수하면서 주가지수 콜옵션을 전매해 간다면 투자시기를 늦추지 않고 원하는 투자를 할 수 있다. 따라서 주가지수 옵션거래는 대량의 분산된 포트폴리오를 소유하고 있거나, 소유하고자 하는 기관투자자의 자산운용의 유연성을 높이는 수단을 제공할 수 있다.

11.4 옵션거래 전략

투자자가 현물 또는 선물, 콜옵션 또는 풋옵션에 단독으로 투자하거나, 여러 종류의 옵션을 결합하여 투자하는 것을 옵션거래 전략이라고 한다. 다양한 투자목적에 맞게 옵션과 선물 또는 현물을 결합하거나, 옵션 간에 서로 결합함으로써 투자자가 원하는 다양한 형태의 투자기회를 제공한다.

투자자가 옵션거래를 이용할 경우에는 ① 권리행사에 따른 대상자산의 가격 변동차익 획득(콜과 풋의 매수자) ② 프리미엄의 확보(콜과 풋의 매도자) ③ 옵션자체의 가격변동에 의한 매매차익의 획득 등 다양한 투자 선택을 할 수 있다.

옵션에서는 선물거래에는 없는 특이한 전략이 가능하다. 선물거래의 경우는 향후 가격의 상승 또는 하락에 대한 예상을 근거로 하는 전략, 즉 가격의 방향을 근거로 한 전략만 가능하지만, 옵션의 경우에는 시세의 상승폭 또는 하락폭, 즉 가격변동성을 근거로 한 전략도 가능하다. 다시 말하면 대상자산의 가격상승을 예상하면 콜 옵션의 가격은 상승하지만 이 때에 모든 투자자가 대상자산의 가격상승을 예상하면 변동성은 축소되기 때문에 이로 인하여 프리미엄의 상승은 억제된다. 이처럼 가격전략 뿐만 아니라 변동성 전략도 세울 수 있는 것이 옵션거래 전략의 큰 특징이다.

이러한 옵션의 특징을 적절히 이용한다면 주식이나 선물 등 종래의 상품에서는 불가능하였던 여러 가지 전략을 구사할 수 있다.

옵션의 경우, 다양한 투자목적에 맞게 조합이 가능하다. 실제로 옵션투자전략은 매우 다양하고 분류하는 방법도 여러 가지인데, 이를 투자목적별로 크게 3가지로 나누면 다음과 같다. 첫째, 기본전략이다. 이는 옵션 프리미엄이 앞으로 어떻게 변화할 것인가라는 예상에 근거하여 구사하는 전략으로서 단순히 콜 또는 풋을 사거나 파는 단순한 것부터 옵션거래와 선물거래를 조합시킨 것까지 여러 가지 전략이 있다. 둘째, 헤지거래 전략이다. 헤지거래 전략은 대상자산의 가격변동위험회피와 운용이익의 향상을 꾀하고자 하는 전략으로서 대표적으로 방어적 풋매수(protected put)와 보호된 콜매도(covered call)를 들 수 있다.

마지막은 차익거래 전략이다. 차익거래 전략은 옵션 간의 가격왜곡과 옵션가격, 선물가격 또는 현물가격 간의 괴리를 포착하여 그 차익을 얻으려 하는 것으로 컨버젼(conversion)과 리버설(reversal)이 있다.

■용어정리

옵션(option): 특정 대상물을 사전에 정한 시점(또는 기간 내)에 사전에 정한 가격으로 살 수 있는 권리 또는 팔 수 있는 권리를 말한다.

기초자산(underlying asset): 옵션행사시 매수 또는 매도대상이 되는 특정자산을 말한다.

권리행사(exercise): 옵션계약에 따라 특정일에 옵션의 매도자와 매수자가 사전에 정한 가격으로 대상자산을 거래하는 것을 말한다.

미국형 옵션(american style option): 옵션 만기 이전 언제라도 옵션보유자의 선호에 따라 권리를 행사할 수 있는 옵션을 말한다.

유럽형 옵션(European style option): 옵션의 정해진 만기일에만 권리를 행사할 수 있는 옵션을 말한다.

옵션프리미엄(option premium): 대상자산을 매매할 수 있는 권리를 얻기 위해서 매수자가 매도자에게 지불하는 대가로서 옵션이라는 상품의 가격을 말한다.

콜옵션(call option): 대상자산을 권리행사 가격에 살 수 있는 권리를 매매 대상으로 하는 옵션을 말한다.

풋옵션(Put option): 대상자산을 권리행사 가격에 팔 수 있는 권리를 매매 대상으로 하는 옵션을 말한다.

등가격옵션(at-the-money: ATM): 기초자산의 시장가격이 옵션의 권리행사가격과 동일한 상태에 있는 옵션을 말한다.

내가격옵션(in-the-money: ITM): 내재가치가 (+)값을 가지는 옵션으로 콜 옵션의 경우 옵션의 행사가격이 옵션의 기초자산의 시장가격보다 낮은 옵션을, 풋 옵션의 경우는 옵션의 행사가격이 옵션의 기초자산의 시장가격보다 높은 옵션을 말한다.

외가격 옵션(out-of-the-money : OTM): 내가격옵션에 상대되는 옵션가치를 갖는 옵션으로서 보유옵션을 즉시 행사하였을 때 손실이 발생하는 옵션을 말한다.

행사가치(exercise value): 옵션의 권리를 행사하는 경우에 확실하게 얻어지는 이익으로서 내재가치(intrinsic value) 또는 본질가치를 말한다.

시간가치(time value): 옵션의 만기까지 기초자산의 가격변동으로 이익이 실현될 가능성에 대해 옵션매입자가 지불하는 가치를 말하는 것으로 외재가치라고도 한다.

■연습문제■

1. 2003년 6월 3일 현재 행사가격은 92.5, 6월 만기의 KOSPI 200의 콜옵션 가격이 1.45이다. 만약 만기시의 KOSPI 200이 95로 된다면 콜 옵션 투자자(investor)와 콜옵션 설정자(writer)의 손익을 각각 계산하시오.

2. 행사가격이 1,200원인 달러/원 콜옵션을 12계약 매입하였다면 지급 옵션가격은 얼마

인가? 8월 만기에 가서 기초자산가격이 만약 1,250원이라면 손익은? 반대로 1,150원이라면 손익은 얼마인가?

3. 현재 주가가 25,000원인 회사 주식에 대하여 발행되고 행사가격이 25,000원, 만기가 6개월인 콜옵션의 가격이 2,130원이다(이 회사는 현금배당은 실시하지 않음). 동일 조건으로 발행된 풋옵션의 가격은 1,390원이라 하자. 6개월 후에 확실하게 지급될 25,000원의 현가를 계산하시오.

4. 행사가격이 10,000원이고 만기가 1년인 콜옵션을 발행하고자 한다. 기초 주식은 배당을 실시하지 않으며, 현재가격은 10,000원이다. 앞으로 주가가 만기일에 12,000원이 될 확률이 50%이고 8,000원이 될 확률이 50%이다. 무위험 이자율은 10%라고 가정하자.
   (1) 이항분포 모형을 이용하여 콜옵션 가격을 구하시오.
   (2) 이항분포 모형과 블랙 숄즈의 모형을 비교 설명하시오.

5. 콜옵션의 가격결정에 영향을 미치는 변수들을 설명하고, 콜옵션의 평가모형을 타인자본이 있는 기업의 자기자본가치 평가에 어떻게 활용할 수 있는지 설명하시오.

■알기 쉬운 경제 상식

Common sense case 10. 선물거래 이야기

요즘 주식에 투자하는 사람들은 걱정이 많습니다. 주가가 많이 떨어질 수 있기 때문이죠. 그런데 주가가 떨어졌을 때 큰 돈을 벌었다는 사람들이 있습니다. 파생 상품을 이용했다는 것입니다. 미국 9.11 테러가 일어난 다음날 서울 증권시장에서 파생 상품의 한 종류인 옵션 거래를 한 투자자 중 하룻밤 새 최고 505배의 이익을 낸 사람이 있답니다. 이날 반대로 옵션거래를 했던 증권사들은 회사가 휘청거릴 정도로 큰 손해를 봤다고 합니다. 그러나 이날 주가는 10% 밖에 떨어지지 않았습니다. 그런데 파생 상품이 뭐기에 원금의 수백 배씩 이익이나 손해를 볼 수 있을까요? 파생 상품은 통산적인 상품 거래의 내용을 다르게 만들어 사고 파는 것을 말합니다. '파생(派生)'이란 어떤 것으로부터 갈라져 나왔다는 뜻이지요. 좀더 쉽게 알아보기 위해 대표적인 파생상품인 선물(先物)을 살펴봅시다. 미래의 거래를 지금 미리 약속하는 것이 '선물'입니다.

지금 정한 가격으로 미래에 상품을 사고 팔기로 하는 것입니다. 물건 값이 앞으로 어떻게 변할지 모르므로 미리 값을 정해 놓아, 앞으로의 값 변화에 따라 나타날 손해를 막자는 생각에서 시작된 거래랍니다.

많은 사람들이 알고 있는 '밭떼기'를 예로 들어 볼까요? 철수는 배추 농사를 짓고 있습니다. 올해 수확이 좋을 것 같은 데도 철수의 마음은 조마조마합니다. 김장철에 배추 수확이 많아 배추 값이 떨어질지 모르기 때문입니다. 얼마 전 배추 값이 포기당 500원까지 떨어져 손해를 입었던 철수는 앞으로 값이 어떻게 되든 포기당 1000원만 받으면 좋겠다는 생각을 했습니다. 그런데 서울에서 배추장사를 하는 영수의 생각은 달랐습니다. 올해 수확이 좋을 수도 있지만 수확이 시원찮은 곳도 많이 보았습니다.

영수는 올해 배추 값이 오를 것이라 보고, 포기당 1000원에 미리 사 놓고 싶어합니다. 철수와 영수는 서로의 걱정을 덜기 위해 계약을 체결했습니다. 영수가 철수에게 포기당 1000원에 배추를 사기로 하고 우선 계약금으로 철수에게 포기당 100원씩을 건넸습니다. 미래의 상품을 사고 팔았으니 초보적인 선물 계약이 체결된 겁니다.

이제 김장철이 되어 배추 값이 결정되면 두 사람의 입장이 어떻게 되는지 살펴볼까요? 배추 값이 1500원이 된다면 철수가 포기당 500원을 손해보고 영수가 그만큼의 이익을 얻게 됩니다. 반대로 포기당 500원이라면 영수가 손해보고 철수가 이득을 얻겠죠. 어느 경우나 두 사람은 50%의 이익과 손실을 나눠 가집니다.

더 많은 사람이 끼어드는 선물 거래를 알아봅시다. 김장철이 되기 전에 영수가 갑자기 이민을 가게 됐어요. 철수네 배추를 살 때까지 기다릴 수 없게 된 것이죠. 아직 김장철이 되지 않았지만 영수 생각대로 흉년이 예상돼 배추 값은 1300원까지 올라 있었답니다. 영수는 김장철에 철수한테서 배추를 포기당 1000원에 사기로 계약한 상태죠. 그래서 옆 가게 주인에게 포기당 1300원에 배추(정확하게는 앞으로 철수한테 배추를 받을 수 있는 권리)를 팔았답니다. 옆 가게 주인도 배추 값이 더 오를 것 같으니까 포기당 1300원에라도 샀습니다.

영수가 실제로 번 돈을 얼마일까요? 옆 가게 주인에게 받은 돈은 포기당 400원입니다. 나머지 900원은 옆 가게 주인이 철수에게 잔금으로 줘야 하니까요. 영수가 낸 돈은 계약금 100원 이므로 포기당 300원을 번 것입니다. 수익률 300%의 거래가 된 셈이죠.

반대로 배추 값이 떨어져 중간에 포기당 700원에 넘기게 되었다면 영수는 돈을 받기는 커녕 계약금을 포기하고도 (철수에게 줘야 할 잔금 900원 중 부족한 금액인) 포기당 200원을 더 내야 합니다. 그러므로 투자 원금의 세배를 날리는 것입니다.

선물 거래의 손해나 이익이 커지는 것은 이처럼 거래금액의 일부만 계약금 등으로 주고받은 상태에서 거래를 복잡하게 만들기 때문입니다. 선물과 함께 대표적인 파생 상품인 '옵션'이란 것은 '물건을 사고 팔 수 있는 권리'를 사고 파는 것입니다. 옵션도 배추를 놓고 알아

〔파생 상품 어떻게 거래되나〕

선 물

※ 김장철에 영수가 철수네 배추를 포기당 1000원에 사기로 미리 계약.

현 재
영수 ⇄ 철수
계약금 100원
(배추 값에 포함)

→

김 장 철
배추
영수 ⇄ 철수
잔금 900

❶ 배추 값 1500원으로 오르면
- 영수 500원 이익(시세 1500원 – 산값 1000원)
- 철수 500원 손해(시세 1500원 – 판값 1000원)

❷ 배추 값 1000원이면
둘 다 손해 · 이익 없음

❸ 배추 값 500원으로 떨어지면
- 영수 500원 손해(산값 1000원 – 시세 500원)
- 철수 500원 이익(판값 1000원 – 시세 500원)

옵 션

※ 김장철 배추값이 포기당 1000원을 넘으면 영수가 철수네 배추를 사고, 1000원 아래면 사지 않기로 계약하고, 이 권리에 대한 포기당 100원을 미리 줌.

영수 ⇄ 철수
권리금 100원
(배추 값에 포함안됨)

❶ 김장철 배추 값이 1500원이면
배추
영수 ⇄ 철수
1000원
- 영수 400원 이익
(시세 1500원 – 배추 값 · 권리금 1,100원)
- 철수 400원 손해

❷ 배추 값 500원이면
구입 포기
영수 ✕ 철수
1000원
- 영수 100원 손해(권리금)
- 철수 100원 이익
(시세 · 권리금 600원 – 시세 500원)

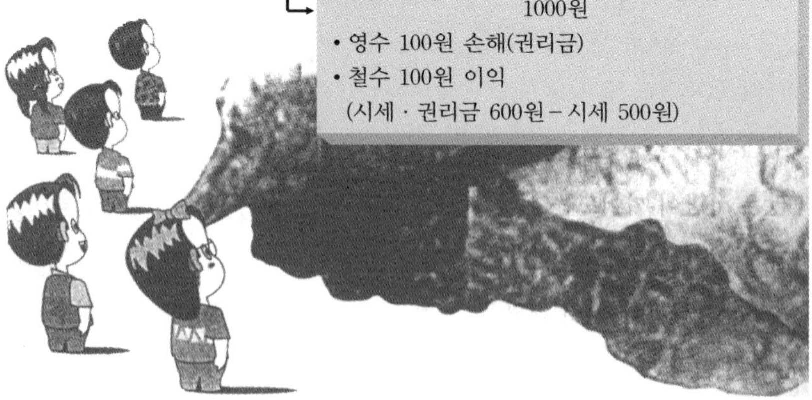

봅시다. 영수는 철수한테서 배추를 미리 사는 선물 거래를 해 계속 돈을 벌다가 어느 해 배추 값이 뚝 떨어지는 바람에 큰 손해를 봤답니다.

그래서 영수는 궁리한 끝에 계약 조건을 바꾸었어요. 미리 물건을 사겠다고 계약하는 것보다, 김장철 배추 값이 1000원일 넘으면 사고, 1000원 아래면 사지 않아도 되는 조건으로 계약했답니다. 그리고 이 권리를 갖는 대신 포기당 100원을 권리금으로 주기로 했답니다.

영수로선 김장철에 값이 오르면 포기당 1100(권리금 100원 포함)에 사고, 그렇지 않으면 권리금 100원만 손해보면 되는 것이지요. 철수 입장에서는 배추 값이 포기당 1000원 아래일 때 권리금 100원을 얻게 되는 셈입니다. 선물 거래일 때보다 양쪽이 손해를 조금씩 줄일 수 있게 되는 게 옵션의 특징입니다. 요즘은 배추 같은 것뿐 아니라 주식 · 채권 등 금융 상품을 놓고 선물 · 옵션 등의 파생 상품 거래를 많이 한답니다.

이를 파생 금융 상품이라고 합니다. 파생 상품은 원래 미래의 손해를 조금이라도 줄이기 위해 만들어진 것이데. 지금은 파생 상품 자체가 거래 대상이 되어 버렸습니다.

제12장 선물의 의의 및 선물시장

선물계약(futures contracts)이나 선도계약(forward contracts)은 미래 정해진 기일에 해당 기초자산을 팔거나 사도록 명시한다는 점에서 앞에서 설명한 옵션과 비슷한 성질을 갖는다고 할 수 있다. 그러나 이들이 옵션과 다른 점은 옵션의 경우 해당되는 거래가 불리한 경우 옵션보유자는 행사하지 않아도 상관이 없으나 선물이나 선도계약의 경우에는 정해진 거래를 반드시 수행하여야 할 의무가 있다는 것이다. 이처럼 선물이 가지는 특성과 선물의 종류, 선물 가격 결정 방법에 대해 기술하고 있다.

12.1 선물계약과 선도계약의 의미

선물계약(futures contracts)이나 선도계약(forward contracts)은 미래 정해진 시점에 해당 기초자산을 팔거나 살 수 있도록 명시되어진다는 점에서 앞에서 설명한 옵션과 비슷한 성질을 갖는다고 할 수 있다. 그러나 이들이 옵션과 다른 점은 옵션의 경우 해당되는 거래가 불리한 경우 옵션보유자는 행사하지 않아도 상관이 없으나 선물이나 선도계약의 경우에는 정해진 거래를 반드시 수행하여야 할 의무가 있다는 것이다.

선물이나 선도계약은 해당자산에 대해 자금이 지불되지 않는다는 점에서 투자라고 볼 수 없다. 이것은 단지 미래에 약정된 조건으로 거래하겠다는 오늘의 약속이다. 따라서 이러한 선물이나 선도계약은 미래에 대한 투자를 헤지(hedge)하는 매우 중요한 수단이 된다.

다양한 상품의 미래 인도를 위한 선도시장(forward markets)은 적어도 고대 그리스까지 거슬러 올라간다. 그러나 조직화된 선물시장(futures markets)은 19세기에 시작되어 상대적으로 역사는 짧으나, 비공식적인 선도계약을 거래소에서 거래되는 표준화된 증권들로 대체시키고 있다.

이 장에서는 선물시장이 어떻게 작동되고 거래구조가 어떻게 되어 있는지를 살펴보기로 하고, 선물계약이 위험을 없애려고 하는 헤저(hedger)나 위험을 추가적으로 부담함으로써 보다 많은 이익을 추구하는 투기자(speculator) 모두에게 얼마나 유용한 투자수단이 되는지를 살펴본다. 아울러 선물시장의 발전과정과 주가지수, 외환, 채권 및 금리 등에 대해 만들어진 특정 금융선물계약들을 살펴보고자 한다.

선물계약과 선도계약이 어떻게 작동되고 이들 계약이 얼마나 경제활동에 유용한지를 설명하기 위해 다음과 같은 예를 들어보자. 강원도에서 채소를 재배하는 농부의 경우에는 수입의 대부분을 수확기에 형성될 채소시세에 의존하게 된다. 마찬가지로 채소를 사다가 소비자들에게 파는 서울의 채소가게도 양질의 채소를 적기에 싼 가격으로 확보하는 것이 수입에 결정적인 영향을 미치게 된다.

이러한 경우 수확기에 채소시세와 상관없이 현재 시점에 정해진 가격으로 수확기에 채소를 인수하기로 약정하는 선도계약(forward contracts)을 맺는다면, 양 당사자는 이러한 종류의 위험을 회피할 수 있게 된다. 약정시 양 당사자는 돈을 주고받을 필요는 없다. 단지 계약을 체결할 뿐이다. 서로 합의한 품질의 채소를 정해진 날짜에 약정한 가격으로 농부는 인도하고 채소가게 주인은 인수하면 되는 것이다. 따라서 선도계약은 농부나 채소가게 주인으로 하여금 미래 채소가격의 변화로 인해 마음 졸이지 않고 본업에 충실할 수 있게 해 준다. 우리 농촌에서 유행하고 있는 소위 '밭떼기'라고 하는 것이 바로 선도계약의 일종이라할 수 있다.

선물계약(futures contracts)은 이러한 선도계약을 정형화하고 표준화한 것으로 정의할 수 있다. 선물계약의 경우에는 표준화된 선물거래소에서 거래할 수 있기 때문에 매수자와 매도자들이 직접 이해관계가 일치하는 거래 상대방을 찾기 위해 노력할 필요가 없다. 선물거래소는 또한 거래될 계약의 유형을 표준화함으로써 융통성은 줄어들지만 거래의 유동성을 높일 수 있게 된다. 표준화의 대상은 계약규모, 상품등급, 계약인도일 등이다. 선도계약의 경우에는 인도일까지 아무런 대금의 교환이 없지만, 선물계약의 경우에는 매일매일 손실과 이득의 일일정산을 요구하게 된다.

선물계약의 경우에는 계약의 표준화와 거래의 깊이로 인해 브로커를 통해 쉽게 청산될 수 있지만, 선도계약의 경우에는 계약당사자와 개인적으로 재교섭해야만 한다. 선물계약의 경우에는 선물거래소가 계약의 이행을 보장하기 때문에 거래상대방에 대한 신용체크의 필요성이 없는데, 대신 각 거래당사자는 계

[표 12-1] 선물계약과 선도계약의 차이

구 분	선도계약	선물계약
시장조직	정형화된 시장 없음(일종의 장외시장)	거래소시장
거래조건	개별적, 비표준화	표준화
정산 여부	정산 없음	일일정산
인도 여부	보통 상품의 인도가 이루어짐.	상품의 인도가 거의 없음.
보증 여부	보증 없음.	청산소 보증

약이행을 위한 마진(margin)이라고 불리는 증거금을 납부하여야 한다. 그러나 선도계약의 경우에는 이러한 보장장치가 없기 때문에 거래상대방의 신용상태에 대해 매우 신경을 써야 한다. 마지막으로 선물계약의 경우에는 실제 기초자산의 인수도가 거의 이루어지지 않는 반면에 선도계약의 경우에는 실물의 인수도가 이루어진다. 지금까지 설명한 선물계약과 선도계약의 차이점을 요약하면 [표 12-1]과 같다.

12.2 선물시장의 발전과정과 종류

12.2.1 선물시장의 발전과정

선물 시장은 옥수수, 밀, 콩, 커피와 같은 농산물과 구리, 금, 은과 같은 금속 및 원유와 같은 에너지 등 상품선물(commodity futures)을 중심으로 발전되어 왔다. 1948년에 개설된 시카고 상품거래소(CBOT)가 최초의 근대화된 선물시장이라 할 수 있으며, 곡물선물을 중심으로 거래가 시작되었다. 그러나 1972년 시카고 상업거래소(CME)가 설립되어 국제통화시장(IMM)이 개설되고 통화선물거래가 시작되자 금융자산에 대한 선물 상품, 즉 금융선물(financialfutures)의 시대가 열리게 되었다.

1975년 CBOT에서 금리선물의 거래가 시작되었고, 1982년에는 캔자스시티 상품거래소에서 주가지수선물의 거래가 시작되었다. 금융선물의 경우 지금까지 28년의 역사밖에 되지 않았지만 주식과 채권시장에 일대 혁신을 가져오고 거래가 급속히 증가하면서 지금은 선물거래의 주종을 이루고 있다.

우리 나라의 경우 선물시장의 발전과정을 보면 1996년 5월 3일 한국 증권거래소에 주가지수선물시장이 최초로 개설된 것을 시작으로 1997년 주가지수옵션시장이 동거래소에 개설되었다. 아울러 1999년 4월 23일 부산에 한국선물거래소가 개장되었으며 이곳에 미국달러 통화선물, CD금리선물, 금선물 및 미달러통화옵션 등이 상장되어 거래가 되고 있으며, 1999년 9월부터 국고채금리선물도 거래할 수 있게 되었다.

12.2.2 선물거래의 종류

(1) 일반종류

앞에서 선물거래는 상품을 대상으로 하는 상품선물과 금융자산을 대상으로 하는 금융선물로 구분된다고 하였다. 상품선물거래는 농축산물을 대상으로 하는 것과 금속을 대상으로 하는 것, 또한 에너지를 대상으로 하는 것 등으로 구분되어진다. 또한 금융선물거래는 주가지수를 대상으로 하는 주가지수선물거래와 통화를 기초자산으로 하는 통화선물 그리고 금리상품을 기초자산으로 하는 금리선물 등 세 가지로 구분된다. 이를 요약하면 [표 12-2]와 같다.

현재 선물시장의 주종을 이루는 금융선물에 대해 좀더 자세히 알아보도록 하자.

1) 주가지수선물(stock index futures)

특정 상품의 인수도를 요구하는 대부분의 선물계약과는 달리 주가지수선물계약은 계약만기일에 계약 크기에 따라 주어지는 승수와 주가지수를 곱한 금액만큼 현금을 결제함으로써 청산된다. 미국의 경우 여러 개의 주가지수선물계약이 있지만 가장 활발히 거래가 되고 있는 주가지수선물은 S&P 500 선물계약

[표 12-2] 선물거래의 종류

구분	종류	대상
상품선물거래	농축산물	옥수수, 콩, 두유, 밀, 보리, 커피, 코코아, 솜, 오렌지주스, 설탕, 쌀, 목재, 소, 돼지
	금 속	알루미늄, 금, 은, 동, 플라티늄, 금선물(한국)
	에 너 지	원유, 벙커씨유, 천연가스, 프로판, CRB지수
금융선물거래	주가지수선물	S&P500, NYSE지수, Value Line지수, Nikkei225, KOSPI200지수(한국)
	통화선물	영국파운드, 캐나다달러, 스위스프랑, 프랑스프랑, 독일마르크, 일본엔, 미국달러지수, 유럽통화ECU, 미국달러선물(한국)
	금리선물	T-bill, T-bond, CD, L.IBOR, 유러달러, CD금리선물(한국), 국고채선물(한국)

인데, S&P 500 선물계약의 경우 승수가 $500이기 때문에 $500에 주가지수를 곱하여 금액을 계산하게 된다. 예를 들어 S&P 500 주가지수선물이 470에서 475로 상승하였을 때 S&P 500 선물계약 1단위를 매입한 사람의 이익은 $500×(475－470)＝$2,500가 된다.

대부분의 주가지수선물의 경우에는 특정 주가지수에 대해 만들어지기 때문에 해당 주가지수에 대해 헤지를 한다거나 투기를 할 수 있게 해 준다. 예를 들어 NYSE 주가지수선물의 경우에는 NYSE 주가지수에 대한 헤징과 투기가 가능하도록 해 준다는 것이다.

2) 외환선물(foreign exchange futures)

여러 국가들 사이에 환율은 시시각각으로 변할 뿐만 아니라 변화의 크기도 매우 크다. 우리 나라의 경우에는 IMF 외환위기를 통해서 환율변동위험에 노출되게 되었고, 환위험관리의 중요성을 인식하게 되었다. 이러한 환위험관리의 중요 수단이 되는 것이 외환선물이라 할 수 있는데, 외환선물에는 거래소에서 거래되는 통화선물(currency futrues)과 외환선도시장의 상품인 선물환(forward currency)의 두 가지가 있다.

예를 들어 만약 *A*라는 기업이 60일 후에 $100만의 대금을 미국 거래선으로부터 수취한다고 하면 *A*기업은 달러 선도시장에서 오늘의 원/달러 선도환율로 달러를 매도함으로써 원/달러 환율위험으로부터 벗어날 수 있는 것이다.

선물환시장은 선도시장이기 때문에 정형화된 시장이라기보다는 비정형화된 시장이라 할 수 있다. 이 시장은 고객들이 현재 정해진 환율로 미래에 해당 외환을 사거나 팔 선도계약을 체결하도록 도와주는 은행과 브로커들의 단순한 네트워크라 할 수 있다. 선물환시장은 은행들이 주축을 이루고 있기 때문에 거래 불이행의 위험이 상대적으로 적으며 고객들의 다양한 욕구를 만족시킬 수 있기 때문에 통화선물시장보다 오히려 더 활동적이라 할 수 있다.

3) 금리선물(interest rate futures)

미국의 경우 1970년대 후반과 1980년대 들어 금리의 변동성이 급격히 커지자 확정금리부상품에 투자한 투자자들은 금리위험을 없앨 수 있는 수단이 필요하게 되었다. 한 예로 미국의 저축대부조합들(savings and loans institutions)은 주택저당대출이 대부분이었기 때문에 상당히 장기적인 고정금리 대출을 하고 있었는데, 그 당시 미국 금리의 급격한 상승으로 대규모 자본손실이 발생하게 되고 많은 기관들이 파산하게 되는 금융위기를 겪게 되었다. 금리선물계약은 이러한 금리의 변동위험으로부터 은행들을 보호할 수 있기 때문에 이후 금리선물거래가 매우 활발히 이루어지게 되었다.

현재 세계적으로 활발히 거래되고 있는 주요 금리선물계약은 유로달러, T-bill, T-note, T-bond에 대한 계약들인데, 이들은 다양한 만기를 제공하기 때문에 다양한 만기상품에 대한 헤지를 가능하게 해 준다.

예를 들어 T-bond를 보유하고 있는 은행이 금리상승위험에 직면해 있다고 하자. 즉, 금리의 상승시 T-bond의 가격은 상당히 하락할 위험에 처해 있다고 하자. 이 경우 T-bond에 대한 선물계약을 매도함으로써 금리위험을 없앨 수가 있다. 만약 예상대로 금리가 상승한다면 T-bond의 가격은 하락하지만(현물에서 손실발생), 선물계약에서는 이미 하락하기 전 가격을 매도를 하였기 때문에 선물에서 이익이 발생하여 현물에서의 손실을 보전할 수 있게 되는 것이다.

⑵ 우리 나라 선물상품

1) KOSPI 200 선물

우리 나라의 주가지수선물은 KOSPI 200지수를 대상으로 하여 1996년 5월 3일부터 한국증권거래소에서 거래되고 있다. 다음 [표 12-3]을 중심을 하여 주가지수선물의 주요 특징을 살펴보기로 하자.

KOSPI 200은 현물지수이고 2003년 6월물, 9월물은 KOSPI 200 선물지수

[표 12-3] 주가지수선물 시세(2003. 6. 3.) (단위:P, 계약, 백만원)

KOSPI 200	시 가	고 가	저 가	거 래 량	CD금리(%)
81.3(▲ 0.35)	81.63	81.68	80.90	77,443,000	4.3

종 목	현재가/등락폭	매도호가/매수호가	상한가/하한가	약정수량	약정대금
2003년 6월물	81.40/▲ 0.50	81.45/81.40	88.95/72.85	68,795	2,797,933
2003년 9월물	81.60/▲ 0.50	81.60/81.45	89.20/73.00	189	7,695

미결제약정 (전일 대비)	시 가	고 가	저 가	이론가/ 괴리율	이론B/ 시장B	잔존일수
99,974(4,691)	81.5	81.8	81.8	81.39/0.01	0.09/0.10	9
2,737(277)	82.15	82.15	81.15	82.24/−0.78	0.94/0.30	98

로서 결제월별로 분류된다. KOSPI 200 선물의 경우, 결제 월별 모두 4가지 상품 3월물, 6월물, 9월물, 12월물이 거래되나, 현재 근월물 2개의 상품이 주로 거래 되므로 위의 표에서 역시 근월물인 2003년 6월물과 2003년 9월물에 대해서만 나타내었다. 위의 시세 표에서 2003년 9월물은 2003년 9월달에 만기가 되는 선물지수를 의미한다. 선물지수의 최종거래일은 해당되는 월의 두 번째 목요일이다. 이론가는 나중에 설명되겠지만 선물가격과 현물가격 간의 일정한 관계에서 도출되는 가격을 의미한다. 종가(settlement price)는 그날 마지막으로 거래된 선물가격을 의미하며, 전일 대비는 그날 종가와 전일 종가와의 선물가격 차이를 말한다. 시가는 그날 처음으로 거래된 선물가격이고, 고가는 그날 중 최고 선물가격이며, 저가는 그날 중 최저 선물가격이다.

약정 수량은 KOSPI 200의 경우 만주 단위로 그날 거래된 주수를 의미하

[그림 12-1] 주가지수 선물 일별 거래 추이(2003년 6월물)

KOSPI 200 선물 0306 (단위:P, 계약, 백만원)

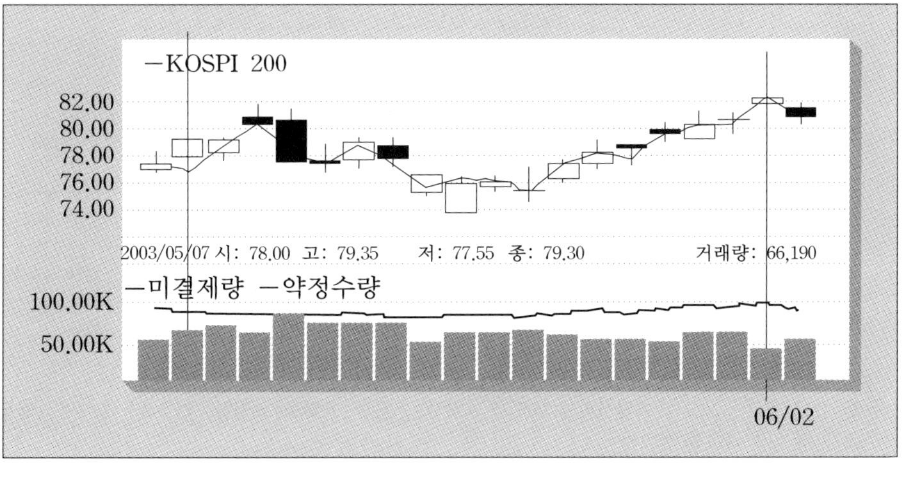

고, KOSPI 200 선물의 경우에는 그날 거래된 계약수를 의미한다. 즉, 2003년 6월 3일 당일 KOSPI 200 지수는 77,443,000주가 거래되었고 2003년 6월물은 68,795계약이 체결되었음을 의미한다. 미결제약정수량(open interest)은 각 만기별로 선물계약 중에서 청산되지 않고 남아 있는 계약의 수량(outstanding contracts)을 의미하는데, 2003년 6월 3일 당시 6월물의 경우 99,974계약이 청산되지 않고 남아 있다는 것을 의미한다.

2) 미국달러통화선물

1999년 4월 23일 부산에 한국거래소가 개설되고 미국달러에 대한 선물거래가 시작되었다. 미국달러선물의 기본계약단위는 5만달러이고 최소주문 호가단위는 달러당 0.2원이다. 당월포함 최근월 3개월과 3,6,9,12월 중 3개 결제월이 상장되어 총 6개의 종목이 거래된다.[1)] 최종결제일은 결제월의 세 번째 수요일이고, 거래는 최종결제일 직전에 2영업일 전까지 가능하며, 최종거래일까지 미청산포지션에 대해서는 최종결제일 실물인수도가 이루어진다.

2003년 6월 3일 미국달러선물의 시세표 [표 12-4]를 보면 2003년 6, 7, 8, 9, 12월물과 2004년 3월물 6개 미국달러선물의 시세표가 나와 있다. 6월물을 예로 들어 설명하면, 1달러에 1,202.30원에 마감되었는데, 시가가 그날 시세 중 가장 높은 시세였고, 가장 낮은 시세는 1,202.30원이었다. 6월 3일 종가는 전

[표 12-4] 미국달러선물 시세(2003. 6. 3.) (단위: P, 계약)

종 목	종 가	전일대비	거 래 량	시 가	고 가	저 가	미 결 제	순미결제
USD306	1,202.30	▼4.70	3,356	1,205.10	1,205.10	1,202.30	11,223	11,077
USD307	1,205.00	▼5.00	1,129	1,207.40	1,207.40	1,205.00	5,673	5,673
USD308	0	0	0	0	0	0	0	0
USD309	0	0	0	0	0	0	1,631	1,631
USD312	0	0	0	0	0	0	1,519	1,519
USD403	0	0	0	0	0	0	420	420

1) 만약 지금이 2003년 6월이라면 2003년 6월물, 7월물, 8월물, 9월물, 12월물, 2004년 3월물 모두 6개 종목이 거래될 것이다.

일 종가 대비 달러당 4.70원이 하락하였는데, 미국달러선물을 1계약 매입한 사람은 235,000원(=$5만×4.7원)을 손해 보게 되고 미국달러선물을 1계약 매도한 사람은 235,000만원의 이익을 보게 된다. 원달러 환율이 하락하리라고(원화가치가 상승할 것으로) 예상하면 달러선물계약을 매도하여야 하고 반대로 환율이 상승하리라고 예상하면 달러 선물계약을 매수하여야 한다. 한편, 6월 3일 하루 동안의 거래량은 3,356계약으로 나타났으며, 그날 당시 6월물의 미결제제약정수량은 11,223계약으로 나타났다.

3) CD금리선물

CD금리선물도 부산에 개설된 한국선물거래소에서 거래가 이루어지고 있다. CD금리선물은 단기금리의 변동에 대해 헤지할 수 있는 수단을 제공하는데 기본계약단위는 만기 91일의 액면가 5억원의 CD이다. CD금리선물의 가격표시는 할인채의 표시형식으로(100－CD수익률)%로 표시된다. 3, 6, 9, 12월물 4개 종목이 상장되며 최종결제일은 결제월 세 번째 수요일이다. 거래는 최종결제일 직전 영업일 전까지 가능하며 최종결제는 현금결제로 이루어진다. 최종결제가격은 거래소가 지정한 금융기관 8개사의 91물 CD연수익률에 대한 호가를 취합하여 이 중 최고수익률과 최저수익률 각각 2개를 제외한 4개의 유통수익률의 평균치를 구해 100에서 차감한 수치가 된다. 그러나 현재 한국선물거래소에서 CD금리 선물의 경우 거래가 전혀 이루어지지 않고 있다.

4) 금 선 물

금선물의 기본계약단위는 순도 99.99 이상인 금과 1kg이고 가격은 g당 원화로 표시된다. 결제월은 2, 4, 6, 8, 10, 12월로 총 6개의 선물이 거래된다. 최종결제일은 결제월 마지막 영업일이며, 거래는 최종결제일 2영업일 전까지 가능하다. 최종결제는 실물인수도로 이루어지고 인수도 장소는 증권예탁원이다. 일일정산가격은 거래시간의 종료시점으로부터 소급해 일일정산가격 산출시간대(1분) 동안에 체결된 가격을 거래량으로 가중평균한 가격으로 한다. 금선물 역시, 현재 거래소에서 전혀 거래가 이루어지지 않고 있다.

[표 12-5] 우리나라 선물거래 상품명세표

구 분	미국달러선물	CD금리선물	금 선 물	주가지수선물
개설거래소	한국선물거래소 (KOFEX)	한국선물거래소 (KOFEX)	한국선물거래소 (KOFEX)	한국증권거래소 (KSE)
기초자산	미국달러화	91일 만기 양도성 예금증서	순도 99.99% 이상의 금괴	KOSPI 200
거래단위	US $50,000	5억원	1kg	500,000원
결제월	당월 포함 연속 3개월+3, 6, 9, 12월	3, 6, 9, 12월	2, 4, 6, 10, 12월	3, 6, 9, 12월
가격표시	1달러당 원	100－R(R: CD의 이자율)	g당 원	포인트
최소호가단위 (Tick)	0.2원	0.01%	10원	100포인트 이상: 0.1포인트 100포인트 미만: 0.05포인트
최소변동금액	10,000원 ($50,000×0.2)	12,500원 (5억×0.01%×91/364)	10,000원 (1,000g×10원)	5,000원(500,000원×0.1) 25,000원(500,000×0.05)
주문 가격제한	1,000Tick(200원)	전일정산가격 기준 200Tick	200Tick(2,000원)	전일가격 대비 7%
거래시간 (최종거래일)	월~금 09 : 00~16 : 30 (09 : 30~11 : 30)	월~금 09 : 00~15 : 00 (09 : 30~11 : 30)	월~금 09 : 00~16 : 30 (09 : 30~11 : 30)	월~금 09 : 00~15 : 00 (09 : 30~11 : 30)
최종결제일	결제월 세 번째 수요일	결제월 세 번째 수요일	결제월 최종 영업일	결제월 두 번째 목요일
최종거래일	최종결제일 직전 2영업일	최종결제일 직전 영업일	최종결제일 직전 2영업일	최종결제 직전 영업일
만기시 최종결제	실물인수도	현금결제	시리물인수도	현금결제
최종결제가격 (인수도가격)	최종거래일 일일정산가격	최종거래일 유동 수익률	최종거래일 일일정산가격	최종거래일 일일정산가격
일일정산가격	시장 종료직전 1분간 체결가격률을 거래량으로 가중평균한 가격			시장종료직전 10분간 호가접수에 의한 단일가

자료: 김건우, 「투자론」, 홍문사, 2002.

12.3 선물거래 및 제도

12.3.1 선물가격과 인수도가격

선물계약은 계약만기일(maturity date 또는 delivery date)에 인수도하기로 한 가격, 즉 인수도가격(delivery price)에 해당 기초자산을 인수도할 것을 요청하는 계약이다. 이러한 선물계약에 대한 가격을 선물가격(futures price)이라고 하는데, 계약 당시 선물가격과 인수도 가격은 당연히 같다. 그러나 시간이 지남에 따라 선물가격은 변하지만, 인수도가격은 한번 정해지면 변하지 않는다. 즉, 선물가격은 해당상품에 대한 선물시장과 현물시장의 가격변동에 따라 변하게 되는데, 인수도가격은 선물계약의 정의상 만기시까지 변하지 않는 가격이다. 그리고 해당상품의 가격을 현물가격(spot price)이라고 한다.

앞의 채소의 경우를 예를 들어 설명하면, 배추 한 단의 현재가격이 10,000원이라면 배추의 현물가격은 10,000원이다. 그런데 채소가게 주인이 한 달 뒤에 배추값이 많이 오를 것으로 기대하기 때문에 배추 한 단을 11,000원에 인수하기로 하였다면 인수도가격은 11,000원이 되고, 인수도가격은 배추값이 오르든 내리든 상관없이 한 달 동안 변하지 않는다. 그리고 계약시점의 배추 한 단에 대한 선물가격도 11,000원이다. 그런데 하루라도 시간이 흐르면 배추의 현물가격이 변하고 또 한 달 뒤 배추시세에 대한 전망도 바뀔 것이기 때문에 하루 뒤 선물가격은 변하게 된다.

매수포지션(long position)을 취한 계약자는 인수도일에 해당자산을 매수할 의무가 있게 된다. 앞에서도 설명하였듯이 선물계약 당시에는 대금의 수수가 이루어지지 않지만, 만기일에 가서 상품의 인수도와 함께 대금의 수수가 이루어진다. 그런데 금융선물계약의 경우에는 인수도할 상품이 없는데, 이 때에는 거래가 어떻게 마무리되어질까? 이 때에는 상품을 인수도하는 것이 아니라 단지 인수도하기로 한 가격과 현물가격의 차이만을 결제하면 되는 것이다.

예를 들어 주가지수선물이 110포인트일 때 매수하였는데(물론 거래 당사자는 110포인트에 매도하였을 것이다), 만기일에 115포인트가 되었다면 차이인 5포인트에 해당하는 금액을 서로 수수하면 거래가 종료되는 것이다.

매수포지션을 취한 당사자가 만기시 얻게 되는 이익은 해당 기초자산의 현물가격에서 인수도 가격을 차감한 것이 되면, 매도포지션을 취한 당사자가 만기시 얻게 되는 이익은 반대로 인수도가격에서 현물가격을 차감한 것이 된다. 예를 들어 만기시 배추 한 단의 가격이 폭등해서 13,000원이 되었다고 하자. 이 때 채소가게 주인은 한 단에 13,000원짜리 배추를 11,000원에 사기로 선도계약을 맺어놨기 때문에 배추 한 단당 2,000원(13,000－11,000)의 이익을 보게 되고, 농부의 경우에는 반대로 13,000원짜리를 11,000원에 인도하여야 하기 때문에 －2,000원(11,000－13,000)의 이익, 즉 2,000원의 손실을 보게 된다. 이를 식으로 표현하면 다음과 같다.

만기시매수포지션의 이익 $= S_T - K$

만기시매도포지션의 이익 $= K - S_T$

여기서 S_T: 만기시현물가격, K: 인수도가격

위의 식과 설명에서 볼 수 있는 바와 같이 매수포지션의 이익과 매도포지션의 이익은 서로 상쇄됨을 알 수 있는데, 매수포지션의 이익은 매도포지션의 손실이 되고, 매수포지션의 손실은 매도포지션의 이익이 된다. 이렇기 때문에 선물계약을 제로섬게임(zero-sum game)이라 한다.

그리고 앞의 예에서 우리가 반드시 집고 넘어가야 할 중요한 점이 하나 있다. 농부의 입장에서 볼 때 공연히 배추에 대한 선도계약을 맺음으로 해서 손해만 본 것이 아닌가 라는 생각을 가진 사람이 있을 것이다. 물론 농부의 입장에서 선도계약을 맺지 않았더라면 배추 한 단에 13,000원씩 팔 수 있었을 것이다. 그런데 이것은 결과적인 것이지 사전적으로 확실히 알 수 있었던 것은 아니다 라는 것을 명심해야 한다. 즉, 만약 배추값이 떨어져서 10,000원이 되었다고 해 보자. 이 경우에는 오히려 농부가 배추 한 단당 1,000원(11,000－10,000)의 이익을 보게 되고, 채소가게 주인은 1,000원의 손실을 보게 될 것이다.

선물계약을 체결함으로써 손실을 본 사람은 선물계약의 체결을 후회해서는 안 되며, 이미 원하는 가격에 고정시킨(헤지한) 목적을 달성하였으므로 그러한 사실에 만족해야 한다. 배추값이 오르더라도 확실히 얼마나 오를지 모르는 상황에서는 한 단당 11,000원에 계약을 체결한 것이 잘못이었다고는 할 수 없다.

12.3.2 선물시장 거래구조

주가지수, 금리, 통화, 개별주식 및 일반상품을 기초자산으로 하는 다양한 파생상품들이 한국거래소에 있는 파생상품시장에서 거래되고 있다. 국내파생상품시장은 1996년 5월 코스피200선물시장 개설을 필두로 국채선물, 미국달러선물 등이 잇달아 개설되면서 세계적인 시장으로 성장하고 있다. 더욱이 코스피200 옵션은 미국, 유럽 등 세계 유수의 거래소들을 제치고 세계 1위의 거래량을 기록하는 놀라운 성공을 거두어 세계 최대의 파생상품시장으로 자리매김하고 있다.

파생상품시장본부는 선물계약의 이행보증과 거래자들의 주문에 따라 거래를 체결시키고 매매약관 등을 제정하여 건전한 선물거래가 이루어지도록 유도하는 기관이다. 이와 같이 파생시장본부는 거래과정에 직접적인 영향을 행사함으로써 계약의 이행을 보장하고 또 계약의 유동성을 높이고 가격변동을 완화하려는 여러 가지 제도적 장치를 구비하고 있다.

(1) 청 산 소

선물거래는 일반 주식거래보다 복잡한데, 선물거래에 있어서 청산소(clearing house)는 매우 중요한 역할을 수행한다. 두 거래 당사자가 선물계약을 체결하면, 선물청산소는 즉시 개입하여 두 거래 당사자 간의 직접적인 계약관계를 분리시킨다. 선물청산소는 매입포지션 보유자에 대해서는 매도포지션을 취하고 매도포지션 보유자에 대해서는 매입포지션을 취함으로써, 개인과 개인 간의 직접적인 계약관계를 분리시켜 각 개인과 선물청산소 간의 계약관계로 대체시킨다.

예를 들면 '갑'과 '을' 두 거래자 간의 금선물계약에서 '갑' 거래자가 매입포지션을 취하고 '을' 거래자가 매도포지션을 취한다고 하자. 이 거래자 사이에 선물계약이 체결되면 선물청산소가 개입하여 '갑' 거래자에 대해서는 매도포지션을 취하고, '을' 거래자에 대해서는 매입포지션을 취하여 두 거래자의 계약관계를 분리시킨다. 그러나 선물청산소의 입장에서는 매입포지션과 매도포지션 양자를 동시에 취하게 되므로 순포지션은 항상 0이 된다.

선물청산소는 이러한 개인과의 계약관계를 통하여 미청산상태에 있는 모든 선물포지션의 손익을 매일 정산할 수 있다. 예컨대 '갑' 거래자의 포지션에 당일 이익이 발생하면 선물청산소는 '갑' 거래자에게 이익금을 지불하고, 손실이 발생하면 '갑' 거래자로부터 손실금을 지급받는다. 이러한 선물손익은 전일과 당일 결제가격의 차이로 정산된다. 그리고 선물청산소가 취한 매도포지션의 수는 매입포지션의 수와 동일하기 때문에 이익을 낸 포지션 보유자에게 지급하는 금액과 손실을 낸 포지션 보유자로부터 지급받는 금액은 동일하게 된다.

(2) 일일정산

선물포지션에 대한 의무를 매일 정산하는 것을 일일정산(marking-to-market)이라 하는데, 선물거래로 인해 발생하는 이익과 손실을 매일 거래계좌에 반영되도록 함으로써 계약불이행의 위험을 없애는 것이라 할 수 있다.

선물거래를 위해서는 먼저 증거금계정(margin account)을 개설하여야 한다. 증거금(margin)은 선물계약의 의무를 거래당사자가 이행할 수 있도록 보장하는 현금 또는 국고채와 같은 거의 현금에 준하는 증권으로 구성된 안전계좌라 할 수 있다. 그런데 선물거래의 경우에는 옵션과는 달리 양 당사자 모두 손실을 입을 가능성이 있으므로 양쪽 모두에게 증거금이 요청된다.

증거금에는 여러 가지 종류가 있다. 선물거래의 시작을 위해 납부해야 하는 개시증거금(initial margin)이 있는데, 개시증거금은 미국의 경우 계약금액의 5%로 되어 있으나 우리 나라의 경우에는 계약금액의 15%, 최초 1,000만원으로 되어 있다. 또한 거래를 위해서는 반드시 유지해야 할 증거금 수준이 있는데 이를 유지증거금(maintenance margin)이라 한다.

유지증거금은 개시증거금의 75% 수준인데 우리 나라의 경우에는 계약금액의 10%로 되어 있다. 증거금 잔고가 유지증거금 수준 이하로 빠질 때에는 다시 개시증거금 수준으로 올려 놓아야 하는데 이를 증거금요청(margin call)이라 하고, 이 때 추가로 입금되는 금액을 변동증거금(variation margin)이라 한다. 증거금요청시 거래자가 이에 응하지 못할 경우 증권회사는 반대매매를 통해 필요한 증거금 수준을 확보하게 된다. 이러한 과정을 통해서 청산소는 안전한 거래를 보장할 수 있고 거래당사자들은 안심하고 거래를 할 수 있는 것이다.

(3) 인도일 수렴현상

동일한 상품이 두 시장(선물시장과 현물시장)에서 거래가 형성될 때 두 시장가격 간에는 당연히 밀접한 관계가 있을 것이다. 특히, 선물계약의 만기일이 다가올수록 두 가격은 근접할 것이다. 왜냐 하면 선물계약이 만기로 갈수록, 결국 그것은 현물과 같아지기 때문이다. 이와 같이 선물계약의 만기시 선물가격과 현물가격이 수렴하는 현상을 인도일 수렴현상(convergence property)이라 한다.

이를 좀더 자세히 살펴보기 위해 인도월에 선물가격이 현물가격보다 높다고 해 보자. 선물가격이 곧 만기가 되면 현물과 같아지기 때문에 사람들은 비싼 선물계약 매도하고 싼 현물을 매입한 다음 선물매입자에게 구입한 현물을 인도하면 차익거래를 통한 이익을 실현할 수 있게 된다. 이러한 기회를 시장참가자들은 놓치지 않을 것이기 때문에 선물가격은 하락하고 현물가격은 상승하게 되어 결국 두 가격은 수렴하게 된다.

또한 반대로 인도월에 선물가격이 현물가격보다 낮다고 해 보자. 현물을 사려고 하는 사람들은 현물을 매입하는 대신 곧 만기가 되는 상대적으로 싼 선물을 매입할 것이다. 이러한 과정을 통해 선물가격은 오르게 되고 따라서 만기시에는 선물가격과 현물가격은 수렴하게 된다.

12.4 선물시장 투자 전략

12.4.1 헷징과 투기

헷징(hedging)과 투기(speculation)는 선물거래의 두 가지의 특징적 기능이다. 투기자(speculator)는 선물가격의 변동에 따라 이익을 얻기 위해 선물계약을 하는 것이고 헷저(hedger)는 현물가격변동에 대해 보호하기 위한 것이다.

만약 가격이 오를 것이라고 예상하는 투기자는 이익을 얻기 위해 선물의 매입 포지션을 취할 것이다. 반대로 가격하락을 예상할 때는 매도 포지션을 취해 가격하락에 따른 이익을 도모할 것이다. 투기적 전략의 한 예로 미 재무성증권(T-bond) 선물을 이용하는 것에 대해 살펴보자. 재무성증권의 선물계약은 액면가 100,000달러의 재무성증권 인수도를 규정하고 있다.

상장된 선물가격 99－16$\left(\text{즉 } 99\frac{16}{32}\right)$은 대상자산인 재무성증권의 시장가격이 액면가의 99.5%, 또는 99,500달러라는 것을 의미한다. 따라서 재무성증권 선물가격의 한 포인트 증가(즉, 100－16으로)에 대해 매입 포지션은 1,000달러의 이익을 얻고, 매도 포지션은 그 만큼의 손실을 입는다. 따라서 당신이 채권가격이 앞으로 강세(bullish)일 것으로 전망한다면 당신은 재무성증권 선물계약을 매입하는 투기를 할 것이다.

재무성증권 가격이 100－16으로 1포인트 상승하면 투자자는 매 계약당 1,000달러의 이익을 얻는다. 만약 전망이 잘못되어 재무성증권 가격이 하락하면 선물계약 한 단위 매입마다 선물가격 하락폭에 1,000달러를 곱한 만큼 손실을 입는다. 일반적으로 투기자는 선물가격 변동 방향에 내기를 건다.

그렇다면 투기자는 왜 재무성증권 선물을 매입하는가? 왜 재무성증권을 직접 매입하지 않는가? 한 가지 이유는 선물계약의 거래비용이 훨씬 낮은 데서 찾을 수 있다.

또 다른 한 가지 이유는 선물거래의 레버리지 효과이다. 재무성증권의 선물계약은 액면가 100,000달러의 인도를 필요로 하고 이것은 앞의 예에서 99,500달러의 가치가 있다. 이 선물계약을 위한 개시 증거금은 불과 10,000달러다. T-bond의 선물가격은 겨우 1.01%(=1/99.5) 상승하였는데도 불구하고 계약당 1,000달러의 이익으로 인해 투자금액 10,000달러에 대해 10%(1,000/10,000)의 수익률을 얻는다. 따라서 선물 증거금(futures margin)은 상품에 대한 직접적인 거래보다 훨씬 더 큰 레버리지 효과를 가져온다.

반면 헷저는 가격변동에 따른 위험을 제거하기 위해 선물계약을 이용한다. 재무성증권 포트폴리오를 가진 투자자는 금리변동을 예상하고 이러한 자산가격 변동으로부터 포트폴리오 가치의 변동을 보호하기를 바랄 것이다. 이 경우 투자자는 가격변동 방향에 대해 투기의사를 가지는 것이 아니다. 이와 같은 보호를 위해 헷저는 재무성증권 선물의 매도 포지션을 취하는데, 이 때 헷저는 만기가 되면 현재의 선물가격에 재무성증권을 인도할 의무를 진다. 이 방법은 재무성증권의 매도가격을 확정하면 채권과 선물로 구성되는 포트폴리오의 만기의 총가치는 선물가격과 같다.[2)]

---

2) 단순화를 위해, 재정증권 선물계약은 투자자의 포트폴리오에 포함된 채권과 동일한 이표이자와 만기를 가지는 재정증권을 인도해야 한다고 가정한다. 실제로는 선물계약 이행을 위해 다양한 종류의 재정증권이 인도될 수 있고, 그에 따라 증권의 상대적인 가치 환산을 위해 전환비율을 사용한다. 여기서는 이러한 복잡한 과정을 생략하자.

예를 들어 12월 인도의 선물가격이 액면 100달러당 99.50달러라고 하자. 또 12월에 재정증권 가격이 98.50달러, 99.50달러 및 100.50달러의 세 가지 경우를 가정하자. 만약 투자자가 현재 액면가 1,000달러짜리 채권을 200장 보유하고 있다면 액면가 100,000달러의 선물계약 두 개에 대해 매도 포지션(short position)을 취할 것이다. 매도 포지션을 취하여 포트폴리오 가치를 보호하는 것을 '매도 헷징(short hedging)'이라고 한다. 선물포지션을 취하는 것은 현재의 투자 자금을 필요로 하지 않는다(개시 증거금은 계약규모에 비해 비교적 작고 이자를 발생하는 채권으로 대납이 가능하므로 헷저에게 기회비용을 발생시키지는 않는다).

두 개의 선물 매도계약의 각각에 대한 12월의 이익은 선물가격 하락폭에 1,000달러를 곱한 것이다. 만기의 수렴속성(convergence property)으로 인해 최종 선물가격은 재무성증권의 만기 현물가격과 같다. 따라서 선물이익은 $1{,}000\times(F_0-P_T)$인데, P_T는 만기일의 채권 현물가격이며, F_0는 최초의 선물가격인 99.50달러다.

이제 채권과 선물 매입계약으로 구성되는 헷지 포트폴리오에 대해 검토하자. 3월 채권가격 함수로 본 포트폴리오의 가치는 다음과 같이 계산된다.

	12월 T-Bond가격		
	\$98.50	\$99.50	\$100.50
채권보유(value $=2{,}000P_T$)	\$197,000	\$199,000	\$201,000
선물손익	2,000	0	−2,000
계	\$199,000	\$199,000	\$199,000

포트폴리오의 총 가치는 최종 채권가격에 영향을 받지 않는데 이것이 헷저가 바라는 것이다. 채권보유에서 오는 손익은 두 개의 선물계약 포지션에 의해 상쇄된다.

예를 들어 만약 채권가격이 98.50달러로 하락하면 채권 포트폴리오의 손실은 선물계약에서 얻는 이익 2,000달러와 상쇄된다. 이것은 만기일의 선물가격(만기일의 현물가격인 98.50달러와 동일)과 최초의 선물가격 99.50달러와의 차이에 해당된다. 매도 포지션에 대해 현물가격의 하락에 따라 액면 100달러당 1달러의 이익이 생긴다. 두 개의 선물계약이 액면가 200,000달러의 채권인도를 요구함에 따라 이것은 2,000달러의 이익을 발생시키고 따라서 포트폴리오에 포함된 채권가치의 하락을 상쇄한다. 투기자에 비해 헷저는 자산의 최종가격에 대해 무차별적(indifferent)이다. 약정가격에 자산을 팔기로 한 매도 헷저(short hedger)는 장래의 자산가격 변동에 관심을 가지지 않는다.

수치로 본 예를 일반화하면 만기의 채권가치는 P_T이고 선물계약의 이익은 $F_0 - P_T$임을 상기하자. 두 포지션의 합계는 F_0달러고 이것은 최종 채권가격과는 독립적이다.

선물의 매입 헷지(long hedge)는 자산구입 경우의 매도 헷지에 상응한다. 예를 들어 연기금 관리자가 두 달 후에 현금유입이 있을 것을 예상하는데, 이것을 확정소득 증권(fixed income securities)에 투자할 것이라고 하자. 그 관리자는 현재의 채권가격이 투자에 매우 유리하다고 판단하여 현재 가격에 고정하여 두 달 후 실제 채권투자가 있을 때까지 수익을 얻고자 한다. 그 관리자는 선물계약의 매입 포지션을 취하여 현재의 선물가격에 매입함으로써 매입비용을 확정시킬 수 있다.

그러나 어떤 상품의 경우에는 선물계약이 거래되지 않기 때문에 정확한 선물 헷징이 불가능하다. 예를 들어 알미늄의 원광인 보크사이트 광산업자는 보크사이트 선물계약을 바랄 것이다. 그러나 그 같은 선물이 상장되어 있지 않기 때문에 선물거래는 불가능하다. 이러한 경우, 해당 선물과 유사한, 즉 가격 상관관계가 높은 상품을 이용하여 헷지를 수행하여야 한다. 이처럼 다른 상품의 선물계약을 이용하여 헷징하는 것을 '교차헷징(cross-hedging)'이라 한다.

12.5 선물가격의 결정

12.5.1 현물-선물 등가정리

앞에서 선물은 대상자산 가치의 변화를 헷지하는 데 이용될 수 있다는 것을 보았다. 헷지가 완전하면, 즉 자산과 선물 포트폴리오가 위험이 없으면 헷지된 포지션은 무위험(risk free) 수익률을 가져와야 된다. 만약 그렇지 않다면 여기에 차익거래 기회가 생겨 가격이 균형수준으로 될 때까지 투자자들이 차익거래를 할 것이다. 이러한 논리가 선물가격과 기초자산 가격 간의 이론적 관계를 유도하는 데 이용된다.

예를 들어 KOSPI 200 지수가 현재 130인데 KOSPI 200 지수에 투자한 뮤추얼 펀드 130원어치를 보유하는 투자자가 시장 위험에 대한 노출을 잠시 헷지하고 싶다고 하자. 지수 포트폴리오는 1년의 투자기간 동안 총 2원의 배당을 지급하고, 단순화를 위해 모든 배당은 연말에 지급된다고 하자. 마지막으로 연말에 KOSPI 200 계약을 인도하는 선물의 가격은 135원라고 가정하자. 투자자가 선물계약을 매도하는 매도 포지션을 취할 경우 주가지수의 각 수준에 대한 연말의 수익에 대해 살펴보자.

만기 주식포트폴리오 가격	129	131	133	135	137	139
선물 매도 포지션의 손익 ($F_0 - F_T = 135 - S_T$)	6	4	2	0	−2	−4
배당소득	2	2	2	2	2	2
총 계	137	137	137	137	137	137

선물 매도 포지션으로부터의 이익은 최초의 선물가격 135원과 연말의 주가와의 차이와 같다. 이것은 수렴특성 때문이다. 즉, 계약 만기일의 선물가격은 만기의 현물 주가와 같아야 한다.

총 포지션은 완전히 헷지 되었음을 유의하라. 지수 포트폴리오(indexed stock portfolio)의 가치 상승은 동일한 금액의 선물매도 포지션의 가치하락으로 상쇄되어 종합적 최종 가치는 주가와 무관하게 된다. 위 계산의 137원은 현재의 선물가격 $F_0 = 135$원과 2원의 배당을 합한 것이다. 그것은 마치 투자자가 현재의 선물가격으로 연말에 주식을 매각함으로써 주가변동 위험을 제거하고 총이익 규모를 매각가격과 배당의 합계액으로 고정시키는 것과 마찬가지이다.

이러한 무위험 포지션에서 얻는 수익률은 얼마인가? 주식에 대한 투자는 130원이 소요되고 선물 포지션은 현금유출 없이 된다. 따라서 130원 규모의 포트폴리오는 연말에 137원이 되어 연 수익률 5.38%이다. 이를 보다 일반화하면 S_0의 초기투자는 주식의 현시가이며, 이것이 최종적으로 F_0+D가 되는데 여기서 D는 배당액이다. 따라서 수익률은,

$$\text{완전 헷지된 주식포트폴리오 수익률} = \frac{(F_0+D)-S_0}{S_0}$$

이 수익률은 기본적으로 위험이 전혀 없게 된다. 당초 선물계약이 이루어질 때 F_0가 확정되었다. 배당은 완전히 위험이 없는 것은 아니지만, 단기적으로 특히 잘 분산된 포트폴리오로서는 거의 예측 가능하다. 남아 있는 불확실성은 주가의 불확실성에 비해 매우 작다.

5.38%의 수익률은 다른 무위험 투자에서 오는 수익률과 같다고 볼 수 있다. 만약 그렇지 않으면 투자자들은 수익률이 다른 두 가지 무위험 전략을 택할 수 있게 되어 차익거래로 인해 이러한 상황은 오래 계속되지 못한다. 따라서 우리는,

$$\frac{(F_0+D)-S_0}{S_0} = r_f$$

로 결론지을 수 있다. 이것을 재정리하면,

$$F_0 = S_0(1+r_f) - D = S_0(1+r_f-d) \qquad \text{〈식 12.1〉}$$

인데 여기서 d는 주식 포트폴리오의 배당수익률로 D/S_0로 정의된다. 위의 〈식 12.1〉을 **현물-선물 등가정리**(spot-futures parity theorem)라고 한다. 이것은 선물가격과 현물가격 간의 정상적인 혹은 이론적으로 정확한 관계를 나타낸다.

위의 등가관계가 깨어졌다고 가정하자. 예를 들어 무위험 이자율이 4%라면 등가정리에 의해 선물가격은 $130\times(1.04)-20=115.2$원이 되어야 한다. 실제 선물가격 $F_0=135$원은 '적정'수준보다 19.8원이 높다. 이것은 투자자는 상대적으로 고평가된 선물계약을 매도하고 시장금리 4%에 빌린 돈으로 상대적으로 저렴한 주식 포트폴리오를 매입함으로써 차익거래 이익을 얻을 수 있음을

의미한다. 이러한 차익거래 전략에서 오는 수익은 다음과 같다.

전 략	초기 현금흐름	1년 후 현금흐름
130원을 1년간 차입	+130	$-130(1.04)=-135.2$
130원 현물 주식 매입	−130	S_r+20(배당)
매도 선물 포지션($F_0=135$)	0	$135-S_T$
총 계	0	19.8

이 전략에 소요되는 순 초기투자액은 0이다. 그러나 1년 후에는 위험이 없는 정의 현금수입이 생긴다. 주가에 관계없이 이 전략의 지급액(payoff)은 19.8원이다.

이 금액은 정확히 선물의 실제 가격과 등가정리에 의해 예측되는 가치와의 차이와 같다.

등가정리가 위반되면 가격불균형을 이용하여 자금투입 없이 무위험의 차익거래 이익을 얻을 수 있다. 만약 그러한 기회가 생긴다면 모든 투자자들이 몰려들 것이다. 그 결과는? 〈식 12.1〉이 만족될 때까지 주가는 상승하고 또는 동시에 선물가격은 하락할 것이다. 따라서 우리는 정상적 금융시장에서는 차익거래의 기회는 무수한 투자자들의 경쟁으로 인해 소멸되고 $F_0=S_0(1+r_f)-D$가 성립하는 것을 알 수 있다.

전 략	초기 현금흐름	1년 후 현금흐름
1. S_0 금액 만큼 차입	S_0	$-S_0(1+r_f)$
2. S_0 주식 매입	$-S_0$	S_T+D
3. 매도 선물 포지션	0	F_0-S_T
총 계	0	$F_0-S_0(1+r_f)+D$

위에서 설명한 차익거래 전략을 일반화하면 다음과 같이 설명할 수 있다.

먼저, 초기의 현금지출은 없다. 즉, 주식매입을 위해 필요한 자금은 차입함으로써 해결하고, 선물 포지션은 주식포지션을 헷지하기 위한 것이므로 초기 현금지출을 필요로 하지 않는다. 더구나 이 전략에 대한 연말의 총 현금흐름은 계약이 이루어질 때 이미 알려진 사항을 기초로 하고 있기 때문이다. 결론적으로 F_0가 $S_0(1+r_f)-D$와 같게 될 때까지 가격이 변하게 된다.

이 등가정리를 '보유비용관계(cost-of-carry relationship)'라고 불리기도 하는데, 그 이유는 선물가격은 선물시장에서 나중에 인도받을 것을 조건으로 주식을 매입하는 데 드는 비용과 현물시장에서 주식을 바로 매입하여 재고로서 보유하는 데 있어 드는 비용의 상대적 크기에 의해 결정되는 것으로 보기 때문이다. 지금 주식을 매입하면 자금이 묶이게 되고 연간 r_f만큼 자금비용을 지불하게 된다. 대신 수익률 d를 배당수입으로 얻는다. 따라서 선물계약에 의해 주식 인수를 1년 후로 미루는 데 따른 순 보관비용 혜택은 연간 r_f-d이다. 이러한 이익은 선물가격과 현물가격 차이에 의해 상쇄되어야 한다. 즉, 가격 차이는 $F_0=S_0(1+r_f-d)$일 때 보유비용 이점을 완전히 상쇄한다.

이러한 등가관계를 다기간으로 확장하면 다음과 같다.

$$F_0=S_0(1+r_f-d)^T \qquad \langle 식\ 12.2\rangle$$

이는 선물과 현물의 가격 차이는 계약의 만기가 길수록 커진다는 것이다. 즉, 기간이 길수록 보유비용을 부담해야 될 기간이 길어진다는 것을 의미한다.

지금까지는 등가정리를 주식과 주가지수 선물에 대해 기술하였지만, 이 논리는 어떠한 금융선물계약에 대해서도 적용 가능하다. 금 선물과 같은 경우는, 배당을 0으로 하면 되고, 채권선물계약의 경우 배당 대신 채권의 이표이자를 생각하면 된다.

위의 차익거래 전략은 등가관계가 단지 이론적 결과 이상이라는 점을 말해준다. 등가관계가 어떠한 형태로든 깨지면 많은 이익을 낼 수 있는 차익거래 기회가 생긴다.

12.5.2 선도가격과 선물가격

지금까지 선물계약과 선도계약에서 얻는 수익의 시간특성(time profile)의 차이에 대해서는 유념하지 않았다. 대신 매입 포지션의 매일 정산 수익의 합계는 $P_t - F_0$이고 편의상 선물계약의 모든 이익은 만기 인도일에 발생하는 것으로 간주하였다. 앞에서 도출한 등가정리는 그대로 선도계약에 적용되는데, 그 이유는 선물계약 수입이 오직 인도시에 실현된다는 가정에서 등가정리가 도출되었기 때문이다. 비록 이러한 접근방식이 선도계약에도 타당하지만 일일정산이 시행되는 선물거래의 경우에는 현금흐름의 실제 타이밍이 선물가격의 결정에 영향을 준다.

만약 일일정산이 선물의 매입 포지션이나 매도 포지션의 어느 한쪽에 구조적으로 유리하다면 선물가격은 등가관계로부터 벗어날 것이다. 예를 들어 일일정산이 매입 포지션에 유리한 경향이 있다면 선물가격은 선도가격을 상회해야 하는데, 이는 매입 포지션은 일일정산의 혜택을 얻기 위해 프리미엄을 지불할 것이기 때문이다.

어떤 경우에 일일정산이 매입거래자나 매도거래자를 유리하게 할 것인가? 이자율이 높으면 거래자는 일일정산을 받는 것이 유리하고, 이자율이 낮을 때는 일일정산을 지불하는 것이 유리하다. 이자율이 높을 때 정산금을 받으며 고이자율의 투자수익을 얻을 수 있다. 따라서 거래자들은 이자율 수준과 일일정산에서 얻는 지급액 간의 높은 상관관계를 선호한다.

이자율이 높으면 선물가격이 오를 때 매입 포지션이 이익을 본다. 이러한 여건에서 매입거래자는 높은 선물가격을 받아들일 것이다. 이자율과 선물가격의 변동 간에 정의 상관관계가 있을 때는 언제나 '적정한' 선물가격은 선도가격을 상회할 것이다. 역으로 부의 상관관계는 일일정산은 매도 포지션을 유리하게 하고 균형 선물가격은 선도가격보다 하회한다는 것을 의미한다.

대부분의 계약의 경우, 가격과 이자율 간의 상관관계는 매우 낮아서 선물가격과 선도가격 간의 차이는 무시할 만큼 적다. 그러나 장기 확정소득 증권에 대한 선물계약은 이 법칙에서 예외이다. 이 경우 가격이 이자율과 높은 상관관계를 가지기 때문에 선도가격과 선물가격 간에 꽤 큰 스프레드를 초래할 만큼 공분산이 충분히 클 수 있다.

12.6 선물가격과 기대현물가격

지금까지 우리는 선물가격(futures price)과 현물가격(spot price) 간의 관계에 대해 살펴 보았다. 선물가격 결정이론에 있어 가장 오래된 논쟁 중의 하나는 선물가격과 장래의 어떤 시점에서의 상품의 현물가격 간의 관계에 관한 것이다. 이에 대해 다음에 제시되는 세 가지 전통적 이론이 있는데, 이들 세 가지 이론이 **기대 가설**(expectation hypothesis), **정상 백워데이션**(normal back-war dation) 및 **콘탱고**(contango)이다. 이러한 전통적 가설들은 현대 포트폴리오 이론 관점에서 이해될 수 있다. [그림 12-2]는 세 가지 전통적 가설에 따른 선물가격의 변화 형태를 보여 준다.

12.6.1 기대가설

기대가설(expectation hypothesis)은 선물가격 결정에 관한 가장 간단한 이론이다. 이에 따르면 선물가격은 자산의 미래 현물가격의 기대가치, $F_0 = E(P_T)$와 같다는 것이다. 이 이론에서는 선물의 매입이나 매도 포지션의 기대 이익은 모두

[그림 12-2] 시간에 따른 선물가격의 변화, 기대현물가격이 일정할 경우

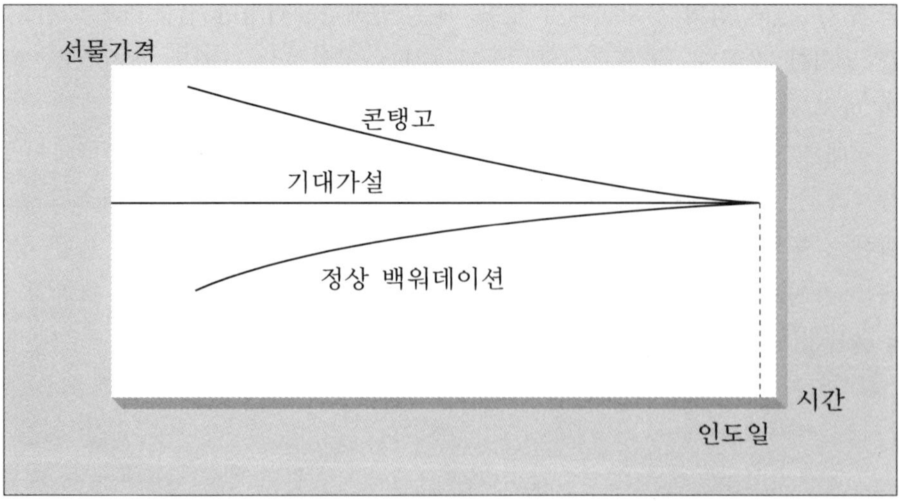

0이다. 매도포지션의 기대이익은 $F_0=E(P_T)$이고 매입 포지션은 $E(P_T)-F_0$이다. $F_0=E(P_T)$이면 어느 경우에나 기대이익은 0이다. 이 가설은 위험 중립성을 전제로 한다. 모든 시장 참여자들이 위험 중립이면 모든 거래자에 대해 기대이익을 0으로 하는 선물가격에 대해 합의할 것이다.

기대가설은 불확실성이 없는 세계에서의 시장 균형과 유사점을 가진다. 즉, 모든 미래 시점의 상품가격이 알려져 있다면 어떤 특정 시점에 인도되는 선물의 가격은 현재 알려진 그날의 현물가격과 같아야 할 것이다. 불확실성 하에서 선물가격은 현재 예상되는 기대 현물가격과 같아야 한다고 결론내리기 쉬우나 이것은 잘못된 비약이다. 이러한 생각은 최종의 현물가격이 불확실할 때 선물가격에 반영되어야 할 위험 프리미엄을 무시한 것이다.

12.6.2 정상 백워데이션

이 이론은 유명한 영국의 경제학자 John Maynard Keynes와 John Hicks에 의해 주창되었다. 그들은 대부분의 상품에 대한 위험을 회피하기 위해 자연스럽게 헷저(natural hedger)가 나타난다고 주장한다. 예를 들어 밀 경작자는 밀 가격의 불확실성을 제거하려고 할 것이다. 이들은 정해진 가격에 밀을 장래에 인도하는 매도계약의 포지션을 취하고자 할 것이다. 투기자들이 이에 상응하는 매입 포지션을 취하도록 유인하기 위해 이들에게 기대수익을 마련해 주어야 할 필요가 있다. 투기자들은 선물가격이 밀의 기대현물가격보다 낮아 $E(P_T)-F_0$의 기대이익을 얻을 수 있을 경우에만 선물계약의 매입 포지션을 취할 것이다. 투기자의 기대수익은 경작자의 기대손실이다. 그러나 경작자는 밀 가격의 불확실성을 제거하기 위해 이 기대손실을 감수할 것이다. 따라서 정상적 백워데이션(normal backwardation) 가설에 의하면 선물가격은 기대 현물가격(expected spot price) 이하에서 가격이 형성되어 계약 만기까지 상승하여 $F_T=P_T$가 될 것임을 시사한다.

이 이론은 선물시장에서 위험 프리미엄의 중요한 기능을 인식하지만, 이것은 체계적 위험보다 총변동성(total variability)을 바탕으로 한다. 현대 이론은 적정 위험 프리미엄을 결정하는 데 사용되는 위험의 측정방법을 더 정교화한 것일 뿐이다.

12.6.3 콘탱고(Contango)

백워데이션의 핵심 가설에 의하면 자연 헷저(natural hedger)는 상품 공급자가 아니라 매입자이다. 밀의 경우를 예로 들면 밀 가공업자는 밀 가격을 확정하기 위해 프리미엄을 지불할 용의를 가진다.

밀 가공업자는 선물시장에서 매입 포지션을 취하여 헷지하는 데 경작자가 매도 헷저(short hedger)인데 비해 이들은 매입 헷저(long hedger)가 된다. 매입 헷저는 위험을 제거하기 위해 높은 선물가격을 지불할 것이기 때문에, 또 투기자는 매도 포지션을 취하기 위해 프리미엄을 요구하기 때문에 콘탱고 이론에 의하면 F_0는 $E(P_T)$를 상회하여야 한다.

어떤 상품에 대해서나 자연스럽게 매입 헷저와 매도 헷저가 있게 된다. '순 헷지 가설(net hedging hypothesis)'이라는 절충형 전통적 관점은 매도 헷저의 수가 매입 헷저 수를 능가하거나 또는 그 반대일 때, F_0는 $E(P_T)$보다 낮을 것이라는 것이다. 시장에 더 큰 영향력을 가지는 쪽(the strong side of market)은 더 많은 헷저를 가지는(매도 또는 매입) 쪽이다. 더 큰 영향을 미치는 쪽이 매입 및 매도 헷저의 '자연공급'의 균형을 이루는 데 충분하도록 투기자를 유인할 만큼의 프리미엄을 지불해야 한다.

12.6.4 현대 포트폴리오 이론

위의 세 가지 전통적 가설들은 모두 많은 투기자들은 위험에 대한 충분한 보상만 있으면 선물계약의 어느 쪽이든 참여할 의사를 가진다는 것을 보여 준다. 현대 포트폴리오 이론(modern portfolio theory)은 위험 프리미엄의 결정에 있어 사용되는 위험을 엄밀히 정의하여 이들 가설을 일부 조정한다. 쉽게 말해 상품가격이 정의 체계적 위험을 가지면 선물가격은 기대 현물가격보다 낮아야 한다.

균형 선물가격을 결정하는 데 현대 포트폴리오 이론을 이용하는 예로서 배당이 없는 주식에 대해 생각하자. 만약 $E(P_T)$를 시간 T의 주식 가격에 대한 현재의 기대값이라고 하고 k를 주식의 요구 수익률(required rate of return)이라고 하면 현재의 주가는 미래 지급액의 현재가치와 같아야 한다. 즉,

$$P_0 = \frac{E(P_T)}{(1+k)T} \qquad \langle 식\ 12.3 \rangle$$

현물-선물 등가 관계에서 다음이 성립한다.

$$P_0 = \frac{F_0}{(1+r_f)^T} \qquad \langle 식\ 12.4 \rangle$$

따라서 〈식 12.3〉와 〈식 12.4〉의 우변은 같아야 한다. 이것을 F_0에 대해 풀어 쓰면 다음과 같다.

$$F_0 = E(P_T)\left(\frac{1+r_f}{1+k}\right)^T \qquad \langle 식\ 12.5 \rangle$$

〈식 12.5〉에서 정의 베타를 가진 자산의 경우 k가 r보다 크면 F_0는 항상 P_T의 기대값보다 적다는 것을 알 수 있다. 이것은 매입 포지션의 계약은 상품이 정의 체계적 위험을 가질 때(k가 r보다 클 때) 기대이익을 얻을 것(F_0가 $E(P_T)$보다 낮을 것)이라는 것을 의미한다.

따라서 선물 매입 포지션은 $P_T - F_0$의 이익(손실)을 제공할 것이다. 만약 P_T가 정의 체계적 위험을 가지면 매입 포지션에서 얻는 이익도 체계적 위험을 가진다. 잘 분산된 포트폴리오를 가지는 투기자는 그 위험을 부담하는 데 대해 정의 기대수익률로 보상받을 수 있을 경우에만 선물 매입 포지션을 취할 것이다. $E(P_T)$가 F_0보다 클 때만 그들의 기대 이익이 정의 값을 가질 것이다. 그 반대는 매도 포지션의 이익은 매입 포지션 이익의 반대 부호를 가지고 부의 체계적 위험을 가진다. 매도 포지션의 분산투자자는 F_0가 $E(P_T)$보다 작을 때 계약 의사를 가질 것이다. 따라서 P_T가 정의 베타를 가지면 F_0는 P_T의 기대값보다 작아야 한다. 이 분석은 부의 베타를 가진 자산의 경우에는 반대로 된다.

■용어정리

선도계약(forward contracts): 미래의 일정한 시점(결제일)에 일정 수량의 특정상품을 미리 약정한 가격(선물가격)으로 매매하기로 맺은 계약을 말한다.

선물계약(futures contracts): 선도계약을 정형화하고 표준화한 계약을 말한다.

KOSPI 200지수: 우리나라에서 실시되는 주가지수선물 및 주가지수옵션의 거래대상이 되는 지수를 말한다. 상장종목 중 200개 종목으로 구성되며 증권거래소가 1990 년 1월 3일을 기준시점으로 하여 종합지수와 같이 시가총액방식으로 산출하는 지수를 말한다.

청산소(clearing house): 금융선물거래의 결제를 보증하는 기관으로 거래소 내에서 이루어진 선물계약의 증거금 수납, 일일정산, 반대매매 및 최종결제에 의한 차금의 수수업무 등과 관련된 모든 수납 · 배정업무를 수행하는 기관이다.

일일정산(marking-to-market): 선물거래 시 고객포지션의 선물가격변화에 따른 손실을 보전할 수 있는 수준의 증거금이 항상 유지될 수 있도록 확인하는 제도적 장치를 말한다.

개시증거금(initial margin): 선물거래의 시작을 위해 납부해야 하는 증거금을 말한다.

유지증거금(maintenance margin): 개시증거금을 예치하고 특정한 선물포지션을 취한 고객은 보유하고 있는 선물포지션의 가격이 변동될 때마다 증거금을 조정하게 되는데, 이 때 거래소에서 정한 최소한의 계속적으로 유지되어야 하는 증거금을 말한다.

인도일 수렴현상(convergence property): 선물계약의 만기시 선물가격과 현물가격이 수렴하는 현상을 말한다.

매입헷지(long hedge): 선물매입계약을 체결함으로써 가격변동 위험을 회피하고자 하는 방법을 말한다.

매도헷지(short hedge): 현재 보유하고 있거나 앞으로 보유하게 될 자산의 가격변동위험을 회피하기 위하여 선물시장에서 매도계약을 체결하는 것을 말한다.

교차헷징(cross-hedging): 헷지수단이 제한된 상황에서 가격변동에 따라 헷지대상 자산과 가장 밀접한 관련을 갖는 대체적인 헷지수단을 선택하여 헷지전략을 실행하는 방법을 말한다.

정상 백워데이션(normal backwardation): 역조시장(inverted or abnormal market)에서 형성된 현물가격과 선물가격과의 차이를 말한다. 그러나 현물가격이 선물가격보다 높은 이러한 백워데이션 현상은 공급물량의 부족사태가 해결되면, 수요와 공급이 다시 균형상태를 찾게 되어 곧 베이시스(basis) 상태로 복귀하게 된다.

콘탱고(contango): 일반적으로 선물가격은 현물가격보다 높아야 하는데 이는 선물만기까지 소요되는 현물의 보유비용, 즉 이자, 창고료, 보험료 등의 비용이 추가적으로 소요되기 때문이다. 또한 마찬가지의 논리로 선물시장에서 결제월이 먼 선물가격은 결제월이 가까운 선물가격보다 높아야 한다.

이와 같이 선물가격이 현물가격보다 높거나 또는 결제월이 멀수록 선물가격이 높아지는 현상을 말한다.

■연습문제■

1. 한양기업(주)는 6월에 미국 Incom사와 1백만불 상당의 반도체 장비 수입계약을 맺고 3개월 후에 인수도 하기로 결정하였다. 현재 환율은 1,200원이나 3개월 후 환율이 1,100원일 경우 손익과 1,300원일 경우 손익을 선물 헤지를 할 경우와 선물 헤지를 안 할 경우를 비교하여 계산하시오.

2. 현재 만기가 9개월밖에 남지 않은 주식형 펀드의 가치는 시가 20억으로 평가되고 있다. 이 주식형 펀드의 베타(β) 평균은 1.2이다. 앞으로 만기까지 주가가 내릴 것으로 예상되므로 KOSPI 200 선물지수를 이용하여 가격변화에 따른 위험을 헤지하려면 선물지수 몇 계약을 매도하면 되는가? 현재 9개월 만기 KOSPI 200 종가는 150이다.

3. 주식형 펀드의 펀드매니저가 KOSPI 200 주가지수 선물을 이용하여 주가변화에 따른 위험을 헤지하기 위한 과정을 설명하고, 위험의 완전한 헤지가 불가능한 이유를 열거하라.

4. 선물계약이 만기가 되는 1년 후에 D 만큼의 배당을 지급하는 주식이 있다고 하자. 다음과 같은 포트폴리오를 구성해 보자. ① S_0로 주식 1주를 매입, ② 그 주식에 대하여 선물계약 매도, ③ S_0만큼 차입.
   (1) 현재와 1년 후의 현금흐름을 계산하시오.
   (2) 차익거래를 방지하기 위해서는 선물가격이 $F_0=S_0(1+r_f)-D$임을 증명하시오.
   (3) 평균 배당 수익률이 $d=D/S_0$ 이면 $F_0=S_0(1+r_f-d)$임을 증명하시오.

5. 종합주가지수 100이고, 1년간의 무위험 이자율은 8%, 우리나라 평균 배당수익률이 5%라고 가정하자. 1년 만기 주가지수 선물의 가격을 계산하시오.

■알기 쉬운 경제 상식

Common sense case 12. 반도체 이야기

반도체라는 말 잘 아시죠. 한국 국민이라면 어린 학생 · 주부 · 노인 할 것 없이 누구나 아는 말일 겁니다. 물론 '반도체가 뭐냐' 고 물으시면 제대로 대답하기는 어렵더라도 말이에요. 그런데 왜 이처럼 반도체가 우리에게 친숙하게 됐을까요?

그것은 반도체가 우리나라 경제를 먹여 살리는 젖줄이 됐기 때문입니다. 이제 반도체 없이 한국 경제를 말할 수 없다는 말도 있습니다. 우리나라 산업과 경제에서 차지하는 반도체의 위상을 먼저 수치로 한번 보도록 하지요.

2001년은 반도체 업계에 악몽 그 자체였습니다. 우리나라 D램 1위국이라는 건 알 겁니다. 그런데 2000년 7월엔 한 개당 19달러 하던 128메가 D램이라는 제품이 2001년 10월엔 1달러 아래로 뚝 떨어졌습니다. 그런데도 우리나라에서 수출한 전체 상품 중에서 반도체가 차지하는 비율이 9.5%나 됐습니다. 자동차(8.8%)를 간발의 차로 제치고 1등 자리를 지켰습니다.

2002년엔 전체 수출 상품 중에서 반도체가 차지하는 비율이 10.3%로 뛰었지요. 1992년부터 지금까지 11년 동안 수출 1등을 차지한 겁니다.

우리나라 산업 생산에서 반도체가 차지하는 비중은 1990년 3.8%였지만 2000년에 26.2%로 늘었습니다.

메모리 반도체 값이 한 개에 평균 1달러 오르면 연간 수출 20억 달러가 늘어나는 효과가 있고, 반도체 생산이 10%만 줄어도 우리나라 경제 성장률이 0.9% 포인트나 떨어질 정도라고 합니다.

이런 수치가 아니더라도 반도체가 우리 전체 산업 경기를 오르게도 하고 내리게도 하는 신호등이 됐다는 증거는 여기저기서 찾아 볼 수 있어요.

그런데 IT산업 경기가 좋은지 여부는 반도체 수요가 많고 적음에 따라 곧바로 가려집니다. 가령 D램 물량의 70% 정도를 갖다 쓰는 PC가 2001년 20년 만에 처음으로 마이너스 성장을 했으니 반도체 값이 곤두박질친 것은 당연하지 않겠어요. 2002년 들어 반도체 값은 등락은 있었지만 전반적으로 2001년 보다 올랐습니다. 국내외 경기 회복에 대한 장밋빛 기대감이 번진 것 역시 반도체 때문입니다.

한국 경제가 이처럼 반도체 경기에 목을 매게 된 것은 역설적으로 한국이 반도체 강국이기 때문입니다.

삼성 같은 대기업들이 일찍이 이 사업을 유망하게 보고 1980년 초반부터 무모하다 싶을 정도로 투자비를 쏟아 부었는데 결과가 좋았던 것입니다.

삼성전자는 수년째 세계 최대 D램 생산 업체로 군림하고 있고, 하이닉스도 어렵긴 하지만 3위권입니다. 두 회사 물량을 합쳐보면 한국은 전세계 D램의 40% 가까이를 대는 메모리반도체의 종주국임을 알 수 있습니다.

1980년대 일본 업체들이 미국과 힘을 겨뤄 메모리 반도체 1위 국가자리를 차지한 일을 1차 대전, 삼성전자가 일본 업계를 누르고 1990년대 중반 정상에 올라선 일을 2차 대전이라고 한다면 요즘 상황은 3차 대전이라고 합니다.

미국이 반격에 나섰고 대만·중국 등지의 복병이 호시탐탐 사업 기회를 엿보는 새로운 국면이라는 뜻입니다. 반도체 업계가 이렇게 덩치 불리기에 나서는 이유를 설명한 말로 '무어의 법칙'이라는 게 있습니다. 과거의 경험을 보면 메모리 반도체 기술을 1년 6개월마다 메모리 용량이 두 배로 늘어날 정도로 빠르게 진보한다는 거예요. 웬만한 기술과 설비, 자금력으로는 이에 필요한 연구 개발이나 대량생산을 감당할 수 없겠지요. 그래서 다른 업체를 쓰러뜨리거나 아니면 합쳐서 과잉 생산을 줄이고 기술을 향상시키는 길밖에 도리가 없다는

〔반도체 경기 좋아지면……〕

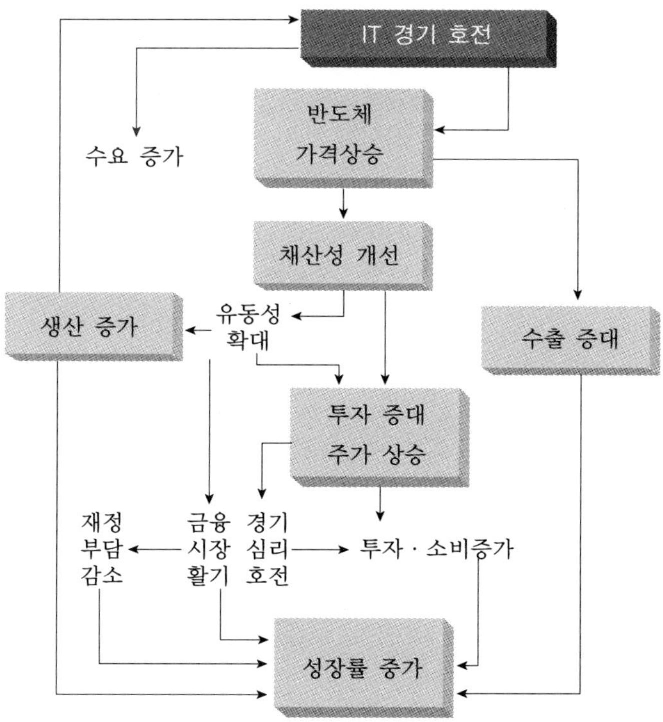

겁니다.

한국이 반도체 강국이지만 메모리 이외의 반도체에는 아직 취약하다는 게 걱정입니다. 미국은 최고의 비메모리 반도체 강국입니다. 비메모리는 대개 메모리보다 훨씬 뛰어난 설계 기술이 필요하고, 품목이 워낙 다양해 경쟁업체가 적고 수요는 꾸준해 시장이 더 넓습니다. 그래서 우리나라 기업들도 비메모리 사업을 늘리자고 하고 있는 겁니다.

The Investment Theory

제 6 편

포트폴리오 관리

제13장

포트폴리오 성과의 측정 및 포트폴리오 관리 절차

지금까지 논의한 투자론의 이론과 투자 방법, 투자 상품들을 근거로 실제 투자 한 후의 성과를 측정하고 포트폴리오를 관리하는 방법에 대해 기술하고 있다. 여기서는 투자 수익률을 측정하는 다양한 방법과 투자에 따른 성과 측정시 위험을 감안하여 성과를 측정하는 방법, 개인들이 투자 의사결정을 할 때 고려해야 하는 사항들에 대해 기술하고 있다.

13.1 투자수익률의 측정

투자의 수익률은 단일기간 투자의 경우 그 개념은 간단하다. 그것은 투자금액에서 얻는 총수입을 말한다. 여기서 수입(proceed)이란 배당이나 이자 등 현금분배(cash distributions)와 더불어 증권매매에 따른 자본소득(capital gains), 즉 매매차익을 포함하는 넓은 개념으로 정의된다.

이에 대해 간단한 예를 들어보자. 매년 2원의 배당을 지급하는 주식이 현재 시장가격이 50원이라고 하자. 당신이 이 주식을 사서 1년 후 2원의 배당을 받고 연말에 53원에 매각한다고 가정하자. 당신의 투자수익률은,

$$\frac{\text{총수익}}{\text{초기투자}}=\frac{\text{배당수익}+\text{매매차익}}{50}=\frac{2+3}{50}=0.10 \text{ 또는 } 10\%$$

투자의 수익률을 계산하는 다른 방법은 투자를 현금흐름할인 방식으로 인식하는 것이다. 즉, 초기투자와 미래 현금흐름의 현재가치를 같게 하는 할인율 r을 찾는 것이다. 앞의 예에서 보면, 50원에 주식을 매입하여 연말에 2원의 배당과 53원의 주식매각 대금의 현금흐름을 가져온다. 따라서 초기 투자금액과 미래의 현금흐름을 같게 하는 $50=(2+53)/(1+r)$을 풀면 할인율 r은 10%이다.

13.1.1 시간가중 평균수익률과 가치가중 평균수익률

일반적으로 포트폴리오에 자금이 여러 번 유입 또는 유출되는 장기투자의 경우 투자수익률을 계산하기란 쉬운 일이 아니다. 앞의 예를 조금 더 연장하여 만일 투자자가 첫해 말에 같은 주식을 한 주 더 매입하여 보유하다가 두 번째 해 말에 주당 54원에 모두 매각한다고 가정하자. 총 현금흐름은 다음과 같다.

시 간	현 금 유 출 입
0	50원에 주식 1주 매입(−50원)

시 간	현 금 유 출 입
1	53원에 주식 1주 추가 매입(−53원) 기존 보유 주식 1주에 대한 2원의 배당(+2원)
2	보유 주식 2주에 대한 배당 4원의 배당(+4원) 주당 54원에 보유 주식 2주 매각(+108원)

현금흐름 할인법(discounter cash flow: DCF)에 의해 현금유출입의 현재가치를 동일하게 만드는 할인율 r을 구하면,

$$50+\frac{53}{1+r}=\frac{2}{1+r}+\frac{112}{(1+r)^2}$$

에서 r=7.117%가 된다.

이것을 투자의 내부수익률(internal rate of return), 또는 **가치가중 평균수익률**(value-weighted rate of return)이라고 한다. 이것을 '가치가중'이라고 하는 이유는 1주를 보유하고 있는 첫해 보다 2주를 가지는 둘째 해의 주식성과가 전체수익률에 미치는 영향이 더 크다고 인식하기 때문이다.

가치가중 평균수익률에 대응되는 수익률 측정 방식이 **시간가중 평균수익률**(time-weighted return)이다. 이 방식은 각 기간마다 보유하는 주식의 수를 무시한다. 즉, 앞의 예를 근거로 시간 가중 평균 수익률 산출 방식을 설명하면, 첫해의 주식수익률은 10%(50원에 매입하여 2원의 배당과 3원의 자본소득)이다.

두 번째 해는 초기 주가가 53원이고 연말에 54원에 매각되어 동 기간중 2원의 배당과 더불어 총 3원의 수입을 얻게 된다. 따라서 이 기간중의 수익률은 3원/53원=5.66%가 된다. 두 해에 걸친 시간가중 평균수익률은 10%와 5.66%의 평균인 7.83%이다. 이 평균수익률은 각 기간별 수익률만을 감안하고 기간별 투자금액은 무시한다는 것이다.

위의 예에서는 보면, 가치가중 평균수익률이 시간가중 평균수익률보다 낮다. 그 이유는 주식투자 실적이 좋지 않은 두 번째 해에 더 많은 주식을 보유

했기 때문이다. 즉 실적이 좋지 않은 해에 더 많은 가치비중을 두었기 때문이다. 일반적으로 가치 및 시간가중 평균수익률은 서로 다르다. 그 차이는 각 기간마다의 투자 실적이나 포트폴리오 구성비중에 따라 정(+)이나 부(−)일 수 있다.

그렇다면 어느 것이 더 우월한 성과측정 방법인가? 대체로 가치가중 평균수익률이라는 데 동의할 것이다. 투자실적이 좋을 때 더 많은 자금을 투자하여 더 높은 수익을 얻는 것이 목적이며 따라서 투자실적 평가지표도 이 점을 제대로 반영할 수 있어야 된다.

그러나 시간가중 평균수익률도 특히 자산운용사에서는 매우 유용하게 지표가 된다. 어떤 경우에는 포트폴리오 매니저가 자금관리의 시간이나 금액을 제대로 통제하지 못하는 경우가 있다. 그 예가 연금기금운용과 같은 경우이다.

연금기금운용의 경우, 연금 납부금이 납부되거나 연금이 지급될 때 현금의 유출입이 일어나지만 연기금 관리자가 이 현금흐름을 통제 조절하지 못한다. 따라서 연금[1] 전체로 보면 투자자금 운용규모는 매니저의 통제 밖이며 따라서 자금운용실적을 평가하기 위해 시간가중 평균수익률을 사용하는 것이 더 타당하다.

13.1.2 산술평균과 기하평균

앞의 예에서 두 개의 연간수익률 10%와 5.66%의 산술평균을 구하여 시간가중 평균수익률 7.83%를 계산하였다. 다른 방법으로는 기하평균(geometric average)방식으로 시간가중 평균 수익률 r_G를 구할 수 있다.

기하평균을 사용하는 이유는 복리계산(compounding)을 감안하기 위해서이다. 만약 배당수입이 재투자된다고 생각할 경우, 주식에 대한 투자의 누적가치는 첫해는 1.10배 만큼, 둘째 해는 1.0566배씩 증가할 것이며, 이에 대한 복리평균성장률 r_G는 다음 공식에서 구해진다.

$$(1+r_G)^2=(1.10)(1.0566)$$

$$1+r_G=[(1.10)(1.0566)]^{1/2}=1.0781$$

1) 그러나 연금의 운용기금 내에서 세부 투자전략이나 소규모 포트폴리오별로는 현금흐름에 대한 포트폴리오 매니저의 통제력을 가지고 있으므로, 이 경우에는 펀드매니저의 실적성과평가를 할 때는 시간보다 가치가중 평균수익률이 더 적절할 것이다.

이 식에서 $r_G=7.81\%$가 구해진다.

위의 식을 보다 일반화하여, n기간 투자를 생각할 경우의 기하평균 수익률은,

$$1+r_G=[(1+r_1)(1+r_2)\ldots(1+r_t)\ldots(1+r_n)]^{1/n}$$

로 구해지고 r_t는 각 기간의 기간 수익률이다.

앞의 예에서 기하평균 수익률 7.81%는 산술평균 7.83%보다 약간 낮다. 이는 일반적으로 기하평균 값은 항상 산술평균 수익률보다 높다. 이러한 이유를 살펴보기 위해 첫해에는 가격이 두 배가 되고 둘째 해에는 가격이 반으로 떨어지는 주식을 예로 들자.

산술평균 수익률은 $r_A=[100+(-50)]/2=25\%$이고,

기하평균은 $r_G=[(1+1)(1-0.5)]^{1/2}-1.0=0.0$이 된다.

기하평균 수익률 계산에서 둘째 해의 -50% 수익률은 첫해의 100% 수익률을 정확히 상쇄하여 평균 수익률을 0.0으로 만든다. 그러나 산술평균 수익률 계산에서는 그렇지 않다. 이는 기하평균 수익률 계산에서는 낮은 수익률이 높은 수익률보다 더 큰 영향을 미치기 때문이다. 따라서 기하평균 수익률이 낮게 된다.

더구나 기간별 수익률의 편차가 클수록 두 가지 평균수익률 계산의 차이도 크게 된다. 수익률을 퍼센트 대신 소수점으로 표시할 때 다음의 일반법칙이 성립한다.

$$r_G \approx r_A - 1/2\sigma^2 \qquad \text{〈식 13.1〉}$$

여기서 σ^2는 수익률의 분산(variance)이다. 〈식 13.1〉은 수익률이 정규분포를 이룰 경우에는 근사식이 아닌 등식이 성립한다.

그러면 산술평균과 기하평균 중에서 어느 것이 성과평가를 위해 우월한 측정방법인가? 기하평균이 훨씬 더 설득력이 있는데, 그 이유는 기하평균은 투자기간 동안에 실제 투자성과에 부응하는 수익률을 가져오는 일정한 연간수익률을 나타내기 때문이다. 따라서 기하평균은 과거성과를 측정하는 데 매우 유익

한 지표이다.

그러나 우리의 관심이 미래의 성과 측정에 있다면 산술평균 수익률이 더 합당하다. 그 이유는 산술평균이 포트폴리오의 기대 미래수익률에 대한 불편 추정치(unbiased estimator)이기 때문이다.[2] 반면 투자기간 동안의 기하평균은 산술평균보다 항상 낮기 때문에 미래의 주식 기대수익률에 대해 하향 편의(downward-biased) 추정치이다.

이 개념을 알아보기 위해 확률 50%로 가치가 두 배 되는 경우와(이 경우 수익률은 100%) 확률 50%로 가치가 1/2(이 경우 수익률은 −50%)이 되는 주식의 경우를 생각해 보자.

투자 소득	1원의 투자 기간 말 가치	투자 수익률
가치 두 배	2원	100%
가치 절반	0.5원	−50%

이때 2년 동안 주식 투자를 하여 첫해에는 가치가 두 배 되고, 다음 해에는 가치가 1/2로 되었다고 가정하자. 이 경우 2년 후 주가는 초기 주가와 같아질 것이고 기하평균 연수익률은 0이다.

$$
\begin{aligned}
1+r_G &= [(1+r_1)(1+r_2)]^{1/2} \\
&= [(1+1)(1-0.50)]^{1/2}=1 \\
r_G &= 0
\end{aligned}
$$

이 연간수익률이 0%라는 것은 2년 동안의 주식 투자의 총수익률을 의미한다. 하지만 주식의 미래 연간 기대수익률은 0이 아니다. 그것은 100%와 −50%의 산술평균(100−50)/2=25%이다. 이것을 확인하기 위해 1원 투자에 대해 두 가지 결과가 가능하다. 즉, 1원 수익(r=100%)이나 0.5원 손실(r=−50%)의 경우이다.

2) 이 경우 기대수익률은 기간중에 변하지 않은 것으로 가정한다.

기대이익은 (1원−0.50원)/2=0.25원으로 기대수익률은 25%이다. 기하평균 수익률이 0이라는 사실에도 불구하고 주가상승에 따른 이익이 하락에 따른 손실보다 더 크다. 따라서 산술평균 수익률은 투자의 기대 미래수익률에 대한 가장 좋은 지표가 된다.

이것은 다기간(multi-period) 투자의 경우에도 적용된다. 예를 들어 두 기간에 걸쳐 일어날 수 있는 모든 가능한 투자결과를 다음의 표로 나타낼 수 있다.

투자 소득	투자 기간 말 가치	2기간 총 수익률
가치 두 배, 가치 두 배	4원	300%
가치 두 배, 가치 절반	1원	0%
가치 절반, 가치 두 배	1원	0%
가치 절반, 가치 절반	0.25원	−75%

1원 투자에 대한 2년 간의 최종 결과의 기대치는 (4+1+1+0.25)/4=1.5625원이고 이것은 연평균 수익률 25%로 산술평균치와 같다. 연 25%의 확정수익률을 주는 투자는 최종 투자성과 기대치가 $1.25^2=1.5625$로 앞의 투자성과와 같다.

이 주식의 산술평균 수익률은 2년 간 [300+0+0+(−75)]/4=56.25%로 연간 실효 수익률은 $1.5625^{1/2}-1=25\%$로 동일한 최종 복리 가치를 가져온다. 반면 기하평균 수익률은 0이다.

$$[(1+3)(1+0)(1+0)(1-0.75)]^{1/4}=1.0$$

따라서 미래의 성과를 예측하는 데는 산술평균 수익률이 더 적합한 방식이다.

13.2 위험 조정 성과평가 이론

포트폴리오의 평균수익률을 계산하는 것으로 성과평가 작업이 끝난 것이 아니다. 즉, 단순 수익률만으로 운용자의 성과를 평가해서는 안 되며, 위험을 감안한 수익률로써 성과평가를 수행해야만 의미가 있는 것이다.

먼저 전통적 성과평가 이론에 대해 살펴보면, 평균-분산 기준(mean-variance criteria)을 이용한 리스크 조정 후 성과평가(risk-adjusted performance evaluation) 방식은 CAPM의 등장과 함께 나타났다. Jack Treynor,[3] Villiam Sharpe[4] 및 Michael Jensen[5] 등은 CAPM에 대해 포트폴리오 운용실적 평가에 대한 중요한 의미를 부여하였다.

즉, 기초 성과평가지표가 각 자산 혹은 펀드마다 투자위험이 다름에도 불구하고 적절한 조정을 해 주지 못하는 결함을 보완하기 위해 샤프지수, 트레이너지수, 젠센지수 등 일반 평가지표가 나타났으며, 이러한 지표들을 '위험조정 후 수익률' 지수라고 부른다. 각 투자포트폴리오 혹은 펀드의 상호비교를 위해서는 저마다 다른 펀드들의 투자위험을 동일하게 조정하고 난 이후에 수익률을 상호 비교해야 공정한 평가가 가능하기 때문이다.

13.2.1 Sharp 지수

샤프지수는 투자포트폴리오의 위험을 투자포트폴리오 수익률의 전체적인 변화 정도로 나타내는 표준편차(σ_i)로 측정하고, 투자포트폴리오의 수익률(R_i)에서 무위험자산의 수익률(R_f)을 차감한 투자포트폴리오의 초과수익률을 표준편차로 나누어서 구한다. 즉, 샤프지수는 변동성으로 측정된 위험 한 단위 당 투자포트폴리오의 초과수익률을 의미하는 것으로 샤프비율이 높은 투자포트폴리오가 성과가 높은 투자포트폴리오가 된다.

---

3) Jack L. Treynor, "How to Rate Management of Investment Funds," Harvard Business Review 43 (January-February 1966).

4) William Sharpe, "Mutual Fund Performance," Journal of Business 39(January 1966).

5) Machael C. Jensen, "The Performance of Mutual Funds in the Period 1945-1964," Journal of Finance, May 1968; and "Risk, the Pricing of Capital Assets, and the Evaluation of Investment Portfolios," Journal of Business, April 1969.

이러한 샤프지수는 개별펀드 수익률의 전체적인 변화정도를 나타내는 수익률의 표준편차(σ_i)로 개별 펀드의 위험을 측정하므로 비체계적 위험과 체계적 위험을 합한 펀드의 총위험을 기준으로 개별펀드의 성과를 측정한다.

$$샤프지수 = \frac{R_i - R_f}{\sigma_i}$$

여기서 R_i: 펀드 i의 수익률
R_f: 무위험 수익률
σ_i: i펀드의 수익률의 표준편차

13.2.2 Treynor 지수

다음으로 위험 조정 수익률 평가 지표인 트레이너지수는 시장 전체의 수익률 움직임에 대하여 투자포트폴리오의 수익률이 얼마나 민감하게 움직이는가를 나타내는 베타(β)로 투자포트폴리오의 위험을 측정하고, 투자포트폴리오의 수익률(R_i)에서 무위험 수익률(R_f)을 차감한 투자포트폴리오의 초과수익률을 베타로 나누어서 계산한다. 따라서 트레이너지수는 투자포트폴리오 수익률이 시장 전체의 수익률에 얼마나 민감하게 반응하는지를 나타내는 베타(β)를 위험의 측정치로 사용하여 베타와 투자포트폴리오의 초과수익률과의 비율을 나타내기 때문에 수익률 대 민감도 비율(reward to volatility ratio)이라고도 한다.

그러므로 트레이너지수가 높을수록 동일한 체계적 위험에 대하여 높은 수익을 얻은 것을 나타내기 때문에 투자포트폴리오의 성과가 높다고 할 수 있다.

트레이너 지수를 샤프지수와 비교할 경우, 샤프 지수는 개별투자포트폴리오의 수익률의 변화정도를 측정하는 표준편차를 위험의 측정치로 사용하는 데 비해 트레이너지수는 투자포트폴리오수익률이 시장 전체의 움직임에 대하여 얼마나 민감하게 움직였는가를 위험의 측정치로 사용한다는 것이다. 따라서 트레이너지수는 투자포트폴리오의 총위험 중에서 체계적 위험을 중시하는 투자포트폴리오평가지표로 여러 투자포트폴리오에 분산 투자하려는 투자자의 투자포트폴리오 선택에 유용한 기준이 된다.

$$트레이너지수 = \frac{R_i - R_f}{\beta_i}$$

여기서 R_i: 펀드 i의 수익률
R_f: 무위험 수익률
β_i: i펀드의 체계적 위험

13.2.3 Jensen alpha 지수

마지막으로 언급되는 위험 조정 지수 중 젠센의 알파지수는 투자포트폴리오 수익률이 시장 전체의 움직임에 대하여 얼마나 민감하게 움직였는가를 나타내는 베타(β)를 위험의 측정치로 사용하여 특정한 위험(베타)를 가진 투자포트폴리오의 적정수익률을 계산하고, 이렇게 계산된 적정수익률과 실제 실현된 수익률과의 차이를 구하여 나타낸다. 여기서 투자포트폴리오의 적정수익률은 자본자산가격결정모형(CAPM)에 따라 결정된다.

젠센의 알파지수는 트레이너지수와 같이 시장위험을 나타내는 베타 (β)를 위험의 측정치로 사용하는 공통점이 있으나, 젠센의 알파지수는 CAPM에 의한 적정수익률과 실제수익률의 차이를 투자포트폴리오의 성과지표로 사용하는 반면 트레이너지수는 체계적 위험 한 단위당 초과수익률을 투자포트폴리오의 성과지표로 사용한다는 차이점이 있다.

따라서 젠센의 알파지수가 양이면서 수치가 클수록 투자포트폴리오의 성과가 높음을 나타낸다.

$$\alpha_i = R_i - R_i^* = R_i - \{R_f + \beta_i[R_m - R_f]\}$$

$$R_i^* = R_f + \beta_i[R_m - R_f]$$

여기서 α_i: 펀드 i의 젠센알파지수
R_i: 펀드 i의 실제수익률
R_i^*: 펀드 i의 기대수익률
R_f: 무위험 수익률
R_m: 시장수익률
β_i: 펀드 i의 체계적 위험

13.3 성과 기여요인 분석

현실의 실무자들은 리스크 조정 수익률(risk-adjusted return)의 순위에 초점을 맞추기보다 어떤 전략이 우월한 혹은 열등한 결과를 가져왔는가를 중시하는 수가 많다. 특히 우월한 투자성과는 적절한 시점에 옳은 증권을 선택하는 능력에 달려 있다. 그러한 능력을 보다 세부적으로 파악하면, 특정산업 내에서 상대적으로 성과가 좋은 주식을 선택하는 능력과 매매시점의 분석 능력을 말한다.

포트폴리오 매니저들은 주식과 채권 간의 자금이동 등 광의의 자산배분 결

과 함께 개별 증권의 선택에 대한 결정도 항상 동시에 내려야 한다.

포트폴리오 성과의 기여요인 분석(attribution studies)은 포트폴리오 성과를 포트폴리오 선택과정의 특정 단계와 연계시킬 수 있는 개개 요소별로 분해하는 작업이다.

포트폴리오 성과의 기여 요인분석에는 크게 자산배분 효과분석, 분산투자 성과분석, 장세판단능력 효과분석, 종목선정 효과분석 등으로 구분할 수 있다.

13.3.1 자산배분 성과분석

자산배분 과정이란 투자대상으로 선정된 여러 유형의 자산에 투자 자금을 배분하는 과정으로서 해당 포트폴리오가 안겨 줄 수익과 위험의 크기를 결정하는 과정이다. 이에 대해 자산배분 성과분석이란 자산 배분 과정상에서 벤치 마크 자산배분과 실제 포트폴리오 자산배분 간의 비교 분석을 통하여 포트폴리오의 자산 배분이 실제 운용 성과에 얼마나 기여하였는지를 분석하는 것이다.

자산 배분의 성과를 정확하게 추출하기 위해서는 크게 3가지 단계에 걸쳐 분석할 수 있다. 첫번째, 포트폴리오 성과의 비교 대상인 벤치마크의 선정이다. 둘째, 벤치마크 대비 초과수익률(excess return)을 측정한다. 마지막 단계가 측정된 초과 수익률에서 자산배분 효과를 검출하는 것이다. 마지막 단계인 자산배분 효과 추출방법은 자산군별 투자비중을 벤치마크 투자비중과 다르게 함으로써 얻어지는 효과를 통하여 추출이 가능하게 된다.

위에서 설명한 자산배분 성과분석을 간단한 예를 통하여 살펴 보기로 하자.

다음 예에서는 투자자가 채권과 주식, 그리고 단기자금 세 자산에만 투자한다고 가정하자. 이때 투자자의 포트폴리오는 세 자산에 대해 각각 80%, 10%, 10%씩 자산 배분을 수행하였으며, 이에 대한 수익률은 각각 7.5%, −2.0%, 4.0%로 나타났다. 이러한 성과가 나타났을 때, 이 성과에 대해 기준(benchmark) 대비 초과수익률에 대해 자산배분에 따른 성과가 얼마인지를 알아보자.

성과에 대한 자산배분 효과를 추출하기 위한 단계는 앞에서 설명을 하였듯이, 먼저 포트폴리오 성과의 비교대상인 벤치마크를 선정하는 것이다. 위 사례에서 사용되어진 벤치마크 대상의 자산배분은 세 자산에 대해 각각 70%, 20%, 10%를 투자하였을 때, 수익률은 각각 7.0%, −2.5%, 3.0%로 선정하였다.

구 분	A 자산배분(%)			B 수익률(%)			A×B 가중치 수익률(%)			초과수익률(%)
	BM	PF	PF 'A'	BM	PF	PF 'A'	BM	PF	PF 'A'	PF−BM
채 권	70.0	80.0	80.0	7.0	7.5	7.0	4.9	6.0	5.6	1.1
주 식	20.0	10.0	10.0	−2.5	−2.0	−2.5	−0.5	−0.2	−0.25	0.3
단기자금	10.0	10.0	10.0	3.0	4.0	3.0	3.0	0.4	0.3	0.1
합	100.0	100.0	100.0	−	−	−	4.7	6.2	5.65	1.5

다음으로 벤치마크 대비 초과수익률을 측정하는 것이다. 초과수익률의 측정은 각 자산별 수익률에 대해 가중치를 곱하여 포트폴리오의 가중치 수익률과 벤치마크 가중치 수익률 차이로써 측정할 수 있다. 위의 사례에서의 초과수익률은 채권에서 1.1%, 주식에서 0.3%, 단기자금에서 0.1%의 초과수익률이 나타났으며, 벤치마크 대비 포트폴리오의 초과수익률은 총 1.5%로 나타났다.

마지막으로 측정된 초과수익률에서 자산배분 효과를 검출하는 것이다. 이를 측정하기 위해 먼저, 자산배분은 실제 포트폴리오와 같이 구성되어 있으며, 수익률은 벤치마크를 따르는 가상의 포트폴리오 *PF* '*A*'를 설정한다.

PF '*A*'의 수익률은 다음과 같다.

PF '*A*'의 수익률=(자산별 실제 포트폴리오 자산비중)×(자산별벤치마크 수익률)의 합

이를 수리적으로 표현하면 다음과 같다.

$$\Sigma W(PF) \times R(BM) = PF\text{ 'A' 수익률}$$

$$(0.8\times7.0)+(0.1\times-2.5)+(0.1\times3.0)=5.65$$

다음으로 벤치마크의 수익률을 산출하면 다음과 같다.

벤치마크 수익률=(벤치마크의 자산별 비중)×(자산별 벤치마크 수익률)의 합

이를 수리적으로 표현하면 다음과 같다.

$\Sigma W(BM) \times R(BM) = BM$수익률

$(0.7 \times 7.0) + (0.2 \times -2.5) + (0.1 \times 3.0) = 4.7$

마지막으로 위에서 산출한 *PF* '*A*'수익률과 벤치마크 수익률과의 차를 통하여 자산배분 효과를 검출하는 것이다.

자산배분에만 의한 성과 *PF* '*A*' 수익률$-BM$ 수익률$=5.65-4.7=0.95$

즉, 전체 초과 수익률 1.5 중에서 자산배분을 통한 수익률은 0.95라는 의미이다.

13.3.2 분산투자에 관한 성과분석

분산투자에 관한 성과분석은 크게 채권분산투자에 관한 성과분석과 주식분산투자에 관한 성과분석으로 구분할 수 있다. 먼저 채권분산투자 성과분석의 경우 채권종목을 선정하는 데 있어서 만기별로 분산투자를 하는 것이 어떠한 효과가 있는지를 평가하는 분석이고, 주식의 경우 벤치마크 또는 시장지수 대비 포트폴리오의 업종별 가중치에 따라 상대적 성과를 분석함으로써 주식 포트폴리오의 분산투자 효과를 산출하는 것을 말한다.

본 절에서는 주식에 대한 포트폴리오 분산투자 부문만을 설명하기로 한다. 주식 포트폴리오 성과분석에서 분산투자의 성과분석의 기본적 분석방법은 각 업종의 Impact Return을 계산함으로써 업종별 운용효과를 검출하는 것으로 여기서 Impact Return은 업종별 수익률에 포트폴리오 가중치를 곱한 것으로 계산할 수 있다. 주식 포트폴리오의 분산투자에 관한 성과분석을 보다 쉽게 살펴보기 위해 다음의 예를 들어 살펴보기로 하자.

업 종	실제 운용 포트폴리오		벤치마크	
	가 중 치	수 익 률	가 중 치	수 익 률
인 터 넷	50%	45%	25%	35%
기 술	30%	25%	25%	20%
공공기업	10%	15%	25%	10%
바 이 오	10%	10%	25%	5%

이를 위해 먼저 실제 운용 포트폴리오와 기존에 정해진 벤치마크 포트폴리오의 업종별 분산 투자의 운용 성과를 분석한 바 다음의 표와 같이 나타났다고 가정하자.

다음으로 위의 지표를 토대로 다음과 같이 Impact Return을 계산한다.

업 종	실제 운용 포트폴리오	벤치마크
	Impact Return(가중치×수익률)	Impact Return(가중치×수익률)
인 터 넷	22.5%(0.5×45%)	8.75%(0.25×35%)
기 술	7.5%(0.3×25%)	5.00%(0.25×20%)
공공기업	1.5%(0.1×15%)	2.50%(0.25×10%)
바 이 오	1.0%(0.1×10%)	1.25%(0.25×5%)
Total	32.5%	17.5%

만약, 지난해 업종별로 동일가중치를 두기로 했던 전략(벤치마크)을 바꿔 인터넷 업종의 가중치를 늘리고, 공공기업과 바이오의 가중치를 줄이기로 했다면 새로운 투자목적에 대한 실제 운용 포트폴리오는 Impact Return으로 평가할 수 있으며, 따라서 새로운 투자전략인 인터넷 업종의 가중치를 높인 것은 상당히 훌륭한 투자전략으로 평가할 수 있다.

그리고 이러한 Impact Return의 분석에 덧붙여 각 포트폴리오의 베타 등 상대적 위험 측정 요소들을 분석하는 것이 필요하며, 이를 통해 인터넷 업종에 대한 추가적 수익률의 원인이 효과적인 종목선정 때문이었는지 아니면 포트폴리오 매니저가 체계적 위험을 증가시켰기 때문인지를 파악해야만 한다.

13.3.3 장세판단능력 효과분석(타이밍 분석)

장세판단능력 효과분석은 전체 성과 중 시장의 대세 흐름을 잘 잡아 내어 성과를 얼마 만큼 달성했는지를 나타내는 지표이다. 장세판단능력을 흔히 타이밍 능력이라고도 하는데, 이는 시장 상황에 따라 주식투자비중과 현금/채권투자비중을 결정하는 능력으로, 즉 주식시장이 상승할 것으로 예상되면, 주식투자비중을 늘리고, 주식시장이 하락할 것으로 예상되면 현금 및 채권 보유 비중을 늘리는 식의 투자패턴을 보임으로써 시장에 비해 상대적인 높은 수익을 추구하는 성과를 말한다.

장세판단능력 효과를 알아보기 위한 모델로는 크게 트레이너-마주이(Treynor-Mazuy) 모델[6]과 헨릭슨-머튼(Henriksson-Merton) 모델[7]이 있다.

먼저 트레이너-마주이 모델은 펀드 매니저가 장세판단능력이 있다면 장세가 상승할 때에는 펀드 수익률이 시장보다 높은 수익을 내고, 장세가 하락할 때는 펀드 수익률이 시장보다 적게 떨어지는 현상을 보여야 한다는 것이다. 따라서 이러한 특성이 양의 2차항 계수를 가지는 2차방정식 특성과 동일하다는 것을 이용한 것이다. 트레이너-마주이 모델은 다음과 같다.

$$R_{it}-R_{ft}=\alpha_i+\beta_i(R_{mt}-R_{ft})+\gamma_i(R_{mt}-R_{ft})^2+\varepsilon_{it}$$

R_{it}: i자산의 t시점 수익률, R_{ft}: 무위험 t시점 수익률, R_{mt}: 시장 t시점 수익률

위의 트레이너-마주이 모델에서 장세판단 능력이 있다고 판정하려면 시장초과수익률의 제곱항의 계수인 γ_i가 양의 값을 가지고, 통계적으로 유의한 값을 가져야만 한다.

다음으로 헨릭슨-머튼은 장세에 따라 펀드매니저가 베타를 다르게 가져가는가를 검증함로써 펀드의 장세판단 능력을 검증한 모형이다. 즉, 펀드가 높은 수익을 내려면 시장이 호황일 때는 높은 베타를 유지하고, 시장이 불황일 때는 낮은 베타를 유지하여야 한다는 것이다.

이러한 헨릭슨-머튼 모형은 다음과 같다.

$$R_{it}-R_{ft}=\alpha_i+\beta_i(R_{mt}-R_{ft})+\gamma_i\max(0, R_{mt}-R_{ft})+\varepsilon_{it}$$

R_{it}: i자산의 t시점 수익률, R_{ft}: 무위험 수익률, R_{mt}: 시장 수익률

---

6) Treynor, Jack L., and Kay K. Mazuy, 1966, "Can Mutual Funds Outguess the Market?," Harvard Business Review, vol. 44(July/August): 131~136.

7) Henriksson, Roy D., and Robert C. Merton, 1981, "On Market Timing and Investment Performance II: Statistical Procedures for Evaluating Forecasting Skills," Journal of Business, Vol. 54, no. 4(October): 513~34.

위 모형에서 시장 수익률이 무위험 수익률보다 크다면, 즉 시장이 호황일 경우에는 다음과 같이 나타난다.

$$R_{it}-R_{ft}=\alpha_i+(\beta_i+\gamma_i)[R_{mt}-R_{ft}]+\varepsilon_{it}$$

주식시장이 상승기일 경우에 펀드의 베타는 $\beta_i+\gamma_i$가 된다. 그리고 만약 시장수익률이 무위험 수익률보다 작다면, 즉 시장이 하락기인 경우에 헨릭슨-머튼 모형은 다음과 같이 나타난다.

$$R_{it}-R_{ft}=\alpha_i+\beta_i\ [R_{mt}-R_{ft}]+\varepsilon_{it}$$

주식시장이 하락기일 경우에 펀드의 베타는 β_i가 된다. 따라서 헨릭슨-머튼 모형은 주식시장의 장세에 따라 베타가 달라지는가의 여부를 판단하는 것이다. 위 모형에서 γ_i의 값이 양(+)이면, 주식시장이 호황일 때는 주식편입비율을 늘려 베타를 높이는 것이고, 주식시장이 불황일 때는 주식편입비율을 줄여 베타를 낮춘다는 의미이므로 펀드매니져의 장세판단능력이 있다고 볼 수 있다.

그에 비해 γ_i의 값이 0이면, 주식시장의 호황 혹은 불황 여부에 관계 없이 베타가 일정하다는 의미이므로 펀드매니저의 타이밍 능력이 없다고 해석한다.

마지막으로 γ_i의 값이 음(−)이면, 주식시장이 호황일 때는 주식편입비율을 줄여 베타를 낮추는 것이고, 주식 시장이 불황일 때는 주식편입비율을 늘려 베타를 높인다는 의미이므로 펀드매니져의 대세 파악을 전혀 못하는 것으로 볼 수 있다.

13.3.4 종목선정 효과분석

종목선정 효과분석은 전체 성과 중 주가가 상승할 종목을 잘 파악하여 나타낸 성과를 측정하여 분석하는 것을 말한다. 종목선정능력을 가장 쉽게 측정할 수 있는 지표가 전절에서 살펴 본 젠센 알파(Jensen Alpha)이다.

젠센 알파가 플러스(+)일 경우, 즉 펀드의 실제 수익률이 적정수익률을 초과하면 펀드의 종목선정 능력이 있다고 해석하고 있다. 그러나 젠센 알파의 경우 장세 판단능력(타이밍 능력)과 종목 선정 능력을 구분하지 않고 전부 종목 선정 능력으로 해석하고 있다는 문제점이 있다.

다음으로 종목선정능력을 보다 세부적으로 보는 지표가 트레이너-마주이 모델과 헨릭슨-머튼 모델이다. 트레이너-마주이는 위험과 장세판단능력(타이밍 능력)까지 감안하여 펀드의 적정수익률을 계산하고, 실제수익률에서 적정수익률을 차감하여 초과수익을 계산하였다. 즉, 트레이너-마주이 모델에서 얻는 적정수익은 다음과 같다.

$$R_i^* = R_f + \beta_i(R_m - R_f) + \gamma_i(R_m - R_f)^2$$

여기서, R_i^*: 펀드의 적정수익률, R_f: 무위험 수익률, R_m: 시장수익률

트레이너-마주이 모델의 종목 선정능력은 펀드의 실제수익률에서 적정수익률을 차감한 초과수익률을 말하며, 이를 수식으로 표현하면 다음과 같다.

$$\alpha_i = R_i - R_i^* = R_i - \{R_f + \beta_i(R_m - R_f) + \gamma_i(R_m - R_f)^2\}$$

α_i: 종목선정능력, R_i: 실제수익률

위 수식을 통하여 알파가 플러스이면 펀드의 실제수익률이 위험과 장세판단능력을 감안한 이론적정수익률보다 높다는 것을 의미하며, 이는 곧 펀드의 종목선정능력이 있다고 판단할 수 있다.

종목선정능력 판단기준의 또 다른 지표로 헨릭슨-머튼 모델이 있다. 이 모델 역시 앞서 살펴 본 트레이너-마주이 모델과 마찬가지로 위험과 장세판단능력을 감안한 이론적정수익률을 계산하고, 이를 실제수익률과 비교하여 종목선정능력의 성과 여부를 판단하는 지표이다. 헨릭슨-머튼 모델에서 얻는 적정수익은 다음과 같다.

$$R_i^* = R_f + \beta_i(R_m - R_f) + \gamma_i \max(0,\ R_m - R_f)$$

여기서, R_i^*: 펀드의 적정수익률, R_f: 무위험 수익률, R_m: 시장수익률

그리고, 헨릭슨-머튼 모델의 종목선정 능력은 펀드의 실제수익률에서 적정수익률을 차감한 초과수익으로 측정하며, 이를 수식으로 표현하면 다음과 같다.

$$\alpha_i = R_i - R_i^* = R_i - \{R_f + \beta_i(R_m - R_f) + \gamma_i \max(0,\ R_m - R_f)\}$$

α_i: 종목선정능력, R_i: 실제수익률

헨릭슨-머튼 모델에서도 종목선정능력을 판단하는 기준은 트레이너-마주이 모델과 동일하여 펀드의 실제수익률이 위험과 타이밍 능력을 감안한 이론적정수익률보다 높다는 것을 의미하며, 이는 곧 펀드의 종목선정능력이 있다고 판단할 수 있다.

13.4 포트폴리오 관리 절차

13.4.1 투자의사 결정

개인과 가계의 다양한 목적이나 투자여건을 바탕으로 바람직한 투자전략을 결정한다는 것은 매우 어려운 과제이다. 또한 많은 감독 당국의 규제를 받으며, 여러 이해관계자(stakeholders)를 가지는 기관투자자의 투자전략 수립도 마찬가지로 힘든 작업이다. 쉽게 말해 포트폴리오 투자과정은 어떤 효과적인 절차로 프로그램이 될 수 있는 것이 아니다.

전문적인 포트폴리오 투자자에게서 수준 높은 투자절차를 볼 수 있다. 그 예로 미국의 Financial Analysts Federation(FAF)과 Institute of Chartered Financial Analysts(ICFA)가 합병하여 만들어진 Association of Investment Management and Research(AIMR)의 투자절차 방식을 살펴보자.

AIMR은 공인재무분석사(Chartered Financial Analysts: CFA) 자격시험을 주관하는 곳이다. 미국에서 CFA가 되기 위해서는 Level Ⅰ, Ⅱ, Ⅲ의 시험을 통과하고 일정 수준의 경험을 축적하여야 한다. AIMR은 CFA 응시자에게 연수 프로그램을 제공하고 필요한 교재를 발간한다. 이 장에서의 분석은 AIMR에서 소개한 모형에 따른다.

[표 13-1] 포트폴리오 정책의 결정

목 적	제약조건	정 책
요구수익률	유 동 성	자산배분
위험허용도	투자기간	분산투자
	규 범	위험위치
	세 금	세금위치
	고유수요	소득발생

기본 개념은 투자관리의 주요 단계(목적, 제약, 전략)를 여러 측면의 구체적 고려사항으로 세분하여 투자절차를 보다 실천 가능한 것으로 만드는 것이다. [표 13-1]에 기본 양식이 나와 있으며, 투자절차는 크게 세 가지 부문으로 분리하여 보여 주고 있다.

13.4.2 투자 목적

포트폴리오 목적은 투자자가 바라는 기대수익률([표 13-1]의 요구수익률)과 투자자의 리스크 인내도(risk tolerance) 간의 리스크-수익률 상충관계(risk-return trade-off) 문제로 볼 수 있다. 포트폴리오 매니저(portfolio manager)는 보다 높은 기대수익률을 얻기 위해 감수할 리스크 수준을 알아야 한다. [표 13-2]는 7개의 주요 투자자별 수익률 요건과 리스크 성향(risk preference)을 결정하는 주요 요인을 보여 주고 있다.

(1) 개인투자자

개인투자자의 수익률 요건과 리스크 성향을 결정하는 기본 요소는 생애주기(life-cycle) 상의 단계와 개인의 취향이다.

(2) 개인신탁

개인신탁(personal trusts)은 어떤 개인이 재산권을 수탁자(trustee)에 위임하여 하나 혹은 복수의 수익자(beneficiaries)를 위해 자산을 운용하는 것을 목

[표 13-2] 포트폴리오 운용 목표 메트릭스

투자자 유형	요구수익률	위험 허용도
개인 및 개인신탁	라이프사이클(교육, 자녀, 퇴직)	라이프사이클(젊을수록 더 위험선호형)
뮤추얼 펀드	가변적임	가변적임
연금기금펀드	예정된 통계율	지불금액에 비례
기부금펀드	현재소득필요액과 실질가치 유지를 위한 필요자산 증가율	일반적으로 보수적
생명보험회사	비용과 목표 이익, 예정이율 등을 고려하여 결정	보수적
비생명보험회사	최소치가 없음	보수적
은 행	이자율 스프레드	가변적

표로 설립된 신탁을 말한다. 이에 수익자는 신탁을 통하여 이자와 배당수입을 일생 동안 받는 소득수익자(income beneficiaries)와 소득수익자가 사망하여 신탁이 해체될 때 신탁의 원금(principal)을 받는 잔여수익자(remaindermen)의 두 종류로 구분한다.

수탁자는 주로 은행이나 투자전문가들이다. 신탁자산의 투자는 신탁법(trust law)의 적용을 받을 뿐만 아니라, 수탁자는 선택할 투자 범위 내에서 신탁자산을 운용해야 하는 소위 "신중한 관리자의 규칙(prudent man rule)"을 준수해야 한다.

개인신탁의 경우 투자운용 목적은 대체로 개인의 직접 투자의 경우보다 훨씬 제한적이다. 즉 개인 신탁관리자는 선량한 수탁자의 의무로 인해 개인투자자보다 리스크 회피적(risk averse)으로 신탁자산을 운용해야 한다. 예를 들어 옵션(option)이나 선물계약(futures contract) 등의 금융상품에 대한 투자나, 공매(short selling)나 신용매입(buying on margin) 등의 투자전략은 금지되어 있다.

소득수익자와 잔여권수익자가 동시에 존재할 경우, 매 기간의 이자나 배당소득을 높이게 되면 상대적으로 미래의 자본소득(capital gains)이 축소될 수 있기 때문에 이들 간의 이해상충(interest conflict)이 발생하여 수탁자는 신탁자산을 운용하기가 어렵게 된다. 소득수익자가 상당한 규모의 소득을 필요로 하는 대표적인 경우, 신탁자산 관리자는 확정소득증권(fixed income securities)이나 고배당 주식에 많이 투자하도록 압력을 받게 되는 것이다.

(3) 뮤추얼 펀드

뮤추얼 펀드(mutual fund)는 다수 투자자의 투자자금 풀(pool)을 의미한다. 뮤추얼 펀드는 약관(prospectus)에 규정된 대로 투자하고 펀드운용성과에 따라 수익을 투자비율에 따라 배분한다는 주권(shares)을 투자자에게 준다. 뮤추얼 펀드의 목적은 약관에 정확하게 명시되어 있으므로 뮤추얼 펀드에 투자하려고 하는 투자자의 경우 이러한 약관을 면밀히 검토할 필요성이 있다.

(4) 연금기금(pension fund)

연금기금의 투자목적은 연금의 특성에 따라 달라진다. 연금은 기본적으로 확정갹출금연금(defined contribution plan)과 확정급부연금(defined benefit plan)의 두 가지가 있다. 확정갹출금연금은 사실상 각 기업이 종업원을 위해 설정하는 세금이연 퇴직저축신탁(tax-deferred retirement savings accounts)과 유사하다. 신탁운용의 수익과 리스크는 모두 종업원에게 귀속되는 것이다.

그러나 대규모 연금기금은 확정급부연금 형태이다. 이러한 연금은 종신연금(life annuity)으로 종업원의 근로기간 중 적립된 후 종업원의 은퇴시부터 연금 지급이 시작된다.

(5) 생명보험회사

생명보험회사(life insurance company)는 일반적으로 보험상품 약관에 명시된 보험지급 채무(liabilities)를 헷지(hedge)하는 목적의 투자를 한다. 따라서 다양한 보험약관이 있는 만큼 생보사의 자산운용목적도 다양하다. 국내의 경우 얼마 전까지만 해도 개인에 대한 보험상품은 크게 저축성 종신생명보험(whole-life insurance policy)과 보장성 보험(term-life insurance)의 두 가지가 주종이었다.

종신생명보험은 사망시 지급하는 보험금과 보험계약자가 일정기간 원금을 적립하고 일정 시점부터, 대체로 65세부터 원리금을 인출할 수 있는 일종의 저축 부분을 결합한 것이다. 반면 보장성보험은 저축성 적립부분이 없고 사망에 대한 보장성 보험부분만을 포함하는 것이다.

종신보험에서 저축성 보험부분에 적용되는 이자율은 확정금리이며 보험회사 장기채권에 투자함으로써 금리 변동에 따른 리스크를 헷지한다. 종종 보험가입자는 보험계약의 현금가치(cash value)에 비례하여 확정금리로 대출받을 자격을 가진다.

1980년대의 고인플레 기간중에 많은 보험계약자들은 기존 보험계약의 약관대출을 적용받아 4~5%의 저금리로 대출받아 두 자리 수의 수익률을 제공하는 뮤추얼 펀드에 투자하였다. 다른 기존의 보험계약자나 잠재적 계약자는 종신보험을 기피하든가 보장성보험만 가입하고 저축성보험 부분의 보험료 차이를 다른 투자에 이용하였다는 의미이다.

이러한 여건변화에 따라 생명보험 업계는 변액보험(variable life)과 유니버설 보험(universal life)의 두 가지 새로운 상품을 도입하였다. 변액보험은 일정한 보험료를 대가로 사망에 대한 보장보험과 뮤추얼 펀드에 투자하는 저축성보험을 결합한 것이다. 반면 유니버설 보험에서는 보험 가입자는 필요에 따라 보험료나 혹은 사망보험금을 조절할 수 있다. 또 저축성보험 부분에 대한 이자율은 시장금리에 따라 변동한다.

(6) 손해보험회사

자동차보험, 화재보험 등 손해보험회사(non-life insurance company)도 포트폴리오 투자자금을 가지는데, 그 이유는 보험료를 받아 사후에 보험금을 지급하므로 여유자금을 가지기 때문이다. 이들 보험회사는 전형적으로 보수적인 리스크 성향을 가지는 것이 특징이다.

(7) 은 행

은행의 특성은 은행 투자의 대부분은 기업과 개인에 대한 대출(loan)이며 채무의 대부분은 예금자에 대한 예금 원리금의 지급의무이다. 투자자로서 은행의 목적은 예금과 대출 간의 적정 예대금리차를 얻으면서 채권과 채무 간의 리스크를 일치시키는 것이다.

13.4.3 제약요건

개인이나 기관투자자는 개개 투자자의 특수한 여건에 의하여 투자자산의 선정을 제한하게 된다. 이러한 여건과 제약에 따라 각 투자자들의 투자정책의 선택이 달라질 것이다. 다음에서 다섯 가지 공통적인 제약요건들을 설명한다. 그리고 [표 13-3]에서는 일곱 가지 유형의 투자자별 주요 제약요건을 설명하고 있다.

[표 13-3] 투자자별 제약요건

투자자 유형	유 동 성	투자기간	규 범	세 금
개인 및 개인신탁	가변적	라이프사이클	없 음	가변적
뮤추얼 펀드	높 음	가변적임	간단함	없 음
연금기금펀드	만기에 따라 결정	길 다	ERISA	없 음
기부금펀드	낮 음	길 다	간단함	없 음
생명보험회사	낮 음	길 다	복잡함	있 음
비생명보험회사	높 음	짧 다	간단함	있 음
은 행	높 음	짧 다	변 함	있 음

(1) 유 동 성

유동성(liquidity)이란 금융자산(증권)이 적정가격에 손쉽게 매매될 수 있는 시간적인 속도를 말한다. 이것은 증권 매매에 소요되는 시간적 요소와 매매가격이 시장가격으로부터 얼마나 할인되는가를 나타내는 가격 요소 간의 관계이다.

유동성에 대한 실제적이고 구체적인 척도가 필요하다면, 즉각적인 매각이 불가피할 경우에 필요한 할인율을 하나의 기준으로 생각할 수 있다. 국공채나 기업어음(commercial paper) 등 매입-매도 가격차가 1%보다 적은 현금이나 단기금융상품(money market instrument) 등은 가장 유동성 높은 금융자산이며 부동산은 유동성이 가장 낮은 자산이다.[8] 건물, 공장시설 등은 50% 정도의 할인이 필요한 중간 정도의 유동성 자산일 것이다.

개인이나 기관투자자는 단기간에 자산을 매각해야 할 필요성이 얼마나 될 것인지 고려해야 한다. 이러한 가능성을 근거로 투자자는 포트폴리오에 포함될 유동성자산의 최소수준을 결정해야 한다.

(2) 투자시한

투자시한(investment horizon)은 투자의 전액 혹은 일부를 청산할 예정된 일시를 말한다. 개인의 투자시한의 예는 자녀의 대학교육에 자금이 필요한 시기나 봉급생활자의 은퇴시기 등이다. 대학재단기금의 경우, 학교 캠퍼스 건설 프로젝트 자금을 마련해야 하는 시기가 투자시한이 된다. 투자시한은 매래의 특정시기에 상환되는 채권 등 다양한 만기를 가진 자산을 선택해야 하는 상황에서 투자시한이 고려되어야 한다.

(3) 투자규제

전문투자자나 기관투자자만 증권투자 규제를 받는다. 무엇보다 중요한 것은 신중한 관리자 법(prudent man law)이다. 즉, 타인의 자산을 관리하는 전문 투자자는 신중한 투자자가 허용할 자산에만 투자할 수탁책임(fiduciary responsibility)을 가진다는 것이다. 이 법은 구체성을 가지지 않지만, 모든 전문 투자자는 자신의 투자방침을 법정에서 방어할 수 있어야 하나 신중한 관리자법의 해석은 시대상황에 따라 달리 해석될 수 있다.

기관투자자의 경우 유형에 따라 별도의 규제가 시행된다. 예를 들어 미국의 뮤추얼 펀드(개인의 투자자금을 모아 풀(pool)을 형성하여 전문적인 포트폴리오 관리를 하는 기관)는 상장기업 총 발행주식의 5% 이상을 소유할 수 없다. 이러한 규제는 전문 포트폴리오 투자자가 기업경영에 직접적으로 개입할 수 없도록

8) 대부분의 경우 자산을 매각대상으로 내어 놓기까지는 유동성을 판단하기는 매우 어렵다. 그러나 달러시장에서는 매매대상 자산의 매수-매도호가 스프레드, 즉 매수가격(딜러가 증권소유자에게 지불할 최저가격)과 매도가격(증권 매입자가 딜러에게 지불할 최고가격)의 차이를 통해 유동성을 파악할 수 있다.

하기 위한 것이다.

(4) 세제 상의 고려

세금문제는 투자결정에 있어 핵심적 고려사항이다. 특정 투자전략의 성과는 세금 공제 후 수익률로 측정되기도 한다. 따라서 적용세율이 높은 개인이나 기관투자자는 절세(tax shield)나 세금이연(tax deferral) 가능성 여부가 투자전략을 세우는 데 매우 중요한 요인으로 작용하기도 한다.

(5) 투자자 고유의 수요

각 투자자는 각각의 특수한 투자여건에 직면하게 되고 이에 따라 투자전략이 달라진다. 전자산업에 종사하는 부부 엔지니어의 예를 들어보자. 이 가정의 모든 인적자산(human capital)은 경기변동의 영향을 크게 받는 업종에 집중되어 있다고 볼 수 있을 것이다. 따라서 이들 부부는 전자산업이 침체되어 임금이 하락하거나 실직하게 될 수 있는 리스크를 헷지하기 위해 전자산업이 침체하는 경우 수익이 높아지는 자산에 투자할 필요가 있다.

13.4.4 자산배분

투자목적이나 제약요건에 따라 투자전략이 결정된다. [표 13-1]의 정책란은 자산배분(asset allocation), 분산투자(diversification), 리스크와 세금에 대한 고려 및 소득 창출 등 포트폴리오 관리정책의 다양한 측면을 보여 준다. 그 중 가장 중요한 정책적인 결정사항은 자산배분 문제로 전체 포트폴리오 중 얼마만큼을 각 주요자산 항목에 배분할 것인가 하는 것이다.

자산배분과정은 다음 각 요소로 구성된다.

(1) 포트폴리오에 포함될 자산종류를 선정한다. 주요 자산종류는 주로 다음과 같다.

a. 현　금
b. 채　권
c. 주　식
d. 부 동 산

e. 귀 금 속

f. 기　　타

기관투자자는 주로 처음의 네 가지 유형의 자산에 투자하는 반면, 개인투자자는 종종 귀금속이나 기타 색다른 종류의 자산을 포트폴리오에 포함시키는 경우도 많다.

(2) 자본시장에서의 기대수준을 확정한다. 이 단계는 과거 실적 데이터(historical data)와 경제분석(economic analysis)을 사용하여 포트폴리오 포함 검토대상 자산의 미래 보유기간 수익률에 대한 포트폴리오 관리자의 기대치를 결정한다.

(3) 효율적 포트폴리오 프런티어(efficient portfolio frontier)를 산출한다. 이것은 일정한 리스크 수준에서 얻을 수 있는 최고의 기대수익률을 가져다 줄 포트폴리오를 찾아내는 것이다.

(4) 최적 자산구성(optimal asset mix)을 찾아낸다. 이 단계는 투자자가 당면하는 제약 요건을 위배하지 않으면서 투자자의 리스크-수익률 목표를 가장 잘 반영하는 효율적 포트폴리오를 선택하는 것이다.

■용어정리

가치가중 평균수익률(value-weighted rate of return): 투자금액 가중 수익률이라고도 하는데 투자가 시작되는 시점에서부터 현금흐름이 발생하는 시점까지를 하나의 기간으로 간주하여 수익률을 구하고, 이 수익률을 전체 투자기간에 대한 수익률로 환산한 수익률을 말한다.

시간가중 평균수익률(time-weighted return): 기초에 투자된 1원에 대해 획득한 수익률을 기말까지 유지한다고 가정했을 때의 수익률을 의미하는데, 각 기간의 투자금액을 고려하지 않고 오직 각 기간별 보유기간 수익률을 구하여 계산한 기간평균 수익률을 말한다.

Sharp 지수: 투자포트폴리오의 위험을 투자포트폴리오 수익률의 전체적인 변화정도로 나타내는 표준편차로 측정하고, 투자포트폴리오의 수익률에서 무위험자산의 수익률을 차감한 투자포트폴리오의 초과수익률을 표준편차로 나누어서 구한 지수를 말한다.

Treynor 지수: 시장 전체의 수익률 움직임에 대하여 투자포트폴리오의 수익률이 얼마나 민감하게 움직이는가를 나타내는 베타(β)로 투자포트폴리오의 위험을 측정하고, 투자포트폴리오의 수익률에서 무위험 수익률을 차감한 투자포트폴리오의 초과수익률을 베타로 나누어서 계산한 지수를 말한다.

Jensen alpha 지수: 투자포트폴리오수익률이 시장 전체의 움직임에 대하여 얼마나 민감하게 움직였는가를 나타내는 베타(β)를 위험의 측정치로 사용하여 특정한 위험(베타)을 가진 투자포트폴리오의 적정수익률을 계산하고, 이렇게 계산된 적정수익률과 실제 실현된 수익률과의 차이를 나타낸 지수를 말한다.

자산배분 과정: 투자대상으로 선정된 여러 유형의 자산에 투자 자금을 배분하는 과정으로서 해당 포트폴리오가 안겨 줄 수익과 위험의 크기를 결정하는 과정을 말한다.

AIMR: 미국공인재무분석사(Chartered Financial Analysts: CFA) 자격시험을 주관하는 기관을 말한다.

뮤추얼 펀드(mutual fund): 미국의 회사형 투자신탁 가운데 개방형 펀드로서 미국 투자신탁의 주류를 이루는 것으로 1924년 보스톤에 설립된 Massachusetts Investors Trust가 그 효시이다.

■연습문제■

1. 다음과 같은 두 주식 A과 B에 대한 주가자료가 있다.

	주식 A	주식 B	종합주가지수
$E(r)$	15%	18%	12%
σ	10%	31%	20%
β	0.8	1.5	1.0

당시 무위험자산(=정기예금) 수익률은 10%이다.

(1) 잘 분산된 포트폴리오에 A, B 중 어느 한 종목을 추가 시킨다면 선택대상은?

(2) 만약 무위험자산(=정기예금)과 위험자산 A, B 중 어느 한 종목을 선택한다면 A, B 중 어느 종목인가?

2. 다음과 같이 초과 수익률 형태를 이용한 두 개의 포트폴리오의 회귀분석결과가 주어졌다(단, 무위험이자율은 일정하게 6%, 그리고 시장포트폴리오의 평균수익률은 0.14임).

포트폴리오 A: $R_A-\gamma_f=0.01+1.2(R_m-R_f)$

$R^2=0.576$

$\sigma(e_A)=1.3\%$

$(R_A-\gamma_f)$의 표준편차$=0.261$

포트폴리오 B: $R_B-\gamma_f=0.02+0.8(R_m-R_f)$

$R^2=0.436$

$\sigma(e_B)=19.1\%$

$(R_B-\gamma_f)$의 표준편차$=0.249$

(1) 각 포트폴리오에 대해 다음의 값을 구하시오.

1) Jensen alpha

2) Sharp 지수

3) Treynor 지수

(2) 다음의 경우 어떠한 포트폴리오가 가장 우수한지 평가하시오.

1) 투자자가 이들 포트폴리오 중에서 오직 하나만 보유할 경우

2) 투자자가 현재 지수 포트폴리오를 보유하고 있고, 여기에 이들 포트폴리오를 추가시킬 경우

3) 이들 포트폴리오는 투자자가 보유하려는 여러 포트폴리오 중 하나인 경우

3. 투자자 L씨의 주식, 채권 그리고 정기예금으로 구성된 포트폴리오 월수익률은 다음과 같다.

구성종목	월수익률	구성비중
주 식	2.0%	0.7
채 권	1.0%	0.2
정기예금	0.5%	0.1
		1.00

이 포트폴리오의 성과를 비교하기 위한 기준 포트폴리오(benchmark portfolio)는 다음과 같다.

구성종목	월수익률	구성비중
주식(종합주가지수)	2.5%	0.6
채권(채권지수)	1.2%	0.3
단기국채	0.5%	0.1
		1.00

(1) 투자자의 실제 평균수익률은 얼마인가? 이는 기준포트폴리오의 수익률보다 높은가 아니면 낮은가?

(2) 실제수익률에서 기준수익률을 차감한 초과수익률의 원인을 자산배분(asset allocation)과 증권선택(security selection)으로 분해하라.

■ 알기 쉬운 경제 상식

Common sense case 13. 아파트 투기 이야기

사람들이 살아가는 데 가장 기본적으로 갖추어야 할 세 가지가 바로 옷, 먹거리, 집일 것입니다. 이 중 옷과 먹거리는 필요할 때마다 살 수 있습니다. 하지만 집은 옷이나 먹거리와 달리 값이 비싸기 때문에 마음대로 장만하는 게 쉽지 않습니다. 집이 필요 없는 사람은 없을 테니 모든 사람이 집 한 채씩 갖고 있는 게 가장 좋겠죠. 그러나 우리나라 주택 수는 전체 가구의 96.2%(2000년말 기준)랍니다. 가구수는 1000인데, 집은 962채밖에 없어 나머지 가구는 다른 집에 세들어 살고 있다는 의미입니다. 이것을 흔히 주택 보급률이라고 합니다. 그나마 서울의 주택 보급률은 77.4%로 서울에서는 22.6%의 가구가 다른 집에 얹혀 살고 있는 형국입니다. 1990년에는 주택 보급률이 전국 72.4%, 서울 57.9%였답니다. 지난 10여년 간 집을 많이 지어 주택 보급률이 크게 올라간 것입니다. 집값도 다른 상품과 마찬가지로 사고자 하는 수요와 팔고자 하는 공급이 맞아 떨어지는 수준에서 결정됩니다. 그런데 주택 보급률이 100%를 밑돌다 보니 수요가 공급보다 많아져 집값이 거의 항상 오르고 있습니다.

미국 · 일본 같은 나라의 주택보급률은 100%를 넘지만 뉴욕 · 도쿄 같은 대도시의 집값이 비싼 것은 이 지역에 살고자 하는 사람이 그만큼 많기 때문입니다. 서울의 집값이 지방보다 비싼 것도 마찬가지 이유에서죠.

80년대 후반 우리나라에 부동산 투기 열풍이 불었답니다. 당시 경기가 좋아지면서 소득이 늘어나자 보다 큰 집, 좋은 집으로 이사가거나 새 집을 마련하려는 사람이 부쩍 늘어났는데 집은 적었기 때문이죠. 일부 아파트 값은 한 해에 배로 오르기도 했답니다.

집값이 갑자기 껑충 뛰면 많은 사람이 힘들어지겠죠. 큰 돈을 가진 사람이나 집을 여러 채 가진 사람은 돈을 벌겠지만 대부분은 새로 집을 마련하거나 조금 넓은 집으로 이사가기가 어려워집니다. 또한 집값이 오르면 전셋값도 함께 올라 전세 사는 사람들의 부담이 커집니다.

게다가 집값이나 전셋값이 많이 오르면 봉급 생활자들이 살기가 어려워져 월급을 더 올려달라고 요구하게 됩니다. 이렇게 임금이 올라가면 기업들이 그만큼 물건값을 올려야 하므

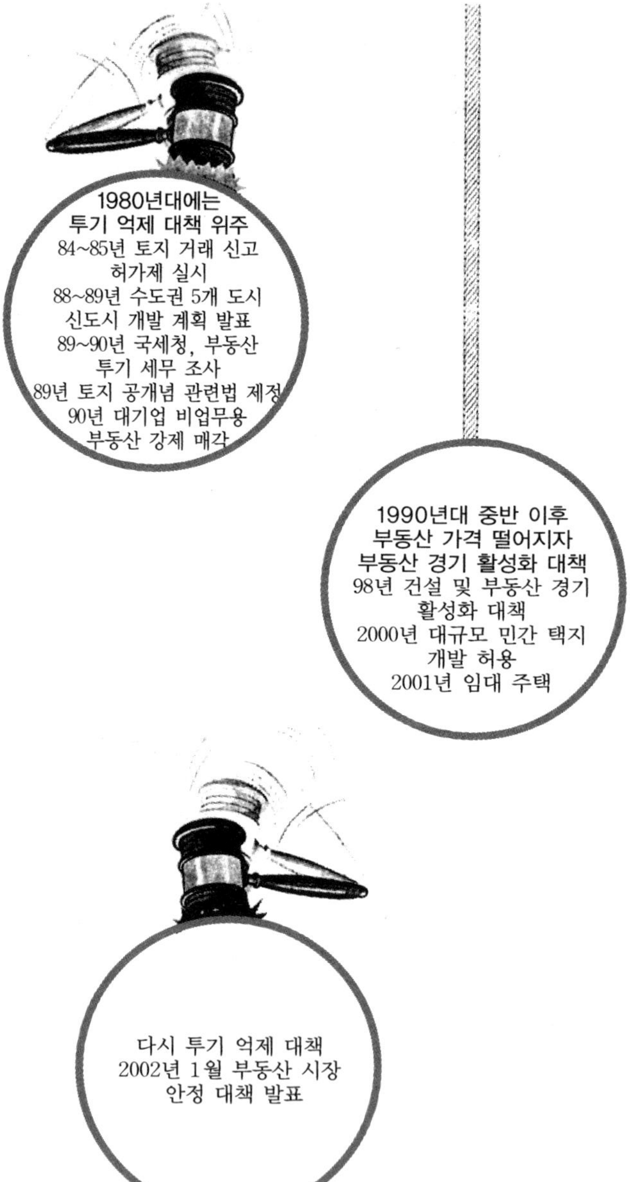

로 물가가 오르게 되고, 해외시장에 물건을 수출하기도 힘들어집니다.

집값이 많이 오르면 이처럼 경제 전체에 주름살을 가져오므로 정부는 집값이 갑자기 오르지 않도록 신경을 많이 쓰고 있답니다. 하지만 집값이 오르는 것을 막으려면 집을 많이 지어야 합니다.

그래서 집값이 뛰면 정부는 주택 공급 물량을 늘기게 됩니다. 80년대 후반 집값이 급등할 때 발표된 게 분당 · 일산 · 평촌 · 중동 등 4개 신도시 건설계획이었습니다.

그러나 집이란 게 며칠 만에 지을 수 있는 것도 아니고, 외국에서 수입할 수 있는 것도 아니기 때문에, 집을 지어 가격을 안정시키는 정책이 효과를 보려면 아무래도 시간이 필요합니다.

이때 자주 등장하는 게 국세청의 세무 조사입니다. 그러면 대체 국세청의 세무 조사와 집값은 어떤 관계가 있을까요? 집값은 실제 들어가 살집을 사가겠다는 사람보다는 집을 사고 팔아 돈을 벌겠다는 사람 때문에 오르는 경우가 많습니다. 이것을 투기적 가수요라 하고, 이런 식으로 돈을 벌겠다는 사람을 흔히 부동산 투기꾼이라고 합니다. 따라서 이러한 가수요가 많아지면 집값이 오를 것이라고 생각하는 사람들이 앞다퉈 집을 사겠다고 나서면서 집값이 더 오르는 악순환이 빚어집니다.

국세청이 나서는 것은 이 같은 가수요를 잠재우자는 취지에서입니다. 투기꾼들을 세무조사해 세금을 많이 물리면 가수요가 줄어들고 집값이 안정된다는 것이죠. 투기를 부추기는 부동산 중개업소도 세무 조자 대상입니다. 이들은 세금을 제대로 내지 않는 경우가 많기 때문에 국세청이 세무조사를 하겠다고 나서면 움츠러들곤 합니다. 80년대 후반에 국세청은 부동산 투기자들의 명단까지 무더기로 공개했습니다.

신도시 개발과 국세청의 투기 조사 덕분에 90년대 일부 지역을 제외하고는 부동산 투기가 잠잠해졌습니다. 심지어 외환 위기 직후엔 경기가 나빠 집값이 오히려 떨어지기도 했습니다. 그러다가 2001년부터 다시 서울 강남지역을 중심으로 아파트 값이 많이 올라 문제가 되고 있답니다.

그래서 정부는 2002년 들어서자마자 다시 부동산 안정 대책을 내놓았죠. 내용은 전과

〔주택보급률은 많이 높아졌지만 서울은 여전히 70%대〕

(단위: %, 주택 수를 가구 수로 나눈 비율)

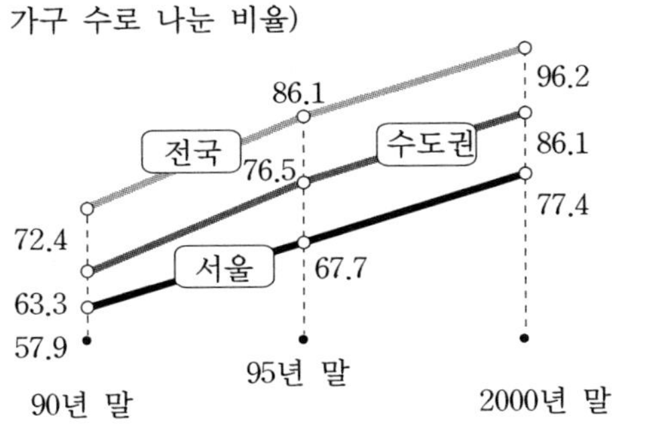

자료:통계청

마찬가지로 주택공급을 늘리면서 투기자에 대한 세무조사를 하겠다는 것입니다. 80년대 후반에 서울의 집값 상승을 막기 위해 수도권에 신도시를 지었던 것처럼 2002년에는 서울 인근 11곳의 그린벨트에 아파트 10만 채를 짓겠다는 대책도 포함되었습니다. 그린벨트란 녹지공간을 보존하기 위해 개발을 제한한 곳인데, 여기에 아파트를 지어 강남으로 몰리는 사람을 이쪽으로 유인해보자는 것이지요. 예나 다름 없이 국세청 세무 조사는 가수요를 막기 위한 조치입니다. 아파트 분양권을 팔거나 재건축 소문이 나돈 아파트를 산 지 1년 이내에 팔아서 많은 이익을 남긴 사람들에게 세금을 물리겠다고 합니다. 부동산 중개업소, 특히 아파트 분양현장을 돌아다니며 복덕방 역할을 하는 이른바 '떴다방'에 대한 조사도 하겠답니다.

하지만, 이런 대책들이 얼마나 효과를 거둘지는 아직 모릅니다. 어떤 사람들은 정부가 집값 대책을 미리미리 세우지 못하고 걸핏하면 국세청의 세무 조사를 동원한다고 비판하기도 합니다.

제14장 개인 투자자 재테크 전략

마지막 장에서는 지금까지 기술하였던 이론적인 내용과는 별도로 실제 금융시장에서 개인들이 수행할 수 있는 투자 즉, 재테크의 기본적인 방법과 재테크에 이용될 수 있는 금융상품들에 대해 상세하게 기술하고 있다.

요즘 들어 신문지상이나 미디어에서 재테크라는 이야기를 심심치 않게 들을 수 있다. 과거에는 돈을 조금 가지고 있는 사람들이나 하는 일로 여길 수 있었지만, 요즘에는 누구나 관심을 가지고 있는 부문일 것이다. 특히 요즘 같이 금리가 낮고 수익을 발생시킬 수 있는 투자처가 마땅치 않는 상황에서는 더욱더 그렇다. 따라서 본 장에서는 일반 개인들이 쉽게 접근할 수 있는 재테크 관련 내용들을 정리해 보고 이를 이용하여 보다 실질적으로 개인의 여유자금 혹은 차입자금을 잘 운용하여 보다 높은 수익을 올릴 수 있는 재테크 전략에 대해 살펴보고자 한다.

14.1 개인 투자자 재테크의 걸음마

개인 투자자 재테크의 시작은 경기 흐름을 파악하는 일이다. 즉, 재테크의 대상인 주식, 부동산, 금융상품 등 대부분의 재테크 투자 대상들이 경기흐름에 민감하기 때문이다. 여러 투자 대상 가운데 경기 흐름에 가장 민감하게 반응하는 것은 주식이다. 주식투자를 한 번이라도 해 본 사람이라면 주가의 흐름과 경기 흐름 사이에 밀접한 관계가 있음을 잘 알 수 있을 것이다. 일반적으로 주가는 경기가 좋아질 때 상승세를 보이고, 반대로 경기가 나빠지면 하락세를 보인다.

흔히 이를 주가는 경기에 선행한다고 한다. 지난 1997년 말 외환위기를 겪으면서 대폭락했던 주가는 1998년 말부터 본격적인 경기회복에 앞서 상승세로 돌아섰다가, 2001년 하반기의 경기하강에 앞서 2001년 1월부터 하락세를 보였다. 그 뒤 2001년 말 경기회복에 대한 기대감이 일면서 종합주가지수가 460대에서 바닥을 치고 다시 상승세로 돌아섰다.

경기회복의 시점에서 주가를 끌어 올리는 것은 기업들의 실적향상이다. 기업의 이익이 늘어나면 기업의 가치가 증대돼 기업 가치를 대변하는 주식시장이 활황을 보인다.

일반적으로 주가는 경기에 6개월 가량 선행한다고 알려져 있다. 따라서 주식투자는 경기회복기 초입에 시작하고 호황기 절정 직전에 처분해야 한다. 그러나 실제 이를 알고 투자하기란 쉽지 않다. 그러므로 경제성장률, 경기 선행지수 등 각종 지표를 자주 보면서 감을 익히는 것 외에 다른 방법이 없다.

경기가 정점인지 아니면 바닥인지는 사후적으로 확인할 수밖에 없다. 한 가지 다행스러운 점은 경기회복 추세가 시작되면 몇 달 안에 끝나는 것이 아니라 1년 이상의 큰 흐름을 보이므로 판단이 조금 늦더라도 쫓아갈 수는 있다는 점이다. 흔히 주식투자 격언 중에 "잔 파도는 일일이 쫓아갈 수 없지만, 큰 파도에는 대충 묻어갈 수 있다"는 말이 있다. 따라서 큰 파도에 묻어가면 투자 위험도 상당히 줄어든다.

이는 주식시장에서도 마찬가지다. 경기 회복기에 주식을 사면 많은 종목의 주식이 오른다. 실적이 확실히 검증된 주식을 사면 어느 정도의 투자 수익은 가능하다. 때문에 주식에 투자하려면 경기흐름을 먼저 이해하는 것이 중요하다.

부동산은 주가에 비해 민감도는 떨어지지만 경기흐름과 밀접한 관계가 있다. IMF 이전만 해도 주가는 경기에 6개월 선행하고 부동산 가격은 경기에 1년 정도 후행한다는 게 일반적인 통설이었다. 하지만 지난 2001년과 2002년 아파트값 폭등 국면에서는 경기흐름과 동행하는 모습을 보여 과거와는 다른 패턴을 보이고 있다.

특히 부동산 투자는 가급적 불황기에 투자해서 장기 보유하는 게 좋다. 경매와 급매물 물건이 많아지는 시기에 싸게 사들일 수 있다. 아파트 투자로 돈을 번 사람들은 주로 이와 같은 불황기에 집중적으로 매입에 나선다. 그 후 경기가 회복되고 부동산 투자 심리가 살아나면 그 때부터 현금화하면서 다시 나중을 기약한다. 하지만 대다수의 일반 투자자들은 부동산 값이 올라서야 비로소 안절부절 못하며 아파트 매입 등 부동산 투자에 나서는데, 이럴 경우 대부분이 손실을 보게 된다.

14.2 금리 상승기: 재테크에 유리한 상품 고르기

L씨는 모든 재산이 금융권에 묶여 있어 금리 동향에 민감한 편인데, 지금의 금리가 너무 낮으므로 앞으로는 금리 상승에 대비해야 할 것으로 보고 있다. 그래서 전문가를 찾아가 그에 대한 대책을 문의했다. 그 결과 전문가는 최근에 시장의 단기 금리가 상승함에 따라 추가 금리 상승이 예견되고 있다고 하였다. 이러한 전문가의 의견이 나왔을 때 과연 L씨는 어떻게 해야 하는가?

일반적으로 저금리 상황에서 금리 상승은 일반 개인들에게 매우 민감한 문제가 아닐 수 없다. 그러므로 금리 상승기에는 어떻게 대처해야 좋은지 상품별로 미리 알아보기로 하였다

14.2.1 대출 상품

금리가 상승하면 가장 먼저 반영되는 상품이 바로 대출이다. 지난해부터 급작스레 늘어난 주택담보대출은 대개 시장금리 연동형이므로 금리에 민감하게 반응한다. 담보대출을 받고 있는 사람들은 대출금리가 상승하면 기존보다 이자 부담이 더 늘게 되어 그만큼 가계 재정이 어려워진다. 연동형 대출은 되도록 조기에 상환하는 것이 좋으나, 조기상환비용이 추가로 붙을 수 있으므로 이 부분을 고려하여 상환시기를 선택하는 것이 좋다.

반면에 신용대출은 대부분 고정금리를 적용하는 경우가 많기 때문에 금리 상승의 영향을 덜 받게 된다, 국내에서 운용되고 있는 이자소득형 상품 중에는 대출에서 발생하는 이자 비용보다 더 높은 수익을 올릴 수 있는 상품은 거의 없다. 또한 이자 소득에는 세금이 발생하므로 실질적인 수익은 더 적어진다. 이러한 것을 고려한다면 부채관리는 재테크의 매우 중요한 문제이다.

14.2.2 정기예금 상품

다음 정기예금에 대해 살펴보면, 정기예금은 대부분 확정 금리 상품이다. 그리고 금리 상승기에는 은행권의 정기예금 금리가 제일 늦게 반영되므로, 정기예금에 가입한 지 얼마 안 되었을 경우에는 해약하고 다른 상품에 가입하는 것을 고려해 볼 필요가 있다. 그러나 중도에 해약할 경우에는 그 동안 발생한 이자를 전부 받지 못하는 경우가 많기 때문에, 남은 기간과 새로운 상품의 금리를 잘 따져 보아 유리한 상품을 선택하는 것이 좋다.

금리 상품이 예견되면 정기예금은 6개월 이내의 단기로 운용하는 것이 유리하다. 그러다 만기가 되면 금리가 상향 조정된 정기예금에 다시 가입하거나 CD(certificate of deposit: 양도성 예금증서)[1) 등에 3개월마다 연동되는 금리를

1) 양도성 정기예금증서는 은행의 정기예금에 양도성을 부여한 것으로, 은행이 발행하고 증권회사와

주는 정기예금에 가입한다. 또한 금리 상승기에는 은행권보다 시장 금리를 빠르게 반영하는 채권이나 제2금융권 상품 중 매일매일의 실세금리를 반영하는 MMF에 가입하는 것이 상대적으로 높은 수익을 올릴 수 있다.

14.2.3 채권형 펀드(은행 신탁 포함)

채권형 펀드는 채권시가평가제의 적용으로 인해 가입일 이후 급격하게 금리가 상승하면 편입 채권의 가격이 떨어져 거의 수익이 없거나 심지어 원금을 손해 볼 수도 있다. 따라서 가입 이후 금리가 상승하게 되면 곧바로 환매하여 현금화하는 것이 좋다. 최근에 금리가 많이 상승했음을 감안한다면, 가입한 지 4~5개월 이상 지난 펀드들은 최근 수익률을 점검해 보고 새로운 투자방법을 모색해야 한다. 물론 요즘에는 FRN(변동금리부 채권)이나 스왑 등을 이용하여 금리 상승으로 인한 손실을 없애거나 최소화하는 상품도 있다.

수익증권은 환매 수수료가 있어서 계약기간 이전에 환매하게 되면 이익금의 일부를 환매 수수료로 지불해야 한다. 따라서 환매 수수료 기간이 긴 채권형 상품에 가입하고 있다면 금리가 상승하여 고금리 상품이 출시되어도 신상품에 바로 가입하기가 쉽지 않다. 따라서 금리가 오를 것 같은 시기에는 만기를 짧게 하는 것이 좋다.

만약 수수료 기간이 긴 상품에 가입했다면 굳이 만기까지 기다릴 필요가 없다. 환매수수료는 이자의 일부가 줄어드는 것이므로 금리가 상승하여 수익이 거의 없거나 원금이 손해나는 경우에는 환매수수료도 거의 없다. 따라서 얼마 되지 않는 수수료를 내기 싫어서 환매시기를 놓친다면 미래에 오히려 더 큰 기회 손실을 가져오게 된다.

금리상승기에는 만기가 긴 장기 채권에 주로 편입되어 있는 펀드는 피하는 것이 좋다. 왜냐하면 만기까지 남아 있는 기간이 긴 채권일수록 금리 등락의 영향을 많이 받게 되어 금리가 조금만 올라도 손실 가능성이 커지기 때문이다. 금리 상승이 염려되는 시점에서는 가능한 한 편입채권의 만기가 짧은 펀드를 선택하는 것이 금리 상승으로 인한 자본 손실 위험을 줄이는 방법이다.

종합금융회사의 중개를 통해 매매된다. 예금통장과는 달리 통장에 이름을 쓰지 않은 무기명이며, 중도해지는 불가능하나 양도가 자유로워 현금화가 용이한 유동성이 높은 상품이다. 때문에 예금자는 이를 만기일 이전이라도 금융시장에서 자유로이 매매할 수 있다.

금리가 상승한다는 것은 펀드에 편입된 채권을 발행한 기업의 이자부담이 가중된다는 것을 의미한다. 즉 재무 상태가 좋지 못한 기업의 경우 이자비용의 증가로 인해 부도 가능성이 높아진다고 볼 수 있다. 이러한 부도는 곧 고객의 손실로 직결된다. 따라서 우량 기업의 채권이나 국공채만 편입된 펀드에 가입하는 것이 안전하다. 만약 가입한 펀드의 편입 채권에 문제가 발생할 가능성이 있을 때는 빨리 환매하는 것이 좋다.

또한 특별히 시중 금리가 오르지 않았는데도 자신이 가입한 펀드의 최근 수익률이 급격히 떨어졌다면 편입채권의 안전성을 의심해 볼 필요가 있다. 요즘에는 펀드를 시가로 평가하기 때문에, 펀드에 들어 있는 채권 중 하나가 부실해져 가격이 변동하면 그 움직임을 즉시 알 수 있다.

14.2.4 금리 상승기에 가입할 만한 상품

금리가 상승하는 시기에는 금리가 안정될 때까지 금리의 영향을 덜 받는 단기 상품으로 자금을 운용하는 것이 좋다. MMF나 CMA(어음관리계좌)와 같이 단기 현금성 상품과 만기가 짧은 단기 채권형 펀드가 바로 그런 상품이다. 금리 상승으로 인한 손실을 피할 수 있는 FRN이나 스왑 등으로 운용하는 펀드에 가입하는 것도 하나의 방법이다.

단기 채권형 펀드에 주로 이용되는 FRN은 장기간 고정 금리로 발행된 채권을 3개월 등 짧은 기간으로 나누어 그 기간에만 금리를 고정시키며, 그 이후에는 당시 상환에 맞게 금리를 변동시키는 채권을 말한다. 이 채권을 이용하면 만기 3개월짜리 확정금리 채권을 이용하는 효과가 있어 시장금리의 변동에 관계없이 단기간 확정 금리를 받을 수 있으므로 단기 채권형 펀드에 많이 활용되고 있다.

스왑이란 거래자들끼리 거래 조건을 서로 바꾸는 것인데, 일반적으로 고정금리와 변동금리 조건을 서로 바꾸는 금리스왑이 일반적이다. 이렇게 금리 조건을 서로 바꾸게 되면 일 정기간 동안 서로 필요로 하는 조건으로 투자를 할 수 있게 되는 잇점이 있다.

그 밖에 채권이지만 주식의 성격을 가지고 있는 CB(전환사채)[2]나 BW(신주

2) 전환사채란 일정한 조건에 따라 채권을 발행한 회사의 주식으로 전환할 수 있는 권리가 부여된 채

인수권부사채)[3]의 매입도 고려해 볼 수 있다. CB나 BW는 일반적으로 주식형 채권이라고 불리어진다. 그러므로 CB나 BW는 주가의 움직임에 크게 영향을 받는다. 따라서 경기가 회복되어 주가가 오를 때는 CB나 BW의 가격도 상승하므로 그대로 시장에서 팔거나 주식으로 전환하여 팔면 주식투자 이상의 수익을 올릴 수 있다. 하지만 주식 시장의 상황이 좋지 않다면, 그대로 채권으로 보유하여 만기에 원금과 이자를 받을 수 있다. 이처럼 CB나 BW에 투자할 때는 채권으로서의 원리금을 지키기 위해 우량기업이 발행한 것 중에서도 거래량이 꾸준한 상품을 고르는 것이 중요하다.

14.3 증권회사를 이용한 재테크

14.3.1 MMF(Money Market Fund)를 이용한 재테크

조그마한 식당을 운영하고 있는 K씨는 매일 식당에서 번 돈을 자유예금통장에 입금시켜 이자 불어나는 재미로 살아왔다. 그런데 몇 해 전부터는 은행의 예금상품에 거의 이자가 붙지 않아 예금하는 재미가 없어졌다. 그렇다고 적금을 들자니 언제 목돈이 필요할지 모르고, 중도에 해약하면 오히려 손해를 보니 정기예금에 가입할 수도 없다. 또 부동산이나 주식과 같이 투자자의 노력이 필요하고 심지어는 원금 보전이 불확실한 상품에 가입할 수도 없는 노릇이다.

위와 같이 K씨와 같은 경우는 결코 남의 얘기가 아니다. 실제로 요즘 은행의 자유 저축 예금에는 이자가 거의 없다. 심지어 일부 은행에서는 예금액이 10~20만원 이하일 경우엔 이자가 없을 뿐만 아니라 오히려 예금한 사람이 통장관리비로 일정액의 수수료를 은행에 내야 하는 실정이다.

이자율이 비교적 높다고 광고하는 은행의 MMDA(Money Market Deposit

권으로서 전환 전에는 사채로서의 확정이자를 받을 수 있고, 전환 후에는 주식으로서의 이익을 얻을 수 있는, 사채와 주식의 중간형태를 취한 채권이다. 채권을 주식으로 전환하는 방식은 전환사채 발행 당시에 미리 결정해 두는데, 보통 채권과 주식을 얼마의 비율로 교환할 것인가 하는 '전환가격'을 정해 두게 된다. 전환사채의 주식으로의 전환은 통상 사채 발행 후 3개월부터 가능하다.

3) 신주인수권부사채(BW: Bond with Warrant)란 신주를 인수할 권리가 부여된 채권. 즉, 신주인수권과 회사채가 결합되었다고 보면 된다. 회사채 형식으로 발행되지만 일정기간(통상 3개월)이 경과하면 미리 정해진 가격으로 주식을 청구할 수 있는 것을 말한다.

Account: 시장금리부 자유입출금식 예금)[4]도 금액이 적거나 저축기간이 짧은 경우엔 이자가 거의 없으므로, 보통 사람의 수시 입출금 예금으로는 별다른 수익을 기대하기 힘들다.

그러나 증권회사에 가면 이자율이 높고 입출금이 자유로운 MMF라는 상품이 있다. MMF는 증권회사에서 취급하지만 주식과는 전혀 관계 없는 예금상품이다. 거래 금액에 전혀 제한이 없고 입출금이 자유로우며 매일매일 그날의 이자가 계산되기 때문에, 오늘 입금하고 내일 찾아도 하루의 이자가 계산되어 나온다.

또한 하루하루 돈이 늘어나는 것을 확인할 수 있어 저축하는 재미도 있다. 3개월에 한번씩 이자가 붙기 때문에 이자를 확인하기 쉽지 않은 은행 예금과 비교하면 상품 가치가 매우 크다고 할 수 있다. 물론 은행에서도 MMF를 판매하고 있다. 그러나 금액에 제한이 있고, 은행원들이 판매에 적극적이지 않아 증권회사보다 접근성이 떨어진다. MMF의 최근(2003년 2월 기준) 이자율을 비교해 보면 상품별로 약간의 차이는 있지만 대체적으로 연 4.3% 수준이다. 이는 은행의 1년 만기 정기예금에 가까운 금리수준이다. 이처럼 수익성도 높고 입출금도 자유로워서 살아 있는 예금상품이라 불리는 MMF는 여러 가지 장점 때문에 중요한 재테크 수단으로 자리잡아가고 있다. 이러한 MMF의 장점을 요약하면 다음과 같다.

첫째, MMF에 예금하는 경우 굳이 정기예금으로 돈을 묶어 두지 않아도 정기예금 수준의 이자를 챙기면서 언제든지 필요할 때 찾아 쓸 수 있다. 또한 특별히 신경 쓰지 않아도 매일매일 알아서 이자가 붙는다.

둘째, 적은 돈이라고 해서 이자에 차이를 두지 않는다.

셋째, 하나의 통장에 여러 개의 MMF를 만들 수 있을 뿐만 아니라, 계좌별로 묶어서 관리할 수 있으므로 통장이 많아지는 불편함을 없앨 수 있다. 또한 한 사람이 몇 개의 MMF계좌나 통장을 가지고 있더라도 전혀 제한이 없다.

넷째, 주로 거래하는 은행통장과 MMF를 연결해 놓으면 전화만으로도 MMF에서 은행 통장으로 원하는 금액을 송금할 수 있다. 이때 송금 수수료는

4) 은행의 수시입출 및 결제기능을 가진 요구불 예금에 시장금리를 지급하는 예금으로 1997년 7월에 도입되었다. 동 예금은 1982년 미국은행들이 투자신탁회사의 MMF(money market fund)에 대항하기 위해 도입한 제도로 실적배당 상품과 같이 변동된 시장금리를 지급하며 일반적으로 특정 증권의 수익률이나 특정지수에 연계된다.

전혀 없거나 저렴하게 부과된다. 반대로 은행을 통해 MMF로 입금하고자 할 경우에는 MMF 통장에 찍혀 있는 은행 계좌로 입금한 후 증권회사에 전화를 하면 된다. 물론 인터넷 뱅킹을 이용할 수도 있다.

다섯째, MMF로 입금된 돈은 국가에서 발행된 국고채나 신용등급이 우량한 채권이나 CP 등에 운용되므로 안전성도 뛰어나다. 증권회사에는 이 밖에도 여러 가지 예금상품이 있는데, 증권회사의 예금상품을 최대한 이용하면 높은 이자율을 확보할 수 있다. 특히 확정금리를 원한다면 RP(repurchase agreement)[5]를 이용하는 것이 좋다. RP는 예치 금액과 관계 없이 예치 기간이 길수록 높은 이자를 지급하므로 오래 맡길수록 유리하다. 하지만 지나치게 기간이 긴 경우에는 금리 면에서 특별한 경쟁력이 없으므로 주의해야 한다. 1억원 이상 되는 거액의 금액을 만기를 정해서 맡기고 싶을 때는 별도의 우대금리를 협의할 수 있다.

증권회사에서 예금상품을 가입하지 않고 그냥 계좌에 입금만 한 것을 예탁

[표 14-1] MMF와 MMDA의 비교

상품 구분	장 점	단 점
증권사 MMF	• 하루만 맡겨도 높은 이자를 준다. • 금액의 많고 적음에 상관없이 MMDA보다 이자가 많다.	• 지점 수가 적다.
은행 MMF		• 입출금 시간이 짧다(대개 3시 까지만 입출됨). • 증권사보다 상품이 제한적이며 금리가 다소 낮다.
은행 MMDA	• 정률의 이자를 준다.	• 대개 MMF보다 이율이 낮다. • 금액에 따라 차등이자 지급 • 1 주일 이내 출금하면 이자가 거의 없다.

5) 환매조건부 계약이라 하며 특정한 유가증권을 매매 당사자 간에 일정기간 후 매매 당시의 가격(start proceeds)에다 소정의 이자(repo interest)를 더한 가격으로 되사거나 되팔 것을 약정한 재무계약이다.

금이라고 하는데, 예탁금은 일반적으로 은행의 자유예금보다 높은 고정금리가 적용된다(2003년 5월 기준 연 1.5~2%). 또한 예탁금은 예금자 보호 대상에 포함되므로 5000만원까지는 예금자 보험법에 의해 보호된다.

14.3.2 전환사채(CB: Convertible bond)를 이용한 재테크

P씨는 주식투자를 하지 않고 확정이자 상품에만 가입하는 매우 보수적인 사람이다. 그런데 최근에 금리가 너무 낮아져서 정기예금 이자만으로는 만족스럽지 않아 어느 정도 주식투자를 해야겠다는 생각을 가졌다. 그러나 막상 주식투자를 하려고 하니 주식에 대해 아는 것이 전혀 없고 잘못하면 원금을 까먹을 수도 있다는 생각에 선뜻 나서기가 어려웠다. 그래서 증권회사에 다니는 사촌형을 찾아가 자문을 구했다.

이에 사촌형은 P씨의 투자 성향을 파악하고 그에 맞는 상품 하나를 소개해 주었다. 그것은 안정된 이자를 받을 수 있는 채권에 투자하면서 채권 발행기업의 주가가 상승하면 그에 따른 추가 수익을 얻을 수 있는 전환사채였다.

채권은 발행기관이 국가나 공공단체이면 국공채라고 하고, 은행이면 금융채, 주식회사면 회사채라고 한다. 그리고 회사채 중 일정 조건이 충족되면 주식으로 전환할 수 있는 기회를 주는 것을 전환사채라고 한다.

일반 회사채는 매수한 후 만기 전에 매도하거나 만기까지 가지고 있다가 원금을 받는 채권이다. 그러나 전환사채는 만기 전에 주식으로 전환해서 높은 수익을 얻을 수 있는 기회를 추가로 갖는다. 전환사채를 매수한 사람은 만기 전에 주식으로 전환해도 되고 채권 형태로 만기까지 유지해도 되는 유리한 입장에 있는 것이다.

예를 들어 전환사채를 발행한 기업의 주가가 현재 3만원이고 전환사채의 주식으로 전환할 수 있는 가격이 5만원이라면 굳이 주식으로 전환할 필요가 없다. 5만원에 전환한다는 것은 주식 1주를 5만원에 매수한다는 것이다. 따라서 전환사채를 주식으로 전환한다면 1주당 2만원의 손해를 보게 된다. 그러나 주식 가격이 10만원이라면 그 자리에서 두배의 수익을 얻을 수 있다.

이와 같이 전환사채는 일반 채권과 마찬가지로 이자를 받는 상품이지만, 발행 기업의 주가가 상승했을 때 주식으로 전환하면 채권으로 가지고 있는 것보다 훨씬 많은 수익을 얻을 수 있다. 그러나 이러한 전환사채에 대해 몇 가지 알아 두어야 할 사항이 있다.

첫째, 전환사채는 주식으로 전환할 수 있다는 매력 때문에 표면 금리가 상당히 낮을 수 있다. 전환사채에 투자하는 경우 표면금리가 높으면 꿩먹고 알먹는 격이지만, 표면금리가 낮으면 일반 예금보다 이자가 낮을 수도 있다. 그러므로 발행 기업의 주가가 올라갈지 내려갈지를 먼저 잘 판단하여야 한다. 그런데 만약 주가가 많이 올라갈 것으로 예상해서 전환사채를 매수했는데 주가가 폭락한다면 어떻게 될까? 그렇다 해도 전환사채 역시 채권이므로 주식으로 전환하지 않으면 손해볼 일은 없게 된다.

둘째, 전환사채를 주식으로 전환하기 위해 신청하면 1~2개월 정도의 시간이 걸린다. 주식을 새로 발행해야 하기 때문이다. 따라서 전환 전에 증권회사를 방문하여 언제쯤 주식으로 전환되는지 확인하고, 그동안 주가가 어떻게 될지 잘 판단해야 한다.

셋째, 전환사채도 채권이기 때문에 보유기간에 이자를 실제로 받지 않았다 해도 이자가 발생한 것으로 간주하여 주식으로 전환할 때 세금을 징수한다. 그러나 대부분의 전환사채는 표면금리가 낮고 심지어는 제로(0)인 경우도 있기 때문에 그리 큰 부담은 없다고 볼 수 있다.

넷째, 주식으로 전환한 후에는 채권으로 다시 전환할 수 없다. 주식으로 전환한 다음에는 어떤 경우에도 채권으로 다시 전환할 수 없으므로 확실한 이익을 얻을 수 있다고 판단될 때만 신청해야 한다.

14.3.3 주식형 펀드를 이용한 고수익 재테크

주부 L씨는 임신과 동시에 직장을 그만 둔 가정주부다. 맞벌이 때는 금리에 대한 고민 없이 비과세 적금이나 세금우대 적금에 가입했다. 그러나 남편 혼자서 돈을 버는 상황에서는 지금과 같은 저금리로는 미래를 설계할 수 없어 고민이 많다. 그녀는 유일한 수입원인 남편의 월급을 쪼개 얼마씩 적금을 불입해야 하는데, 은행 금리 이상으로 수익을 올릴 수 있는 상품을 찾고 있다.

적금을 드는 이유는 조금씩 돈을 모아서 미래에 목돈을 마련하기 위해서다. 사람에 따라서는 이자율에 상관 없이 원금이라도 조금씩 모으지 않으면 목돈을 마련할 수 없기 때문에 적금을 불입하는 경우도 있겠지만, 조금씩 붙는 이자를 무시할 수는 없다.

불과 몇 년 전만 해도 적금을 들면 연 10% 이상의 이자를 받을 수 있었다. 게다가 세금우대나 비과세 혜택까지 받으면 이자 수익이 꽤 짭짤했다. 그러나 지금은 적금금리가 연 5% 대에 머물러 있어서 세금우대나 비과세 혜택을 받아도 금액상으로 크게 이득을 보는 느낌이 들지 않는다. 그래서 L씨는 다른 금융상품이 있는지를 여기저기 알아보았다. 그 결과 주식형 펀드로도 적금처럼 목돈을 만들 수 있다는 사실을 알 수 있었다. 또한 은행의 적금보다 이자율이 높다는 사실도 알게 되었다. 주식형 펀드는 목돈을 굴리는 용도로만 사용되는 것으로 생각하고 있었는데 적금 수단으로도 사용되고 있었던 것이다.

우리나라 주식시장은 오랫동안 500대와 1000대를 오르내리는 박스 권을 형성하고 있는데, 이것은 지나고 나서 하는 말일 뿐이다. 실제로 닥치고 보면 500P가 저점인지, 1000P가 고점인지 말하기 쉽지 않다. 특히 증시 전문가들이 시장이 좋을 때는 1000대를 돌파할 것이라고 말하고, 시장이 나쁠 때는 500대를 깨고 내려갈 것이라고 말하니 투자의 적기를 찾기가 이만저만 어려운 것이 아니다.

그러나 주식형 펀드에 적금 형식으로 돈을 불입하면 지수가 높을 때는 물론이고 낮을 때도 불입하기 때문에, 돈을 불입한 평균 지수대가 낮아져 향후 지수가 약간만 상승해도 꽤 괜찮은 수익률을 올 릴 수 있다.

만약에 지수가 1000P일 때 1차로 불입하고, 500P일 때 2차로 불입했다고 하면 평균 지수대가 750P로 낮아진다. 현재 지수대가 800P라면 최초 불입 시점보다 20% 하락했다 하더라도 플러스 수익률을 나타내게 된다. 이것을 'Costa-verage'라고 한다. 물론 여기에는 다음과 같은 가정이 필요하다. 최초로 돈을 불입한 이후에 지속적으로 지수가 하락하지 않고 상승이나 박스 권을 형성해야 한다는 것이다. 향후 주가가 하락만 할 것으로 본다면 주식형 펀드를 활용한 적금에 가입할 필요가 없다. 그러나 향후 주가가 올라갈 것으로 기대하거나 박스 권을 형성할 것으로 본다면 해 볼 만한 값어치가 있다.

예를 들어 1999년 7월 1일부터 3년 동안 매월 100만원씩 불인한 주식형 인덱스 펀드는 3년이 지난 2002년 6월 28일에 6.61%의 수익률을 올리고 있다. 최초 불입 때의 지수는 919.98 P였고 만기 때의 지수는 742.72P였다. 지수가 3

년 전보다 19.27%나 하락했음에도 불구하고 플러스 수익률을 나타내고 있음을 확인할 수 있다. 그렇다면 수익률이 왜 이렇게 플러스로 나타날 수 있을까? 3년 동안 919.98P에서 시작한 지수가 1000P를 돌파한 적도 있지만 500P 이하로 하락한 적도 있어서 불입금의 평균 지수대가 하락했기 때문이다.

2년이나 1년 동안 불입한 것으로 계산하면 더욱 좋은 수익률이 나오고 있음을 확인할 수 있다. 2년 전인 2000년 7월 1일 지수가 821.22P일 때 2년 만기로 가입한 경우에는 만기 지수대가 742.72P임에도 불구하고 17.92%의 수익률을 보여 주고 있다. 1년 전인 2001년 7월 1일 596.74P일 때 1년 만기로 가입한 경우에는 11.19%의 수익률을 보여 준다. 즉 은행의 정기적금이나 부금보다 훨씬 높은 수익을 얻을 수 있는 것이다.

위의 경우는 주식에 대부분을 투자하는 인덱스 펀드를 예로 든 것이므로 상품마다 다소 차이가 나타날 수는 있다. 그러나 분명한 것은 주식형 펀드를 활용하기에 따라서는 일반 적금이나 부금보다 더 높은 수익률을 올릴 수 있다는 것이다. 특히 주식형 펀드의 수익은 대부분 주식의 매매차익이나 평가차익이기 때문에 비과세로 처리된다. 물론 주식형 펀드를 활용한 적금인 만큼 주가가 만기까지 지속적으로 하락한다면 오히려 원금 손실이 발생할 수도 있다. 따라서 향후 주가 동향이 상승이나 박스 권일 것이라는 가정이 선행되어야 할 것이다.

IMF 외환위기를 거치면서 사회적으로나 경제적으로 많은 부분에서 불확실성이 사라지고 선진화되어가고 있음을 볼 수 있다. 한 단계 높은 주가 상승을 기대한다면 지금 적금을 주식형 펀드로 가입하는 것도 좋을 것이다.

14.4 부동산 재테크

14.4.1 청약통장을 이용한 재테크 방법

아파트를 분양받을 수 있는 청약 관련 상품에는 크게 '청약저축'과 '청약부금,' '청약 예금'의 3종류가 있다. 그리고 이들 세 가지 청약 관련 상품에는 약간의 차이가 있다. 먼저 국민은행(www.kbstar.com)에서 가입할 있는 청약

저축은 20세 이상 무주택자에게 알맞은 상품이다. 가입자가 적금형태로 매월 연체 없이 2만 원 이상 10만원 이내에서 자유롭게 불입하고 2년이 경과하면, 국민주택과 민간건설 중형 국민주택 1순위 청약권이 주어진다. 일단 납입 금액을 형편에 따라 낼 수 있는 장점이 있으며, 큰 평수는 아니더라도 내 집 장만을 위해서는 가장 확실한 방법이라고 할 수 있다.

최근에는 큰 평수를 선호하는 이들로 인하여, 청약예금에 사람들이 몰리기 때문에 상대적으로 가입자가 적은 청약저축에는 자금이 부족하다. 따라서 무주택자인 20~30대 실수요자들이 임대 아파트를 마련하는 데에는 더할 나위 없이 좋은 챤스이다.

다음으로 주택 청약부금은 전용면적 25.7평(85m²) 이하의 국민주택이나 민영주택을 신청하기 위한 제도다. 보통 3년 이상 5년 이하의 계약기간에 월별로 5만원에서 50만원을 정기적으로 납입하면 된다.

청약부금은 본인의 능력에 맞게 예금을 불입할 수 있어 사회 초년생들이 집을 살 때 유리한 수단이다. 청약부금에서는 서울 및 부산 지역은 300만원, 기타 광역시는 250만원 이상 예치금을 적립해야 주택 청약 자격을 얻게 된다. 이와 달리 청약 예금은 큰 평수의 아파트와 재테크를 동시에 꾀하는 이들에게 유리한 상품이다. 청약부금과 달리 통장을 개설하면서 일정한 금액을 한번에 예치하여 어느 정도 기간이 지나면 25.7평 이상의 민영주택, 민간 기업이 건설한 중형 국민 주택 청약 자격을 얻게 된다. 수요자가 원하는 아파트의 위치, 평형에 따라 납입해야 하는 예치금이 크게 달라진다.

따라서 청약 예금은 청약 상품 중에서 가장 대중적이다. 과거 주택은행(현 국민은행)에서 처음 시작한 청약제도가 확산된 계기가 된 것이 청약예금제도이다. 이와 같은 주택 청약 상품은 가입한 순위에 따라 아파트 청약 자격을 받게 된다. 가입 후 6개월이 지나면 아파트 청약을 위한 2순위, 2년이 지나면 1순위의 자격을 얻게 된다. 자격이 주어지면 추첨에 참가해 청약 순위에 따른 최종 입주자 선정에 임할 수 있다. 동일 순위 안에서는 해당지역 거주자가 가장 유리하다.

물론 청약 1순위가 되어도 가입자들은 주택 마련을 위해 풀어야 할 숙제가 많다. 무엇보다 1순위 청약 통장 수가 크게 늘어 났기 때문에 수도권 아파트들의 청약 당첨 확률이 매우 낮다는 것을 잘 알아야 한다. 아파트가 그냥 굴러 들어오는 것이 아닐 뿐더러 순간적인 판단 착오로 큰 손해를 볼 가능성도 있다. 당장은 어렵더라도 앞으로를 대비해 주택을 장만할 있는 기회를 잡아 두어야 한다.

[표 14-2] **청약예금, 청약부금, 청약저축의 배교 설명**

구 분	청약예금	청약부금	청약저축
가입 자격	만 20세 이상의 국민, 국내에 거주하고 있는 재외 동포, 외국인 거주자	청약예금과 동일	무주택 세대주 (청약예금 제도 실시 지역 거주 여부에 관계 없음)
공급 대상 주택	전용면적 27.5평(85m²) 이상 민영 주택, 민간 건설형 국민주택에 한해 1인 1주택 공급	전용면적 27.5평(85m²) 이상 민영 주택, 민간 건설형 국민 주택에 한해 1인 1주택 공급	국민 주택, 민간건설 중형국민 주택에 한해 1세대 1주택 공급
가입 허용 계좌수	1인 1계좌(청약예금, 청약부금, 청약저축 중 1가지만 선택 가능		
청약 순위	1순위: 가입 후 2년 이상 경과한 자 2순위: 가입 후 6개월 이상 경과한 자	1순위: 가입 후 2년이 경과하고 납입 인정 금액이 지역별 예치 금액 이상인 자 2순위: 가입 후 6개월 이상 경과하고 납입 인정 금액이 지역별 예치 금액 이상인 자	1순위: 가입 후 2년이 경과하고 납입 인정 금액이 지역별 예치 금액 이상인 자 2순위: 가입 후 6개월 이상 경과하고 월 납입금을 6회 이상 납입한 자
계약 기간	1년제(1년 단위로 재예치)	3년 이상 5년 이하로 월 단위 납입	계약기간 별도로 없음
취급 은행	은행법에 의한 금융기관 중 건설교통부장관이 청약예금 등 취급기관으로 지정한 금융기관		국민은행

자료: 2003. 1月 현재.

따라서 지금부터라도 투자 대상 아파트의 가치를 올바르게 볼 줄 아는 안목을 갖추어야 한다. 아파트 분양 1순위가 된 후에도 실제 당첨을 받아 입주하기 전까지는 여러 가지를 고려해야 한다. 아무리 1순위로 분양받았다고 하더라도 막상 구입한 아파트의 가치가 떨어지거나 생활에 불편을 준다면 힘들게 분양받은 보람이 없다. 따라서 관심 있는 아파트의 위치와 교통편, 근처 아파트 분양가격 등을 미리 살펴보고, 투자할 만한 가치가 있는지 여부를 냉정하게 판단해야 한다.

그러므로 재테크 수단으로 주택 청약을 이용할 때도 신중한 전략이 필요하다. 무엇보다 최근 정부의 강력한 부동산 억제정책으로 인하여 실시중인 '분양권 전매 제한'제도들이 걸림돌이다. 따라서 청약 관련 상품은 되도록 미리 가입해 미래를 대비하는 것이 현명하다. 아파트 청약 권리를 얻는 것은 물론이고, 일반 통장에 비해 금리가 높으며, 청약저축과 청약부금은 소득 공제혜택도 있기 때문이다.

현재 청약저축은 국민은행에서만 취급하고, 청약예금과 청약부금은 모든 금융기관에서 취급하고 있다. 금융기관에 따라서 금리가 조금 다를 뿐 거의 차이가 없다면 주거래 은행에서 청약하는 것이 이자율에 있어 조금이라도 유리하다.

14.4.2 부동산 간접투자: 리츠(REITs)

부동산 투자신탁인 리츠(REITs)는 기관 투자자들과 소액투자자들의 자금을 모아 재산가치가 상승할 것으로 기대되는 대형빌딩에 투자하는 것이다. 투자한 빌딩에서 발생하는 임대소득과 나중에 빌딩을 청산했을 때 생기는 차액이 리츠 투자자들의 투자수익이다.

최근 은행에서 부동산에 투자하는 신탁상품을 내놓은 적이 있다. 부동산 투자신탁은 은행이 신탁상품을 통해 모은 자금을 부동산 프로젝트에 투자하여 그 수익을 고객에게 나누어 주는 금융상품이다. 또한 일반 투자자의 자금을 모아 특정 아파트나 오피스텔 건축에 대출을 해 주고 그 이자를 투자자에게 나누어 주기도 한다. 이 상품에 가입하면 대출금리에 가까운 높은 수익을 얻을 수 있다.

하지만 투자한 부동산의 가격이 올랐다고 하더라도 당장 그 수익이 투자자에게 돌아가는 것은 아니다. 그러므로 이 상품은 저금리 시대에 정기예금보다 조금 높은 수익을 원하는 투자자에게는 적합하지만, 부동산에 투자하여 큰 돈을 불리고자 하는 사람들에게는 적합하지 않다.

리츠는 부동산에 투자하고 싶지만 갖고 있는 돈이 얼마 안 되는 사람들이나 마땅한 투자 대상을 찾기 어려워 망설이는 사람들을 위한 부동산투자신탁 상품이다. 그동안 증권사에서 모집하였던 리츠는 자산가치가 올라갈 가능성이 큰 지역의 건물을 매입하여 리모델링을 한 후 다시 임대하는 형태로 운용되었다. 생각이 같은 몇 사람이 돈을 모아 유망한 부동산에 함께 투자하고 지분에 따라 수익을 나눠 가졌던 방법을 대형화하고 효율화한 것이라 할 수 있다. 게다가 리츠에는 부동산 취득에 따른 취득세와 등록세를 면제해 주는 세제혜택도 있다.

리츠는 미국에서는 아주 활성화된 투자방법이지만 국내에는 도입된 지 얼마 되지 않았고, 그동안 발매된 상품도 몇 개 되지 않았다. 그러다 보니 은행이나 증권회사 등 대형금융기관에서 주로 투자했을 뿐 일반 투자자들의 참여기회는 그리 많지 않았다. 리츠에 투자하려면 일반인들의 지분 참여를 받는 시기에 맞추어 청약을 해야 한다. 청약 장소는 해당 리츠에 참여한 몇몇 증권회사 지점이다. 그러나 청약이 끝났다고 해서 리츠에 투자할 수 없는 것은 아니다. 돈이 급한 몇몇 투자자들이 증권시장에 내놓은 지분을 사는 방법도 있다. 그 때는 증권회사에서 주식을 사듯이 리츠를 사면된다.

리츠에서 생긴 수익은 1년에 적어도 1회 이상 투자자에게 배당으로 나누어진다. 예상배당률은 리츠마다 조금씩 차이가 있으나 대개 은행 정기예금보다는 높을 것으로 기대된다. 부동산에 투자하는 것이므로 투자기간은 5년 이상의 장기다. 급히 현금이 필요한 경우엔 주식처럼 증권시장에서 자신의 지분을 팔아 현금을 마련할 수 있다. 하지만 리츠는 건물의 지분을 토대로 한 것이라서 주식처럼 가격 변동이 심하지 않다.

이러한 리츠는 그동안 증권회사에서 몇 차례 모집한 것이 있고 앞으로도 계속 나올 예정이다. 그동안 은행에서 판매했던 부동산 신탁과 달리 증시를 통해 언제라도 현금화할 수 있는 유동성이 확보되었으며, 대상 건물의 가치가 올라가면 그만큼 수익률도 커진다. 뿐만 아니라 증권사에서 판매하는 리츠는 시장에서 팔 때 대부분 프리미엄 수익까지 챙길 수 있다. 이 리츠를 팔면서 얻은 수익은 유가증권 매매차익으로 구분되어 양도소득세도 없고 종합과세에도 포함되지 않는다. 증시에 상장된 리츠는 주가의 등락에 크게 영향을 받지 않고 부동산 가치에 해당하는 일정 수준의 가격을 안정적으로 유지하고 있어 주식처럼 가격 폭락을 걱정하지 않아도 된다.

2003년 5월 현재 우리나라에서 판매된 리츠는 은행 정기 예금의 2배에 가까운 수익을 내고 있다. 국내 첫 공모 리츠인 교보메리츠 1호의 경우 지금까지 나온 리츠 중 제시 수익률이 가장 낮은데, 처음 제시한 7.54%보다 다소 높은 7.67%를 첫 배당했다. 두 번째 리츠인 코크랩 1호도 공모할 때 제시한 8.38%보다 높은 10.25%를 첫 배당했다. 코크랩 2호는 11.49%를 코크랩 3호는 10.55%를 제시했으며, 2003년 7월에 공모 예정한 유레스 메리츠는 10.14%의 배당을 제시하고 있다.

유레스 메리츠는 유레스 소유의 할인점들을 사들여 리모델링한 후 임대하는 것으로, 리츠 만기인 5년 후에 이 건물들이 팔리지 않으면 유레스가 되사주기로 되어 있어 리스크도 거의 없다. 총 500억 원 중 기관투자가들이 절반 이상 출자하며, 일반 공모는 222억원을 예정하고 있다.

이상 정리해 보면, 리츠는 자산가치가 좋은 대형 건물에 기관 투자자들과 함께 돈을 투자하여 임대 소득 등을 통해 안정적인 수입을 올리는 새로운 금융상품이다. 국내에서 판매된 리츠는 2003년 5월 현재 4개 수준에 머물 정도로 아직 일반화되지 않았다. 그래서 투자 메리트가 더욱 커 보인다. 리츠는 부동산 투자를 원하는 소액 투자자가 약간만 관심을 기울인다면 적은 돈으로 알짜배기 부동산에 손쉽게 투자할 수 있는 상품이다. 만약의 경우에 곧바로 팔 수 있으므로 더욱 유리하다. 부동산에 매력을 느끼는 투자자가 있는 한 리츠의 매력도 계속 될 것이다. 단, 주의할 점은 리츠도 투자 상품의 하나라는 것이다 다시 말해서 투자 대상의 가치가 급격히 떨어지면 원금손실의 가능성도 있다는 것을 간과해서는 안 될 것이다.

14.5 은행을 통한 재테크 방안

14.5.1 비과세 저축을 통한 재테크

회사원 J씨와 맞벌이 아내 K씨는 5년 이내에 내집을 장만한다는 목표를 세우고, 결혼과 동시에 각자 월 50만원씩 3년짜리 적금을 들었다. 3년 동안 개미처럼 저축한 두 사람, 마침내 적금 만기일이 되어 은행을 찾았다. 그런데 J씨가 손에 넣은 금액이 아내보다 23만원이나 많은 것을 보고 깜짝 놀랐다. 똑같은 금액을, 똑같은 금리로, 똑같은 기간 동안 불입했는데 왜 23만원이나 차이가 나는 걸까?

그 이유를 알기 위해서는 통장을 만든 3년 전으로 거슬러 올라가야 한다. J씨는 당시 중소기업체에 근무하고 있어, 연 소득 3,000만원 이하의 근로자만 가입할 수 있는 근로자 우대 저축에 가입했지만, 아내 K씨는 근로자 우대저축의 가입자격에 해당하지 않아 세금우대적금을 가입한 것이다. 다행히 은행 직원의 권유로 K씨가 세금우대적금으로 가입했기 때문에 그나마 격차가 적었지만, 이것조차 모르고 일반과세상품에 가입했다면 무려 36만원을 세금으로 내야 했다. 물론 K씨는 가입자격이 되지 않아 어쩔 수 없는 경우였지만, 비과세와의 격차가 이렇게 클 줄은 미처 몰랐다.

이처럼 금융상품에서 이자 소득세는 무시할 수 없는 액수이다. 금융상품을 가입할 때 우선적으로 고려해야 할 사항이 세금문제이다. 금리도 중요하지만 이자소득세를 일반과세로 하느냐, 세금우대를 받느냐, 비과세를 받는냐에 따라 만기에 손에 쥐는 금액은 달라지기 때문이다. 절세 효과는 비과세 상품, 저율과세 상품, 세금우대 상품 순으로 크다. 다만 절세를 고려해도 세전 이율에 따라 세후 수익률은 달라질 수 있으므로 세후 이자를 꼼꼼히 비교한 후 가입하는 것이 좋다.

각 상품에 대해 간단히 알아보자. 비과세 상품은 이자나 배당소득에 대해 세금이 전혀 없는 상품을 말한다. 특히 요즘과 같이 저금리 기조가 계속되고 있는 현실에서는 비과세 상품의 선택으로 일반과세 상품보다 1% 이상의 추가 수익을 기대할 수 있다. 단, 이러한 상품들은 누구나 가입할 수 있는 상품이 아

[표 14-3] 비과세, 세금우대, 일반과세 비교(2002년 10월 기준)

	A(비과세)	B(세금우대)	C(일반과세)
가입 상품	근로자우대저축(3년)	정기적금(3년)	정기적금(3년)
금 리	8%	8%	8%
세금 혜택	비과세	세금우대	일반과세
불입 금액	월 50만원	월 50만원	월 50만원
세금 공제액	0원	23만 3,100만원	36만 6,300원
만기시 수령 금액	2,022만원	1,998만 6,900원	1,985만 3,700원

니라 가입자격, 저축기간 등에 제약이 따르므로, 면밀히 검토한 후 자신에게 맞는 상품이라면 꼭 가입해 두는 것이 유리하다.

세금우대상품은 비과세상품과는 달리, 세금을 내지만 일반과세상품에 비해 우대 세율이 적용되어 세금을 적게 내는 상품을 말한다. 일반과세상품이 이자 소득에 대해 16.5%(주민세 포함)의 세금을 내는 반면, 세금우대상품은 10.5%(주민세 포함)의 세율이 적용되어 총 이자의 6%가 우대되는 셈이다.

이러한 세금우대는 1년 이상의 상품에만 가입할 수 있는데 모든 금융기관을 통틀어 1인당 4,000만원으로 가입이 제한된다(단, 만 60세 이상의 남자, 만 55세 이상의 여자, 장애인, 국가유공자 등은 6,000만원이고, 미성년자는 1,500만원이다).

저율과세상품은 신협, 농수협단위조합, 새마을 금고에서 판매하는 예탁금에 적용받을 수 있는 상품으로, 가입한도는 1인당 2,000만원까지로 제한된다. 저율과세란 이자 소득세는 전액 면제되지만, 농어촌 특별세 1.5%를 내는 것이다. 그러나 2004년에는 5%, 2005년부터는 세금우대저축과 동일하게 10.5%의 세율이 적용된다. 단, 은행권의 세금우대상품은 1년 이상 가입해야 혜택이 주어지는 데 비해, 예탁금은 입·출금이 자유로운 상품으로도 가입할 수 있다는 장점이 있다.

이러한 세금 관련 상품들은 생겨났다가 없어지곤 하기 때문에 적금을 드는 시점에서 재테크 관련 사이트나 은행 재테크 담당자에게 문의하여 최선의 상품을 선택하는 것이 바람직하다.

14.5.2 인터넷 뱅킹 재테크

최근 여러 은행들이 계좌 이체 수수료를 올렸다. 그러나 인터넷 뱅킹을 이용하면 대부분 수수료가 없거나 거의 미미한 수준이다. 창구에서 다른 은행 계좌로 송금할 때 최고 7,500원까지 수수료를 내야 하는 것과 비교하면 거저 송금하는 것이나 마찬가지이다. 금융감독원이 15개 은행을 대상으로 조사한 결과를 보면, 송금 수수료는 창구 거래의 경우 건당 1,403원이지만 인터넷 뱅킹의 경우 213원에 불과한 것으로 나타났다.

이러한 수수료 할인뿐만 아니라 인터넷 뱅킹으로 정기예금이나 적금통장을 개설하면 0.2%에서 0.6%까지 금리를 추가로 준다. 조흥은행의 경우 저축예금이나 적금금리를 최고 0.5%까지 우대해 주고, 신한은행은 주택 청약 정기예금에 가입하면 0.6%를 우대해 준다. 최근 소액에 대해서는 이자를 지급하지 않는 은행이 많아지고 있지만 국민은행, 신한은행, 하나은행 등 여러 은행들이 인터넷에서는 아무리 소액이더라도 이자를 주고 있다.

아울러 소액 신용대출의 경우 이자를 조금이라도 덜 내고 싶을 때에는 인터넷으로 대출을 받는다. 은행별로 차이가 있지만, 대부분 직접 은행을 방문했을 때보다 낮은 이자율을 적용하기 때문이다. 평균 0.5% 낮은 이자율로 대출을 받을 수 있다. 또한 대출을 받을 수 있는지 여부를 즉시 확인해 볼 수 있어 더욱 편리하다.

한편 은행들은 인터넷 뱅킹 서비스의 하나로 자신의 계좌를 모두 통합해서 관리할 수 있는 서비스를 제공하고 있다. 이러한 서비스를 통하여 계좌 관리뿐만 아니라 자동이체 내역과 카드 사용 내역을 일목 요연하게 볼 수 있기 때문에 향후 재테크 계획을 세우는 데 유용하다.

대부분의 은행들은 인터넷 뱅킹 서비스를 기반으로 하여 자산 관리 서비스를 확대하고 있다. 이에 따라 고객들은 별도의 재테크 사이트에 들어가서 상담을 받지 않더라도 인터넷 뱅킹 서비스에 전반적인 재무 진단 서비스를 받고, 전문가와 함께 재테크 계획을 세울 수 있다는 장점이 있다.

■용어정리

재테크: 재무활동의 하이테크널러지의 약어로서 특히 기업 재무활동의 기법이 고도화되는 것을 의미한다. 재테크는 일본의 대기업들이 경영여건의 변화로 정상적인 경영으로는 흑자 유지가 어렵게 되자 기업성장의 새로운 돌파구를 마련하기 위해 개발한 것이다. 최근에는 기업뿐만 아니라 개인이나 국가가 자금을 효율적으로 운용하는 것으로 그 의미가 확대되고 있다.

CD(certificate of deposit: 양도성 예금증서): 은행이 정기예금에 대해 발행하며 예금자는 이것을 금융시장에서 자유롭게 매매할 수 있는 증서를 말한다.

MMF(money market fund): 1971년 미국의 메릴린치 증권사에 의해 개발되어 금리자유화가 본격화되었던 1980년대에 크게 인기를 끌었던 실적 배당부 단기자유금리상품을 말한다. 주로 단기금융상품에 자금을 운용하는 개방형 투자신탁의 일종으로 잔존기간 1년 이내의 재무성 증권, CD, BA, CP 등이 주요 투자대상이다.

채권시가평가제: 펀드에 편입된 채권의 가격을 시장에서 받을 수 있는 현재 가격으로 평가하는 제도를 말한다.

FRN(변동금리부 채권): 투자자가 투자채권으로부터 지급받는 이자율이 시장의 지표금리(주로 Libor에 일정한 마진을 더한 수준의 금리)에 연동되어 변화하는 채권을 말한다.

CB(전환사채): 보통사채와 마찬가지로 확정이자를 지급하지만 일정한 조건 아래 발행회사의 주식으로 전환할 수 있는 선택권(option)이 부여된 사채를 말한다.

BW(신주인수권부사채): 사채발행 후 일정기간 내에 미리 약정된 가격(신주인수가격)으로 당해 발행회사에 일정한 수 또는 금액에 해당하는 신주의 교부를 청구할 수 있는 권리가 부여된 사채를 말한다.

RP(repurchase agreement): 일정기간이 경과한 후에 약정된 조건에 따라 채권을 다시 매입하기로 하고 채권을 매도함으로써 만기일에 약정이자와 원금을 상환하는 단기자금조달수단을 말한다.

리츠(REITs): 불특정다수의 투자자로부터 모아진 자금을 토지, 가옥 등의 부동산에 투자하는 투자신탁을 말한다. 투자대상이 유가증권이 아니라 부동산이라는 점이 증권투자신탁과 다를 뿐 기본적으로는 거의 유사하다.

■연습문제■

1. 만약 당신이 여유자금이 존재한다면, 재테크 대상으로 어떠한 것을 고려할 수 있겠는가? 그리고 그때의 주요 고려 요인은 무엇인가?

2. 현재 국내 부동산 투기 과열현상을 억제하기 위해서는 어떠한 정책들이 필요하다고 생각하는가?

3. 현재 국내에서 부동산을 이용한 재테크에 성공하기 위해서는 어떠한 요인들을 이용하여야 하는지 생각해 보시오.

4. 일반인들이 금융기관의 금융상품을 이용한 재테크를 성공적으로 수행하기 위해서는 어떻게 해야 하는지 생각해 보시오.

■ 알기 쉬운 경제 상식

common sense case 14. 경기 예측 이야기

경기는 언제부터 확 좋아질까요? 이미 좋아지기 시작했다는 사람도 있고 아직 멀었다고 하는 사람도 있답니다. 이런 얘기를 하면서 경기가 "V자형일 것이다. U자형일 것이다."라고 하는 말들을 많이 하며, L자형이나 W자형이라는 말도 사용됩니다. 경기의 움직임을 말할 때 자주 등장하는 알파벳의 의미를 알아봅시다.

얼마 전 재정경제부 고위 당국자는 미국 경제가 1분기에 바닥을 치고 2분기부터 상승국면으로 들어갈 것이란 관측이 대세라면서 우리 경제의 모습이 V자형일지 U자형일지 모르지만 V자가 되길 바란다고 말했었습니다. V자형이나 U자형이니 하는 말은 복잡한 경기 예측을 글자의 모양에 빗대어 쉽게 설명하기 위해 전문가들이 쓰는 용어입니다.

우리나라 경제를 잘 설명해 준 유형은 그동안 V자형이었습니다. 글자 모양이 아래로 내려가자마자 곧바로 다시 위로 올라가는 것처럼, 경기가 나빠졌다가 빠르게 좋아진다는 의미입니다. 우리나라 사람들이 외국의 음식점에 가서 '빨리빨리'를 외친다고 하는데, 우리 경기가 그 성미를 닮았다고 지적하는 이도 있습니다. 하지만, 전문가들은 2000년 말 나빠지기 시작한 경제가 V자형으로 회복될 것이라고 내다보는 전문가는 많지 않았어요.

특히 2001년 9월 미국에서 테러사건이 터지면서 V자형의 빠른 회복세에 대한 기대가 줄어들었습니다. 또 V자형의 빠른 회복세에 대한 기대가 줄었답니다. 또 V자형으로 회복되

려면, 경제의 덩치가 크지 않아야 하는데 우리 경제의 덩치가 이젠 너무 커져서 쉽지 않다는 의견도 있습니다. V자형이 아니라면 U자형을 기대해 볼 수 있습니다. U자는 V자보다 밑바닥이 좀 길다는 것입니다. 따라서 U자형은 상당 기간 밑바닥을 다진 뒤 회복되는 유형입니다.

2000년 말부터 나빠지기 시작한 우리 경제가 지난해 3분기나 4분기께 바닥을 쳤다고 보는 사람이 많습니다. 따라서 경기가 1분기나 2분기께 본격적으로 회복된다면 V자형이라고 할 수 있고, 3분기부터 좋아진다면 U자형이라고 할 수 있습니다.

V자형－U자형이 무엇인지 감을 잡았으니 L자형의 의미도 대충 짐작할 수 있겠죠. L자의 바닥이 긴 것처럼 좋지 않은 경기 상태가 계속되는 것을 뜻합니다. 경제 대국인 일본의 경제는 1980년대 말까지 호황을 누렸는데, 90년대 들어서부터 10년 넘게 바닥을 헤매고 있답니다. 전형적인 L자형이지요. 일본 경제는 아직도 탈출구를 찾지 못하고 있습니다. 한번 빠지면 헤어나오기 힘들고 많은 사람이 불행해지는 것이 L자형의 경기인 만큼 우리 경제가

[다양한 경기 회복 패턴]

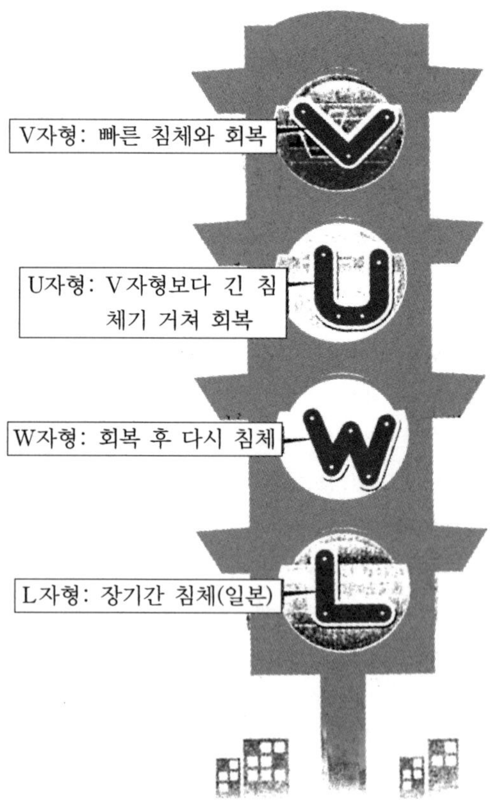

일본의 뒤를 따라가면 절대로 안 되겠지요.

경기가 좋아졌다가 다시 내려 앉는다면 W자형이 되겠지요. 바닥을 두 번 치는 것이죠. W자형은 "더블 딥"이라고도 하는데, 이는 두 번(double) 떨어진다(dip)는 뜻입니다. 경기는 침체 국면에서 회복할 조짐을 보이다가 다시 침체 국면으로 빠져드는 현상을 말합니다. 80년대 미국 경제를 말할 때 이 용어를 자주 썼답니다. 경기란 게 항상 호황을 나타내면 좋을 것이고, 그렇다면 이런 복잡한 설명도 필요 없을 텐데 왜 이렇게 좋았다 나빠졌다 하는 것일까요?

경기순환론 같은 이론을 인용하지 않더라도, 서구의 변증법이나 동양의 음양오행론이 오래 전부터 "변하지 않는 것은 없다"고 한 것처럼 경제도 끝없이 변하는 주변 여건의 영향을 받기 때문입니다. 우리나라는 수출을 많이 하므로 미국 등 세계 경제의 영향을 많이 받겠지요. 따라서 미국 경기가 좋아 우리의 수출이 잘 되면 물건을 많이 만들어내야 하므로 일하는 사람이 늘 것입니다. 돈벌이가 좋아진 사람들은 옷가지 등 물건을 더 사려 할 것이고 공장은 더 활기차게 돌아갈 겁니다. 그러므로 경기가 괜찮아지는 것이죠. 우리나라 경기를 이야기하면서 미국 경제가 관건이라고 말하는 것은 미국이 가장 큰 수출시장이기 때문입니다. 여기에 반도체 값이 오르고 건설 경기가 좋아지며, 대기업이 부도나는 일도 더 이상 없다면 우리나라 경기가 빠르게 좋아질 것입니다. 그래도 우리 경제에 대해 L자형이나 W자형으로 점치는 사람은 거의 없고 대부분 V자형이나 U자형이냐를 놓고 논란을 벌이는 상황이니 다행입니다.

이번에 경기가 회복되면서 10년 정도 장기 호황을 누린다면 어떨까요. 그 동안 우리 경제는 3년 정도를 주기로 해서 좋아졌다 나빠졌다 했는데, 80년대 일본이나 90년대 미국처럼 10년 이상 호황을 누렸으면 좋겠습니다.

사항색인

공저자 약력

강 병 호

고려대학교 상과대학 경영학과 졸업
미국 University of Wisconsin-Madison 대학원 졸업(M.B.A.)
고려대학교 대학원 경영학과 졸업(Ph.D.)
한국은행 근무
증권관리위원회 위원
금융감독위원회 위원
금융감독원 부원장
현 한양대학교 디지털 경영학부 교수

저 서

차등대출금리론(석정, 1986)
재무관리론(무역경영사, 1987)
증권투자론(형설출판사, 1988)
주요국의 금융제도론(박영사, 1996)
금융기관경영론(박영사, 1997)
금융기관론(박영사, 1999)
금융업의 리스크관리(박영사, 2000)

주요 논문

이자율의 기간구조(증권학회지, 1985)
부실채권과 부실금융기관의 정리(금융학회지, 1997)
Restructuring of Financial Institutions and the Corporate Sector in Korea, *The Journal of Asian Economics*, Vol. 9, No. 4, Winter 1998.

이 상 빈

서울대학교 상과대학 경영학과 졸업
Cornell 대학 경제학 석사
New York University 경영학 박사
한국과학기술원 경영과학과 조교수 및 부교수
현 한양대학교 경영대학 경영학부 교수

저 서

The Oxford Guide to Financial Modeling: Applications for Capital Markets, Corporate Finance, Risk Management and Financial Institutions. (Oxford Press에서 2003년 공저로 출판)

주요 논문

Journal of Finance에 공저로 발표한 "Term Structure Movements and Pricing Interest Rate Contingent Claims" 외 다수

투 자 론

2004年 2月 25日 初版發行
2009年 9月 20日 重版發行

共著者 姜炳晧 · 李商彬
發行人 安 鍾 萬
發行處 (株)博 英 社
서울特別市 鍾路區 平洞 13-31番地
電話 (733)6771 FAX (736)4818
登錄 1959. 3. 11. 제300-1959-1호(倫)

저자와 협의하여 인지를 생략함

www.pakyoungsa.co.kr e-mail: pys@pakyoungsa.co.kr

定 價 25,000원 ISBN 978-89-7189-701-0